孤魂騎士

NEIL PEART

尼爾・佩爾特—著

GHOST RIDER

Rush 搖滾樂團鼓手

尼爾・佩爾特

堅持哲學人生享受孤獨的重機療癒之旅

TRAVELS ON THE HEALING ROAD

吳靜芬—譯

以過去的榮光
獻給未來

我們都不過是有限的存有

〈夢想道路〉，一九九一年*

---

* 匆促樂團（Rush）一九九一年發行的《搖滾硬骨》專輯中曲目〈夢想道路〉的歌詞摘錄。原文：We're only immortal for a limited time。

Roland

尼爾・佩爾特
打鼓影片

---

* 編按：QR Code之影片日後可能因時空因素而有所變動或消失，尚祈讀者明察。

推薦序……011

第一部 騎行於療癒之路

第一章 自我放逐……020

在她去世前，賈姬給了我一個建議，她說：「哦，你就騎著你的摩托車去旅行吧。」但在那時，我根本無法想像我可以這樣做。然而隨著那個黑暗的夏天，漫長而空虛的日日夜夜慢慢過去，旅行這件事開始顯得是唯一要做的事。

第二章 向西……038

從安大略省西北部的森林出發，孤獨的道路替我的心情帶來了催眠般的舒緩效果。引擎發出的穩定轟鳴、風持續的絮聒、帶著森林氣息的冷空氣以及我對前方道路的專注凝視，佔據了我大部分的感官，而我的思緒則越過了感官的偵測，把我抓進了回憶的領域之中。

第三章 北至因紐維克……068

在通往鎮外的那段短短的柏油路上，我想起了前一天晚上從另一個方向騎行而來的我，那時感到自豪和振奮。現在，我感到害怕、虛弱、想哭，當柏油面結束時，我大聲咒罵，罵道路、罵雨、罵我的生活，以及任何導致我所有不幸的力量。可是就像缺乏信仰的慰藉，我也缺乏任何可以指責的人。

第四章 西行到阿拉斯加……096
天空依然明亮，空氣涼爽可口，迎面而來的蜿蜒道路充滿了挑戰和收穫，我的腎上腺素被不斷刺激，車速逐漸地加快，直到我全神貫注地騎行，伴隨著永遠存在的危險和偶爾出現的恐懼刺激，我違反了物理定律和自我的謹慎意識，以一種極為美好的節奏換擋、剎車、在狹窄彎道側身傾斜，然後一次又一次地加速。我感受到了幾個月來不曾有過的興奮，並發現自己因為這種純粹的生存快感而大聲歡呼。

第五章 摩托車流浪漢的頭等艙……116
在我「總會有轉機出現」的信念中，那些微小但閃耀的希望火花，那些讓我沿著高速公路不斷前進的模糊想像中，是我腦海深處的一絲幻想，我可能會偶然發現自己的伊甸園。

第六章 美國最孤獨的公路……142
我的孩子死了，我的妻子死了，我的狗死了，我最好的朋友進了監獄，所以我在那條漫長而孤獨的路上騎行。伴隨著胃潰瘍。

第七章 沙漠隱士……198
在美國西部四大沙漠走得越多就越喜歡它們，每一處都有自己的特點。我開始把所有這些沙漠景觀視為我的「夢境」，因為在這些充滿神祕、微妙和嚴酷之美的乾旱土地上，令人敬畏的空間規模反映了一種不真實又熟悉的環境；預示著危險但又充滿了優雅。

第八章 致布魯特斯的信……244
唯一能讓我振奮精神使我繼續前進的，似乎是我越來越多地通過布魯特斯的眼睛來看待這段旅程。儘管他的情況很嚴峻，但不知何故，通過他的眼睛事情看起來仍然比我的光明（至少在我看來是這樣；他可能不同意）。

第二部

回家的天使在飛翔

第九章 冬季盛宴……318

說到冬天的這些事，聽起來不是很不錯嗎？你知道它是的。樹上和到處都是雪，想到過去四個月裡我去過的所有地方，無論多麼美麗都只是為了使這裡看起來更美好。這裡是「歸屬」，你知道嗎？我知道你知道的。

第十章 季節性憂鬱症……358

真不幸，在過去的幾天裡，雪上運動的季節受到了嚴重的打擊，因為每天都是「十幾度」的天氣，陽光明媚，當你站在外面時，你聽到的全是水的交響樂，從屋頂上滴下的水，在簷槽中汩汩流淌，然後飛濺到地面上的冰坑。

第十一章 孤魂騎士回歸……410

想到我在拉巴斯教堂裡的感受，我想這座位於墨西哥的古老大教堂可能適合作為賽琳娜追悼會的舉辦處。因此儘管我的餘生可能是雜亂無章的，我還是仔細制定了計畫，要在那一天之前趕到墨西哥城。

第十二章 春之狂熱……424

在日記中我試圖發出理性的聲音：「這是『女孩熱』的輕微發作，要不斷告訴自己，不行、不行、不行。希望我聽得進去。因為除了麻煩，沒有別的。」但這並沒有什麼用。

第十三章 夏日狂歡……458
現在是我重整旗鼓的時候了，我試圖理清混亂的感情，我知道我需要的是一次漫長的跨國騎行。因此我沒有選擇以往的蜿蜒路線，而是在洛杉磯上了州際公路一路往前騎，我狂熱的思緒飛馳過加州、內華達州、猶他州、科羅拉多州、內布拉斯加州、愛荷華州、威斯康辛州、密西根上半島、安大略省，在短短五天內回到湖邊的房子。

第十四章 東行記……510
八月二十九日，一個涼爽、晴朗、有風的早晨，孤魂騎士再次上路，這次是向東騎行。我花了這麼長時間才有動力再次旅行，陷入了與去年春天相同的陷阱——感覺如此低落，我知道是時候行動了，但卻無法讓自己振作起來。

第十五章 乘風而行……538
當我走到外面料峭的寒意中，呼吸著那空氣，我對它嘗起來的滋味感到新鮮驚奇。我不禁想，「我為什麼要去別的地方？」但我知道為什麼，我在那裡的短暫停留只是為了換車，就像驛馬快信騎士一樣。我仍然需要移動，我仍然需要離開那個房子一段時間。三天後，我裝載了GS再次上路，不知道要走多久，也不知道要走多遠。

第十六章 海岸騎士……562
由於山區的天氣已經很不「友善」了，也許我會沿著海岸公路一直騎到加州。布魯特斯和我曾在樂團巡演中騎過其中的一部分，我覺得如果騎完全程會很棒，就為了能夠說一句「我完成了全程」。西海岸的人們一直在問：「嘿，兄弟，你走完海岸公路了嗎？」

第十七章 望遠鏡峰……590

到了那裡，時間慢了下來，每一個危險和美麗的來源都在幾公里之外。當世界像這樣以緩慢的速度在我眼前展開，我不自覺的發出一聲輕嘆，肩膀放鬆自然的垂下，我感覺……好多了。

第十八章 結語……600

即使在我們相遇之後，我也有一段時間抵抗著這種不太可能的救贖，覺得自己直到那時仍然不過是一具被燒毀的軀殼。但東非人對此有不同的說法：「燒過一次的木頭更容易被點燃。」或者也許它更像西黃松或紅杉的種子，必須經過火的觸動才能產生新的生命。

致謝……608

中英譯名對照表……609

推薦序——

尼爾·佩爾特的試煉，是匆促樂團再起的關鍵

江力平　職業樂手、濁水溪公社貝斯手

沒有幾個樂團，能像加拿大三人組前衛搖滾樂團匆促一樣，以精良的演奏、優秀的製作與超高品質的現場演出賦予聽眾無盡的啟發，給予後起音樂家啟迪與指引。更沒有幾位鼓手，能像匆促成員、鼓手與主要作詞人、認真的機車騎士與作家尼爾·佩爾特一樣，就算是不在鼓組上展現其前無古人的縝密、充滿巧思的演奏技巧與樂思，也能在其他地方賦予觀者充滿想像空間的啟示；例如堪稱其苦行實錄的本書。在與尼爾·佩爾特啟程展開這趟壯闊旅程之前，能多了解一點他與匆促，特別是著成本書的前因後果，更能在閱讀時能有更多感同身受的體認。

一九五二年出生的尼爾·佩爾特，於一九七四年加入已由吉他手艾力克斯·里夫森（一九五三）與貝斯手、鍵盤手與主唱蓋迪·李（一九五三）當時已經營六年的加拿大多倫多樂團匆促。自一九七五年第二張專輯《趁夜高飛》開始，一直維持此一強力三人組樂團編制，直到二〇一五年十二月佩爾特宣布退休、二〇二〇年一月七日因腦癌過世，蓋迪·李於二〇二一年的訪問中宣告匆促不再繼續運作。在佩爾特、里夫森與李合作的這四十餘年中，匆促發行了全球銷售量超過四千兩百萬張的近二十

張錄音室專輯，舉辦了二十餘次大型巡迴演出，獲得了七次美國葛萊美獎提名與數座加拿大朱諾獎，並於一九九四年入選加拿大音樂名人堂，二〇一三年進入搖滾名人堂。

在首張專輯發行時匆促仍是道地的硬式搖滾團體，在佩爾特加入後，匆促開始展現向一九六〇年代末期興起、並於一九七〇年代中期達到發展高峰的前衛搖滾靠攏的興趣。從一九七六年的《2112》開始，《再別王者》（一九七七）、《半球體》（一九七八）、《永久的波浪》（一九八〇）及《移動畫面》（一九八一）等四張成功結合硬式搖滾與前衛搖滾要素專輯連發，一掃一九七五年《鋼鐵柔情》專輯幾乎危及樂團存廢的失敗，在商業與藝術評價上都達到極高的成就。這個時期的諸多金曲，至今仍是聽眾與經典搖滾電台的最愛，也是世人對匆促音樂作品的標準印象：以蓋迪．李銳利的歌聲與獨具一格的爆裂低音旋律線為主軸，搭配艾力克斯．里夫森厚實且富含高明和聲配置的吉他音牆，與尼爾．佩爾特複雜縝密、建構起密度不下交響樂團演奏的鼓擊，交織而成滿溢各種奇數律動、動態落差極大的樂曲織體編排；置於其上的則是悅耳易記、觀眾可以輕易大合唱的主旋律，與深受各種歷史典故、科幻名作而成，充滿奇想與自省的詞曲內容。

為了求得以三人編制下能發揮出最宏偉的聲響效果，三名成員都各自引入了除了主要負責樂器之外的更多可能。在匆促的現場演出中，最令人印象深刻的便是：除了炫目的多媒體舞台呈現外，每位成員都像八爪章魚般忙個不停：蓋迪．李在演唱同時要演奏貝斯與合成器與低音踏板、艾力克斯．里夫森得要不停在各種電吉他與十二絃木吉他中切換，而尼爾．佩爾特晚期的鼓組配置已經發展成前半圈是傳統鼓組、後半圈是電子鼓板，在各個安裝著音色觸發器的鼓組與銅鈸中，還硬塞進一台能以鼓棒敲打發聲的合成鍵盤；安裝這已經圍成如同一圈城牆的鼓組的底板，還可以直接原地迴轉，讓正在演奏的那一面朝向觀眾。

引入更多的樂器並同時進行高度縝密的演奏，成為了匆促備受專業音樂人崇敬的主因：他們在結合硬式搖滾的音量、張力與速度感，及前衛搖滾的複雜性與奇想上的努力，讓之後的前衛金屬音樂風格成為可能：如果沒有如「Yes樂團」式的前衛搖滾編排，並藉由匆促的傳承與轉化的話，「夢劇場樂團」式的前衛金屬風格就不可能誕生。在夢劇場樂團的首張專輯發行時的評論中，日本著名樂評人伊藤正則便直言此一嶄新的音樂風格，實同於匆促加上金屬製品樂團的結合。

快速擁抱並應用新音樂科技讓匆促平安的渡過MIDI規格出現，讓電子樂器與因應而生的新音樂創製方式大放異彩的一九八〇年代；但也讓這個時期的作品在聲響上跟上了時代，但內容反而漸趨保守。一九九〇年代另類搖滾與油漬搖滾的興起，也讓匆促在配器編曲上又轉回到以吉他、貝斯及鼓組等構成的搖滾樂傳統配置，但以音樂內容來說其實仍顯創意不足。在樂團已因一九七〇年代末期的成就榮登仙班，怎麼做都不會有人批評的此時，團員們其實早已意識到音樂上早已相對的進入停滯，也開始以樂團之外的其他活動來活化自我時，幾乎斷送了匆促充滿榮光的樂團生涯的事件發生了。

一九九七年八月十日，佩爾特的愛女賽琳娜．泰勒車禍過世，結褵二十三年的妻子賈姬．泰勒旋即於一九九八年六月二十日因乳癌過世。心碎的佩爾特對於音樂事業或樂團都毫無眷戀，甚至對自己的人生也一度毫不在乎。因著愛妻生前的最後建議，佩爾特在一九九八年八月二十日出發，騎著重型機車，隻身從加拿大魁北克往西至阿拉斯加，再往南直到墨西哥與貝里斯；這趟漫長的療癒之旅最後的總旅程長達近九萬公里。

這趟長征可說是匆促的續命丹。二〇〇〇年九月，尼爾．佩爾特與美國攝影師嘉莉．納托爾再婚，之後搬到加州，並於二〇〇一年初宣布重回音樂事業，二〇〇二年完成了回歸專輯《蒸汽軌跡》。不論從哪個角度看，《蒸汽軌跡》都是匆促重拾初心的復活宣告：從開幕曲〈一場小勝利〉兇狠無比、在之前錄音室專輯中前所未聞的快速雙踏前奏開始，整張專輯完全的捨棄自樂團前衛搖滾化時期就開始大量使用的合成器與鍵盤等配器，回歸到匆促成立初期，爽快疾走的強力三重奏編制。與錄製期間完成的本書同名之專輯收錄曲〈孤魂騎士〉，更可說是尼爾．佩爾特對於這改變一生的大苦難的勝利宣告：

封印那些幽魂　Pack up all those phantoms
扛起無形重擔　Shoulder that invisible load
一路向北奔西　Keep on riding north and west
遊蕩於荒蕪之路　Haunting that wilderness road
宛如孤魂騎士　Like a ghost rider

闇影倏忽在後　Shadows on the road behind
闇影倏忽在前　Shadows on the road ahead
你已無可阻擋　Nothing can stop you now

身為組織搖滾樂團經驗超過三十年的職業樂手，匆促一直是我個人在「組團」這件事上追求的典範：他們在音樂的自我實踐與維持運作所需的商業行動上取得了最佳的平衡，不但音樂作品獲得廣泛的、特別是音樂界同儕的認可與支持，促成了至少一個新樂種的成形，還能夠在商業上也獲得成功，擁有不斷提供最好的演出與錄音室作品的資本。匆促也證明了樂團要能獲致長久的成功，必然是來自於所有成員出自於各自的個性與選擇、努力貢獻的集體成果；而不是「某某與他的快樂夥伴」式的結合形式所能達成的。匆促長期的合作模式是：除了演奏之外，蓋迪．李與艾力克斯．里夫森負責編曲架構，並在尼爾．佩爾特為主負責的歌詞完成後，互相配合建構出主旋律。如同精良的齒輪組般，三人各司其職又精準的互相咬合，讓匆促的作品永遠都能具有「1＋1＋1＞3」的效果，樂團作品的品質呈現，遠超過團員們另外發行的個人作品內容。

尼爾．佩爾特在音樂上的個性是極度的嚴謹自持，對於其所專注的事物就一定要做到最好。這讓他的機車旅行總行程可以累積到接近五十萬公里，在本書中所騎的那輛BMW R1000RS還被美國機車騎士協會請去展覽；或是將源自於對「誰人」樂團的鼓手凱斯・穆恩狂野失控鼓擊的憧憬，轉變成每場現場演出中都會上演的鼓組獨奏大秀：每一個看似即興而成的敲擊，其實都是縝密思考後的結果；佩爾特會被取上「教授」的外號不是沒有道理的。但這種類似完美主義的個性，也讓他的處事態度有些奇妙：對於里夫森與李兩位同甘共苦四十年的音樂夥伴，始終抱持著是「同事」而非「兄弟」的相敬如賓態度。在齒輪完美運作時，這確實能讓事情以就事論事、不抱私人情感的狀態順利運轉；但當遇到如同佩爾特體驗到的人生巨浪時，這樣的處事態度似乎已無法順利因應。所幸，如同我們在本書中將會讀到的：經歷了旅程中的種種考驗，佩爾特逐漸了解：人類唯有互助，才能克服難關，突破心魔；坦然接受他人的協助或許就是破冰的第一步。

音樂作品是否能打動人心，作品內容是否與作者的「人設」相同是非常重要的要素之一。聽眾若能藉由各種資訊來源理解到創作者是個什麼樣的人，那麼當作品以確實「就像他會做出來的東西」的方式呈現時，自然就能達成作者期望達成的效果。從真實性的角度來看，尼爾・佩爾特的遠征不但療癒了當時的他，也改變了他的人生態度，而《蒸汽軌跡》專輯中的匆促，在團員個性的集體影響下，真誠的呈現了這項改變。真實呈現的誠懇音樂作品，或是字字血淚的公路文學，聆聽或閱讀的目的，都在期望受者能因此而獲致若干啟發。將本書與匆促的音樂作品，特別是事件發生前的最後一張專輯《回聲測試》（一九九六）與旅程告一段落後的《蒸汽軌跡》專輯搭配聆聽，應該更能有所啟發。

最後，我想以一段在二〇一三年獲選進入搖滾名人堂的演說中，尼爾・佩爾特引用了諾貝爾文學獎得主巴布・狄倫*名言作為總結。佩爾特掏心掏肺的寫下自己的悲痛與療傷，希望讀者能像聆聽匆促的作品一樣獲得啟發：

「藝術的至高目標就是啟發。你還能做些什麼？除了啟發人心之外，你還能做些什麼？」（The highest purpose of art is to inspire. What else can you do? What else can you do for any one but inspire them?)

* 為美國搖滾樂手，二〇一六年獲得諾貝爾文學獎，是史上第一位獲此殊榮的流行歌曲作詞家。

第一部

騎行於療癒之路

突然之間，你走了
離開了你曾經
留下印記的一切

〈殘留影像〉，一九八四*

Riding The Healing Road

＊ 匆促樂團一九八四年發行的《臨危不亂》專輯中曲目〈殘留影像〉的歌詞摘錄。原文：Suddenly / You were gone / From all the lives / You left your mark upon。

第一章

自我放逐

你可以走出，也可以搭車
而當你獨自外出的時候
你的內心就會變得平和
孤獨的感覺真好

〈克服〉，一九九一[1]

1　匆促樂團一九九一年發行的《搖滾硬骨》專輯中曲目〈克服〉的歌詞摘錄。原文：You can go out, you can take a ride / And when you get out on your own / You get all smoothed-out inside / And it's good to be alone。

湖畔小屋外，滂沱的雨勢似乎壓制了夜的黑，天色逐漸自黑暗褪為蒼鬱的藍再轉為濛濛的灰。我在廚房裡，聞著烤麵包和咖啡的味道，一邊擠著橙汁，一邊煮著雞蛋，準備著出發前的最後一頓早餐。我看向窗外昏暗的魁北克森林，漸漸地，景物變得清晰。依稀可見雲杉、白樺、楊樹和雪松，在這潮濕的夏末裡，閃著翠綠而濕潤的光澤。

對於出發前的天氣，我原本有著不一樣的想像。怎麼也不曾想過會是這麼一個寒冷又潮濕陰暗的早晨，但這也確實某種程度上反應了我內心深處的感受。不過，反正我就要走了，天氣怎樣都不重要了。我還沒有明確的目的地（阿拉斯加？墨西哥？或是巴塔哥尼亞？），也不知道要去多久（兩個月？四個月？還是一年？），但我知道我必須得走。我的餘生取決於這次對自我的放逐。

喝完最後一口咖啡，將杯子洗好。我穿上皮衣，套上靴子，戴上紅色安全帽，將雨衣緊緊地扣緊到脖子上，再套上厚厚的防水手套。心中明白這將是一次寒冷、潮濕的騎行。儘管大腦還沒適應這樣的濕冷，但至少身體上已經做好了準備，這也是我所能做的。

湖畔小屋，是我僅存的所愛，也是我一直以來的庇護所。我是如此不情願卻又拚命地將自己扯出小屋。我深知短時間內我不會再回來，甚至在內心深處，我想我可能再也回不了家了。這趟旅程危險又不可預知。人生至此我能深深地體會，厄運可能隨時都會降臨，甚至再次發生在我身上。

我沒有明確的計畫，只大概地想著沿著渥太華河向北走再向西走，也許穿過加拿大到溫哥華去看望我弟弟丹尼和他的家人。又或者向西北方向走穿過育空地區和西北地區到我從未去過的阿拉斯加，再從阿拉斯加搭渡輪沿著哥倫比亞省的海岸往溫哥華走。渡輪需要提早預訂。當我計畫著在一九九八年八月二十日那個黑暗的雨天早晨出發時，我同時也預訂了渡輪。這是少數幾個我敢於事先做的預約。一方面是因為我還有兩個半星期的時間才抵達阿拉斯加的海恩斯，另一方面則是無論是我自己或是其他人，沒人會在意我是否如期前往。

車道上，那輛我精心裝載的紅色摩托車倚著中柱停立著，串串雨珠正打在車身上。馬達在啟動後快速升溫，一縷白色的煙霧從排氣管噴出，嗡嗡的轟鳴聲被我的耳塞和頭盔掩蓋過。

鎖上了門，我不再回頭看。我再次巡視了摩托車，檢查車上的行李，調整了雨罩，確定繩索捆緊了。我深吸一口氣，賦予自己一種下定決心的錯覺，然後我左腳踏在腳踏板上，右腳跨過滿載行李的車身，一股腦的坐上熟悉的座墊上。

我把這趟未知歸期、也沒有明確目的地旅程中所有可能會需要的東西全裝上我的BMW R1100GS休旅摩托車。我把兩個硬殼行李箱捆在車輪兩側，而座椅後頭則堆放了一個行李袋、帳篷、睡袋、充氣墊、地墊、工具包和一個小的紅色塑料汽油桶。我希望不管到哪裡，遇到了什麼事，我都能有所準備。

因為我有時喜歡以超過速限地狂奔，特別是在西部那些遼闊的公路上——在那裡，可以輕易避開視線所及的危險，然而卻很難躲開藏身於隱密位置的取締設備——於是，我決定嘗試使用小型的雷達測速器，我把主機塞在上衣口袋裡，而耳機則連回安全帽內。

摩托車前面的油箱包也被我塞滿了一些必需品、額外的工具和我的小腰包，以及用塑膠膜蓋著的地圖。除此之外，那天早上我帶走的還有那無形的包袱。它體積不大但卻很沉重，是一種無形的負擔。也正是這些負擔促使了這趟的旅程，將我帶入一種近乎自我放逐的狀態。

然而就在我轉動把手或將車蹬離中柱之前，我有了這次旅程的第一個收穫——我的思緒和精神完全集中在騎行之上。我的右手在油門上輕輕地轉動了一下，左手擦去已經聚集在我安全帽透明面罩上的雨滴，然後踩下了離合器。我用左腳踢動擋撥片換到了一檔，然後慢慢滑行到濕漉漉的樹木間的車道上。準備好機車後，我回過頭來鎖上身後的大門，再次擦掉面罩的水珠，然後騎上泥濘的碎石路上遠離這一切。

就在一年多前的那個早晨，一九九七年八月十日的夜晚，一輛警車帶著我們第一場悲劇從相同的這條車道向我們駛來。就在那天早上，我們十九歲的女兒賽琳娜在賈姬和我的親吻擁抱下開車準備回多倫多，以便九月開始上大學。隨著夜幕降臨，原本應接到她平安抵達的消息，然而隨著時間經過而遲遲沒有消息後，賈姬開始變得不安越來越擔心。而我是一個無可救藥的樂觀主義者（至少在那時仍是），我仍然不相信賽琳娜或我們任何人會發生什麼壞事，我確信這只是年輕人不懂事沒想到要報平安。她會打電話來的，會找些藉口來告訴我們原因的。

當我看到有車燈從車道上照到屋內，車駛到房前。直到玄關的燈照在車上時，我才看清了那是警車，那時我想起了前一個夏天警察來詢問有關一件路邊搶劫案的事，我心裡想著一定是類似的事情。

然而做母親的天生有著某種敏銳的反應，在我告訴她來的是警察的那一刻，我看到賈姬的眼睛瞪得大大的，臉色煞白；她知道出事了。

當我們走向車道，面對當地警察局長厄尼．伍茲時，我本能地牽著她的手。他讓我們進屋去，給我們看他從安大略省警察局收到的傳真，我們試圖理解他的話。「壞消息」、「也許你們最好坐下來」。然後我們試著閱讀紙上那一行行的黑色字體，試圖理解不可理解的事情，試圖相信無法接受的事實。我的頭腦在無望的掙扎中迴旋以吸收這些字眼。「自撞事故」、「明顯失控」、「當場死亡」。

「不，」賈姬喘著氣，然後倒在前廳的地板上大聲地喊著「這不是真的」，一次又一次。起初，我只是愣愣地站在那裡因驚嚇和恐懼而癱瘓著，當我看到賈姬開始起身時我才感到害怕，擔心她會做出些什麼事，於是我倒在她身邊抱住她。她在我身上掙扎，叫我放開她，但我不願意。我們的大白薩摩耶，尼基，被這一切嚇壞了，也很困惑，牠瘋狂地吠著試圖擠到我們中間。厄尼警長不敢碰那條狗，我不肯放開賈姬，而尼基想保護我們，想讓我們停止這一切，所以我們兩個人對牠又踢又罵，而牠尖銳的叫聲在屋子裡迴盪，場面很混亂。

我緊緊抱住賈姬，直到她因震驚過度而本能的變得麻木。我讓厄尼警長給我們當地的醫生打電話。時間現在已經毫無意義，尼基不知在什麼時候悄悄地躲到了某個角落，斯邦特醫生來了，試圖說些安慰的話，但我們沒有反應。不知過了多久厄尼警長離開了，然後斯邦特醫生也離開了，剩下的時間裡，我在客廳的地毯上來來回回地走著（我後來才知道這被稱為「搜索模式」，在這種模式下，我不自覺地「試圖找到丟失的人」，就像一些動物和鳥類那樣），而賈姬坐在那裡，目光無神的望著天際，我們都沉默著。在暮色沉沉的灰色清晨中，我們把垂頭喪氣的尼基放進車裡向多倫多駛去，在雨中行駛，面對世界的盡頭。

就在那道車燈從車道射入房門，把我們相對愉快和平靜的生活，活生生地變成一場噩夢之前，賈姬一直倚著門廊上發愁，而我則漫不經心地觀看一部關於摩門教於一八四七年向西跋涉的紀錄片。它引述了一位經歷過苦難的婦女關於他們所承受的可怕災難，而我記得的最後一句話是：「我活著的唯一原因是我不能死。」而這句可怕的話在隨後的幾個月裡如同幽靈般一次次纏著我。很快就可以看出，賈姬的世界正以一種肉眼可見的速度完全地、永遠地崩蹋了；她已經摔成了碎片，再也沒有恢復過來。

而我們兩個人的世界也同樣再也回不去了，儘管我試圖為她做任何能做的一切。當生活突然迫使我去學習更多有關悲傷與痛失親人的事時，我了解到一個可悲的事實，即大多數夫妻在失去孩子後都不能夠再在一起。這太不像話了！把更多的痛苦和不公加諸於那些已遭受如此多苦難的人身上，簡直是天大的錯誤。多麼的不公平，多麼的殘酷。在我尚處於幸福無知的生活裡時，對此，我的想像完全是相反的情況——那些共同經歷喪親之痛的人，會緊緊地彼此互相仰賴著、緊緊靠著對方。但，事實並非如此。

也許是因為面對失去共同親人的人，就好像時時刻刻的提醒著彼此的失去，這近乎是一種懲罰，又或者更像是「自私的基因」[2]對於複製不成功的結果產生了排斥。不管是什麼，但想到賈姬和我在婚姻下一起走過了二十二年，不管是經歷了逆境和順境（只有幾次「暫時疏遠」），始終還是在一起；不管是貧窮和富有、失敗和成功、青年和中年危機（她四十二歲，我四十五歲）；也共同經歷了賽琳娜童年和青春期的所有階段；作為一個巡迴音樂家和一個浪蕩的旅行家，我甚至經常缺席。我們已經度過了這一切，然而現在失去我們各自最珍惜的東西卻將迫使我們分開。

在多倫多的前幾個星期，日子是那麼地恐怖，靈堂裡不分晝夜地擠滿了朋友和家人，他們試圖分散我們的注意力，並儘可能地幫助我們處理這個難以接受的事實，但賈姬仍然無法接受，憔悴不堪，明顯地萎縮成一個脆弱的、痛苦的幽靈。有一次她搖了搖頭，抬頭看著我說：「別難過，但我一直知道這是我無法面對的一件事。」

她拒絕了我的安慰，甚至她真的不想和我有任何關係。彷彿明知道她需要我，但她那顆飽受折磨的心卻再也無法為任何人騰出位置，不管是我還是其他人。不能擁有賽琳娜，這世上再也沒有她想要的了——她只想死。她要被哄著才會吃點東西，而不斷談論的只是自殺。我不得不密切注意她的鎮靜劑和安眠藥，並確保她身邊一直有人。當她在藥物的作用下進入夢鄉時，她的懷裡抱著的是一張賽琳娜的相框。

幾個星期後，在朋友布拉德和麗塔的陪同下，我帶賈姬去了英國倫敦。我從小就認識布拉德，在七〇年代之初，他和我在倫敦合租了一套公寓，也是在那裡他遇到了麗塔，一個來自伊朗的難民並把她帶回了加拿大。布拉德和麗塔在自己的生活中經歷過巨大的悲劇，所以他們也是陪伴賈姬和我的逃亡生活的最佳人選。他們離開後，其他朋友也會來和我們一起住，每次一到兩個星期，最後我們搬到海德公園附近的一個小公寓，在那裡住了六個月。我們開始每週幾次到創傷壓力診所接受悲傷諮詢師（黛博拉醫生）的輔導，這似乎有一點幫助，至少這讓我們可以偶爾出去走走。我甚至都很難強迫賈姬出去散步，因為她所看到的一切對她而言都是一種折磨——校服的廣告（賽琳娜！）、在公園裡玩耍的孩子（賽琳娜！）、騎馬的年輕女孩（賽琳娜！）、年輕漂亮的女人在充分地享受青春（賽琳娜！）。當然，這些同樣的也觸發了我，引起我的感傷，也讓我感到暗淡無光、情緒低落，經常流淚，但我似乎已經在心裡築起一道牆，抵禦那些對我來說太痛苦的事情，當我在身處倫敦繁忙的街道上時，我心裡有一道燈只照著我想看的。對於這些讓人聯想到痛苦的事物，轉身離開視而不見，但賈姬仍然生性脆弱，無法保護自己不受這些記憶的致命影響。

為了讓她吃得營養，我甚至學會了在我們的小廚房裡做簡單的飯菜（感謝牛津街馬莎百貨的食品行，那裡的每件食品都提供了烹飪說明，甚至是新鮮的魚和蔬菜），我戲稱自己為「埃爾伍德廚

2 《自私的基因》為理查．道金斯於一九七六年出版的著作。書中提出基因是自私的，也因為其自私的本性才會導致生物本身的物種進化，轟動當時的科普界。

師」，以我的中間名命名。但這一切都遠遠不夠。當我試圖以各種方式照顧賈姬，僅僅只敢讓她一個人獨自待一會，而我則以最快的速度在午後的公園裡散步一下或穿過倫敦的街道（外出時我會把藥片鎖在保險箱裡），或者去採買當天的日用品時，我就像目睹了一場完全冷漠導致的自殺。她對所有的一切就是不關心。

隔年一月，當我們終於考慮從倫敦返回，試圖在加拿大找回生活時，賈姬開始遭受嚴重的背痛和夜間咳嗽所苦。她拒絕讓我帶她去看醫生，說：「他們只會說是壓力太大。」但黛博拉醫生最終說服我做出決定，我們還是去看了醫生。在我們出發回到多倫多的前夕，賈姬被診斷為癌症晚期（醫生稱之為癌症，然而它確實是顆傷痕累累的心），這是我第二個噩夢的開始。

賈姬的哥哥史蒂芬在多倫多與我們碰面，並很快接手了家務事，限制訪客的數量（他們稱史蒂芬為「守門人」），並監督對賈姬的照顧，因為我感到自己正處於一種基於自我保護的心神錯亂，藉著酒精和藥物來麻醉自己。

然而，賈姬幾乎是用感恩的心接受了這個消息——彷彿這是她唯一可以接受的命運，是她唯一可以付出的代價。經過幾個月的痛苦、絕望和憤怒（經常針對我這唾手可得的「對象」），她在診斷出來後從未說過一句難聽的話，甚至很少哭過。對她來說，這個病是一種可怕的正義。然而，對我來說，這就是一件可怕的事。而且令人難以忍受。

在多倫多耗費了兩個月後，我振作起來，我們實現了賈姬的願望去了巴貝多。兩年前，我們在那個愉快的島國享受了一次難忘的家庭假期。那裡提供了足夠的醫療服務，我們得以能夠繼續為賈姬提供居家照護，即使她的病情開始急轉直下，大部分時間需要依賴著氧氣機，精神和身體機能都在衰退，直到在她一連串地中風後，最終帶來了看似相對仁慈的結局。

我精疲力竭，悵然若失，飛回了多倫多，在那裡待了很長一段時間，在家人和朋友的幫助下把房子整理好準備出售。之後，便離開了湖邊的房子，我仍然不知道自己要做什麼。在她去世前，賈姬給了我一個建議，她說：「哦，你就騎著你的摩托車去旅行吧。」但在那時，我根本無法想像我可以這樣做。然而隨著那個黑暗的夏天，漫長而空虛的日日夜夜慢慢過去，旅行這件事開始顯得是唯一要做的事。

其實我也沒什麼特別讓生活繼續下去的理由；我對生活、工作或外面的世界都不感興趣，但我不像賈姬，她是如此等待著她的死亡，而我似乎被某種生存本能所武裝著，某種內心的直覺堅持著「事情總會過去」的信念。由於性格上的某種優點（或缺陷），我似乎從來沒有質疑過「為什麼」我應該活下去，而是想著要「如何」存活——儘管這在當時肯定是一個需要處理的大問題。

我記得我曾經思考過「怎麼會有人在這樣的情況下能撐過去？如果他們做到了，那麼活下來的人，之後會是怎樣的人？」我不知道，但在那段悲傷、難過、惆悵和完全絕望的黑暗時期，心裡隱約有某種難以言明的情緒讓我繼續撐下去。總覺得事情總會過去。

又或者它更像摩門教婦女的說法：「我活著的唯一原因是我不能死。」

無論如何，我現在正騎著摩托車出發，試圖弄清楚我將成為什麼樣的人，以及我未來的世界會是什麼樣。上路的第一天，當我沿著雨後的公路向北穿過魁北克的岩質地區，我搖搖欲墜的決心受到幾次考驗。當穿梭在載運木材的卡車所賤起的片片水花中，試圖尋找超車的機會時，我緊張得發抖。不止一次我想過要放棄，「我這是在幹嘛？這一點都不好玩。而且我不認為我現在夠堅強到可以處理這個問題。為什麼不轉身回到湖邊的房子裡，在那裡多待一會兒？」

但是不行。那也將是一條危險的道路。

當我有考慮回頭的念頭時，是心裡的另一個聲音讓我繼續騎行——「然後呢？」一個多月來，我試著獨自在小屋那裡生活，偶爾有朋友來訪幫助我走出自己的陰影，我仍然感覺到自己開始滑入一個深不見底的洞。各種興奮劑和抗憂鬱藥可以幫助我度過白天和夜晚，但正如我最近寫給一個朋友的信中所說：「這可以是暫時的逃避，但這不是一種生活。」

我已經嘗試了隱居式的生活，現在是時候嘗試吉普賽式的生活了。我試著不去想如果這也行不通我會怎麼做。

一直以來旅行對我來說或多或少可以被視為一種常態。不僅是過去幾年在匆促樂團中作為巡迴演出音樂家的工作需求，而且也是對這一切的一種逃避。在巡迴演唱會的空檔，我曾在中國、非洲、歐洲和北美的道路上旅行，一開始是騎自行車，後來是騎摩托車，這種自在的旅行激發了我的想像力，讓我感到好奇和挑戰。

打從最一開始的旅途起，過程中的每一天我都寫日記，然後回家後用這些日記來鍛煉我對寫散文的興趣，嘗試用不同的方法講述一個旅行的故事。我對寫作的興趣是從幫樂隊寫歌詞開始的，從原本寫信的興趣發展成對在紙上串起文字的重度熱愛。我透過講述旅途中的故事繼續鍛鍊我的寫作能力，也會列印些出來分享給朋友和途中遇到的旅行同好。一直到以這樣私人的方式印製了五本遊記後，我終於覺得是時候可以正式出版了，並在一九九六年，出版了《蒙面騎士》講述在西非騎自行車的故事。

但最近，除了給遠方的朋友寫了幾封信外，我沒有再寫任何作品。但在倫敦停留期間，創傷諮詢師黛博拉博士鼓勵我開始每天寫「給賽琳娜的信」作為日記，事實證明這是很好的一種治療方式。在這次試探性地開始一種新的旅行（有目的但無目的地）時，我懷疑自己是否還會有如昔日記錄所見所感的動力，或者是否有將這次悲傷的旅程寫成書的野心，但為了以防萬一，我還是帶了一個黑色的小筆記本，第一天我做了一個實驗性的記錄。

〔一九九八年八月二十日〕

啊！又冷又濕。在魁北克的凱迪拉克吃了午餐。大雨持續了幾個小時，交通出乎意料的繁忙。卡車在水霧中呼嘯而過。風景黑暗、潮濕、陰沉——像我一樣。加拿大地盾被大量砍伐，偶爾有湖泊被淹沒或乾枯，瓦爾多爾和諾蘭達周圍有著礦場和工廠。今天早晨，氣溫幾乎不到攝氏十度，現在也好不到哪裡。

當我進入安大略省時，雨終於停了下來，但天氣仍然很冷，我最後在科克倫的北方萊茲汽車旅館停歇，對於這種天氣來說，八百五十公里的路程已經足夠。我從我的小酒壺裡倒了一杯麥卡倫酒到一個塑膠杯裡，當我把濕漉漉的騎行裝備掛在房間裡的時候，我感受到屋內的溫暖。

站在蓮蓬頭下淋浴時，腦中想到了科克倫，這個座落於安大略省北端，與世隔絕的城鎮。腦海中清晰地想起了樂隊在七〇年代中世紀時期在那裡舉行的一場音樂會。從溫尼伯開了一整夜的車，在稀稀落落的掌聲中，我們表演結束便離開了舞台，本想今天就這樣了。然而當我們抵達更衣室時，一個矮小的贊助商、被喚作「大塊頭」的法裔加拿大人跑了進來，對我們沒有進行安可的演出感到不安。他說經紀人向他保證我們會演出。

我們抗議說安可曲通常是指觀眾要求再唱一首歌，而那天晚上沒有任何反應表明有這種願望。大塊頭變得更加心煩意亂，用他濃重的口音說：「我從來沒有想過匆促樂團會這樣對我！」我們三個人互相看了看，聳了聳肩，然後回到了舞台上。觀眾靜靜地等待著，我們又演奏了一首歌，然後大家都各自回家了。沒有人顯得特別興奮，但每個人似乎又顯得很滿意。我們知道，鎮上的每個人都知道我們拿了多少酬勞（可能是一千美元），而且經紀人已經答應給大塊頭一首安可曲。收拾好裝備裝進卡車後，樂隊和工作人員總共七個人擠進一輛租來的旅行車，我們連夜開回了多倫多。

科克倫。大塊頭。鬼魂。

所有的這一切似乎都很遙遠，很久以前，是另一個生活的一部分。就在經歷了第一次的傷痛之後，我就沒了繼續參與樂團的熱誠。在賽琳娜葬禮的那天，我告訴我在匆促樂團的夥伴們——蓋迪和艾力克斯（大家都哭了）——應該「讓我退休了」。我並不擔心是否負擔得起不再工作之後的生活；我現在無暇顧及這個問題。經過二十三年的相處，蓋迪和艾力克斯在我遭遇一連串不幸事件中，始終對我無時無刻的關懷和照顧。當然，他們對我想做的任何事情都給予支持和理解。而現在我正努力背負著另一個難以忍受的悲劇重擔時，我更沒有理由關心未來——我甚至不知道是否還有未來。

當然，我對打鼓或為搖滾歌曲寫歌詞沒有興趣。在我的世界崩潰的那晚之前，我一直在寫一本關於我在匆促巡演——《回聲測試》——剛剛結束後，和我的朋友布魯特斯一起騎摩托車冒險的書，而現在我無法想像繼續完成這本書。

在科克倫的那個晚上，我坐在北方萊茲餐廳吃完炸醃魚（通常是最美味的淡水魚，但不是這個物種）時，我再次埋首於日記筆記裡。除了我，餐廳裡唯一的顧客是兩對退休夫婦，我聽到他們驚嘆地發現彼此來自安大略省的兩個城鎮，布蘭特福德和彼得伯勒，相距只有兩小時的車程。其中一位女士甚至感動地說：「世界真小。」

其中一位男士還試圖向單獨用餐的我進行些社交，他靠向我說：「你那邊太安靜了。」我嚇了一跳，我的腦海中跳出十幾種可能的對話，都是一些實話，但有些會是真正的對話終結者，讓人無法接話。最後我羞澀地笑了笑，朝我的晚餐點了點頭，然後說：「哦……我很好。」

然後我在日記中寫道：「獨處的危險之一：人們會對你說話，而我寧願當聽眾。」

第二天早上，我繼續向西穿越安大略省，一路上從黎明一直騎到傍晚，中間只暫停加油，偶爾在路邊休息一下，伸伸懶腰，抽根菸。就這樣一直向前騎，我不敢停留太久，不敢給自己時間思考。騎著摩托車，全神貫注，把全部的注意力放在不斷變化的道路和路上其他車輛上；這足以讓我的小腦袋忙個不停。

就在這種穩定震動的頻率中，加上偶爾的顛簸和彎道，以及一里路又一里路地騎著，一小時又一小時的前進，我的心也隨之安定。

在那年夏天之初，我思考著自己這飽受摧殘的生命殘骸時，確定現在的首要任務是保護體內的一種本能，一種微弱的生命力，和一種勉強支撐下去的精神。就像我用雙手捧著一根即將燃燒殆盡的蠟燭。在接下來的信中，我開始把這個殘餘的火花稱作「內在的小孩」，而我當務之急便是盡可能地呵護這個小孩。

然而，我這內在的小孩並沒有感到快樂，心中有很多的怨懟。但正如每個父母所了解的，如果你把一個不安的孩子帶出去兜風，孩子不安的情緒很快被安撫。我已經了解到，我悲傷的靈魂也可以藉由同樣的方式通過律動得到撫慰，所以我決定踏上這段未知的旅程，帶著我的殘弱的內在小孩去兜風。

當我從多倫多來到魁北克之際，我正處在失去一切、對周遭的世界沒有什麼興趣的時候。我沒什麼喜歡的，沒什麼關心的，也不想做什麼。某天下午我坐在碼頭上，一手拿著一杯麥卡倫酒，一手拿著一根菸，第一次看到可能的轉機出現了。

在閃閃發光的湖的遠端，靠近其中一個島嶼之處，我的眼睛緊緊盯著伸出水面的兩塊楔形石。這兩塊石頭一直讓我想起一對互相凝視的鴨子，而那天不知怎麼的，我心裡那幼小的靈魂決定幫它們注入意義。一個聲音在我腦子裡說：「你知道，我還是喜歡那兩塊石頭。」

認知到這一點後，我揚了揚眉。我意識到：我確實對某些東西還是感興趣的；因此，從那對岩石開始打造一個新的世界。這將是一個我心裡那內在的小孩可以忍受的世界，一個包括所有發生的可能性的世界，它將會是和我從前生活的世界非常不同。然而，我依著這動力開始移動，現在則向西行，我也開始對我周圍的風景作出反應，尼皮貢湖和蘇必略湖北岸周圍的崎嶇懸崖和森林。

即使我不再像以前那樣從這些風景的輝煌中找到快樂，我至少又產生了共鳴，感受到了我周圍的美，並對地圖上的下一個可能的風景感到好奇。

然而正當我沿著地圖一路往前騎行時，所有的寧靜、思想和我的內在音樂突然被一種難聽至極的聲音打斷了。即使塞著耳塞、戴著頭盔，聽著吵雜的風聲，也不會錯過那響亮的電子呼嘯聲，我的眼睛瞟向後照鏡，看到的是警車持續閃爍的紅藍燈光。我咒罵著，把車停在路邊，跨在車上。警官走到我身邊伸出手說：「麻煩交出你的雷達測速器。」

我心裡也有些慌張，辯駁地說：「這應該是無法探測到的！」

他搖搖頭，「這種說詞不能用來逃避罰責，應該有人管管了。我知道這曾是『無法探測』的，因為它發出了一個奇怪的信號妨礙探測。」

真是該死。然而更糟的是，當他翻看我的安大略省駕照時，我看到他的頭稍微向上抽動了一下，然後靠近了一些。他窺視我安全帽中的臉，露出笑容。

「你是個音樂家？」

我在心裡再次快速的瀏覽應對指南，試著找個真實的迴避答案（不過，當你面對的是一個身上帶著槍、穿著制服的警察時，這就不是一件容易的事了）。

最終我喃喃自語道：「嗯……不再是了。」

他停頓了一會兒，看了看我的保險和登記證。「不過，你以前是個音樂家？」

「嗯……幾年前。」

他繼續說起他以前住在多倫多的某個地方，顯然的他認為那個地方對於音樂家來講，有某種意義。不過，我還在想著從答案庫裡找出其他的回答。

「我曾經做過很多事。」

最近我曾給一個朋友寫信，「我不知道我是誰，我在做什麼，或者我應該做什麼。」時間會證明一切，我只能希望如果時間是偉大的治癒者，那麼我所能做的最好的事情就是盡量無痛地「讓它過去」，盡量減少自我毀滅的衝動，並暫時遠離湖邊的房子。讓時間過去。帶著我心中的內在小孩去旅行。警察寫完了我的罰單，我就繼續我的旅程。

道路向我展開，
原來的東西已經消失，
道路在我面前展開，
我繼續騎行。
這次，該我上路了。

〈騎行〉，一九九六[3]

3 匆促樂團一九九六年發行的《回聲測試》專輯中曲目〈騎行〉的歌詞摘錄。原文：The road unwinds toward me / What was there is gone / The road unwinds before me / And I go riding on / It's my turn to drive。

第二章

向西

我曾是一個多麼愚蠢的人。

〈變魔術〉，一九九〇[1]

1　匆促樂團一九九〇年發行的《變魔術》專輯中同名曲目的歌詞摘錄。原文：What a fool I used to be。

在黎明抵達雷霆灣和蘇必略湖北岸之前，我就把行李和安全帽搬到了飯店的停車場。我站在摩托車旁看著壯觀的極光表演——閃閃發光的綠色光紗籠罩著北方的天空。從安大略省西北部的森林出發，孤獨的道路替我的心情帶來了催眠般的舒緩效果。引擎發出的穩定轟鳴、風持續的絮聒、帶著森林氣息的冷空氣以及我對前方道路的專注凝視，佔據了我大部分的感官，而我的思緒則越過了感官的偵測，把我抓進了回憶的領域之中。

「過去的聖誕幽靈」把我帶回了一九九三年十二月，一個下雪的下午，那是聖誕節前幾天。賽琳娜、賈姬和我一年中大部分時間都住在多倫多，但通常在魁北克的湖邊小屋裡度過夏天和假期，對我們這個親密的小家庭來說，那裡的聖誕節是一個特殊的時刻。

那年冬天雪下得很大，覆蓋在樹林裡和結冰湖面上的雪，已經積滿了厚厚的半公尺深。房子裡裡外外都被精心裝飾了一番，在藹藹白雪覆蓋的樹上掛滿了彩燈，客廳裡有一棵高大、閃爍光亮的聖誕樹。那年賽琳娜十五歲，她在一張大桌子上擺上了她每年的「聖誕小鎮」，雪白的棉花山上有一系列的瓷器房子，迷你樹上掛著小彩燈，玩具火車在房子裡盤旋時還真真實實地冒著煙，甚至還有用磁鐵吸住的人偶在鏡面的池塘上溜著冰。聖誕小鎮每年都不同，但即使到了賽琳娜十幾歲的時候，那還是一種對聖誕儀式表達熱愛的方式。

她總是興沖沖地從多倫多趕來並開始裝飾。壁爐裡燃燒著熊熊的炭火，客廳裡播放的是法蘭克・辛納屈、納金高、哈林男童合唱團的聖誕卡帶，還有我們特別喜歡的《查理・布朗的聖誕節》。那一年，房子裡也充滿了現場音樂。屋裡有很多客人，有賈姬的母親、她的妹妹黛比和她的另一半馬克——一個音樂家和錄音師，我們組成了一個小樂隊，賽琳娜演奏長笛和木吉他，馬克彈木吉他，我則試圖演奏馬林巴木琴——一種木鍵敲擊樂器，我對這樂器是個「半調子」——還有打拍子，用鋼刷敲打小鼓與高帽，這對我來說容易也熟悉多了。[2]

那天下午，我們排練著五、六首的聖誕歌曲，準備在聖誕夜為賈姬、黛比和奶奶舉辦一場私人音樂會。當我正為馬林巴木琴中的某個困難環節苦苦掙扎，賽琳娜抱怨我是個「魯蛇」（她對所愛的人表達親暱的一貫風格），我聽見車道上傳來引擎的轟鳴和關門的聲響。賈姬在廚房裡叫我：「尼爾，找你的。」但我一心想要將木槌敲到正確的琴鍵上，於是嘴裡嘀咕著：「妳怎麼知道？」

我曾經是個多麼愚蠢的人（這是我寫過最真實的話，而且一天比一天真實）。

我不耐煩地嘆了口氣走到前門向外看去，看到賈姬的弟弟基斯的皮卡車，基斯平時幫我們看管魁北克的房子，他的卡車後面載著一輛紅色BMW摩托車。我立即意識到這是賈姬送給我的禮物，因為我早就聲稱我「長大」後要嘗試騎摩托車，我的選擇將是一輛BMW。我張大了嘴，穿著拖鞋就衝進雪白的車道，爬到卡車後車斗，然後騎上漂亮的R1100-RS的座墊。當時我對摩托車一無所知，甚至從來沒有騎過，但我光是坐在上面看著車上的控制裝置和儀表板，雙手緊緊握住手把時，腦海裡就出現了一句話，完完整整的，就像小說裡寫的那樣：「一切都變得不一樣了……」

由於在一九九四年那年冬天的剩餘時間裡，我和匆促都在做巡迴表演，空檔時我所能做的就是閱讀摩托車雜誌，同時幻想著騎上那隻美麗的紅色野獸。到了四月，我和吉他手艾力克斯一起參加了多倫多大學的駕訓班，艾力克斯在那個冬天也愛上了騎摩托車，並給自己買了一輛哈雷。

我身上其實一直有一種很諷刺的現象，儘管我以打鼓為生已經二十幾年了，手腳如此並用著或多或少地應該也已經習慣四肢各自靈活運用，然而我這一生卻一直在面對著如何克服我的手腳不協調，例如我一直很不擅長運動。我試圖安慰這個受傷的自我形象，我的理論是在打鼓的時候，必須以一種獨立的方式運用四肢，因此更像是「不協調」，但當然，這種說法還是說不過去，因為它們最終都必須一起工作。無論如何，即使在教練學校提供的小型摩托車上，我也很難協調好離合器和油門控制的平衡，在三天的課程中我始終很痛苦。

艾力克斯那時已經是一個有執照的飛行員，而且是個天生的運動員，所以他很容易就通過了最後的測驗，但我第一次嘗試就失敗了。我既羞愧又沮喪，而在接下來的巡迴表演空檔，第二次考駕照又失敗時，這種感覺又更加強烈。在我第三次嘗試之前，聘請了一位私人教練上了一堂課，他很快就了解我的困難所在並加以糾正。就在我最終通過那場考試時，我是多麼的自豪、興奮（和解脫）。

我在身體和精神層面上還有另一個特點，那就是如果我對任何活動產生了興趣，我就會積極全心投入近乎執著。打鼓、閱讀每一本好書、寫歌詞、寫散文、越野滑雪、騎自行車，以及現在的摩托車

2 作者這麼說是因為他是樂團的鼓手。

都是如此。一九九四年的整個夏天，賽琳娜、賈姬和我，我們都在湖邊的小房裡度過的，每個星期有幾個早晨我在黎明前起床，在洛朗山脈空曠、蜿蜒的道路上騎行幾個小時，慢慢地增進技巧和信心。

那年夏天，我們有朋友在附近的湖上租了一間小屋：賈姬最好的朋友喬治亞、她的丈夫布魯特斯和他們的兒子山姆。當時布魯特斯和我只能算是「老婆朋友的先生」這層關係。但他看到我玩新摩托車玩得這麼開心，自己也買了一輛BMW K-1100RS，那年九月他和我一起開始了我的第一次摩托車旅行，穿過魁北克、紐芬蘭以及海洋省分，我們在新斯科細亞與賈姬和喬治亞會合。她們飛到哈利法克斯租了一輛車（她們倆似乎都不喜歡騎著摩托車跟在我們後面——至少比去商店買報紙還不喜歡她們說不喜歡擁擠、穿得太多、不舒服和寒冷），跟著我們在布雷頓角島的卡博特小徑上走了幾天又回到哈利法克斯，之後她們就搭飛機回家，而布魯特斯和我則騎車回到魁北克。

布魯特斯和我在第一次旅行中發現了兩件重要的事情：我們喜歡騎摩托車旅行，而且我們喜歡一起旅行。他給我們的雙男團體起了個名字叫「速克達人渣」，我們開始一起幻想著更多的夢想和冒險計畫。九五年春天，我們把摩托車運到墨西哥進行了為期三週的旅行（布魯特斯在那裡撞斷了幾根肋骨，後來又把他的行李箱燒了），那年初夏我們又在百忙中擠出一點時間去冒險（在工作上我們都有空餘的時間，我正處於樂團的表演空檔，而布魯特斯是一個自雇的企業家。但想要成行，我們必須好好地與家人討價還價和進行賄賂）。

那年六月我們出發穿越加拿大，到加拿大西北地區的黃刀鎮進行了為期兩週的狂歡（在那裡我們兩個人多次在泥濘中摔倒，我們在《加拿大自行車》雜誌上發表了篇〈抓住午夜的光〉的文章記錄這故事），然後在魁北克與家人團聚。那年九月賈姬送給我的生日禮物是一張寫著「七日自由」的卡片，我們利用這個機會加上喬治亞的默許，再次向東騎行前往新布倫瑞克和新斯科細亞。經過一整個冬天的工作和陪伴家人，一九九六年春天我們把機車運到了大西洋彼岸的慕尼黑，在那裡我們又開始了為期三週的旅行，途經巴伐利亞和奧地利阿爾卑斯山（布魯特斯在那裡撞車）、義大利、西西里島和突尼西亞（布魯特斯在撒哈拉沙漠中拋錨），然後返回撒丁島、法國和瑞士。

但所有這些都只是為「真正的大巡演」做準備。一九九六年夏天，匆促的「回聲測試」巡迴演唱會計畫正在籌辦中，該計畫最終將在美國和加拿大進行六十七場演出。我開始思考我將如何忍受另一次搖滾樂的巡演，我始終認為這種巡迴演唱是一種摻雜著壓抑的乏味、不停奔波的疲憊和如馬戲團般的瘋狂組合而成的，這些都不適合我躁動不安、獨立和內向的個性。

矛盾的是，我很享受巡演的準備工作，因為我喜歡和樂隊一起排練，共同為「完美的演出」而努力，當我們在大舞台上面對一、二萬人時，頭幾場演出肯定會讓人腎上腺素激增。然而到了第三場演出時，我們就會把一切搞定，樂隊、工作人員和觀眾一同處於一種超乎境界的表演中，就我而言，這就是我想要的結果。假設我的工作就是做好每一次的演出，那麼我已經達成了。目標已經實現，挑戰已經成功，任務完成了。現在我可以回家了嗎？

當然事情並非都那麼簡單，在剩下的巡迴演出中，我感覺就只是能每晚出席表演，以最佳的方式一次次重複那個經驗。然而也不是說就這麼簡單。當如果有某場演出沒有達到一定的水準時我又會感到洩氣，對自己感到厭惡，而如果我演奏得夠好，達到了這個水準了，我又覺得這只是合乎預期而已——沒有什麼可興奮的。所以對我來說，巡演是一個漫長的、無情的磨練，讓人筋疲力盡，心靈受到摧殘。而這說的只是在舞台上表演的時間，只不過是旅行、等待和連續幾個月從飯店到巴士到表演場地再到酒店的這一連串混亂的一小部分。

在八〇和九〇年代初的幾次巡演中，我在旅遊巴士上帶著一輛自行車，為我提供了很好的逃避和轉移。在演出之間的休息日，我會花一整天的時間，在距離一百五十公里內的城市，從一個城市騎到另一個城市，而在演出前的下午，我經常騎車穿過各個城市到當地的藝術博物館，以滿足我對繪畫、藝術史和非洲雕刻品越來越濃厚的興趣。

這一次，我想著如何用摩托車行駛更遠的距離，我腦海中有一個計畫，想用一輛帶有拖車的旅遊巴士來載摩托車，並說服布魯特斯加入這趟旅行來擔任導航員、機器監督員以及（最重要的）與我同行的夥伴。在紐約州奧爾巴尼的首場演出開始之前，我們以樂團的行程為基準，在周圍展開了自己的旅行，最終騎行了大約六萬四千三百公里，幾乎走遍了美國四十八個州（除了北達科他州，不知何故總是與我們擦肩而過）和幾個加拿大省分。

回聲測試巡演的主標誌來自於專輯的封面設計，描繪一個由石頭堆成的人形圖象，一個巨大版的因紐特人形，意思是「以男人的形象」。我建議使用這個圖像的靈感來自前一年去黃刀鎮的那次長途旅行，當時我看到了其中一個模樣神祕的人形石堆，俯瞰著這個偏遠的北方小鎮，真正的荒野邊緣。我知道在傳統上這些石堆用來標誌穿越荒蕪北極地區的旅行和狩獵路線，我被這些人形象徵物在這片惡土上所展現的力量所震撼。

現在，在一九九七年七月四日渥太華回聲測試巡演的最終場演出後一年多，日子來到了黑暗的一九九八年夏天，一切都發生了很大的變化，至少在我看起來是這樣。我又開始騎車了，只是這次只有我獨自一人，部分原因是我想看看孤獨的旅行是否有助於舒緩我來自內在小孩的折磨，另外則是因為布魯特斯走不開，希望稍後能在某個地方和我會合。

在我從魁北克向西旅行的第一天，我看到路邊高處岩石的切口上放著一個因紐特人形，第二天又看到一個，第三天又有一個。這些也許是哪個單獨的旅行者擺放的，又或者是哪個等著搭便車的人在等待下次搭車機會前打發時間所排放的。我喜歡把這些當作是一個好兆頭，儘管想到那個「以男人的形象」的寓意讓我發出一陣苦笑。

我肯定那是我曾有過的感覺，如此空虛和萎靡不振，我甚至很難想像曾經身為「我曾是一個多麼愚蠢的人」是什麼樣子。有時我試圖引導我的思緒遠離過去的記憶，進入於今似乎如此遙遠、如此不真實的情緒中，這樣我才能夠膽敢想起過去而不崩潰。

「過去夏天的幽靈」將我帶回了一九九六年的夏天，那可能是我一生中創作力最輝煌的時期。《回聲測試》專輯剛剛發行，我視之為身為鼓手的傑作，因為在那之前的兩年裡，我為演奏傾注了全力。那年夏天我正在為一個打鼓教學影片《進行中的工作》進行後製的細節工作，同時也在為我的第一本書《蒙面騎士》進行校對（我與賈姬和賽琳娜達成協議，我可以在辦公室工作到中午，然後停下來和她們一起度過下午和晚上——這很公平）。不過是兩個夏天過去，所有這些都灰飛煙滅不復存在了，我覺得這些成就幾乎與我無關。

我現在的所有的掙扎努力無關乎創作或生產，更不是為了計畫冒險，就只有生存而已。當我回顧過去的生活，我傾向於把這故事的主角稱為「那個人」，因為我只分享他的記憶。其中的一些是我此刻正試圖視而不見、逃避、騎車遠離的。

我可以往前騎——但我逃避不了。

第三天早上我進入曼尼托巴省，把車停在加拿大橫貫公路[3]的休息區，那裡有一片常青樹（是冷杉樹，我把針葉放在手裡滾動後確定了——依據樵夫的說法：「冷杉是平的，雲杉是螺旋的。」）我在一輛舊校車改裝的餐車買了熱狗、奶昔和薯條（餵飽我內心的小孩），走到樹蔭下的野餐桌上用餐。一隻毛茸茸的啄木鳥正在附近的一棵樹上啄食補充蛋白質（牠不能吃沒營養的碳水化合物），而一群雪松太平鳥，珍珠灰色，頭冠上有漂亮的標記，在小樹林的樹枝間飛來飛去。

從我還是一個小男孩開始，鳥類就非常吸引我，那時我經常根據祖母的鳥類書籍中的圖片去尋找同種的鳥，還曾試圖為我在安大略省南部的郊區和林地中看到的各個物種命名，這是一種年輕的熱忱。事實上一直到我成年後，這種嗜好還有增無減。即使在這段悲傷的旅程中我也帶著一副小望遠鏡和一本野外指南，就如同我每次到非洲、歐洲、北美或墨西哥的任何地方工作一樣。在巴貝多期間，大部分時間我們都待在租來的別墅裡，周遭是鬱鬱蔥蔥的花園，每當賈姬在花園裡閱讀時，我與她並坐著用望遠鏡眺望樹木，最終認得了巴貝多當地二十四種原生鳥種中的二十二種。

回到高速公路上，森林像一道牆一樣被拋在身後，路邊則是寬闊的綠色大草原。空氣中充滿了溫暖的陽光，帶著牧草的清香氣味，我看著農民開著打捆機、收割機、牧草堆捲機和圓盤耙在田間工作著，一方面羨慕他們的工作是那麼的簡單且直接，只要開著農機在大地之間來回穿梭即可，另一方面我羨慕所有的人。

很快的一座座「草原摩天大樓」在開闊的天際線上打上標點符號——這些高大的穀倉塔像驚嘆號一樣地出現在每個草原城鎮的火車鐵軌旁。曾經我見過大規模農業現代化的例子，自動機器抓起成捆的乾草，堆疊如公寓大樓般大小，有寬闊的車道供拖板車進出。我對親戚或父母朋友家的農場有很多童年回憶，他們在我一、兩歲的時候才離開農場，那時父親已經開始了農場設備的生意。而在夏天與假日時，在父親的農機經銷處打工的經驗也豐富了我一部分的生命，我二十歲出頭時還擔任他的零件經理直到加入匆促樂團為止。

那天晚上我給爸爸媽媽打了電話，和爸爸談起我所看到和記得的事情。他告訴我，他的父親和約

3 加拿大橫貫公路，是一個自西向東橫貫加拿大全部十個省的高速公路。

翰叔叔年輕時經常乘坐「收割列車」從安大略省南部向西來到曼尼托巴省，這些列車從最東邊的海洋省分召集年輕人幫助收割小麥——特別是在戰爭時期農場勞動力匱乏。他還告訴我，戰後當第一台自走式聯合收割機在美國出現時，駕駛由美國德克薩斯州一路往北工作到加拿大曼尼托巴省，就像開著農用噴灑機的飛行員或趕牛人一樣隨著收割季節四處工作。

因為我從來沒有這樣向西走過，在進入溫尼伯之後，我就在耶洛黑德公路[4]上轉向西北前進，並開始研究可以在哪裡過夜。我那天早上六點在北極閃爍的弧光下（與科克倫的「北方萊茲」完全是兩回事[5]）離開雷霆灣，然後在穿越第一個時區後，時間往前撥快了一個小時。因此當摩托車的電子時鐘顯示為四點三十分時，我已經上路將近十二個小時，騎了九百四十五公里，是時候找地方休息了。

草原和沙漠類似，當遠方出現樹叢時，通常意味著前方有城鎮，於是我決定在地平線上的下一片樹叢（城鎮）停下來休息。走近尼帕瓦這個小鎮，它看起來很熱情好客，汽車旅館的房間令人難忘，充滿懷舊的元素，紗門吱呀一聲打開，映入眼簾的是三張有鈕扣皮面床頭板的雙人床，桃花心木鑲嵌的牆面上掛著飼料工廠的日曆和宗教標語（神愛世人），亮晶晶的瓷磚天花板，以及顏色曾被稱為「威士忌色」的橙褐色調長毛地毯（但它與我的麥卡倫塑膠杯一點也不搭）。

我拿著飲料到外面有遮棚的走道上，看著從西北方向飄來的烏雲拖著幽靈般的雨絲。塵土在公路旁飛揚盤旋，風吹著，預告著暴風雨即將來臨。很快雨就席捲而來拍打著屋頂，在閃亮的路面上彈跳。遠處傳來隆隆作響的打雷聲，閃電在南方閃爍著。我站著看了一會兒，心情愉悅，然後穿上雨衣走到路上的「肋排先生」餐館。

那天早上，我在日記本上寫下了一個充滿希望的標題——「療癒之路」。在吃完沙拉和肋排、烤肉、蝦組成的三合一套餐之後，我對這個標題進一步思考：

我一邊填飽肚子一邊想，今晚我感覺比過去一年多還要來得好。我已經做到了「融入」在旅程中，這曾經是一種不可多得的心態，尤其是在被工作打斷的時候，或者旅程結束的時候。現在，這兩者都不是。

今天經過了九百四十九公里的療程，或許吧。「這麼想想不也很好嗎？」[6]

我對這句海明威的《太陽依舊升起》的結語，最近有了新的共鳴。這是一種有意識地諷刺，拿一個願望取樂卻不相信它的可能性。以前我並不真的相信有一個足以被稱為「療癒」的目的地，但至少

4 耶洛黑德公路又稱十六號公路，是一條連接加拿大曼尼托巴首府溫尼伯和不列顛哥倫比亞夏洛特皇后群島馬塞的公路，橫越加拿大西部四省，由西到東依次是不列顛哥倫比亞、阿爾伯塔、薩斯喀徹溫和曼尼托巴，全長兩千九百六十公里。

5 作者是以在科克倫投宿的旅館名稱「北方萊茲」（意為北方的光）對比此處貨真價實的北極光。

6 「這麼想想不也很好嗎？」原文：Isn't it pretty to think so? 是海明威小說《太陽依舊升起》的最後一句，它之所以出名是因爲帶有遺憾且簡潔明了地表現了小說所糅合的浪漫主義、憤世嫉俗和冷峻的現實主義。

我現在已經開始相信，並已在朝它前進的路上了，這足以讓我繼續向西行駛。在之前的那些日日夜夜裡我並非總是感覺「好多了」，因為在這過程中悲傷的情緒總是時不時地湧上來，甚至在一天中心情從好一點又轉而跌落到有一點不好，有時又會從徹底的絕望中，不經意且突然地出現了希望和對事物的興趣。這絕對就是這趟療癒旅程中所擦撞出的火花。

第二天早上，當我在日出時分離開尼帕瓦時再次感受到大地的美。在這一個美好的草原清晨，涼爽而多雲，因為昨晚的雨，路面依然濕滑。我與一列往南的火車並列而行，耶洛黑德公路順著地形起伏蜿蜒，然後筆直消失在地平線的盡頭。陽光從我身後的雲層中穿出，在我的後照鏡中閃耀著，亮晶晶的路面在一片綠油油的田野間彷彿變成了一條金絲帶。

我的安全帽裡充滿了牧草清新懷舊的味道。有時候也會有音樂從我的安全帽裡流出，那是我的「心靈點唱機」將風吹過的噪音轉化為細節豐富的高傳真原聲帶。有時候似乎一整天都重複放同一首歌，有時候也會播放其他不同的歌曲，唯一的區別似乎是它們都不是「家庭原聲帶」，因為我努力將播放的歌曲導向我年輕時的流行音樂或是類似辛納屈等級的經典曲目。不過大部分的時間都是隨機播放的，有時是由風景（「麥田、晾衣架、垃圾場和高速公路在我們之間出現」[7]）、天氣（〈這就是那個雨天〉[8]）、路標（〈當我抵達鳳凰城〉[9]），或我的心情（〈一切發生在我身上〉[10]）所觸發的。當我在必須專心騎行的時候，音樂就會隨之退去，但當只有我自己騎在一段漂亮的路上時，我的大腦就會開啟那收音機。

在一個週日的清晨，路上幾乎沒有什麼車，我把腿伸到前面靠在氣缸蓋上慢悠悠的騎行。偶爾可見水鳥棲息在池塘或沼澤上，在約克頓附近我看到了第一隻喜鵲，這意味著西部到了。

在羅素旅館吃早餐：一家看起來很不錯的汽車旅館和「親子餐館」，本來沒想要停下來休息，但還是經不住誘惑。八點剛過，非常愉快地完成了一百六十多公里。腦子裡想著變阻器樂團[11]的「草原音樂」，偶爾會有一點悲傷，會掉幾滴眼淚，除此之外，一切都很好。

顯然我還沒有失去我的諷刺或幽默感，這是件好事，因為那天我破個人紀錄地騎了一千一百七十六公里，一路來到了埃德蒙頓，隔天將會是嚴峻的考驗。第二天我很晚才離開埃德蒙頓，因為我修補了漏水的靴子，在BMW經銷商更換了機油，並補充了麥卡倫酒的庫存。繼續向北騎行向阿拉斯加公路出發，我在郊區的一個加油站停了下來，把機車中柱拉起，將車停在油機前。在我移動油箱上的行

7 出自葛倫．坎伯〈溫柔在我心〉一歌的歌詞：The wheatfields and the clotheslines and the junkyards and the highways come between us。
8 〈這就是那個雨天〉是由吉米．範．休森作曲、強尼．伯克填詞，在一九五三年百老匯音樂劇上推出。
9 葛倫．坎伯演唱的歌曲。
10 法蘭克．辛納屈演唱的歌曲。
11 變阻器樂團為加拿大獨立搖滾樂隊，成立於一九八七年，直到二〇〇七年解散。

李包準備加油時，接過年輕服務員遞過來的油槍後便開始加油。我注意到油似乎有點泡沫，但沒有多想，直到那個男孩再次出來說：「你的摩托車用的是柴油嗎？」

我低頭看了看油槍的把手發現是綠色的，這通常（雖然不總是）意味著這是柴油，又看了看從油箱口冒出的油性燃料泡沫。我不可置信地搖了搖頭說：「不是。」

然後咬牙切齒地說：「你有抽油管嗎？」

我們把充滿危害的柴油從油箱裡排出來並重新加了汽油，但當我啟動摩托車試圖騎走時，到了停車場的邊緣就停擺了。在這個不幸中的大幸是加油站的老闆，一個粗壯的男人，他的外表說明了他有原住民的血統。他的效率很高，在這個鄉下的加油站工具配備還滿齊全的，備有我們試著讓拋錨的機車重新運行所需的工具。我先把摩托車上所有的行李卸下，拿出我的工具包，然後就開始維修了。

有其他顧客開著濺滿汙泥的大輪皮卡車也停了下來，這些人當中許多人都有原住民特徵，身穿質樸而有男子氣概的戶外休閒服，他們說了一些機車運作的原理，也提出了有用的建議。把油箱的油吸出來後，我們卸下火星塞，清洗兩次。拆下燃油噴射器，噴乾淨，也做了兩次。在機車前叉上綁上繩子，讓摩托車像滑水一樣地拖在汽車後面，滿臉驚恐的騎手試圖透過這樣助跑來啟動它（聽起來是個好主意……），但馬達還是無力地原地晃動。

至於那個造成這一切的十幾歲的男孩，他有一段時間沒有出現，我希望他的老闆沒有對他太嚴厲。畢竟這是他第一天上班，而我內心深處的一些東西可以同理他的瘦弱、彆扭的自我。

我稱之為記憶。

我知道我在那個年紀的感受：尷尬、害怕和無知。我感到自己曾有的愚蠢陰魂不散。但是，不對那個男孩生氣，我肯定會對這種情況感到更加的憤怒，尤其是隨著時間的過去。到了四點半，我決定給埃德蒙頓的BMW經銷商打電話，趁現在他們還在營業的時間，看看能不能派一輛卡車來載走這輛故障的車。我向機械工程師描述了問題，他贊同我們已嘗試了的所有正確做法，然後建議採取最後一個死馬當活馬醫的補救方法，儘管他警告我「要小心」。

在我的要求下，沉默寡言的加油站老闆拿出一罐引擎啟動液，當我再次嘗試踩發引擎時將它噴到進氣口。幾聲響亮的爆炸聲響起，當我們準備跳開躲避時，突然間馬達冒出了濃濃的白煙，我把油門轉到最大，讓它繼續運轉。

我近乎瘋狂地重新將行李裝好並穿上騎乘裝備，急於再次上路，這時一個健談的原住民對摩托車的高度品頭論足並輕聲笑著說：「這對東方人來說太高了。」

我猛然意識到那些有著濃密頭髮、主動幫助我的年輕人並不是所謂的「原住民」，而是中國人，和他們那些種小米、說普通話又或者種水稻、說廣東話的祖先可能隔了一、二代之遠。他們的祖父可能梳著皇帝要求的長辮子，他們的祖母可能會編織圓錐形的草帽來遮擋稻田裡的陽光。現在這些年輕人已經變得如此「土生土長」，以至於我著實地把他們誤認為是「第一代移民」，也就是在這裡待得最久的人（在這個地區可能是克里人）。

看似粗枝大葉的他們，行為舉止卻表現得很得體。他們穿著工作靴身著休閒服，開著後面裝有沙灘越野車的泥濘皮卡，談論著狩獵季節和鏟雪機，我意識到這些加拿大人現在絕對算是「原住民」。從各種意義上說，他們完全適應了現在的環境。我第一次清楚地認識到，當我們試圖用種族的刻板印象對他人進行分類時，我們真正所指的是文化。我們認為奇怪的、異樣的甚至有時是瞧不起的「其他人」——包括行為、衣著和習慣，是在特定地區長久以來氣候、生存模式、飲食和日常習俗的影響下，經過數百代人發展起來的文化模式。

我長期以來本能地感受到的一些東西，雖然無法用很清晰的思維來傳達，但如今總算可以用文字表達出來了。用種族來分類人是完全錯誤的，因為很明顯，文化才是民族之間的真正分界線。只要時間夠久，經過個一兩代人，我們都可能成為別人眼中的「其他人」，在行為上跟我們的鄰居和同齡人沒有多大的不同，就像他們彼此之間沒有不同一樣。即使是長相上的差異也會在幾代人「同化」的過程中消失，採用當地同樣的飲食習慣、風俗，甚至是染色體，最終融合為相同的基因。

種族（race）這個詞與法語中的根（rascin），來自同一個拉丁字根。因此，英語單詞 deracinated 即是「被連根拔起」的意思，也可以說是種放逐吧。至少，被流放畢竟比被監禁來得好。不過無論如何，在我看來，「根」這個說法是被明顯過度重視了。但是 racemus 在拉丁語意思是「一串葡萄」，也許那些葡萄是酸的。而今我不再有任何根了；在我眼前的就只有道路了。

這段路程，我原先希望能到達哥倫比亞省的道森河，但如今已經不可能了。儘管如此，在經歷了如此令人沮喪的挫折之後，我決心在天黑之前趕一點路，我像著魔似地騎著車一路超越了卡車、越野車、皮卡和汽車。

在一排長長的車流後面，我想從雙向車道中找到空隙超車。我緊張地等待著超車的時機。這時我注意到前面的司機把手從天窗中伸了出來，轉動著他的食指。我意識到這是在警告我前面有一輛警車，便不再準備超車，退到後面，但為時已晚。我再次從我的後照鏡裡看到了閃爍的紅藍燈光，這次是一輛加拿大皇家騎警的巡邏車，隨著一小聲沮喪的咒罵，我的腎上腺素降了下來，同時我打了方向燈停到路肩上去。

我把機車熄火，整個人無精打采地趴在車上，戴著安全帽的頭往前垂下。騎警顯然也讀懂了我的肢體語言，當他走到我身邊時，幽默地假裝出非常猶豫的樣子：「好吧，我本來想看你的行照和駕照……」

我慢慢地掀開頭盔，摘下太陽眼鏡，轉頭注視著他的眼睛。「就這一次，你得聽聽我的故事。」我講述了我在科頓伍德加油站的三個小時的經歷，說我正試著想趕一些路，在天黑前趕到大草原城。

這位留著大鬍子的騎警很友善也很有同情心，這次我的安大略省駕照引出了他的故事——他曾住在多倫多，擁有一輛摩托車，但因為騎車「太危險」而放棄了。根據他配置的雷達儀顯示，我在時速一百公里的區段內以時速一百四十公里的速度行駛，這本來是要罰上一百七十四元並重重扣分，但這次他饒了我。

「我還是必須開一張罰單給你，但罰金不會到那麼高。」

他開了一張「不遵守交通號誌」的一般違規，罰款為一百加幣。這很公平，而且他也很好意的建議我，如果慢一點、穩一點、安全一點，我就能很快到大草原城。我聽從了他的建議，不過，更多的是屈從於沮喪——以及怕再次遇到警車——而不是希望緩慢、穩定和安全。

到了傍晚六點半，我已經不能再忍了，強烈渴望喝上一大杯威士忌，洗個熱水澡。我把車停在了谷景鎮的汽車旅館。就像我在這一路上經過的許多汽車旅館一樣，停車場裡停滿了工程用的小卡車，車上都是道路維修的工人（鑑於惡劣天氣帶來的損耗，加拿大被稱為只有兩種季節：冬季與施工季）。骯髒的工作服散落在走道的欄杆上，門外放著靴子和啤酒箱，在我一樓房間的上方，在特定的「派對房間」附近，到處都是跺步聲。

如果說這種「放蕩不羈的男人」的吵鬧聲在這種偏鄉的汽車旅館很常見，那麼落單的女性肯定是很少見的，不論她的年齡。當我在附近的中國餐館裡找了張桌子坐下時，我注意到一個中年婦女獨自坐著，伏身面對一支酒杯。她的臉龐浮腫，臉上濃妝豔抹塗了厚厚的化妝品，頭髮是一種過於年輕的不自然紅色。我在想，她可能是一個年老的應召女，剛結束為建築工人所提供的服務。

很顯然的，這裡面是有故事的，但我很快意識到這不會是一個快樂的故事，因為她對一個紅臉的年輕服務生抱怨了很久，後者顯然忘記了她點的菜。她似乎認為這是對她個人的侮辱，於是叫來了經理，憤憤不平地對他抱怨，嘴裡還不停地念叨著。經理又給她拿了一杯酒來安撫她，並解釋說這是這個男孩第一天上班。又一個有著倒霉第一天的菜鳥。

那男孩來到我的桌子前時，他的臉頰發燙，而當他詢問我是否要點飲料時，他的聲音顫抖著。那個女人魯莽且粗暴的行為激怒了我（她自己工作的第一天又是怎麼過的？），我試圖對這個可憐的男孩更友善些，我告訴他那天發生在我身上的事情，並說「不要因為她而沮喪」，他真誠地說了聲「謝謝」，我感覺好多了，希望他也是如此。

回到房間，我拿著電視遙控器不停尋找氣象台，最後在一個辛納屈在六〇年代的演出特輯停了下來。法蘭克的聲音很好聽，他在「老人河」中的巡迴演唱會讓我過度緊張的情緒得以宣洩，我潸然淚下。因為他是如此偉大，而且，我想，又或許因為他已經死了。另一個幽靈。

隔天是一個寒冷的早晨，我在六點前就離開了旅館，騎車經過牧場、灌木林和一些看起來光禿禿的野地（路邊的告示牌告訴我，其中一些雲杉樹之所以會被砍掉是為了對付樹上的一種寄生蟲，並清除因此而逐漸死去的枯木）。

一路走了二百五十公里，途中喜鵲、烏鴉、土狼和狐狸與我為伍，最後我在哥倫比亞省的道森河停下來加油、吃早餐。當我退檔時，那顆可憐的引擎回火了幾次，但運轉似乎還算平穩。我的拇指因為前一天頻繁地按壓引擎按鈕而感到疼痛，這讓我對引擎感到有些擔心；我希望它沒有因為各種濫用而磨損得太嚴重。我們現在已經正式進入「化外之地」，因為在道森河有一塊牌子上寫著「阿拉斯加公路〇英里」，而在公路的另一端，即一千六百多公里外的費爾班克斯才有ＢＭＷ的經銷商。

早晨仍然很冷，從雲層透進來的光線，足以讓人需要戴上太陽鏡。我以時速一百二十公里的速度穩定地前進，已經快到足以行駛相當的距離了，儘管還是在規定的速限內，但我很快就感到徹骨的寒冷，即使我穿了加熱背心（像電熱毯一樣接線並插入摩托車的電路），厚手套下還有加熱握把，皮衣上又穿了一件塑膠雨衣。

在納爾遜堡，我在「儲藏室餐廳」停了下來，喝了一碗湯，暖和一下自己，並在日記中寫道：

> 到目前為止，這是你能想像到的最好的雙向道高速公路——寬闊、路面鋪設平坦、車流量小。有些風景不錯，但我知道，當我向西進入山區時，壯觀的景色才剛剛開始。
>
> 休旅車的保險槓上貼著：我們要去哪？我們為什麼會在這手提籃裡？[12]

回到停車場的摩托車旁，我掏出我的手機給多倫多辦公室的樂隊會計希拉打電話。過去，希拉一直是我們家庭生活的一部分，因為她每兩週都會來我們家更新帳目，時間是週二晚上，也就是賽琳娜上長笛課的那個晚上，那時家裡會充斥著老師流暢的鋼琴伴奏以及賽琳娜時而停頓的表演（像她父親一樣，她喜歡演奏，但她的不耐煩更像她母親，她不喜歡練習）。

一直以來，在我遇到困難時，希拉總是那位關心我、支持我的好朋友，我趁機利用了她的善意，我逐漸將我所有的繁雜瑣事都轉到她身上，並讓她當我的「聯絡人」，負責接收朋友和家人的信息。我可能是一個孤獨的旅行者，感覺完全脫離了周圍的一切，但我從來不是真正的孤獨——總是有人在想著我，為我擔心，並幫我處理在我自我放逐時的那些必要事務。

當我的整個世界徹底崩壞時，我是那麼的洩氣、虛弱和無助，根本無法應對日常生活的細節，不得不接受家人和朋友的暖心幫助。當我能夠接受這些幫助後，我很訝異他們願意且能夠做多少事來幫助我度過那些黑暗的日子。約翰．史坦貝克曾經寫道「有時你能為某人所做的最美好的事，即是允許人們為你做些什麼」，我也有了同樣見解。也許這是我有生以來第一次放棄我的獨立與自豪的自給自足。一旦我對這些投來的溫暖同情打開心扉，我的世界觀就完全變了。我投入了他們張開的懷抱。

我的弟弟丹尼就是其中的一位支持者，他引用了梭羅的一句話，寄給了我：「面臨死亡時，我們的朋友和親人要嘛就是與我們靠得更近，使我們能感受到他們的存在；要嘛就是離我們更遠，使我們漸漸淡忘。」在那段悲傷的時間裡，幾乎所有與我親近的人都離我更近了，我記得有一天在靈堂時，我對我的朋友布拉德說：「你知道嗎？我以前認為『生活是美好的，但人們卻糟透了』，但現在我不得不反過來思考，『生活很糟糕，但人們很美好』。」

在我以前淺薄的、又或許是冷漠無情的世界觀中，我享受我的生活，感激我的家人和朋友，但我經常被一種感覺所困擾，即其他人只是想從我這裡得到什麼。曾經，我將生活理想化，將之視為慷慨

12　此語延伸自英語成語 Go to hell in a handbasket（拿著手提籃去地獄），比喻事物往最壞的方向快速發展、急遽惡化。

的神所提供的冒險和快樂的生活，但是現在，我這信仰被狠狠地背叛了。在往後的日子裡，是人們用無微不至的關懷和超乎想像的情感支撐著我，讓我完整而不至於支離破碎。

關於「超乎想像的感情」，我承認，我是那種在不為人知的內心深處，永遠無法想像為什麼有人可以像我的這些朋友一樣，真心地關懷、支撐他人。我總以為這些人也許是出於尊重又或者是感激，但總之不是真的關心。這種心理（或者說是種精神病、精神官能症）無關自尊或驕傲，因為大多數人似乎都有如此的心態或概念，但這更多的其實是一種在社交活動方面無能的感受，自認沒有能力將正常的社交活動視為迷人、有趣且愉悅的，也沒有辦法樂於與旁人交談。

比起惱人的自我形象，這種既存的無能感造成了更多的社交恐懼（正如我一個朋友所自我揭露的，同樣在不為人知的內心深處，他無法想像為什麼有人會不喜歡他）。對於我們這些自覺缺少當前社會所重視的人格特質的人來說，向他人敞開心扉是如此之困難，以至於我們只願意在親密關係嘗試，而不會對那些萍水相逢的人這麼做。

看起來社交不適感還是存在於我身上，但我已經了解到，嘗試把自己交給別人有可能是值得的。他們當然已經把自己交給了我，甚至一些以前從未與我如此親近的人也更加接近我了，我記得有一位多年未見的樂隊前員工出現在靈堂，淚流滿面地發表了一篇演講，基本上表達了許多人的感受，「我不知道該說什麼，但這是我的心聲。」

秉持著接受他們的幫忙也算是我成全了他們的好意，我請求希拉的老闆、也是匆促的經理，雷，請他幫忙關照在多倫多的房子出售的事宜。在賈姬死後不到兩週的時間，我第一次與房仲會面，不得不壓抑心中的悲痛，坦白地告訴她我為什麼要賣掉房子——這也是我第一次被迫用簡短而痛苦的話講述我的悲傷故事。房仲在有點制式性地表達她的同情後，告訴我這可能會影響買家想買的意願，然後繼續不斷遊說我答應開放房子讓人參觀——如此一來任何人都可走進這間「鬼屋」，從真正想買的人到只是好奇並從死亡中取樂的人。

所以我很慶幸可以不用再與房仲交涉，也可以避免不斷喚醒那棟房子裡曾經有過的家庭幸福回憶。在我們那天的通話中，希拉說：「雷想和你談談，我想他應該已經把房子賣掉了。」這句話讓我心頭一震。這當然是我想要的，但又覺得，一切好像都……結束了。

我試圖打電話給雷，但聯繫不上他，於是我再次整裝出發，重新回到阿拉斯加公路上，一邊向西騎行，一邊想著所有這些事情，蜿蜒在針葉林中的道路越來越窄，漸漸進入洛磯山脈的北部地區。天氣陰沉沉地，依然很冷，有時道路被雨水沖洗得閃閃發光，所以更多時候是感覺到山的存在，而非實際看到。當山終於出現時，卻是光禿禿的很少有樹。在這個緯度，林木線[13]很接近我們，在一千兩百公尺高的蘇米特湖旁，樹林看起來就好像是沿著路邊生長。

13 林木線乃指植物因氣候、環境等因素而能否生長的界線。在該線以內，植物可如常生長；然而一旦逾越該線，大部分植物均會因風力、水源、土壤及／或其他氣候原因而無法生長。

幾天下來騎在一望無際的大草原之後，我在日記中用「偉大」且「燦爛」來形容這種3D的立體風景，並且在騎過那些筆直的公路之後，我將騎行描述為「更有趣了」。時值夏季的尾巴（八月二十五日），交通量並不大，而且大部分是大型的房車從對向車道駛來正要離開阿拉斯加。在繞過一個被茂密森林圍住的彎道時，我驚奇地看見一小群馴鹿在路邊散步，我用足以觀賞鹿群但又不至於嚇跑牠們的速度行駛著。

我仍會持續對路上的風景、公路和野生動物作出反應，在騎行中「創建」世界。我甚至似乎也開始對**人**有所反應，即使是陌生人。顯然，我甚至可以**關心**別人，比如加油站的孩子、東方的「原住民」、不快樂的服務員、甚至關心「曾經愚蠢的我」。這種同理心對之前的我來說是比較少見的，因為我所有的情緒都被束縛在失去的悲傷裡，我對陌生人的態度常趨向於怨恨或羨慕，並可能以憤怒的指責作結，「你為什麼還活著？」（當然，不是對向我投以關注的人們）。

現在，我似乎開始將陌生人納入我勇敢的新世界，也許隨著我在這趟療癒之旅走著，我也會開始喜歡上他們。一切皆有可能。然而儘管我在路上偶爾發現了這些真實且美麗的珍貴時刻，我還是時常感到迷失和孤獨，每天我都被黑暗、哭泣的惆悵所籠罩著。

因此在阿拉斯加公路上的寒冷潮濕的一天裡騎行了一千公里之後，我很高興來到了位於蒙喬湖畔的北落磯山脈旅館。它被稱為「哥倫比亞省最大的原木建築」，有一個十四公尺高的中央餐廳，這棟建築就在兩年前，也就是一九九六年，就在我和朋友布魯特斯在前往黃刀鎮的旅行中偶然在那裡短暫停留之前建造的。當時我認為這會是一個很好的住宿地點，在一個漂亮的小湖邊，被高大的樹木和崎嶇的灰色群峰圍繞著，是遠離文明的化外之地。出發的當天早上我想起了它，並希望能來到這裡。

旅館前面的碎石停車場停滿了汽車和多功能休旅車，車牌來自南達科他、紐約、華盛頓、科羅拉多、德克薩斯、猶他、佛羅里達和阿拉斯加各州。在旅館和湖泊之間，有幾間飽受風吹日曬侵蝕的小木屋，約三點五公尺見方、三公尺高，是以前經營這裡的企業所留下的，成為像我這樣不受歡迎的吸菸者的好去處。「太棒了！」我在日記中寫著，並認真考慮再多待一天。我一直不敢考慮要在同一個地方停留超過一個晚上，因為不想讓自己有時間**想**太多，但自從離開湖畔小屋以來，六天裡我已經騎了五千公里，現在除了讓自己在另一個湖畔小屋休息一下，還有一些實際問題需要考量——我只帶了六套換洗的襪子、內衣和T恤。北落磯山脈旅館除了提供房客洗衣設施，這裡也有小快艇出租，也可以健行，而我的小木屋確實是一個誘人的避難所，可以帶著我的麥卡倫威士忌和書一起躲起來。

我猶豫不決，不確定這個想法是否明智，於是決定明天早上再依情況而定。那天很冷（攝氏八度），而且有可能下雨。不是一個適合旅行的日子，所以我下定決心留下。走到旅館吃早餐時，我在服務台前停下來，準備再訂一晚。

北落磯山脈旅館的主人是一位名叫烏爾斯的瑞士飛行員和他的妻子瑪莉安，兩人顯然都是快五十歲，由擺設的照片顯示烏爾斯曾經是利比亞的石油公司的飛行員。也許他在那裡賺到了足夠的錢買下了這片偏遠的土地，建造了新的小屋，並購買了兩架停在碼頭的水上飛機，供觀光客和運動員租用。

我將衣服洗好烘乾後收了起來，並向瑪莉安詢問哪裡可以健行，她指引我穿越公路走到對面，去一個她稱之為「洗滌」[14]的地方。清晨依舊寒冷，陰雲密布，但當我在窄仄崎嶇不平、布滿冰磧石和崩塌碎石的狹谷底部奮力攀爬前進時，身子很快就暖和了。春天的融雪顯然也從這裡傾瀉而下，較低的部分已經用推土機推出一道堤壩以引導水流，我越過它們爬上更大的岩石，沿著一條小溪的河岸進入參差不齊的森林。

一隻河烏在我前面逆流而上，牠很容易認，因為牠習慣潛入水底或用鳥喙戳入水中捕食昆蟲和小型甲殼類動物。對於一個長久以來的鳥類愛好者來說，看到這樣的新物種總有一種輕微的興奮。那天下午晚些時候我租了一艘小汽艇遊覽湖泊，看到一隻禿鷹在濃密的森林上方翱翔，以及也是頭一回看到的北極潛鳥，牠的羽毛比我家湖上的普通潛鳥更光滑、顏色更淺。還有細長的川秋沙在湖上捕魚，以及一大群像海鸚一樣的小鴨子，不過牠們在我近到能夠辨識牠們之前就飛走了。

一場短暫的大雨在我遊湖期間襲來，讓我對我的防水夾克和帽子心存感激。終於烏雲向東飄去，雨過天晴，在森林上方貧瘠的灰色山峰上，留下一道彩虹和明亮的陽光。當我回到旅館時，我對前台的瑪麗安說：「像這樣的地方本應該是讓人放鬆的，但我累壞了，因為可看的東西太多了！」

我可能是累壞了，但我也很放鬆；第一次在一個地方待上一天的感覺很好。就像往常一樣，最重要的是繼續前進不要停下來；保持活躍，帶著那個內在的小孩去兜兜風。這只是需要意志，我知道我總是很勉強的堅持這種必要的決心。我仍然每天有幾次會覺得悲傷而流淚，但我試著讓這些惡夢過去，避免被捲入記憶的深淵中而無法自拔。

當然，這些記憶一直伴隨著我，而且如同佛洛伊德所說的，「練習悲傷」[15]的一部分涉及了喚起和處理我對已逝之人的每一段記憶。每一個共同擁有的歡笑聲和每一句刺耳的話語都必須被喚起，並被賦予一個新的、最後的評斷——有些也許可以讓我最終感覺好一些，或者有些我不得不在腦海中不停地回放，比如對賽琳娜意外事故的心理影像循環，或是對賈姬最後一口氣的記憶，直到我可以將這些記憶永遠且和平地存放在記憶花園裡。

出於某些原因，作為練習悲傷的一部分，我似乎也有必要回放我自己生活中的每一個單一事件，有一次當我半夜在汽車旅館醒來，為這些往事苦惱時，我試圖把它寫下來。

我注意到在這些「守夜」[16]時刻或騎行時（或任何時候）折磨的模式（tormente，西班牙語的風暴）——不僅要重溫和檢視與賈姬和賽琳娜生活的每一個情節，還有我自己生活裡的每一個細節。每一個尷尬、愚蠢的行為、錯誤的判斷、失誤與白癡等等，一路回溯到童年又

14 原文為 the wash。
15 當一個人面對一些個人的損失的時候，哀傷是一種自然反應，這過程稱做練習悲傷，意味著要花一點時間和心力去面對。
16 原文：watches of the night，在幾部文學作品中被使用做為「凌晨」同義詞。

一路折返回來到現在。

視情況而定而且幾乎是無法忍受的——我的身體可能會不由自主地退縮或大罵一聲「噢」或「操」。如此蠢事時常發生，似乎是我的自信，或對自己的信念，或是其他別的東西，是如此容易動搖，如此容易被破壞，如此脆弱，以至於我無法容忍，無法同理，無法寬恕：不管是對自己或對別人。

無法寬恕……

在不知不覺中，我認知到了在療傷的過程中一個微妙但重要的部分。也就是除非我學會原諒老天爺對我所做的一切，原諒別人為什麼還活著，並且最終原諒自己為什麼還活著，否則我是不會感到寧靜，也不會有真正的生活。

彷彿像穿越暗潮洶湧的海面似的，每天找事做有助於讓我保持漂浮而不至於沉淪，強迫自己對周圍的環境保持適度的好奇心，並把注意力專注於正在做的事情，尤其在騎摩托車時——融合了摩托車運行、道路、天氣、其他交通、鼓舞人心的風景，以及驚鴻一瞥的鳥類和動物——讓我無論是從實務面還是精神面來說，都必須保持平衡感。

風景、公路和野生動物——我新的三位一體。從這些簡單的元素中，我確實找到了足以讓我適度興奮的東西，而這些每一個真實與美麗的瞬間，都是我沿著這趟療癒之路邁出的重要一步，也讓原本用悲傷和絕望編織而成的每一天有新的材料加進來。

就像我獨自待在湖畔小屋時，我從未意識到孤獨，因為我一直喜歡自己的陪伴，而且閱讀一直是我的一種轉移、逃避和慰藉。我也寫了很多日記，這讓我在獨自用餐時有了陪伴，而且我也一反常態地積極打電話，每天給兩三個朋友或親人打電話，這很不像我。

或者說，這很不像曾是一個多麼愚蠢的人的我。

「不愛獨處的先生，」我在日記中自嘲道：

> 可是這對我來說是好事。我確實發現自己經常自言自語，這讓我發笑（瘋狂的老頑童）。但這沒關係。小心點就好了。

運氣是隨機的，命運從臀部射出
我知道你會發瘋，但盡量不要失去控制

〈神經病〉，一九九一年[17]

17 《搖滾硬骨》專輯中曲目〈神經病〉的歌詞摘錄。原文：Fortune is random, fate shoots from the hip / I know you get crazy, but try not to lose your grip。

第三章

北至因紐維克

旅程的意義
不在於抵達
途中任何事情都可能發生

〈推動者〉，一九八七年[1]

1　匆促樂團一九八七年發行的《別開火》專輯中曲目〈推動者〉的歌詞摘錄。原文：The point of the journey / Is not to arrive / Anything can happen。

結束一整天漫長的旅途後，把摩托車停靠在汽車旅館前是多麼美好的一件事，就如同憋了一天的氣終於吐出來了一樣，不過最棒的還是莫過於隔天一早的出發時刻。無論夜晚帶來了什麼折磨、無論新的一天天氣如何，當我裝載好摩托車，腿跨騎到座墊上那一刻，我的視角全然改變了。我的注意力集中在摩托車上，全神貫注地操控這台機器，意識也收束到這一項需要耗費心力的任務上。當我鬆開離合器，轉動油門時，我的世界觀也隨之擴展。我進入了一個全新的景色，除了公路和野生動物，前方道路也有著無限的可能。

旅行作家們經常不得不解釋和證明作為一個遊客和一個旅行作家之間的區別。他們引用法語「旅行」的詞源——travail，這字有勞動之意，也點出了在陳腐的旅遊路線之外的獨立旅行，光是要持續前進就需要極大的意志與耐力。最不屈不撓的嚴謹旅行家之一——保羅．索魯，在完成某次旅行後說道，他最近都沒有休假，他需要放個假。但是對於他的大多數讀者，也就是那些「手扶椅旅行者」[2]來說，他們要的只是這些間接、新奇的體驗，而不是衛生條件差、令人筋疲力盡的現實。

孤獨的旅行者經常被其他人賦予浪漫、神話和渴望的光環。很多人覺得自己的生活被困在一成不變的工作日常中，他們的挫折和不滿同時可以被一種「逃離」的非現實的幻想所刺激和緩解。但就像所有的幻想一樣，這個夢境就只是夢，終非事實，而僅只這一點的「終非事實」，即是幻想和現實之

2　指觀看電視旅遊節目、瀏覽旅遊網站或閱讀有關旅遊書籍而未實際旅行的人。

間深刻而冷酷的區別。

看一場電影或讀一本小說可能會觸動你悲傷、害怕的情緒，或對你有所啟發，但這些情緒過後，你的生活實際什麼也沒發生。但現實生活可並非如此，正如我已經知道的那樣。幻想中自由的靈魂讓想像在宛如IMAX電影、令人嘆為觀止的風景中漫不經心地飄蕩，不僅忽略了更黑暗的一面（故障、事故、受傷、死亡），也省略了那些足以將快樂抹殺掉的事件，如惡劣天氣、消化不良、牙痛或汽油箱中加入柴油等。任何事情都可能發生，而風景從來都不是一成不變的。

因此，我在出發進入未知的全新一天時，總是暗自感到興奮，這興奮往往隨即被現實的衝擊給沖淡了，無論是潛在的還是直接的現實。例如，在一個陰冷的早晨，在六點之前離開蒙喬湖，危險是潛在的，而寒冷是直接的。我在全套皮衣底下穿了長袖內衣褲，把加熱背心和加熱機車手把開到最大，並在全罩式安全帽裡戴了巴拉克拉瓦頭套，在這一切之上還穿了塑膠雨衣，幫助我抵禦冷酷的風。

當我離開高速公路和城市這些相對安全的環境，進入道路崎嶇不平和只有零星住戶的廣大偏遠地區時，一段截然不同的旅程便開始了。從那天起，我覺得自己不是一個旅行家，而更像是一個冒險家（或是一位不幸的冒險家），因為我非常清楚，在這裡人為錯誤或事故會導致相當嚴重的後果。恐懼是我的副駕駛，現在無論是想像還是現實，都有很多需要擔心的地方。

路面施工或者說「路面消失」是我這天遇到的第一個障礙。當我騎過最後一段平坦的路面，開始進入一段看不到盡頭的泥土路，車輪輾過深厚的泥沼時，我緊張到喘不過氣來，深怕一個打滑就會摔下車。在幾公里內，我的眼睛只盯著車輪底下的棕色泥土，盡可能平穩地騎向更堅實一點的路面。輕踩剎車，輕踩油門，保持平衡、平衡、平衡、平衡。

就在驚險過後的那刻，出現了這天的第一個驚喜。當我穿過寬闊的利亞德河上的一座橋時，往下看，看到水中央有一個大而黑的東西似乎正游過河，在水中拉出一條V型銀色的波痕，所以我放慢了速度想看得更清楚。起初牠看起來像一頭牛，但這似乎不太可能，所以我覺得應該是一頭麋鹿，於是我車速放得更慢，腳踩在地上停下來看。當那團黑乎乎的東西抵達另一邊的河岸並爬上岸時，我的眼睛睜大了，因為牠是一隻巨大的黑熊，搖搖晃晃地走進森林。

遙遠北方的特有鳥類渡鴉在灰色的天空中猛烈拍打著翅膀，偶爾還有一隻樅樹雞呆呆地站在路邊。清晨似乎逐漸變亮了一些，我開始希望能有一些溫暖的陽光可以緩解我的顫抖，然而這一整天依然陰冷。

我在路邊的空地上停下來休息，當我站在河邊眺望廣闊的景色和兩岸黃綠夾雜的森林時，一輛大型房車在我身後停下來。駕駛是一位親切的老人，他走過來看我的摩托車，說他在一九六〇年代時也擁有一輛ＢＭＷ，現在在伊利諾州南部老家騎的是一輛本田黃金之翼。我們談論著彼此的行程，得知他和妻子正從阿拉斯加返家的路上，我告訴他我想騎下高速公路去走一些山路，他朝房車勾了勾拇指，帶著遺憾的微笑說：「她不讓我離開高速公路！」

我心中的目的地是電報溪，因為……嗯，就因為我喜歡這個地名。我第一次聽說這個名字是在

《分點》（加拿大版的《探索》雜誌，不幸的是現在已經停刊了）的一篇文章中，作者指出地圖繪製者似乎很喜歡電報溪，因此加以命名，否則這就只是個位於哥倫比亞省北部與阿拉斯加半島交界處的空曠地區。

這地區曾短暫地繁榮過兩次，第一次是在克朗代克淘金熱期間，當時這裡是蒸汽動力船的航行起點，載著那些充滿希望的淘金者沿斯蒂金河而上。從那裡，他們可以經由陸路前往育空金礦區，這條路線被稱為「瘋狂小道」，它的歷史充滿了傑克．倫敦式的飢餓、壞血病、凍瘡和瘋狂的故事。該鎮的第二次繁榮以及其名字的起源來自美國的一項計畫——拉一條電報電纜橫越阿拉斯加，穿過白令海峽，橫跨俄羅斯與歐洲相連。但在測量完成後不久，就因跨大西洋電纜鋪設完成，該計畫變得毫無意義。電報溪隨即再次淪為一個荒廢的鬼城，如今唯一的遊客似乎是被斯蒂金河上的船隻、木筏和獨木舟探險所吸引而來。或者是被它的名字所吸引。

對我來說，這個位在「道路盡頭」的目的地，它的孤寂與故事就如同海妖的歌聲般吸引著我。電報溪在地圖上只是一個小點，位於一條長長泥土路的盡頭，遠離任何地方，是布魯特斯和我曾經夢想探索的那種地方（事實上，是最近的一次電話交談中，布魯特斯催促我去一趟那裡）。不同旅遊指南對於那條路到底是七十四英哩還是七十四公里，都有不同的答案。但不管是哪本，都一致認為那條路「崎嶇不平」、「充滿了危險」。事實上，這是一條一百一十二公里（接近七十四英哩）的泥土和碎石路，蜿蜒穿過森林，以陡峭的髮夾彎在「斯蒂金河大峽谷」的峭壁上上下下。在某些地方，因侵蝕而外露的岩層峭壁挺像似著名科羅拉多河峽谷的延伸，有時道路僅是懸空掛在這些垂直懸崖峭壁上的小平台，一不小心就會掉入旁邊的駭人深淵。

我在日記把這條路形容是一條「可怕再可怕的一條路」，當我抵達電報溪，把車停在一個面對湍急河流、名叫「河流之歌」的白色建築物前面，鎮上咖啡館、雜貨店、旅館和遊船總部等所有店家全都集中在裡面。我後來才知道，它原來是位於下游的哈德遜灣公司的貿易站，是一塊一塊被搬到電報溪。河岸上還聚集了幾棟已經荒廢的房子和一座小教堂，但只有河流之歌才有人的氣息。

根據旅遊指南上的資料，咖啡館裡有幾間客房可供住宿，但如果不巧剛好客滿，就得走很遠的路去找其他住處。陰冷的天氣使露營的想法變得不切實際，但再一次我很高興帶了小帳篷和睡袋，尤其當老闆告訴我為了慶祝旅遊季即將結束，這週末不營業，他要帶著員工搭遊船到上游去。然後想了一會兒後，他說歡迎我租下其中一個房間，自己住在那裡。他想得很周到，很好客，也很信任我，我只問有什麼可以吃的。他告訴我樓上有一個廚房，我可以自己準備飯菜，所以我在這棟建築後面的雜貨店裡買了一些食物，包括一些來自河裡的新鮮鮭魚，然後把行李搬到樓上的一間小臥室。

我透過咖啡館的窗戶，看著老闆和他的三個員工把露營裝備裝進遊船，我唯一的遺憾是錯過了親自遊覽河流的機會。我站在河岸上看著船在強大的水流中逆流而上，感到有些興奮也有些恐懼。

顯然唯二的另一家遊船公司也關門度週末去了，所以只剩住在鎮的另一頭的加拿大皇家騎警哨所的騎警和他的妻子還在（由於斯蒂金河一直流向美國阿拉斯加州的蘭格爾鎮，電報溪成了兩國邊境之間的前哨站）。我幾乎是獨自一人在這座鬼城中，看著河水流逝。

在這棟空蕩蕩的老建築裡，寂靜得幾乎令人窒息，當我踱步在我的小臥室、公共浴室以及廚房和起居室等公共區域之間時，地板吱吱作響的聲音更加劇了這種寂靜。我用公共電話打給我的朋友兼同事艾力克斯，祝他生日快樂，他很高興聽到我的消息，儘管對我從哪裡打電話給他有點困惑，而電話聲的延遲更讓我覺得自己的聲音像是來自荒野。如同聖經說的「在曠野哭泣的聲音」。

我在日記中寫道：「沒錯，我是意外到過一些奇怪的地方，其中有些地方更是絕對的冒險，而這裡……便是其中之一。」

我打開窗戶，在涼爽的新鮮空氣和河水的淙淙聲中酣然入睡，在另一個陰冷的早晨醒來，並在早餐前散了步。我經過了荒廢的小木屋和被遺棄、布滿青苔的五〇年代汽車和皮卡，被一條穿過碎石陡坡的狹窄小路引到了一處火山岩懸崖，那兒有一座俯瞰整個小鎮的老墳場。當我走在石塊之間閱讀碑文時，石碑上的名字和日期這些赤裸裸的訊息對我來說有了全新的共鳴，因為我覺得他們像我一樣，是某個故事的一部分，一個關於愛和失去的故事。其中一位活了一百零五歲的喬先生被葬在喬夫人旁邊，他比老婆多活了四十年。其他還有嬰兒、小孩、青少年和年輕的男人與女人。我發現自己在為逝者哭泣，包括他們的和我的。這的確是鬼城。

位在主要道路另一邊的高處是由組合屋構成的原住民村落，地圖上顯示有一條路沿河而下二十四公里會到達一個叫格萊諾拉的廢棄小鎮。哈德遜灣公司貿易站，也就是現今的「河流之歌」原本是在那裡。下午我穿上衣服、騎上車向該處出發，想看看是否有什麼可觀賞的東西，但當我騎上窄仄的泥土路時，雨又開始下了，車輪下的路面變成了爛泥巴。到了路的盡頭，我發現只有兩輛皮卡車和船舶拖車，我跨上摩托車想掉頭，輪胎卻在泥漿中打滑，我失去重心，摩托車瞬間向一邊翻倒，我趕緊跳車，結果我和摩托車都跌在泥漿中。就算沒有任何行李，這輛車仍然重達二百七十公斤，我用盡全身力氣，踩著在泥濘中滑來滑去的靴子，好不容易才把它拖直。一邊的後照鏡壞了，鬆鬆垮垮地掛著，除此之外似乎沒有其他損壞，我在雨中彎彎扭扭地騎回到河流之歌。

我找了一塊廢木頭放在中柱下面，防止摩托車陷入已泡在水裡的路面而再次摔倒，也嘗試修復後照鏡，但沒有成功，接著再仔細檢查看是否有其他損壞，沒有什麼明顯的問題。不過我確實注意到剎車片看起來有點薄，有可能是我一直騎行在潮濕的砂石路上，使得煞車片比平時磨損得更快。不過所有東西都裹上了泥巴，也很難判斷原因，再說我也無能為力，但這是另一個值得擔心的問題。

雨還是不停地下，一小時一小時地下，我開始擔心第二天離開時的路況。如果這條一百一十二公里的泥土路在乾的時候就已經夠危險嚇人了，那麼當它變成滑溜溜、緊貼懸崖時，會是什麼樣子？我實在不願意去想這個問題，但我還是想了。

我用河流之歌外的公用電話打了通電話給雷，了解多倫多房子的出售情況。顯然，前一天當我躲在野外，不關心外界的任何消息時，股票市場已跌入泥潭，加幣再次暴跌，許下承諾的買家在最後一刻找了個藉口退出了交易。就在我已經習慣了要與那間「鬼屋」告別的想法時，它帶著多年的家庭記憶，又回到了市場上，並回到了我的腦海中。

這正是我需要的。有時很難不覺得自己是個前所未有的失敗者。雨和絕望，真是糟透的組合。可以這麼說，有一種被「驅使到某個深不見底黑洞邊」的感覺。內心非常清楚地知道要退後：「不可以再往那裡鑽了。」

經過一個煩悶的夜晚，我五點就起來了，緊張而急躁，快速地吃了一份麥片、柳橙汁和濃咖啡的早餐。當我把行李搬到摩托車上時，天還是黑的，雖然地面上還是濕漉漉的，但很高興雨已經停了，抬頭一看，是一片晴朗的天空，有星星和月亮。

當我裝完第一件行李走回門口時，我被眼前的景象嚇住了，一隻棕色的小狐狸，帶著白色的尾巴站在門邊，平靜地看著我。起初，我對近距離看到這種稀有的野生動物感到興奮，但意識到這是不符合自然規律的行為，這讓我感到不安。這隻狐狸可能會很兇猛，也可能被某個工作人員餵養馴服了；我不知道。當我帶著第二批行李出來時，牠仍然坐在那裡，只是看著我。我擔心牠溜進去尋找食物，所以用腳踢了身後的門關上。就在門閂咔嚓一聲關上的時候，我心想糟了，縮了縮脖子，想起了門是自動上鎖的，而鑰匙還留在廚房的桌子上。

哦，天哪，當時才早上五點三十分，河流之歌的人要晚點才會回來，如果不想破門窗而入，唯一的希望能幫我把門打開的就是騎警，可是我不可能在這個時間去敲他的門。

我記得看到過建築物前釘著一個木梯子，木板梯子通向二樓一個簡便的消防通道。我臥室的窗戶還開著一條縫隙，也許我可以從外面把它全部打開。除了安全帽，我穿上了所有的騎行裝備（如果我摔倒了，至少還有這些保護著我！），我爬上了建築物的一側，從窗戶擠了進去，把自己從困境中拯救出來。

在陰沉的黎明中，摩托車的頭燈照在水坑和濕漉漉的植被上，發出閃閃的光，我緩慢而緊張地騎行在斯蒂金河谷鬆軟潮濕的碎石和泥巴路上。在海拔高一點的地方，路面似乎和來時一樣乾燥，我小心翼翼地騎到迪斯湖回到主幹道上。清晨，風很大、很冷，但我很高興能回到柏油路上，我再次向北飛奔，前往育空地區邊境的沃森湖吃早餐。

回到阿拉斯加公路上，我在令人驚嘆、著名的「標誌森林」停下來，在一片廣大的空地上展示三萬多個、來自世界各地的城鎮標誌，這一風俗顯然是受二戰期間一位修築阿拉斯加公路的美國大兵所啟發，他因為想家而在此掛上第一面城鎮標誌。

繼續向西走，大片黃色的白楊木從深綠色森林中爆開，在低矮的林木線之上，高海拔圓潤的山頭覆蓋著白雪。偶爾有湖泊在暗淡的光線下閃閃發光，還看到一隻白頭鷹在碧綠的淺灘上俯衝而過。有幾輛摩托車從對向車道經過，其中有三輛是和我一樣的ＢＭＷ　ＧＳ，我們大手一揮，相互讚賞。

除了滿身泥濘和少了一個鏡子外，我的ＧＳ還需要一個新的方向燈，也需要更換機油，這是我每三千公里會做的例行保養，所以我決定不吃午飯盡早趕到白馬市，才來得及進行保養。下午稍早，我已經騎了八百五十八公里，在白馬市中心寬闊整潔的街道上轉了一圈，找一些必要的設備。我帶了工具和備用的過濾器，準備自己換機油，但我需要找地方買新機油，並且把舊的油放掉。在「加拿大輪胎店」我找到了需要的燈泡，但技師們週六休息，店員也似乎不知道哪裡可以換機油。他們叫我去一家汽車維修廠問問看，結果那裡說他們不「做」摩托車（即使是我自己「做」也不行），又叫我去本田經銷商試試看，我到時，那裡已經關門了。我向命運投降了，決定去找落腳的地方。

韋斯特馬克酒店與我前兩晚在電報溪渡過的夜晚形成了鮮明的對比，因為這座繁忙的旅館住滿了搭遊覽車前來的觀光客，從我房間的窗戶看出去，透過天井，看到的是對面房間的窗戶。比起昨天的晚餐（由廚師埃爾伍德親手料理的當地新鮮鮭魚），這家飯店的餐廳就相形見絀，我自己的服務也要好得多了，因為這裡的女服務員心不在焉、健忘，又對自己的無能渾然不覺。在晚餐時寫的日記中，我有個瘋狂的想法，那就是告訴她真相：「妳知道嗎？妳真的是一個很糟糕的服務員。」

但是我注意到，「就像其他許多真相一樣，這樣做毫無意義。」

然而，餐廳裡播放的音樂卻吸引了我的注意。前些年，我一直緊跟最新的流行音樂的步伐，與其說是職業的關係，不如說是身為一個音樂愛好者，但在我的悲劇發生後，我都把這些拋在了腦後。就在脫離流行音樂圈一年多之後，我才開始去聽一些我錯過的東西。

令人驚訝的是，這些音樂很不錯——是一種不熟悉、鄉村風格，但有點，嗯，「靈巧」的音樂。也是發自內心的。不同的藝術家和歌手，男人和女人，耐人尋味的歌詞，有趣的安排。在白馬市，這是最不尋常和出乎意料的。隨著內外一切事情的發生，不知為何，這有一種超現實的效果。

這些都是我在過去一年中錯過的流行音樂嗎？真是這樣的話，我感到很驚喜。

第二天早上，天氣顯示為攝氏零下三度，座墊上有霜，所以我決定在附近待一會兒，吃個早餐並打電話給我媽，那天是她生日。但那天早上我父母家沒有人接電話。過了兩個小時後，我坐立不安，急切地想動身。當我騎上克朗代克高速公路向道森出發時，看見了許多渡鴉和幾隻郊狼，溫度沒有回暖多少，但至少是陽光燦爛的一天。

在遙遠北方的育空地區分散著一些「什麼都有」（咖啡店、加油站、雜貨店、看起來很簡陋的汽車旅館、道路維修站和短波電台）的地方，在其中之一的布蕾本客棧，我跟老闆買了一些油，他還給我一個桶子讓我可以放換下來的舊油。我在碎石地上鋪上藍色塑膠布，脫下部分外衣，約二十分鐘左右成功完成了機油和濾芯的更換。

重新裝好行李並整好裝後，我騎著車離開了，因為有照顧到摩托車的需求而內心感到小小的滿足。我在卡馬克斯渡過育空河，再度走出山區，低海拔的森林向地平線的四面八方一直延伸而去，八月底，落葉樹已經完全呈現出秋天的顏色。我在一間叫「佩妮的店」的路邊小店停下，坐在野餐椅上享受著美味的漢堡，這是迄今為止在旅程中最好的午餐。在與佩妮討論天氣的時候，她告訴我，在這裡春天和秋天大約各只持續一個星期。

另外三個騎著裝滿行囊的川崎越野摩托車（就像我的GS，設計有高底盤、長途旅行懸吊系統和堅固的車輪，以應付沉重的行李和糟糕的路況）的騎士停在我後面，我們分享了一些彼此的旅行故事，我才知他們是來自哥倫比亞省南部的父子三人，正前往阿拉斯加的路上，他們計畫騎道爾頓公路[3]進入北極圈，這是一條沿著阿拉斯加油管一直到普拉德霍灣的便道（根本稱不上是「公路」，而原是一條供給石油公司卡車使用的碎石路）。我告訴他們，我會挑選鄧普斯特公路——位在加拿大這邊、同樣是條被誤稱為「公路」的泥土路——它穿越西北領地前往位在北極圈內的因紐維克。當我準備騎車離開時，我們互相祝福對方騎行順利：「請保持閃亮面朝上，輪胎朝下。」[4]

當我接近道森時，更多覆蓋著藹藹白雪的山脈出現在視野中。騎在晴朗的天空下、乾燥的高速公路上，相對輕鬆的騎行結束時已經過了中午，不過時間還算早。那天我只走了五百六十五公里，但道森是鄧普斯特公路的起點，我需要做些決定，也許還有一些準備工作要做。不管怎樣，提前結束這並不十分「艱難」的一天是令人愉快的，我很高興能入住另一家韋斯特馬克酒店（也住了很多遊覽車觀光客，可能都是同一批人），洗了一些衣服，隨後到鎮上走走。

除了佛朗特街，即主幹道外，所有的街道都沒有鋪柏油，並且用木板鋪設人行步道，否則結凍的土壤每年都會把鋪設的路面掀起來，就像一塊塊皺巴巴的地毯。木板路給這地方帶來一種拓荒小鎮的感覺，還有一些真正的老建築如法院和銀行。雖然小鎮的主要部分為了迎合觀光客走淘金熱時代的復古風，但在這些門面後面，道森鎮有著任何遙遠北方小鎮的粗獷、飽經風霜的外觀。幾輛露營車停在育空河邊的堤壩上，其中有幾輛掛著哥倫比亞省和加州車牌的福斯麵包車，其中一輛車的備胎罩是張「笑臉」表情符號，看來是走新嬉皮士風。

道森的另一個景點是傑克．倫敦中心，紀念這位作家一八九七年在克朗代克淘金熱期間，作為年輕淘金客在此住過的日子，這段生活經歷啟發他後來的故事創作和小說，包括《野性的呼喚》和《白牙》，為他帶來了成功與名聲。偶然的機會，我最近在一本由「遊客們」所寫的跟加拿大有關、名為《那段豐富的過去》的文集中，看到了一篇傑克．倫敦的故事（書名來自書中一篇美國作家華勒斯．史達格納[5]寫的同名故事，在第一次品嘗到他的作品後，我就喜歡上他了）。倫敦的故事一開頭就寫道：「在一個遙遠的國度」，從字面上和隱喻上都與我現在的旅程有關。

3 道爾頓公路為到達北極海唯一一條陸地路線，是美國最北端的公路，全長六六六公里。建造於一九七四年，原先用於運輸阿拉斯加北端的石油，一九八一年開放大眾使用。整條公路僅經過三個城鎮，其餘皆由大自然主宰，沒有旅館、商店，更沒有網路訊號，被形容是全世界最寂寞也最危險的公路。

4 原文是 Keep the shiny side up and the rubber side down。摩托車騎士俚語，意為「小心駕駛」。

5 華勒斯．史達格納（一九〇九－一九九三），美國歷史學家、小說家、短篇小說作家、環保人士，常被稱為「西方作家的院長」。

當一個人到一個遙遠的國度旅行時，他必須準備好忘記他以前所學到的許多東西，去學習新土地上固有的習俗；他必須放棄舊的理想和信仰，並且必須推翻迄今為止塑造他行為的準則。對於那些具有適應能力的人來說，這種嶄新的變化甚至可能是一種快樂的源泉；但對於那些堅持他們一成不變生活的人來說，改變環境的壓力是難以忍受的，他們的身體和精神在他們不熟悉的新制約下感到痛苦。這種磨擦必然會產生作用和反應，產生各種罪惡，導致各種不幸。對於不能適應新環境的人來說，最好是回到自己的國家；如果他拖延太久，他肯定會死去。

女館長正準備關閉博物館，但她和我談了一會關於倫敦的生活和寫作，並把我讀過的傳記斥為「灑狗血」。她向我推薦了其他幾本，當我說出到目前為止我讀過的他的幾本書時，她說當我讀到他的代表作，如《海狼》和《馬丁．伊登》時，我將會有一番收穫。

博物館外面是間小木屋的複製品，據說倫敦在這片育空河上游的灌木叢中度過了漫長而黑暗的冬天。這間遺址裡發現了一塊倫敦留下來、上頭刻著「傑克．倫敦，作家和礦工」的木板而被確認，後人用原遺址的木料複製了兩個小木屋，一個在道森，另一個在加州的奧克蘭市，倫敦的家鄉。

回到酒店的停車場，我和一個開著吉普車剛從鄧普斯特公路回來的人談了一會，他搖搖頭，告訴我這是一段艱難的旅程，即使他開著四輪驅動車也差點過不了。他說，單程八百公里的泥土路，只有一間加油站，還有一些滿是泥濘的施工地區，他看到幾個騎摩托車騎士在泥濘中摔倒，互相推著車前行，狼狽不堪。

那天晚上，我終於和母親通了電話，祝她生日快樂，當我告訴她我的計畫時，她聽起來很擔心。賽琳娜去世後，媽媽是我最依賴的人，這並不奇怪，而爸爸也盡可能一直陪在我身邊，給我力量、幫助和安慰（我永遠不會忘記回到多倫多的第一個晚上，我倒在父親的懷裡，抽泣著說：「太糟了！」）。

甚至在賈姬和我去倫敦後，我每天都給母親打電話，只想聽聽她的聲音找個安慰。我為最近沒有常打電話給她而道歉，她說：「沒關係——如果我沒有聽到你的消息時，我知道你一切都好！」她和爸爸來到倫敦，幫我們度過了第一個可怕的聖誕節，後來又到巴貝多看望我們，就在賈姬去世前不久。那年八月初，當我覺得無法獨自面對賽琳娜過世的週年忌日時，我騎著摩托車穿過安大略省來到爸媽家，在那裡過了一夜。在道森的電話中，部分是為了安撫她，部分是為了安撫我自己，我大聲的說出我的決定，我至少要去到北極圈（已走了一半的路），如果真走不下去我就回頭。這個想法並沒讓我們倆感到多欣慰，但至少我已下定決心要這麼做了。

晚上九點半，太陽仍然高掛在小鎮後方的山頭上，即便已經是夏末（八月三十日）。晚上十點十五分，我還在努力趕寫我的日記，外面的天色仍然很亮。

在日記的撰寫上，仍然很難跟上這次旅行，即使我以為很輕鬆。一天中發生太多事情了，就是這樣，賽琳娜也曾這麼說。

一九九七年六月底，在「回聲測試」巡迴演出即將結束時，賽琳娜加入了布魯特斯和我組成的「速克達人渣隊」，她晚上睡在巴士裡，然後坐摩托車去演出場所，把自己打扮的漂漂亮亮地出現在眾人眼前。

結束在波士頓附近的巨木圓形劇場[6]的一場演出後，我直接跑下舞台，進入「速克達人渣隊」的巴士。布魯特斯和賽琳娜已經上了車，司機戴夫在我擦乾身體換衣服時已啟動車子開始穿越新英格蘭，我在前面的車廂裡坐下，聊著天，聽著音樂。布魯特斯和我舉起一杯麥卡倫酒，賽琳娜啜了一口啤酒。

很快，我們全都倒在臥鋪上（賽琳娜聲稱她最喜歡的睡覺的地方就是在一輛行駛中的巴士臥鋪），以巡迴樂團典型的休息方式，在搖晃顛簸中度過一夜。布魯特斯為第二天早上在緬因州的摩托車騎行選了一個「會合點」，在此之前，戴夫把車開到附近的一個休息區，在那裡我們可以再享受幾個小時沒有晃動的睡眠。

天亮後，我叫醒了睡眼惺忪的賽琳娜，我們都擠進狹窄的車廂休息室，掙扎地穿上騎行裝備。布魯特斯和我把摩托車從拖車上卸下來，賽琳娜跨上我的後座，我們騎往新罕布什爾州的白山，我們在那裡和布魯特斯事先安排的直升機駕駛和攝影師碰面。

在接下來的六個小時裡，賽琳娜的座位從不舒服的摩托車後座換到了直升機駕駛旁邊一樣不舒服的座位，特別是當這名駕駛為了攝影師與照相師安德魯（他不太喜歡掛在直升機邊上拍攝布魯特斯和我一起騎車的照片）取景，特地表演了各種飛行技巧。

經過這番折騰之後，可憐的賽琳娜又爬上了摩托車的後座，我們又騎了六個小時來到麻薩諸塞州萊諾克斯鎮的惠特克羅夫克旅館。對她來說，這天真是太漫長了，她全身又瘦又累又難受，我們所有人都一樣。然而她最了不起的時刻之一，就是我的小公主能在三分鐘之內將一身騎行服換成漂亮的綠色連衣裙，並快速將頭髮向上盤起，搖身一變成為優雅的女士。我們叫她「戰士公主賽琳娜」。

那天晚上的晚餐，我們三個人的心情都很好，賽琳娜一直在取笑布魯特斯的糟糕計畫，以及談論著她有多累多疼。然後，當我們討論那天的經歷時，賽琳娜搖著頭說：「我真不敢相信一天內能發生這麼多事情！」她讓我感到驕傲。

幾天後，在紐約州水牛城附近的一個露天劇場舉行的下半場演出前，賽琳娜要離開回多倫多，我在化妝間外與她告別。我擁抱和親吻她，並我告訴她，「我愛妳，並且以妳為榮……在很多地方都為

6　位於麻薩諸塞州曼斯菲爾德的露天圓形劇場。該場地於一九八六年夏天開業，可容納一萬二千人。二千年後擴大到一萬九千九百人。

妳感到驕傲。」而我最後一次見到她，是在一九九七年八月十日那天早上，我騎著摩托車在她前面，引導她穿過魁北克的小路，來到安大略省霍克斯伯里的一個加油站，我再次擁抱和親吻她，並告訴她我愛她，以她為榮。現在想起，我很慶幸當時對她說了這些話，我也很感激其他美好的回憶。

我們大多數的家庭旅遊往往是選在我方便的時候，或在我的獨自探險結束後。例如，賈姬和賽琳娜會在香港、奈洛比、象牙海岸或巴黎與我見面，或在樂團巡迴表演的空檔，像是在波士頓、聖路易斯或舊金山。但就在前一年，即一九九七年春天，我獨自帶賈姬去大溪地、波拉波拉島和茉莉亞島玩了兩個星期，旅程結束時她告訴我，在整個過程中她感覺她得到了我所有的關注，而這是她覺得最美好的事。一般情況下，我沒有想到這會是一個重要的因素，但現在回想起來，我很高興我這麼做了。有時——儘管是不自覺——我也不是那麼愚蠢的人。

〈八月三十一日，道森〉

五點三十分起床，打掉座墊上的冰霜。此刻我正在位於鄧普斯特公路岔路口的克朗代克河旅舍吃早餐。我到底要不要去試試？距離第一個加油站有三百八十公里。目前的油量應該……只剛好到那。還有關於泥地的事——這裡的永久凍土層又深又滑，潮濕時有可能是最大的危險。

好吧，反正我已經在「〇英哩」的起點了，所以有些情愫（固執？樂觀？愚蠢？）促使著我這樣做。自從那個開吉普車的傢伙從那回來後，至少有兩天是乾燥的，所以……也許。

有個傢伙在克朗代克河旅舍裡問一位卡車司機：「旅途如何？」

他只是聳了聳肩，「泥濘。」喔，天哪！。

在鄧普斯特公路的起點，一個大告示牌上寫著，這條路上沒有應急設施，而且基本上，「你只能靠自己了。」油量是我最關心的問題，我把引擎轉速保持在每分鐘三千轉以下，盡量輕踩油門，甚至在下坡時拉上離合器。路面情況各不相同，在鬆散的碎石路面，我試圖沿著卡車留下的較結實的車輪痕跡前進；有的是長長的硬實黏土，幾乎就像鋪設過的路面。大約每隔一小時，我會遇到其他車——揚起一陣塵土的大型貨車或是露營車，以及奇怪的汽車或皮卡——但是，我注意到，這是一條「孤獨的老路」。

低矮的雲杉林綿延數公里，逐漸被一片片荒蕪的苔原所取代，我形容這景觀為「壯觀的荒涼和貧瘠」。路邊的小池塘邊緣有一層冰，空氣是如此寒冷，以至於摩托車的油溫幾乎無法顯示在儀表上。我用一塊從香菸菸盒撕下的紙板蓋住了一半的油冷卻器，這樣做效果很不錯。

除了常見的渡鴉外，我還看到了幾隻灰噪鴉和許多柳雷鳥，一種類似松雞的鳥，在這個季節，牠們的羽色介於夏季褐色和冬季白色之間。我騎得很慢，足以辨認出許多猛禽，像是遊隼、矛隼、毛足鵟和鶚子在空曠地帶盤旋。一隻狐狸在我面前穿越馬路，棕色的尾巴摻雜著白色，就像在電報溪那隻友善的狐狸一樣。我還發現了幾隻野兔和地松鼠，還有兩隻馴鹿隱藏在遠處的灌木叢中。離馴鹿大遷徙的時間還有幾個星期，因此沒能目睹，也沒能看到布魯特斯和我在去黃刀鎮的路上遇到的野牛和黑熊。

到了鷹原鎮意味著鄧普斯特公路已走了一半，看到長條型、低矮的平房映入眼簾，我鬆了一口氣。這又是另一個「應有盡有」之處，類似荒野中的綠洲，包括一個加油站、餐廳、汽車旅館、幾間放置大型道路維護設備的工寮、一座高大的無線電塔和一支供直升機降落的風向標。大約一點半，我把車停在了加油機前，很高興看到我的節油措施奏效了。我已經騎了三百八十公里的路程，不但沒用到我的儲用油箱，更不用說去動到備用汽油桶。如果一切順利的話，我似乎能在六個小時左右到達因紐維克，但我知道那段崎嶇的泥濘路和修路工程會出現在接下來的路程中，所以一切都不好說。

餐館門口的牌子上寫著「請脫掉潮濕、泥濘或帶血的鞋」，最後一句話讓我停了下來，但我推測他們是指獵人。路邊的大片土地被標示為原住民保護區，打獵「必須有書面許可」。

牆上掛滿了鑲框的照片和文件，講述了「失落的巡邏隊」的故事，一群加拿大皇家騎警在一九一〇年冬天迷失了方向，在這裡的北方餓死了。鄧普斯特公路就是以在第二年春天發現他們遺體的騎警命名的。

在空曠的地方，我注意到有一條筆直、與地表植被顏色明顯不同的長長軌跡劃過大地，後來從鷹原鎮展出的老照片中我才了解到，這條軌跡是早期的「貓火車」留下的，這是一列由推土機在前面牽引的車隊，沿著地震帶尋找石油。然而，貓火車只經過這裡一次，是四十四年前了，這說明了北極圈地質的脆弱性。

> 從這裡可以看到令人驚嘆的廣闊景色：山丘、連綿的苔原、遠處的低山。在鷹原鎮後方是一片赤紅如鐵鏽的開闊地方，其間點綴渾圓、巨大的山丘。刺骨的風席捲著草叢和灌木，把我推倒在路上。當它吹著陣陣強風時，我幾乎是側著身子騎行。
>
> 上上下下迂迴曲折，這路就像是鋪在苔原上的碎石堤防。

剛過鷹原鎮的北方，一個告示牌顯示已經跨越了北極圈，我停下來以原始動物的方式標記我對這片新領域的主權。一輛休旅車駛入寒冷、狂風肆虐的停車場，我在旅途中的照片不多，這位孤獨的司機主動提議要幫我拍一張有我入鏡的照片。我站在牌子前，張開我穿著雨衣的手臂。

我來到了下一個告示牌，告訴我已進入了加拿大的西北地區，此時風向似乎瞬間轉了相反的方向，而在我下到馬更些河下游的寬闊三角洲時，風完全停了。我沿著泥土和碎石混雜的林道穿過與肩同高的雲杉林，和一些黃橙色、發育不良的落葉松和灌木。分布均勻的矮山毛櫸和灌木叢讓我想起了加州莫哈韋沙漠的灌木叢，同時提醒我這是低北極地區的沙漠景觀。

隨著繼續騎行，路況大大惡化，特別是在修路的地方。就在我搭著小渡船從馬更些河到麥克弗森堡之後，有一段很長的路被整治到沒有碎石，還被灑水車打溼，應該是為了降低灰塵。一位年長女士拿著棋子和對講機在一端指揮交通，當她向我招手示意我前進時，我的車輪陷進了濃滑的黏土車溝中。我盡可能慢慢地騎，輕輕地試著控制車子，但因為沒有任何摩擦力，我的後輪滑向一邊，瞬間，我倒下了，在泥濘中滑行，摩托車從後面緩慢地打轉著，幾乎倒向我。

在那幾秒鐘有如慢動作播放的感知中，我確信那輛摩托車會壓在我身上，但它最後滑行到我身後倒下，車和我都裹上了紅褐色的爛泥。我渾身是泥，但不沮喪，也沒有受傷，並很慶幸我那雙結實的靴子和皮衣內的裝甲襯墊，保護了我的肘部、肩部、膝蓋和臀部。

摩托車唯一明顯的毀損是方向燈被折斷了，這用一點膠帶就可以黏住，但那次在電報溪的翻車事件中說明了，即使沒有裝載任何行李，我也幾乎無法抬起摩托車。我把油箱包、帳篷、睡袋、汽油桶和右邊的行李箱都卸了下來，但左側的行李箱被壓在了癱倒的摩托車底下。

這讓我猛然想到，我的一條腿很有可能像這樣被壓住，甚至有可能卡在高溫的排氣管下，我頓時感到自己很幸運。不過，我還是面臨著得再次抬起車子的問題。我的靴子在一片黏稠中滑來滑去，我握住車槓，俯身將膝蓋插入摩托車下面，使盡全力想用身體把車子撐起來，冒著心臟病可能發作的危險，但儘管我再怎麼的用力，黏稠的泥土還是不肯放手。這種時刻我才考慮到一個現實，就是我根本不應該獨自嘗試這段旅程，連摩托車倒下我都無法獨自將它扶起來。從我和布魯特斯第一次進入永凍土地區和多雨的維修路段的經歷來看，這種情況很可能再次發生。

一輛聯結車從對向逐漸逼近我，於是我在泥濘中滑行，滑到路邊想避開它。我花了點時間收拾心情，考慮自己的困境，希望聯結車不會被倒在路旁的摩托車卡住過不去。指揮交通的女士從四百公尺遠的地方跑過來，看我是否沒事，我被這種友好的關心感動了。我不想請她幫我扶起摩托車，而是想著是否要放下自尊，向路過的卡車司機請求幫助。

但是不用我這麼做，那輛聯結車已慢慢地停在我身邊，一位個兒不高、膚色黝黑穿連身工作服的男子從駕駛座跳下來，問我是否還好，然後彎下腰幫我抬起摩托車。他顯然很清楚我的處境，在北極地區的偏遠道路上，旅行者們會互相幫助，因為他們知道有一天自己也可能會遇上困境，需要陌生人的幫助。兩個人一起，這項工作就容易多了，這位北方的好心人幫我把沾滿泥巴亂七八糟的行李放回車上，推到路邊。

我把摩托車重新整裝好，繼續往前，趕到了位在北極紅河的一個小港口。我利用在渡輪上短暫的時間，仔細地檢查這輛可憐、充滿泥濘的摩托車，這才注意到損壞的不僅僅是方向燈，車把和換擋踏板輕微彎曲變形，塑膠引擎蓋破裂，透明的塑膠車頭燈罩被一塊飛石砸出一道裂痕，那顆石頭可能是在跟一輛路過的聯結車會車時飛來的。看來到時在費爾班克斯BMW經銷商的修理清單正在增加中。

港口的服務員是個和善的人，他可能是加拿大原住民（除非他是中國人），他告訴我，我之前從吉普車駕駛聽到的那幾位摩托車騎士是比利時人，其中一人「搭一輛十八輪大卡車的便車離開」，顯然是受傷了。這名服務員對他們竟然在鄧普斯特公路上摔車感到很驚訝，他似乎認為他們應該平安走完全程。但我一點也不這麼認為。我其實很擔心。

服務員拿出一塊抹布擦拭我的車燈和車牌，然後拿了一些透明膠帶把大燈罩固定好。我委婉地問是否可以「請他喝杯咖啡」，但他優雅地拒絕了，用他那直接、近乎是單調的北方口音回答。他問我旅程如何，我告訴他這是一個艱難的過程但非常美麗，「特別是在每年的這個時候」他同意，然後手指向三角洲上方連綿的苔原說：「從這裡看，那就像是一幅畫。」

從那時起，路況好了很多（也就是說，沒有施工），我在大鑽機留下的狹窄、堅硬的轍跡上平穩、快速的騎行（只有幾個被我的日記稱為「哎呀」的時刻）。

因為換了不同時區，當我抵達因紐維克時已接近九點，我騎上連接因紐維克機場和小鎮的一小段柏油路時，除了鬆了一口氣外，還無比的興奮。雖然花了十四個小時，但我還是走完了八百二十公里的路程，除了最後十公里是美妙的黑色柏油，其他都是碎石和泥土（和泥漿）。

我第一個看到的建築是芬托汽車旅館，加上我那天不打算再騎下去了，於是就在那裡歇腳。

鄧普斯特公路是我的，北極圈也是我的，永遠都是。

一大杯威士忌、不錯的凱撒沙拉、雞肉麵包捲、紅酒當晚餐。

美妙的音樂再次響起，超脫樂團的搖滾樂。這讓我想起了寇特・科本[7]，他飲彈自盡，留下了妻子和女兒。我很難想像，但仍然為他感到難過。

思緒經常徘徊在賈姬和賽琳娜身上，尤其是她們的結局，於是不得不特意地嘗試將思緒拉遠離這個方向。

第二天，九月一日早上，天色陰沉，我感到疲憊和擔憂。天氣預報從「下雨」變成了「多雲」，但女服務生告訴我她認為會下雨。我真的很疲憊，需要休息，因為緊張和勞累而渾身痠痛，原本我想在因紐維克待上一天，因為這裡是加拿大最北端道路的盡頭。也許也該去造訪鄰近的圖克托亞克圖克，這是一個瀕臨北極海的因紐特人社區。

但是如果下大雨，我就麻煩了。只有一條路可以出去，那就是鄧普斯特公路，即使這條路不再是那麼神祕，但仍然充滿了阻礙。一旦下雨，我絕對無法順利離開，很可能會被困在某個地方好幾天，除非我像那個比利時人一樣，搭上一輛卡車的便車出去。所以我很害怕，但我害怕的不是跌倒、受傷、拋錨或爆胎（儘管這些危險浮現在我腦海裡）。對我來說，更危險的是被困在某個地方的想法，有太多的時間去思考，還有那種被困住的感覺。我決定再冒一次險，賭這天又會是個乾燥的日子，逃出這裡。

就在我開始裝載行李到摩托車的時候，雨滴開始落了下來，我靠在汽車旅館的門口，手裡拿著行

7 寇特·柯本（一九六七—一九九四），超脫樂團的主唱、吉他手與詞曲創作者。

李，穿好衣服準備走。該怎麼做呢？留下來等著？還是上路並希望不會被困在某個地方？沒有答案，真的。你無法猜測天氣。我在小鎮上短暫地轉了一圈，穿過有幾家商店、另一家大旅館和著名的愛斯基摩式教堂的十字路口，然後加滿油向南走去。

在通往鎮外的那段短短的柏油路上，我想起了前一天晚上從另一個方向騎行而來的我，那時感到自豪和振奮。現在我感到害怕、虛弱、想哭，真的很沮喪，當柏油路面結束時，我大聲咒罵，罵道路、罵雨、罵我的生活，以及任何導致我所有不幸的力量。

可是就像缺乏信仰的慰藉，我也缺乏任何可以指責的人。

你可以把車開到路的盡頭
但仍然會發現過去
就在你的身後

〈挖掉石頭〉[8]，一九九六年

8 《回聲測試》專輯中曲目〈挖掉石頭〉的歌詞摘錄。原文：You can drive those wheels to the end of the road / You will still find the past / Right behind you。

第四章

西行到阿拉斯加

後面路上的陰影
前方道路上的陰影
現在沒有什麼能阻止你了

《孤魂騎士》[1]，二〇〇一年

1　匆促樂團二〇〇一年發行的《蒸汽軌跡》專輯中曲目〈孤魂騎士〉的歌詞摘錄。原文：Shadows on the road behind / Shadows on the road ahead / Nothing can stop you now。

當我及時趕到搭上北極紅河的渡輪時，太陽出來了，天色依然明亮（而且乾燥），儘管我心裡咒罵著我不得不尾隨的灑水車穿過前一天摔倒的地方。下午早些時候我已騎了一半到達了中途站鷹原鎮，我知道最糟糕的事情已經過去了。我決定在那裡停一晚休息一下，在辦理入住手續時，我對櫃台的人說：「昨天這裡看起來像荒野，今天看起來像文明社會。」

日落時分我倒了一杯威士忌走到外面欣賞壯麗的景色，遠遠望去，綠色、灰色和暗紅色的波濤起伏。風終於停了下來，大地籠罩著一片祥和，因為那無休止的、咆哮的風讓人感到刺耳和混亂，至少對我的內在小孩來說是如此。在布魯斯．查特文寫的《歌之版圖》[2]中，他寫到一個澳大利亞人發瘋了，開始對著風掃射，而我總是能對他產生共鳴——尤其是當我騎著摩托車與逆風搏鬥時，但即便是我只是想保持靜止不動也是如此。

在一個陽光明媚的清晨離開鷹原鎮，繼續往道森騎趕剩下的路，一路快速地穿過點綴著深紅色和黃色的低矮森林，和被侵蝕成尖頂的灰色山脈。晴朗的天空照映在路邊的潭面上，我注意到潭邊已結冰，儘管我感到的是涼爽而不是寒冷。我不知道是我已經習慣了寒冷，還是說我習慣了把所有的衣服都穿在身上。帶著更多的信心，也不那麼擔心油量的問題，我比去程的六個小時足足少了一小時回來。儘管我有用到備用汽油，不過那不正是它的功用嗎？

2 《歌之版圖》是一九八七出版的書。查特文描述了一次澳大利亞之行，目的是研究原住民歌曲及其與游牧旅行的聯繫。

在道森，我停下來快速吃了個三明治，然後找了個公用電話打給費爾班克斯的ＢＭＷ經銷商，希望能預約兩天後去換個新輪胎、機油、檢查一下前剎車片，以及一些損傷維修。電話那頭的人聲音低沉，話也不多。我告訴他我正在往他那裡去的路上，想去做一些保養維修，他咆哮道：「有點晚了，不是嗎？」

我以為他的意思是我應該早點打電話預約，於是我告訴他，我才剛到道森，現在才能夠預測什麼時候可以到達費爾班克斯。

「不，」他說，「我是說，你這個季節來有些晚了。」

「嗯，」我說，「我就是這時候來到這裡的。」

「現在是九月，你知道，隨時都可能下雪。下雪了，你怎麼辦？」

「嗯，把摩托車裝上卡車，然後拖出去，應該只能這樣。我不知道。」

我開始認為他是悲觀先生，儘管事後證明我錯了。他只是表現出一副「我是老阿拉斯加人」的態度，聲音中透露出對南方來的無知旅行者的不耐煩。我提到我對前剎車片的擔心，他問我摩托車的年分，我告訴他才三年，他說他不認為這車齡的車會磨損。然後他又問：「騎了幾公里了？」我說：「差不多六萬五千公里。」他的語氣變得柔和了。「哦，你是個騎士。一個真正的騎士。」顯然，我得到應有的尊敬了。他同意在我到達費爾班克斯時會盡其所能地幫我。

我騎車到育空河，搭上渡輪過河，然後向「世界之巔公路」[3]進發。我一直對這個名字持懷疑態度，心想這或許是另一種屬於北方的誇大，就像「高速公路」常常是被誇大的泥土路一樣，而所謂的「世界之巔」指的不過是遙遠的北方而已。但這種誇大是有道理的。

狹窄的柏油公路沿著山脊蜿蜒前行，兩邊的景色一覽無遺，往下俯瞰陡峭的綠色山坡，遠處是紫色和灰色的山脈。我真的有種身處世界之巔的感覺，而且我認為這是我走過最壯觀的道路之一。在高轉速和低車速的情況下平穩地進入彎道，在轉彎處觀賞山峰（以及關注偶爾散落的碎石），我倒覺得這更像是在用摩托車做運動，而不是像在鄧普斯特那樣的「野外求生」（但我必須承認，對於去一趟因紐維克並返回，我感到有些自豪，雖然是以一種愚蠢的方式）。

在阿拉斯加邊境附近，柏油路變成了平整的石子路，我在一個看起來很臨時的組合屋（一個季節性的、只在夏季使用的邊境小屋）前停下，關掉引擎，與和善的軍官交談。我帶著護照上蓋著「阿拉斯加．撲克溪」的入境簽章騎車離開，終於拜訪了全美的五十個州。在我二十三年的巡迴演出中，樂團曾在四十九個州演出過，我也曾在四十個州騎過摩托車。在「回聲測試」巡迴演出期間，布魯特斯和我騎著摩托車穿過了美國本土四十八個州中的四十七個，直到現在以前，我從沒到過阿拉斯加，所以這也讓我感到有點驕傲。以一種愚蠢的方式。

我現在走在泰勒公路（賈姬和賽琳娜的姓氏，唉），又是另一條被誇大的蜿蜒碎石路，它穿過森

3 世界之巔公路是一條一二七公里長的公路，始於阿拉斯加傑克韋德，向東到育空地區道森的育空河西岸渡輪碼頭。

林覆蓋的採礦區（包括一些零星的聚落），回到阿拉斯加公路（經過三天的泥土路，我把這公路形容為「豪華的」）。在最後一段路上，開始看到有大型房車停在路邊，它們大都後面拖著裝有獵槍袋的四輪傳動車。這地區的馴鹿遷徙季節已經開始，獵人把他們的豪華房車停在附近，換上四輪傳動車直接開到遷徙路線上，然後準備、瞄準、射擊，甚至都不用站起來，也沒有躲在灌木叢裡躡手躡腳跟踪獵物的不適感。就個人而言，我從來沒有反對過獵殺數量多且好吃的獵物，尤其是當真正吃牠們的時候，但我對這些「狩獵運動員」就有點反感了。

「那不是打獵，」我寫道，「那只是在射擊。」

那天晚上在旅館的酒吧裡頭，我聽到有個人對他旁邊的人說，打獵是「我們國家的文化遺產」，獵人已經取代了已經被消滅的大自然捕食者像是熊和狼。雖說有人爭辯說這些掠食者都是被獵人消滅的，但這種說法也有一定的道理。但它聽起來仍然像木材公司宣稱砍伐森林（對不起，應該要說是「收割」）可以減少森林火災發生那種將追逐私利合理化的解釋。

來到位在交叉路口的小鎮托克（路牌被人塗鴨，可能是出自頹廢的吸大麻者的傑作），韋斯特馬克汽車旅館週三晚上本是想圖個安靜的人的好選擇，但我又再次遇到了「遊覽車旅行團」，酒吧和餐廳裡擠滿了戴著名牌、大聲喧嘩的肥胖中年人。我擠在吧台的一個凳子上快速地吃了瑪格麗特酒和墨西哥玉米餅的晚餐，然後溜回房間早早地睡了，整夜裡因胃不舒服和夢境混亂而醒來了好幾次。

〔九月三日　托克——費爾班克斯〕

六萬六千六百二十七（三百五十七公里）

又睡了一個小時，但我很煩躁。餐廳裡擠滿了遊覽車旅行團的人，這群荷美郵輪的肥羊（年紀不比我大），所以服務員都被佔去了，自助餐的隊伍被肥胖的大叔堵住。他們戴著該死的名牌擠在一起，好像這樣才安全。把他們都殺了吧（我應該被允許有這樣的感覺！）。

如果我今天能到費爾班克斯並說服悲觀先生（不，不是我！）為我的摩托車做保養，然後把衣服洗好，那就可以了。這樣我就有時間去參觀「洛杉磯安克拉治」[4]〔當地人調侃的說法〕。

在離家之前，我已經預約渡輪。預計是九月七日從阿拉斯加海恩斯開往哥倫比亞省魯伯特王子港的渡輪上預約的一間客房。現在距離該日期只剩下四天，所以我想盡可能地多看看阿拉斯加，然後到海恩斯港。

在另一個寒冷的早晨，我很早就騎車離開了托克，這個早晨時而有太陽，時而有雲，有時還有飛

4　八、九〇年代非安克拉治居民的人以洛杉磯為比擬，戲稱安克拉治有如阿拉斯加的陽光之都。

濺的雨水。在通往費爾班克斯的公路上，穿過點綴著綠色黃色的森林、白雪覆蓋的山峰，有一次還看到一隻母麋鹿從前面的路上跑過。

中午到達費爾班克斯，我在市中心快速兜了一圈，在切納河邊的遊客中心停了下來。看了一下當地住宿的小冊子後，我選擇了另一家韋斯特馬克連鎖酒店，這家看起來很大很摩登。辦理了入住手續，放下行李，我出發去保養我的摩托車。

ＢＭＷ經銷商位於城鎮最遠的角落，在一片高大的針葉樹林後面，乍看之下像是一個獵人小屋和拖車的組合。在另一側的樹下有著一個簡陋的遮蔽物，覆蓋著幾輛新的摩托車和舊的邊車零件。喬治，一個頭髮灰白的老人是這家車店的老闆、銷售員、機械師、零件經理和電話裡粗暴的聲音。他看起來像是礦工，但鬍子修剪的很整齊，言行舉止也很友善，雖然有點心不在焉。他顯然對ＢＭＷ的所有事情都很了解但似乎很散漫，所以我經常有一種不安的感覺，覺得他有自己的想法幾乎沒在聽我說的話。

當我把行李箱從摩托車上卸下來以方便維修工作，我問喬治可以把行李放在哪裡時，他拉開一輛破舊皮卡吱吱作響的門，把一些雜物推到一邊，說：「放這裡很安全。」他提議用他經典、附掛邊車的老式ＢＭＷ送我回酒店，這對我來說是一種全新的體驗，可惜他的老摩托車無法發動。他說：「化油器裡進水了。」最後他用老式的柴油賓士載我回去。

費爾班克斯似乎是一個令人愉快的小城市，從我在市中心的街道上散步和在商店裡打探貼紙和明信片時所遇到的人來看，這裡大約有三萬名友善的居民。當布魯特斯和我一起旅行時，我們經常尋找那些五顏六色、有時甚至是懷舊的紀念貼紙作為小巧而容易攜帶的紀念品。而在這次旅行中，我把這種探索作為出門走走的理由。

我過去旅行中的另一項任務是給我的祖父寄明信片，他已經九十多歲了，只能待在「家裡」。在賽琳娜的葬禮之後，爺爺曾在我母親耳邊說：「告訴尼爾，讓他往大自然跑。」雖然我當時沒能聽從他的建議，但現在我肯定是往大自然跑了。

回到酒店後我洗了一些衣服，寄了幾張卡片，在樓下的「熊與海豹燒烤店」吃了一頓美好的晚餐。儘管心裡有傷痕困擾著我，但對美食和飲酒的熱情似乎還在。

喬治說到做到，第二天中午前他就把摩托車整理好了，我騎著部分零件經過換新或調整的摩托車出發去安克拉治。喬治向我說剎車片還能使用一段時間，而新輪胎在公路上堅實、有彈性的感覺也讓我感到放心。就在費爾班克斯外我停下來看了看一大群向南遷徙的沙丘鶴聚集在一片空地上覓食，而就在此時，我摩托車的里程表顯示在我自己的遷徙中，已經達到了一萬公里，其中有六千公里是在這兩星期內走的。

沿著阿拉斯加公路的最後一段路繼續往南，仰望天空，群山似乎布滿了周圍，其中以舊稱麥金利峰（以一位從未來過阿拉斯加的總統命名）、有著白雪覆頂的德納利山為主峰。德納利山海拔六千一百九十公尺，是北美最高的山峰，圍繞它的國家公園禁止遊客自行開車進入，但提供接駁車將露營和健行的遊客送到登山口，這為過度擁擠的美國國家公園邁出了一步生機。相較於黃石、優勝美地或大峽谷等美國國家公園在遊園的車輛與保護自然不被破壞兩者之間不斷拉扯競爭，這顯然是一件好事。但這也意味著入口停車場將會被汽車、拖車、越野車、小型休旅車、露營車和房車塞滿，所以我放棄了隨興前往一遊的想法。

無論如何，安克拉治就在阿拉斯加公路的盡頭，而這個目的地的名字對我而言，有著神話般的誘惑。因此，我繼續享受避開人群，往南向海岸線前進，進入農場和牧場交錯的山谷，這裡有利於農業的肥沃土壤和溫和天氣，在阿拉斯加可說是少見的。這展現出阿拉斯加多樣性的另一面。那天當我騎行時，我在想，如果沒有阿拉斯加，美國將變得多麼渺小。就像加拿大人的世界觀受到人煙稀少的廣大「真正北國」地區的深刻影響一樣——我們對於「家」的概念顯然是由我們不居住的地方所塑造的。大多數美國人很少反映他們對自己國家的心理印象包括：草原、落磯山脈、西南沙漠、新英格蘭的石牆田地、西北部的太平洋地區、遙遠的夏威夷島，以及阿拉斯加的荒原。

美國人的大部分性格或者至少是自我形象，是建立在「拓荒者」的現實和理想之上的，即便絕大多數的美國人可能永遠不會去被他們暱稱為「最後的邊疆」（正如車牌上的標語所吹噓的一樣）的阿拉斯加，但一說到阿拉斯加，他們可能會產生一種「成為拓荒者」的感受而內心閃耀著，阿拉斯加是他們心靈地圖裡的一處遠方前哨站。只為了知道自己的國家還有一部分沒有被填滿或者說還沒被耗盡——儘管也許這狀態不會持續很久。不足為奇的是，以石油勘探、鑽探、採礦、提煉和伐木為幌子的工業化正以難以抵擋的速度吞噬這片荒野，而這個商業漩渦的中心就是安克拉治。

這裡有二十多萬人口，算是阿拉斯加的大都市，比費爾班克斯大七、八倍，而費爾班克斯又比州府朱諾的人口多。儘管「洛杉磯安克拉治」的綽號可能被誇大了十五倍左右（儘管我發現開始出現了「咖啡得來速」之類的地方），但一切都是相對的；經過兩週的騎行，穿越了寬闊的草原、連綿的群山和北極開闊的曠野之後，當我在繁忙的街道上遊逛一小時以確定我身在何方時，安克拉治理所當然感覺像是一座城市。然而像溫哥華或西雅圖一樣，混凝土、玻璃帷幕和鋼筋等硬梆梆的城市面貌被其自然環境——庫克灣閃閃發亮的藍色波光和周圍雄偉的峰巒——的背景所軟化。

我莫名其妙地又再次對韋斯特馬克連鎖酒店情有獨鍾（我想多多少少是因為它是本地的連鎖酒店），這家酒店是一棟高樓層建築，我在巴士旅行團來到之前就已先行入住了。我在房間裡整理行李時，櫃台人員打電話建議我不要像往常那樣把露營裝備和睡袋放在摩托車上。我問他：「你認為有人會去偷嗎？」

「這是安克拉治的週六夜晚，」他說，「任何東西都會被拿走。」

那天晚上，我躺在黑暗的酒店房間裡無法入眠，聽著街上醉酒狂歡者的叫囂聲使我心情低落。在日記中我再次寫道，我的思緒被賈姬和賽琳娜牽絆到無以復加。

一段天真無邪、面帶微笑的記憶往往會把我帶向回憶。路上看到一家人一起旅行，電視上一些老的節目，聽到一首老歌，或是從餐館的喇叭中傳來賽琳娜曾經吹過的笛子曲目。所有的這些都和記憶這麼息息相關。

〔九月五日　安克拉治——托克〕
六萬七千七百九十二（五百五十公里）

又是一個不安的夜晚和暴躁的早晨。飯店只有一部電梯，我住十樓，這時其他人也都在同一時間離開要回到他們的遊輪上。

〔後來〕因為道路在施工，我在一號公路上停下來。美好的一天，更多壯麗的風景，道路像是一個有趣的滑雪彎道，如果沒有那些房車和卡車的話。

如果用「壯麗」一詞來形容昨天，那麼今天則適合說是「輝煌」。不管怎樣，風景優美，面前展開的第一段筆直道路前方是蘭格爾山，沿著蜿蜒的道路穿梭在爆滿的黃色和橙色樹葉林中，遠處白雪藹藹的山峰是那麼飄渺、空靈地高高在上。第二段位在托克的路段也是同樣輝煌，或許可說是更加輝煌，閃亮的冰川在林立的山峰之間傾斜而下，而車輛則少了很多。

但我仍然覺得情緒低落，不想唱歌，只是騎車。

（稍後）在托克的艾迪速食餐廳，就在青年汽車旅館前面（這次決定對韋斯特馬克旅館說不！）。這是個好地方，樸實無華，麵包附的奶油明顯標示是「人造奶油」，沙拉吧也不錯，但蟹腳晚餐要二十五美元，其他許多晚餐的價格也差不多。這算不算超出了人造奶油等級菜飯的價格？

咖啡像是大馬克杯裝的有顏色熱水。真的，我唯一喝過好喝的咖啡是在電報溪，我自己泡的。當然我還沒有嘗試過「得來速咖啡」。

讀完了弟弟丹尼推薦的娜汀．葛蒂瑪所著的《生態保護者》[5]。書中提到對「孤獨的人」的比喻也許很貼切，但故事一點也無法令人振奮。老天。

5 娜汀．葛蒂瑪是一九九一年諾貝爾文學獎得主。《生態保護者》描寫一位白人富商坐擁重金購得的豪華莊園，完全無視於外界的苦難而過著特權式的孤立生活。

〈九月六日　托克──海恩斯〉

六萬八千五百八十三（七百九十一公里）

今天早上下著雨，但我仍然期待著「出發」的那一刻，當世界在同一時間收束和擴張的時候。

沿途可能會有一些美好的時刻或者有一些愉快的「禪意」，但一天中最好的時刻是離開和到達那瞬間。

〔稍後〕在海恩斯交匯處[6]吃午飯，這是前往海恩斯渡輪碼頭的岔路口。今天的心情密碼是「憂鬱」。與其說是沮喪倒不如說是悲傷。一路上大部分時間都在下雨，不過，這倒也還好。車輛不多，主要是路面品質好。在低垂的雲層後面感覺到了雄偉的景色，沿著伯沃什蘭丁的大湖，景色很美。黃色的樹葉照亮了道路，有幾隻郊狼穿過馬路，一隻尾巴有白色羽毛帶的老鷹追逐著烏鴉（是鶚子，或是沼澤鷹？）。

阿拉斯加到育空地區，跨越一號公路上的邊境海關有夠簡單。海關官員詢問：「有購買或收到什麼嗎？」我回答：「汽油、機油和輪胎。」他本身也是一名騎士，在一番「騎士聊天」之後，他揮揮手讓我通過。來到高山苔原，我注意到其中一個湖泊中有著許多天鵝。然後下到沿岸的溫帶雨林區，一片綠意盎然。在這哥倫比亞省的小角落有著其典型的天氣：我必須戴著太陽眼鏡，身穿雨衣。

又來到另一個美加交界處，邊境官也是一位摩托車愛好者，騎著BMW R100 GS，又讓我輕而易舉地通過邊境。經過著名的奇爾庫特河白頭鷹保護區，今天那裡只有一隻未成年的白頭鷹。

仍然時常想著那些「逝去的人」，並經常自言自語。

至少知道自己在做什麼有時會讓我發笑，不過這沒什麼。

海恩斯這個小港口將會是我在阿拉斯加最後的一站。我在一家小小的酒類專賣店停了下來，想買一瓶單一麥芽威士忌，我無意中聽到一個漁民向店主講述他剛釣到二十二公斤重的比目魚。出門的時候，他指著幾條街道外的主街，那裡有一隻黑熊正蹣跚地穿過馬路。

距離渡輪開航還有幾個小時，我去了燈塔餐廳，給自己抓了一條比目魚——從菜單上抓的。其他幾個遊客似乎也在那裡殺時間，大多數是年長的退休夫婦，他們很快就開始一桌桌的交談起來，自在地穿梭於和自己相像的陌生人之間，他們是同一世代友善、開放的美國人。我無意中聽到其中一名男士試圖記起西北地區一個小鎮的名字，就在北極海邊上，於是我說出：「是圖克托亞克圖克嗎？」很

6　海恩斯交匯處是加拿大育空地區的一個鎮，位於阿拉斯加公路和海恩斯高速公路的交界處，並因此得名。

快，每個人都在交換著彼此旅遊的故事。一對年輕夫婦從安克拉治搬到了雷諾，一位女士回憶起她和丈夫最後一次去拉斯維加斯是在一九五八年，她想像現在的拉斯維加斯應該已經跟以前大不相同。

其中一位男士向女服務員詢問了當地的鮭魚捕獲情況，她講述了她如何在去年的鮭魚比賽中獲勝，捕獲了一條二十公斤重的鮭魚，讓她淨賺一千六百美元，獲得了為期三天的朱諾之旅，還有一支三百五十美元的釣竿，以及白馬市的免費晚餐。

晚飯後我沿著峽灣慢慢騎行，來到了頂部，即奇爾庫特河匯入口，我看到有幾個人站在一座小橋上。我放慢速度想看看他們在看什麼，最後乾脆停了下來，關掉引擎，跨坐在摩托車上，看見河邊有五隻灰熊：一隻母熊帶著三隻小熊還有一隻尚未完全發育、更小的熊——雖然沒有其他三隻來得那麼大，但也很大。一個年輕的澳大利亞人把他的雙筒望遠鏡遞給我，我近距離看到了牠們在吃死掉的鮭魚。這些沿海灰熊被稱為棕熊，拜豐盛的鮭魚食物所賜，牠們比居住在山區的表親大得多。

在渡輪碼頭，在排隊等候的車陣中，我把摩托車中柱立起來，拿出傑克．倫敦的《海狼》，放鬆地坐在座墊上背靠著行李箱，雙腿搭在汽缸蓋上（水平對臥引擎的一個有用設計）。隨著夜幕降臨，海水的氣味似乎越來越濃，短暫一瞥的一輪滿月很快就被雲層遮住了。雨越下越大，於是我在碼頭的騎樓下躲了一會兒雨，穿著雨衣走來走去。

我路過一個遛著小狗的年輕女人，在經過雨水沖刷後的停車場燈光底下她看起來很漂亮。她對我笑了一笑，就像女孩有時會做的那樣，這個微笑似乎刺穿了我，我突然覺得像被電流穿過一樣——說不出話、緊張和害怕。偶爾有漂亮女孩直直地看我時，也會對我有這種影響，但我已經很久沒有這種感覺了。

我從未覺得自己對女性有特別的吸引力，這跟我早期的「無法想像的感情」的內心獨白是一致的，但現在似乎有些不同。後來當我和朋友們在一起，他們也證實我似乎會突然吸引女性的某種關注，儘管我仍然戴著我的結婚戒指（賈姬和我都有一個，儘管沒有得到教會和政府的認可），也沒有發出任何有意識的「信號」，但女服務生將她們的手輕輕地搭在我的手臂上，收銀員給我同情的微笑，街上的女人有時將目光投向我。從浪漫的角度來看，我喜歡想像她們的女性雷達可以偵測到瀰漫圍繞在我身上的悲劇氛圍。也許她們感受到的只是普通平凡的氛圍，又或者是如湯姆．羅賓斯翻譯《波特萊爾》的那句名言：「女人喜歡那些來自炎熱氣候的兇猛殘疾人。」

在海恩斯的渡輪碼頭上，這個漂亮的女孩看起來是獨自帶著她的小狗旅行，如果她向我發出某種信號，我應該怎麼做？這是我應該考慮的「機會」之一，還是只是我過度的想像力發揮了作用？不管是哪一種，我還沒有準備好處理它，而我登船後就再也沒遇見她，我就把這個問題拋在了腦後。不過，顯然我的內在小孩對無止盡的公路、風景和野生動物以外的生活，還懷有一種期待的火花。

九月七日，在大船上

在下個不停的雨中漫長等待結束之後，又得小心翼翼地越過那些滑溜溜的金屬坡道把車騎上船，綁上繩子（和往常一樣，這是很痛苦的嘗試；必須學會正確的繩結），然後喝了幾口威士忌，參觀一下這艘船（那時所有的人都很興奮，為了有窗戶的小船艙和在海上的快感，聽著螺旋槳在船後衝出的聲音）。我在一點左右入睡，四點醒來看到朱諾（不是到岸——只是在黑暗中碼頭所發出的光），然後再從五點睡到八點左右的回籠覺。在刮著冷風下著雨之際，我透過窗戶看到「迷霧峽灣」[7]的鋸齒狀駝峰在陰鬱的蒼白中相互退去，還有灰色的、看起來如同暴風雨般、白色一片的水霧繚繞於駝峰之上。

我意識到海恩斯已經完全改變了我對阿拉斯加的看法：大街上的黑熊、白頭鷹和吃鮭魚的棕熊。都是真的。

〔稍後〕座頭鯨在嬉戲！

〔後來〕愉快的慵懶時光，閱讀著《海狼》（一部有著像康拉德小說一樣元素的偉大作品）。〔還注意到故事中的船名叫幽靈號〕，看著飄過的雲層覆蓋的海岸，森林密布，在那些朦朧的層次中，黑暗而圓潤，昏昏欲睡。

聽了林務局解說員弗蘭的幾場講座，看著鯨鬚〔又稱為鯨骨，靈活的、類似塑料的板塊，是鯨魚用來過濾食物柔韌的塑料狀板，歐洲人則用來做緊身內衣〕，反映了倫敦筆下血腥殘暴地對海豹的獵捕與屠殺：「所有這些屠殺都是為了女人的虛榮心。」為虛榮服務的殘暴。黑暗的深淵。

渡輪在早上九點左右停靠在魯伯特王子港，我在大雨中騎車離開。偶爾瞥見公路旁的高山，但我的視野集中在滂沱大雨和烏雲籠罩下的濕滑路面。到了喬治王子城附近，天色逐漸放晴但始終沒有暖意。一條路況良好的公路緩緩迂迴穿過鋪著乾草的農場和被丘陵環抱的山谷，森林更加青蔥翠綠，現在我正往南騎行，準備回到夏天。

到了奎斯內爾，我已經走了八百八十二公里。我在鎮上轉了一圈想找個地方住下來。最漂亮的地方沒有餐廳只有兩間空房：一間雙臥套房或蜜月套房。所以我繼續騎行到車輪客棧，後來我注意到它「很便宜、很划算」，而且對要求不高的旅行者來說，「乾淨、淋浴設備佳，還有氣象頻道」。

晚餐在一家位於哈德遜灣附近的老餐廳用餐，吃了燉牛肉、紅酒、櫻桃派和咖啡，飯後我在空蕩蕩的黑暗街道上走了一圈。奎斯內爾是另一個因採礦者罷工而興起的小鎮——這個小鎮來自一八五八年的「卡里布淘金潮」——市中心有一座經過修復的老橋供單車和行人使用，一座水岸公園，以及沿街整潔的景觀和花圃。

在車輪客棧睡了一覺好眠後，第二天早上六點我又上路了。天氣晴朗明亮但依舊嚴寒，我繼續向南走穿過灌木林，偶爾有農場、一些大湖（威廉姆斯湖和拉哈奇湖），還有一些小鎮。我在一個小鎮

7 位於阿拉斯加國家風景區。

停下來吃早餐，因為它的名字讓我很好奇——百里屋，因為它在毛皮貿易路線上離溫哥華很遠，於是哈德遜灣公司的捕獵者就取了這個名字。

雖然我走的是一條不太直接的路線，但我那天的目的地是溫哥華，去看看我的弟弟丹尼、他的妻子珍妮特、兒子馬克斯和黑色拉布拉多獵犬塔拉。丹尼和珍妮特一直以來所扮演的角色都是朋友多於家人，但也是家人多於朋友。賽琳娜出事後，他們在多倫多幫助照顧賈姬和我，然後在我們「自我放逐」期間又跑到倫敦幫忙照顧我們，最後在賈姬去世前幾週到了巴貝多。在過去的幾年裡，我參與樂隊巡迴表演時經常去溫哥華看望他們，在我最近一段時間的孤獨漫遊之後，我期待著停留幾天和那些了解我和我的故事的人聚聚。

在賈姬最後幾個星期裡，衰弱的她大部分時間都綁著氧氣瓶，身體和精神都越來越虛弱，不太能忍受熱帶氣候午後的炎熱，但那時她太虛弱了，無法移到任何地方。她和她的妹妹黛比在有空調的臥室裡花了幾個小時研究她的珠寶清單，她想把這些珠寶分給她的家人和最親密的朋友。

在我的第一次摩托車旅行中從慕尼黑到威尼斯，我在瑞士策馬特給她買了一個珍珠手鐲，然後騎著摩托車帶著它越過阿爾卑斯山來到威尼斯，後來又給她買了一條搭配的項鍊。傳說珍珠是有靈性的，它會吸收佩戴者的精髓，因此是最個人化的珠寶，所以把它們送給我們倆都很喜歡和欽佩的珍妮特似乎是最合適的。因此我一直帶著這些珍珠，小心翼翼地包裝著，執行這跨越一萬三千公里和將近三個星期的運送任務。

但首先，進入溫哥華的路是一條我相當喜歡的路，因為我後來把這條道路評為世界上最棒的摩托車騎乘道之一。在大理石峽谷附近、點綴著松樹和山艾灌叢的乾燥山丘是九十九號公路的起點，在利洛威特之後，它蜿蜒穿過森林，上下經過湍急的河流和海藍色的山湖。天空依然明亮，空氣涼爽可口，迎面而來的蜿蜒道路充滿了挑戰和收穫，我的腎上腺素被不斷刺激，車速逐漸地加快直到我全神貫注地騎行，伴隨著永遠存在的危險和偶爾出現的恐懼刺激，我違反了物理定律和自我的謹慎意識，以一種極為美好的節奏換擋、剎車、在狹窄彎道側身傾斜，然後一次又一次地加速。我感受到了幾個月來不曾有過的興奮，並發現自己因為這種純粹的生存快感而大聲歡呼。

從最初到最後
巔峰永遠不會逝去
總有東西點燃了光芒
進入你的眼睛

〈馬拉松〉[8]，一九八五年

8 匆促樂團一九八五年發行的《電動窗》專輯中曲目〈馬拉松〉的歌詞摘錄。原文：From first to last / The peak is never passed / Something always fires the light / That gets in your eyes。

第五章

摩托車流浪漢的頭等艙

我相信我所看到的一切
我相信我所聽到的
我相信我的感覺
改變了世界的面貌

〈圖騰〉[1]，一九九六年

1　《回聲測試》專輯中曲目〈圖騰〉的歌詞摘錄。原文：I believe in what I see / I believe in what I hear / I believe that what I'm feeling / Changes how the world appears。

在寫這些句子的時候——我只能稱之為「以前」的時候——我想到了懷疑論者對任何無形事物的否定（真正的不可知論）與許多人傾向透過自身不斷變化的情感和情緒、全然主觀地看待和判斷世界這兩者之間的矛盾。在賽琳娜去世後的日子裡，我自己了解到這種症狀是多麼的強烈和無所不在，陽光明媚的日子怎麼可能看起來很黑暗，太陽完全不對勁，而我周圍的世界那些漠不關心的陌生人的忙碌生活，怎會顯得如此無意義和不真實——就像我自己的生活一樣。

如果我引用的一些旅遊日記看起來脾氣不是很好，甚至是厭世的，這種態度應該被理解為一種嫉妒的情緒，而這種嫉妒往往有一種苦澀的回味。在我遭受毀滅性的失去之後，我很難接受命運如此不公，其他人的生活大概沒受到像我一樣的傷害。我急切的想尋找原因，腦中迴蕩著磨人的聲音——「為什麼？」（是對我的懲罰嗎？批判？還是詛咒？）當我看到其他人和他們的孩子在一起，或和他們的愛人和伴侶在一起，甚至只是明顯地享受生活時，我感受到的並不是惡意，而是嫉妒、怨恨和殘酷的不公平。

但是，當涉及到那些關心我的人時，這些黑暗的想法就不適用了，因為我感到親切和感激，不僅因為他們的幫助，更是因為他們的理解，僅因為他們知道我所承受的一切，為我著想，並且只希望我繼續活下去。三個星期以來，電話是我和這些關心我的人唯一的聯繫方式，因為我在陌生人中旅行，獨自承擔著這些認知的重量，所以我期待去見住在紅色小房子的丹尼和珍妮特，他們住在從溫哥華市中心跨個橋就到的基斯蘭奴。

他們的客房很舒適，床邊有一盞適合閱讀的燈，能在他們家裡待上幾天，遠離汽車旅館、餐館和加油站感覺很好。我希望如果我保持忙碌，如果我不是一個人，那麼待在一個地方是可以接受的。

到那裡的第一個晚上，我完成了任務，將珍珠送給珍妮特，她和丹尼竭力忍住不露出他們有多感動（儘管知道情緒是會傳染的，我還是很敏感，因為他們在多倫多、倫敦和巴貝多已經看夠了我的眼淚）。

他們問我在溫哥華是否有什麼想做的事情，我告訴他們我只需要保持忙碌，所以他們要確保我做到這一點。丹尼的工作很繁重，他是一名個人健身教練和幾家健身俱樂部的經理，珍妮特是一名眼科醫生，他們兩人還要照顧快兩歲的馬克斯和他們的狗塔拉。除了專職保姆，還有臨時保姆幫忙，讓他們有時間工作和玩耍，他們是我認識的人當中最活躍的，因此就把我排入他們忙碌的日常活動中。

在我出去做些車子保養和補給差事時，丹尼和我會推著馬克斯的嬰兒車在街道上快速行走；珍妮特則和我與塔拉一起徒步穿越海岸附近泥濘的林間山溝（雖然當地路標美其名為「峽谷」，但被我降級為「溪谷」）；或是我們三個沿著陡峭的山路（大自然的爬梯機）爬上了松雞山頂，這種考驗又被稱為「磨松雞」。我們在被溫哥華城市景觀、史丹利公園黑森林和北部高山環繞襯托下的布勒內灣划船和玩獨木舟，我在貨船、遊艇和搖擺不定的導航標誌之間獨自划船穿過這片起伏的海域。

一對海豹似乎緊跟著我，幾次把牠們長的跟狗一樣的頭從我兩側的水面浮出來盯著我看。我划著船槳漂浮在水面上，無法抗拒這樣的遐想：這兩隻好奇、看起來和藹可親的海豹像守護神一樣看著我。作為一個本質上是理性的科學懷疑論者，我從不相信輪迴，但同樣地，我很難摒棄迷信觀念，認為我所有的不幸都是報應和惡魔的詛咒造成的；一想到我失去的人可能還在某個地方，我就忍不住感到安慰。可是當我思考這樣的矛盾，一個靈魂如何進入另一個生命體並透過被附身者跟我們溝通時，我也無法完全相信「靈媒」言之鑿鑿的說法，儘管那些幻想能帶給失去親人的人一些安慰。也許身為理性的科學懷疑論者的我能勉強接受對此事所作的邏輯辯證，但內心深處的原始渴望卻是非理性的。

無論如何，我的內在小孩因著這六天在溫哥華活躍而愉快的生活而有所撫慰，我覺得是時候可以再次出發（或許我只是需要休息）。我的摩托車已經在當地一家店裡做了徹底的維修，並花了一個下午的時間在丹尼和珍妮特的車庫裡把摩托車裡裡外外清潔和打亮，所有的行李和裝備都被重新整理和歸位。丹尼和珍妮特早早起床在黎明前的黑暗中向我揮手道別，我在六點出發，穿過閃亮城市的空曠街道前往馬蹄灣的渡輪碼頭。

從溫哥華市出發，搭乘了一小段渡輪穿過喬治亞海峽[2]，到了長條形的溫哥華島，它從西北延伸到太平洋。我之前唯一看過的溫哥華島的一部分是在早期的樂團巡迴表演中，當時我們在哥倫比亞省的首府維多利亞演出。那裡就像她的名字一樣古樸和有著英國風格的地方（有茶館、板球場和一份叫做《時代殖民者》的報紙），還有納奈莫——另一個建立在採礦、伐木和漁業基礎上的純樸小城市。

2 喬治亞海峽位於加拿大大陸與溫哥華島之間，長度約為二百四十公里，寬度從二十至五十八公里不等。

我一直把這個巨大、似乎無人居住的島嶼的其他部分想像成一個巨大的古老森林公園，在這次旅行中我決定更徹底地探索她。

一如往常，我並非直接到目的地溫哥華島，而是先搭渡輪到溫哥華市對岸的蘭代爾，這個被稱為「陽光海岸」的地區（確實如此，那裡有一縷縷高高飄逸的雲彩和我只能用「巨大」來形容的山海美景），然後沿著一條蜿蜒的公路短暫騎行，乘坐第二艘渡輪從伯爵灣到鹽場灣，又騎一小段路前往紙漿廠小鎮鮑威爾河（在那裡我找到一家花店，送了一束「感謝」的花給丹尼和珍妮特），最後乘坐第三艘渡輪穿過喬治亞海峽前往溫哥華島東岸的科莫克斯。

當我沿著高速公路從科莫克斯向北經過坎貝爾河時，終於擺脫了繁忙的交通可以輕鬆地騎行，我對溫哥華島的印象也開始慢慢被侵蝕。高山和環繞的海洋構成了一個雄偉的框架，但裡面的景象卻相當黯淡：整座島感覺就不過是個巨大的「林場」，由一塊塊次生林、三生林和被砍伐後沒再生長的空地交替著。每塊林地前的標誌都是木材公司的宣傳訊息，說明哪塊林地在哪一年被「收割」、「疏伐」、「補植」（有時被誇大為「重新造林」）和「施肥」。每個城鎮都有一家紙漿廠，煙囪向天空噴著煙霧，仔細看看地圖就會發現運送木材的道路網在不斷蔓延。我經過運載樹幹的伐木卡車時，發現一棵樹被鋸成了三、四段，一棵樹就能裝滿整輛卡車，甚至對大型的木材拖車來說也是如此。剛砍伐下來的木材有一種甜美的香味，所以我總是能聞到前面路上卡車的味道，尤其是在雨中。雖說這味道有很好的預警作用告訴我前方有大卡車，但看到這些高貴的樹木變為殘骸時，我仍然感到難過。

但是，當我發現自己對這種大肆砍伐的行為不以為然時，我只需想想我在魁北克的客廳，那裡有北美黃杉的橫樑。我難道不知道它們是打哪兒來的？這讓我想起了佛蒙特州政客講的一則關於環保人士和開發商之間區別的笑話：環保人士已經在森林裡有了自己的小木屋，而開發商則還沒有。

儘管起得很早而且感覺這會是漫長的一天，但我還是決定前往該島的北端，試著在那裡找個落腳處，這也會讓我比平常習慣的休息時間拖的更晚些（會錯過雞尾酒時間）[3]。當我看到哈迪港的指標（上面寫著：採礦、木材、釣魚）時，已經過了六點。我要的不多，只想有一間整潔的房間，可以洗個熱水澡和吃一頓簡單營養的晚餐，但很不幸的，在結束那天十二個小時的艱苦騎行後，我對這些不算過分的期望都感到失望。

小鎮似乎是由少數幾個長條型商場組成的，顯得平淡沒有特色，我心想是不是原來的小鎮已經被大火燒毀，只好盡可能的以便宜的方式重建。我並沒有花太多時間探詢，而且住宿的選擇很少，只有一家汽車旅館看起來好些，但另一家的位置較好，它就在鎮上的碼頭邊，碼頭上滿是漁船，看起來像是小鎮的「鬧區」。

很幸運的（我猜），我找到一間「便宜且划算」的旅館，房間裡面有一股難聞的氣味，家具看起來像是假日酒店不要的淘汰品，還有一張海綿床，下面的彈簧還會吱吱作響（我不記得我上次聽到這

3　指晚餐前人們先飲用雞尾酒和其他酒精飲料的時間。

種聲音是什麼時候了！）。我下樓吃晚飯時，發現沙拉吧有明顯的褐色調風格，這是許多大西洋或太平洋沿岸漁港常見的典型特色，唯一可選擇的魚只有油炸的，我只好選擇了在這種地方通常最安全的食物：牛排。我不得不稱讚這牛排「烤得不錯，帶有一絲炭火的味道」。

幾位漁民圍在一張桌子旁，我注意到他們談論天氣時，談的並不是溫度或降雨，而是風：「西北風十五級。」晚飯後，我沿著碼頭散步，看著船上的漁獲被卸載到冷凍卡車上。我寫下：「我喜歡看這些地方、這些人；他們生活的地方和他們生活的方式。」

那天晚上我情緒很低落，不僅僅是因為在結束漫長一天旅程後是令人失望的結果。我意識到「探望後症候群」發作了，我第一次發作是在倫敦時經歷的。在那裡的六個月裡，賈姬和我有大量源源不斷來自加拿大的訪客，他們是朋友和家人會來住上幾天陪我們。有他們在的時後，我們會很開心也會有所分心，精神也會提振起來，好像所有的事情都好轉了。然而不久後，當這些訪客離開回到自己家人身邊，我們又再次只剩下彼此：兩個無法從喪親之痛和自我放逐走出來的悲傷靈魂，更不用說要鼓舞對方的精神了。

這一次，我離開了被丹尼、珍妮特、馬克斯和塔拉包圍的溫暖家庭，讓他們繼續過著忙碌而充實的生活，而我則把自己留在了……好吧，回到公路上吧。

第二天早上，路又把我帶到了南邊，在襯托著點點粉色和紫色雲朵的晴空下，穿過一片冷凜的晨霧。再次的，越往南，交通越來越繁忙，一天中剩下的時間似乎都在忙著穿梭、繞道和甩掉其他車輛中度過。

有一次，我從一對老夫婦身邊飛馳而過，想像著他們之間的對話，我笑了：他老是對我碎碎念，她叫我不要當個愛發牢騷的老頭。突然間，我淚流滿面，心想：「我永遠也沒機會當個愛抱怨的爺爺了！」

順著島往南走了三分之二，我轉向西邊準備到太平洋那邊去，然後在一片罕見的古老雪松林前停了下來，這片林子叫「大教堂森林」。一如其名，被巨大樹幹包覆的幽暗樹洞確實像是一座異教徒的聖殿，崇拜著大自然的神奇和奧妙。但令人省思的是，就如同加州的紅杉和紅豆杉不斷減少，或如安大略省的白松一樣，現在剩下的樹林已經非常稀少，以至於它們都有自己的名字。當然，這些殘留的樹木能被保存下來是好事，但一想到它們實際代表的意義卻又令人感到沮喪：曾經覆蓋這片土地和大部分陸地的數百萬棵樹已經永遠消失。這是一片幽靈森林。

另一個被一連串的太平洋峽灣圍繞著、名叫「克拉闊特灣」的古老原始森林，是加拿大環保人士與木材公司發生最激烈抗爭的地點之一。我似乎記得保護者至少贏得了一場漂亮的勝利，然而我再次震驚地發現到他們——或者是我們——正在為之奮戰的最後一搏不是為了減緩破壞的速度到一個可控的程度，而是為了保護正逐漸消失的森林的最後一個標本，使其有足夠的時間被欣賞與緬懷。在路邊的岩壁上，一位幽默的塗鴉藝術家畫了「電線桿——原始森林的最後一棵」。

維肯尼尼許旅館座落在托菲諾——一個太平洋岸邊繁忙的旅遊小鎮——與哈迪港的旅館形成了鮮

明的對比，它緊鄰著一片海浪輕拍著岩岸的海灘，偶而從西邊傳來霧號[4]的聲音，房間舒適而豪華，餐廳也是真正的一流。

丹尼告訴我有個我們都認識的朋友一直在打聽我的情況，她叫蓋依．伯吉爾，一位我認識很久的摩托車車友，也是我以前常寫信的對象之一（屬於「以前」的事不只寫信這一樁）。在晚餐時，我決定開始給她寫信，就像我過去有時在單獨用餐時會做的事情一樣，看看這次是否對我有用。

蓋依和我第一次見面是在一九八五年中國東北的一次自行車旅行中，同行的還有幾位紐澤西自行車俱樂部的成員。在隨後的幾年裡，我參加了幾次他們的自行車旅行，翻越了阿爾卑斯山兩次，還越了比利牛斯山。而在大約十二年前，我們從卡加利翻越加拿大落磯山脈到溫哥華，這條路線與我即將行駛的路線恰好相反。

一九九八年九月十六日
維肯尼尼許旅館
托菲諾．哥倫比亞省

親愛的蓋依：

我知道妳已經很久沒有收到我的信了，但是……今年我過的很不好（最近喜歡用輕描淡寫的語氣形容）。我已經很久沒有像這樣在晚餐時給人寫信，就好像晚餐有客人來訪似的，但我想要試一試。最近我的生活包括重新嘗試以前喜歡的東西，看看是否還感覺不錯。在許多方面重新開始，而且是在如此搖搖欲墜的基礎上重新開始。我曾經相信的一切都被打破了，甚至連最簡單的因果報應「做好事有好報」都破滅了。可悲的是（非常可悲），事實並非我曾以為的那樣。

總之，在我把自己（和妳）陷於這些不具體的思想之前，我會嘗試用我以前的舊習慣，以這些信件「更新」我的狀況，至少從現在開始往後到我還敢在大眾餐廳裡做的……

「現在」我在托菲諾的餐廳吃晚餐，也就是信頭說的旅館，從環伺餐廳的十二面落地窗向外望，克拉闊特灣就像一幅由島嶼、雲彩和大海組成的日本水彩畫。我已經吃了大半天的豪華晚餐，包括牡蠣、巧達濃湯（比傳統巧達更豐盛）和海鱸魚，旁邊還有各種美味的小點心（野米、蘆筍、螃蟹、莎莎醬等），以及被我形容為「李子交響曲」的甜點：冰沙、慕斯、糖漬水果佐伴咖啡和波特酒。妳知道的，我以前的生活中嘗過各種美酒佳餚，這頓飯可說是最好之一。景色也很棒。

4 霧號又稱霧信號，它是一種裝置，能在大霧條件下，利用聲音提醒往來船隻注意航行危險，避免船隻相撞。

九月十七日
納奈莫．渡輪碼頭

聽著房間外海浪輕柔的音樂聲，我睡了個好覺，今天一大早就出發了，穿越溫哥華島（我將它稱之為「很好玩」的一條路，有很多各種類型的彎道），回到了大教堂森林，在艾伯尼港吃早餐，接著騎到納奈莫附近的渡輪碼頭。

我在八月二十日出發，是賈姬去世後兩個月，賽琳娜去世後一年又十天，開始踏上了很快被我定義為是「療癒之路」的旅程（至少，我是這麼希望的）。當時還不知道旅行是否對我「有用」，尤其是獨自旅行，但事實證明這是迄今為止最好的治療方法。在巴貝多，賈姬的病情惡化的更快，但對她來說那算是相當仁慈了（一顆破碎的心帶來的傷害，比醫生口中的癌症還要快）。從那裡回來後，我在多倫多待了幾週處理必要的事務，把房子賣掉，然後回到魁北克的「家」。

我在那裡待了一個月，情況不算太糟糕（儘管四周圍繞著無數幸福的家庭回憶），但我知道獨自在那裡待過整個秋天和冬天並不是什麼好主意。無論我走到哪裡，我都有一種感覺，一個非常明顯的「深邃的黑洞」就在我身邊，有幾次我甚至連身體都感覺到我正把自己從那黑洞裡拉回來。當然，這對我來說是一個危險的時期，如果我陷入黑暗的漩渦，這時喝一瓶威士忌或吸一袋白粉，誰忍心責備我呢？我還記得在遭遇這個雙重噩夢的初期，我在想：「怎麼有人能在這樣的打擊中生存下來？如果他們做到了，往後的生活會是什麼樣？」

好吧，我不知道，但我要找到答案，天性中的一種小小的本能反應「總會有轉機出現的」。

從旅行中我體會了真實和美麗的小時刻（例如公路、風景、野生動物），甚至還有短暫時刻有重新享受生活的感覺。有時還是會流淚，情緒也時而會暗淡，而那個無所不在的「深邃黑洞」依然存在著，不過隨著不斷的騎行，一切都在變好。

而現在，搭渡輪的時間到了……

在同一天的晚些時候……
哥倫比亞省．希望鎮

記得……忘了是一九八六年？還是一九八七？我們的自行車之旅停留在這裡的情景……總之，天氣從原本我在渡船口野餐長椅上等待的陽光明媚，變成先是陰天然後下雨的兩小時航程。穿上應付惡劣天氣的裝備，我在大雨和繁忙的交通中出發。路不熟加上複雜的路況，在在考驗著摩托車騎士。我想，在「療癒之路」上騎自行車的效果遠不及騎摩托車來的好，因為騎摩托車在精神上的要求要高得多，這有助於讓我的思緒專注在做決策、身體執行（雖說不像有氧運動那樣，但那些「有趣的」的路仍然要耗費許多體力）、觀察四方、保護自己（就像騎自行車一樣，假設別人看不見你）、導航、監測車子異常，或許，同時還要欣賞風景。

妳和其他自行車同好也許會很高興知道，我在巴貝多就開始大力騎自行車了。為了暫時從不眠不休地照顧賈姬中獲得喘息，我把她交給她的妹妹黛比照顧，然後每隔一天早上就在巴貝多北部艱辛而悶熱的道路上騎車，幾乎把我們租的房子周遭能花兩小時來回的所有道路、巷弄和鄉間小路都騎遍了。在那裡的兩個半月裡，騎車和賞鳥成了我的主要消遣，再加上大量的閱讀，幫助我保持某種程度上的理智（有多理智，還不確定）。我還成功地識別了島上二十二種原生鳥類。

今晚，我在名叫「希望鎮」的地方投宿，對我而言，這名字很適合我。在繞了小鎮之後，我選了一家名叫「家」的餐廳用餐，火雞晚餐配馬鈴薯泥、肉汁、花椰菜和巧克力奶昔。這次旅行中，我試圖在比較奢華和簡樸的地方——像是由自家人打理和經營的旅館和餐館——交替著度過夜晚。一般來說，我拒絕各種預訂，除了從阿拉斯加到魯伯特王子港的船，即使提前六個星期也很難訂到，還有昨晚的旅館，那是我上週去拜訪丹尼和珍妮特時他們特別推薦給我的。今晚我試圖預訂兩晚路易絲湖城堡住宿，因為我一直想住那裡，但沒有訂到，所以我改訂班夫溫泉酒店，看起來差不多，但缺少那種景色。

晚飯後我去看了一下我們上次住的地方（從卡加利到溫哥華的那趟），雖然現在改為精品旅館，但我一眼就認出來了；還有那個餐廳，有個傢伙（是藝人嗎？）發出讓人受不了的吵鬧聲，現在老闆變成中國人了。妳和斯坦不就是在這鎮上尋找齒輪零件的嗎？總之，這似乎是一個不錯的小鎮，十一、二年來變化似乎不大。

接下來是我這趟旅行的回顧，得出這樣的結論：

四星期內騎了一萬四千五百公里，包括在溫哥華與我弟丹尼一家人在一起的「空閒」五天。

九月十八日
哥倫比亞省．尼爾森

今早，我發現了那次我們所有騎自行車的人在赫德利附近停下來吃午飯的地方：一個類似老式農舍的地方，有一個後露臺，而且我還記得有個動作非常緩慢的女服務生。而且早些時候我騎車經過了曼寧公園的卡斯卡特瞭望台，鮑勃、亨利和我在那裡進行了「自討苦吃的」十三公里長、六百公尺高的攀登，而那些明智的人（比如妳）則躺在小屋的斜坡草坪上。

從普林斯頓出發，我選擇了一條不同的路線，貼著美加邊境一路騎經奧索尤斯（「加拿大唯一的沙漠」，也是一個在湖邊的漂亮小鎮）、特雷爾（幾年前冬季奧運的舉辦地，但基本上是一個礦業小鎮）和卡斯爾加（一個經常在加拿大氣象頻道上看到的名字）。在那裡又開始下起了大雨，所以我留在尼爾森（一個令人愉快的小鎮，有很多戶外用品店）的貝斯特偉斯特酒店過夜。

洗完澡，把東西掛起來晾乾後，雨已經停了，走了一圈，信步來到了「遺產旅館」[5]，在它名為「雜貨店」的餐廳吃飯。到目前為止，凱撒沙拉還不錯，我期待著待會的牛排。

這趟旅行中我一直帶著我的小帳篷和睡袋，只是為了保險起見，儘管到現在還沒有使用過，但我就是喜歡帶著它們，這樣就不用擔心找不到房間住；還有我的小加侖油箱也是一樣，到目前為止我只用過一次，我喜歡凡事不用擔心。在育空地區和阿拉斯加，太冷了，無法考慮露營，但我希望我到了加州莫哈韋能有機會露營一次，那鐵定很棒。我沒有帶烹飪用品，因為食物取得很容易，但我希望下個月能與我以前的騎行夥伴布魯特斯會合兩個星期，我們可以只帶一些三明治和一瓶酒到沙漠中露營，那也不錯。

我的遠期計畫（現在我敢於有這樣的計畫）是以之字形的路線往南，沿著密西西比河西側走，也許最後會停在墨西哥和貝里斯。如果我能在路上一直待到聖誕節（從前那是美好的家庭歡慶日）之後，那會是最好的。然後我可能會把摩托車寄放在那裡的某個地方，再飛回魁北克度過一月和二月（越野滑雪和雪鞋健行[6]的黃金雪季），之後我可以重新與我忠實的坐騎會合，向北走，或者繼續向南到南美洲。從踏上這個有如荷馬史詩《奧德賽》（到處都有怪物！）般旅程的第一天起，我就決定對這趟旅程保持隨興，有很多機會可以改變，甚至在我想放棄的時候就放棄，「只要行的通就好」是我的行動準則。不對自己提出要求，沒有承諾，不訂目標，就只除了生存。

請把我的問候（含／或不含這封信）轉達給鮑勃、羅西和亨利，我想讓你們都知道，我正慢慢拾起我破碎生活的碎片。請耐心等待，看看最後謎底會是什麼！

現在，只要我繼續前進，我就沒有問題……

帶著眞摯的情感

尼爾

在我「總會有轉機出現」的信念中，那些微小但閃耀的希望火花，那些讓我沿著高速公路不斷前進的模糊想像中，是我腦海深處的一絲幻想，我可能會偶然發現自己的伊甸園。在我過去的旅行中，每當遇到令我著迷的地方時，我總是被吸引，幻想著在那裡定居一段時間。像是，巴伐利亞阿爾卑斯山的一個村莊，加勒比海的一座小島，巴黎西堤島上的狹窄街道，塞倫蓋蒂平原上的帳篷營地。最近這種幻想對我來說特別有說服力，一個祕密的願望是發現一個美麗和平的地方，在那裡我可以永遠躲藏起來。

5 遺產旅館，後改名為休姆溫泉飯店。

6 雪鞋健行是欣賞冬季壯美自然景致的絕好活動，是加拿大發展最快的冬季運動。

我聽說過一些故事，有人突然找到了他們想要度過餘生的地方，一個他們自己選擇的家，而不是他們註定成長的地方，我希望有一天在某個地方，這樣的頓悟會發生在我身上。但看看上面我給出的四個天壤之別的地方——高山村莊、熱帶島嶼、歐洲城市和非洲草原——我真的不認為會有這麼一個地方可以一次滿足所有這些條件，但我仍然抱著希望，並在來到一個新地方時抱著這樣的想法。

在這次旅行中，尼爾森周圍的地區讓我第一次對我的想法心存希望。尼爾森本身是有著一種時髦氛圍的小鎮，被森林覆蓋的山脈——這是我「靈魂風景」[7]最常見的反映——所包圍。對有些人來說，海岸代表他內心的世外桃源，有些人則是沙漠中的山丘，還有些人是繁華的城市，但對我來說，我喜歡山中的森林湖泊——就像洛朗山脈的湖畔小屋，這並非巧合，我已經離開那兒一個月了，每當我允許自己回想那裡時，我就已經開始想念它了，但它並不能滿足我目前的幻想；我正漫無目的地尋找一個新的靈魂風景，一個沒有被過去聖誕節的幽靈所困擾的世界。

在一片沉重的陰雲下，高速公路從尼爾森往北一路沿著庫特內湖的長臂延伸，我想像自己在低沉的雲層下划船，划了一里又一里，我躁動的思緒在船槳穩定又強而有力的忘我節奏下得到安撫，然後飄回到我在霧氣縹緲的常青樹林中的孤獨小屋，在火爐旁看書打盹。

然而，我很快就把這些幻想放一邊，因為路況需要我全神關注。雨開始從那些低矮的雲層降下，在蜿蜒的三十一號公路順暢地騎了一個小時，穿過了一百公里逐漸惡化的沙土和碎石路面後，最後在鱒魚湖縮減成一條又長又窄、泥濘的單行伐木道，周圍是被砍伐後留下傷痕累累的山。當我慢慢地應付狹窄的彎道，在水坑、岩石、路溝和碎石護堤中小心翼翼地選擇車輪行走的最佳位置時，雨繼續傾盆而下，在這段距離中我只看到了另外兩輛車。我本來想在某個地方停下來吃早餐，但那條路上什麼都沒有，最終我放棄了這個想法在雨中繼續前行，沿著一條不知道有多長的危險軌跡緩慢前進，最後我有一種把自己縮進殼裡的感覺，讓我根本不願在任何地方停留。

搭上渡輪，船上載著我和數量驚人的汽車和房車穿過上箭湖，看來他們走了一條更文明的路同樣抵達這個地方，相較於我跟我的車滿身泥濘、狼狽不堪，他們的車異常乾淨。我向北騎到灰熊鎮加油，然後轉入多雨、繁忙的加拿大橫貫公路，小心翼翼地與濺起水花的卡車和開車漫不經心的房車保持距離。當我爬上看不見峰頂的羅傑斯山口[8]，我感到寒冷穿透了我的皮衣和雨衣，打開了加熱背心和握把，絕望地看著前面的路，思考著一首歌名——「雲朵掛在我的車把上」（並不是說我在考慮寫歌，但我一定是留有那種對歌詞節奏的內在反應）。

在過去幾年裡我曾開車和騎自行車穿過羅傑斯山口，現在是騎摩托車，但我還沒有看到傳說中被白色山峰圍繞的景色。不過它在照片上看起來很美。路邊的幾隻麋鹿是那天唯一的風景。

班夫的自然魅力也被蓋住了，但不是被雲和雨遮住。與尼爾森相比，這個曾經如詩如畫的落磯山

7 靈魂風景意指通往內心世界的視覺之門，是一個珍貴的符號，讓你看得見看不見的東西。
8 羅傑斯山口是穿越英屬哥倫比亞塞爾扣克山脈的高山口。

脈小鎮已經完全被旅遊業吞噬，街道兩旁盡是俗氣的紀念品商店，路上更是擠滿了汽車、房車和無數的旅遊巴士。

班夫溫泉酒店有著城堡般的外觀，室內有種古老莊嚴、甚至可說是富麗堂皇的氛圍，但它給人的感覺就像阿拉斯加的旅遊巴士酒店一樣沒有人情味，像工廠。「原野風光」的誘惑已經被包裝得面目全非，體驗後發現它不僅暗淡無光，而且完全空洞。

走進飯店的亞伯達餐廳，我被它的廣闊嚇了一跳，然後是成群結隊的巴士旅遊團，他們的大圓桌上插著編號的旗子，我注意到他們大多數似乎是日本人。一個由吉他、鋼琴和鼓組成的三人樂團正在舞台上演奏，當我認出他們演奏的歌曲時，不禁笑出聲來。〈壽喜燒〉是六〇年代初的一首熱門歌曲，我一直認為它是日本音樂的滑稽模仿，然而，這首歌獲得了一輪聽起來很真誠的掌聲。隨著樂隊繼續演奏其他吉普賽國王、艾靈頓公爵和比利喬的曲子，每隔三首左右就有一首完全不熟悉的庸俗歌曲——從隨後熱烈的掌聲來看，顯然是日本流行歌曲。

吃了一頓像樣的海鮮濃湯、炙烤鮭魚和楓葉巧克力果凍當晚餐之後，我躲到了朗朵酒吧的舒適椅子上喝了一杯咖啡、一杯干邑白蘭地和一支菸（啊，這些C開頭的字！），在低矮的雲層下看著岩石懸崖和森林覆蓋的山谷。鋼琴家正在演奏〈回憶〉，這是洛伊．韋伯的感傷作品，而且我認為他有很好的機會可以順著目前的曲目接續彈奏德布西的〈阿拉貝斯克〉，這是我最喜歡的雞尾酒鋼琴曲目，但他沒感應到我的心靈請求。

我原本考慮在班夫停留兩晚，但我已經對這個想法不感興趣了，並想著其他的選擇。我想起了認識的一位藝術家丹．哈德森和他的女友蘿莉住在附近的坎莫鎮，我以前只見過他們一次，是在多倫多的一個聚會上，但幾年來我一直和丹的一幅畫住在一起（真實大小的四隻加拿大鵝走過一片用實際家庭照片拼貼而成的背景，並裝飾著用藍色線條畫的噴射戰鬥機），幾年前我曾委託他畫樂團回顧專輯的封面（專輯名稱就叫《回顧》）。

我找到丹的電話打給他，他邀請我隔天也就是星期天去他家。我在亞伯達省這邊的山區騎行，在冷冽的陽光下來到坎莫鎮，把濺滿泥漿的摩托車停在丹和蘿莉的小房子外面一條綠樹成蔭的街道上。結果我不僅和他們一起度過愉快的一天一夜，而且還為我的未來找到一些靈感。

擠在他們皮卡的駕駛室裡，我們先去附近的馬廄看望蘿莉養的一匹生病的馬，然後開車進入班夫國家公園來到強斯頓峽谷步道的登山口。在九月中旬湛藍的天空下，蘿莉帶著他們的狗悠閒地散步，而丹和我則沿著小路快速爬上瀑布和傳說中因礦物質沉澱而呈現湛藍色的「墨水壺」，一路上狂熱地談論著生活和藝術。丹幫滑雪板雜誌寫些文章和攝影賺些外快以彌補他作為畫家的不穩定收入，他告訴我他在不列顛哥倫比亞省和阿拉斯加這些偏遠地區的冒險。他在藝術方面的知識和品味與他的執行力一樣出色令我印象深刻（一個很有說服力的時刻出現了，當時我們開著他的皮卡，試圖想起一些藝術家的名字，丹要我打開置物箱，查一查裡面的一本「袖珍藝術百科全書」）。此外，他還會做飯。在烹飪出一頓美味的飯菜——包括拌著蘑菇和橄欖油的麵包、煙燻鮭魚義大利麵、水果和蔬菜，以及一瓶巴羅洛葡萄酒（我對這盛宴的微薄貢獻）後，他帶我參觀了他的花園小屋工作室，欣賞他最近的一些畫作，以及拍攝的滑雪板運動幻燈片。

至於我第二天早上離開時領悟到了某些事，回顧我在蒙喬湖和在溫哥華「磨松雞」時，我意識到，徒步旅行可以像騎摩托車一樣令人著迷和撫慰心靈。我開始考慮逗留個一兩天，徒步進入森林，這和丹和蘿莉給我的建議不謀而合，他們建議我去位於蒙大拿州冰川國家公園交界的沃特頓湖國家公園，住在那裡的威爾士親王酒店。丹還推薦了一條穿過卡納納斯基斯[9]地區、在山麓間蜿蜒的小路，事實證明這是一次完美的騎行：有些是碎石路，有些是鋪設道路，而且風景優美，右邊是山，左邊是草原。我看到一頭年輕的雄麋鹿、一群騾鹿，甚至還有幾頭野牛，當我騎車進入沃特頓公園小社區的街道時，公園內成群的大角羊正在草坪上吃草。周圍都是高大雄偉的景觀，樹木從深綠色的灌木叢中陡然上升到灰色的峭壁山峰的兩側，所有這些都在燦爛的陽光和湛藍的天空下。

威爾士親王酒店是一座巨大的半木結構建築，坐落在湖邊一處寸木不生的突出岩岬上，我很幸運地訂到了一個靠近頂樓的房間，從高大的老式窗戶向外看，可以看到被森林覆蓋的海岸線和波光粼粼的平靜水面一路直到蒙大拿州。在海拔一千二百公尺的地方，空氣涼爽、清新、宜人，我推開窗戶，拉了一張木椅到窗前，坐在那裡一邊喝著麥卡倫，一邊欣賞著壯麗的景色。去吃晚飯之前，我預訂了第二晚的住宿，並擬了一些計畫讓我在第二天保持忙碌而不會想東想西。

早上我騎車來到村裡的碼頭，搭上觀光船遊湖。當船沿著由黑松、木棉、白楊和落葉松點綴的湖岸緩緩航行時，船上的廣播器傳來公園導覽員的解說，我們的目光隨著她的導覽集中在各式各樣風景名勝，包括標誌著國際邊界的六公尺寬的大片砍伐森林，以及一個被稱為「崖錐」的傾覆岩石斜坡，該斜坡由比我所知道的卵石更大的岩石構成。當她指出有一隻黑熊時，船傾斜了，因為大家都移到面向湖岸的那一邊去看。

顯然黑熊和更可怕的灰熊在這兩個公園裡比比皆是，她給了我們一些關於如何與牠們相處的技巧，因為計畫當天下午要健行，所以我很注意聽著她的話。首先，不要餵食（被餵食成習的熊只有死路一條），而且——也許很明顯——盡量遠離牠們。顯然，就是不要驚擾到牠們，所以她建議不要獨自健行（這點我很難避免），並且要發出聲音。我決定嘗試唱歌——從以往人們對我歌唱的反應來看，這應該會嚇跑牠們吧。

在「派特」（一間完美的小加油站、修車廠和雜貨店）後面的停車場滿意的換完了機油，又去了對街的洗衣店後（很高興注意到我把機車保養需求放於個人需求前！），我沿著風景優美的環形公路騎車來到卡梅倫湖，然後到了登山口準備徒步到布萊基斯頓瀑布。我把騎行裝備塞進空蕩蕩的行李箱裡，換上牛仔褲和步行鞋，沿著河邊狹窄的林間小道走去。我一邊走一邊唱著我能想到的每一首歌，主要是辛納屈的歌曲，如〈你真的惹惱我了〉、〈溫柔在我心〉、〈你微笑的陰影〉、〈我無法開

9　卡納納斯基斯是位在加拿大亞伯達省卡加利西部的一個地方行政區域，處於落磯山脈的前山和丘陵地帶。

始〉，以及很適合我的〈老人河〉。這似乎很有效：我一隻熊都沒看到。

然而附近還有另一種獵食者。我坐在溪流旁的一塊石頭上，聽著溪流唱歌，就像一群竊竊私語的人，看著一棵扭葉松上的兩隻灰噪鴉，想著這句話的節奏多麼好——「兩隻灰噪鴉在一棵扭葉松上」。這時我看到兩個女人走過來，一個三十多歲，另一個應該有六十幾。我胡思亂想，她們看起來像是一位單身女老師和母親一起旅行。當她們走近時，年輕的那個愉快地說：「又見面了！」

我一頭霧水，猜想她們一定是剛跟我搭同一艘船旅行，於是我回答著：「嗯，妳好。」她靠近我盯著我的眼睛，興致勃勃地說：「你一定是騎那輛漂亮BMW的人！」

我非常喜歡我忠實的坐騎，但我知道它並不漂亮，尤其是對一個「鑒賞力敏感」的人來說，那種緊張的不安的感覺又出現了。

「嗯，我不認為它漂亮，但它倒是很可靠，值得信賴。」

如果我更機靈和更風騷一點的話，可能會加上一句「像我一樣」，但我很少那麼老練，而且我又再一次對看似無法抗拒的誘惑感到緊張不安了，仍然對這種似乎來自於我的奇怪氛圍——我的悲劇之氣的光芒——感到不自在。縮了縮脖子，我對她們笑一笑，揮揮手，然後溜回了小路，繼續為熊唱歌。也許不是為了牠們唱歌，而是為了對付牠們而唱。

回到停車場，我換回騎行裝備，在塞滿東西的腰包裡尋找鑰匙，手指被錢包、日記本、便條紙、筆、香菸和打火機給纏住了。我突然有種挫敗感，開始對我的東西說話：「現在，你們都別胡鬧了，否則——我就把你們都帶回家！」當我意識到自己在做什麼時，放聲大笑了起來。毋庸置疑的；我正在失去耐心。

回到威爾士親王酒店後，我決定與其獨自在房間裡喝酒，不如去酒吧小酌一杯格蘭菲迪威士忌，欣賞著湖面上那美妙的景色，同時我也融入了一群陌生人之間自發性友好的場景中。遊船上的導覽員提到，與班夫或路易斯湖相比，沃特頓湖國家公園能接待的遊客只有兩者的十分之一，這無疑增添了它對那些造訪者的吸引力，使他們能夠欣賞的不僅是風景和野生動物，還有彼此。另外還有一個正面的情緒瀰漫在飯店中感染著每一個人，因為再過兩天飯店就要季節性關閉了，因此不僅工作人員感到輕鬆自在，客人之間也有種類似「離情依依」的不捨之感。

看到我放在桌上的望遠鏡，一個英國人指著湖邊遠處草地斜坡上的一隻熊，當他離開後，我把熊的位置指給了酒吧裡的其他客人，也把望遠鏡借給他們看，就像在阿拉斯加海恩斯的燈塔餐廳一樣，聊天、分享、彼此理解的美好互動，激起一陣漣漪在人群中蕩漾。

晚餐後回到酒吧（為了「三個C」），酒保倒給我一大杯人頭馬白蘭地，一邊笑著一邊說：「旺季結束了。」我問起他那天下午播放的音樂，得知那是《搖擺狂潮》的原聲帶，我記得賽琳娜喜歡這部電影，現在他正在播放另一張不錯的卡帶，是數烏鴉[10]的現場專輯，接著是一個更傳統的愛爾蘭團

10 數烏鴉是來自加州舊金山的美國搖滾樂團。

體叫愛爾蘭後裔。我把夢寐以求的五星級評價給了威爾士親王酒店，也給了公園。

不過這個地方也還是有鬼魂出沒，甚至還有一些新的鬼魂。那天晚上我弟弟丹尼在電話裡告訴我，一直由我父母照顧著的老狗尼基感染了某種腫瘤，他們已經決定對牠實施「安樂死」。在這種情況下與我之前的其他失去相比，這個消息對我的打擊並不算太大，但，仍然是另一種失去。如果我可以感到更悲傷，我一定會的。

前一天晚上，我把窗戶打開，讓夜風吹進來，到了凌晨三點左右，我打著哆嗦醒過來。我衝下床去關上窗戶，然後蜷縮在被子裡，注意到我的鑰匙圈上的溫度計讀數為攝氏十度。然而第二個晚上，在夜裡驚醒我的不是寒冷，而是窗外的一種奇怪的聲音，一種高亢的、刺耳的聲音，類似「銳」的聲音！

我猛然驚醒，我又聽到了它，並感到一陣緊張的顫抖，比夜晚寒冷的空氣還要厲害。再一次——銳！像海鷗的尖叫聲，聲音似乎是從外面很近的地方傳來的。那天我看到環嘴鷗在湖邊翱翔，但為什麼海鷗會在凌晨一點鐘出現在我的房間外面呢？我的手指在床頭燈上摸索著，直到找到開關，當我轉動開關時，燈光透過窗戶照亮了一隻大而蒼白的貓頭鷹，它筆直地坐著就在我的窗外（後來我在我的野外指南中查到了牠，是一隻短耳貓頭鷹）。

奇怪的是，這隻夜行猛禽並不是向夜空長嘯，而是對著我——就像愛倫坡筆下的《烏鴉》——坐在欄杆上平靜地看著我，離我的床腳只有幾公尺，也許有半分鐘，我感到自己被一種好奇和原始的恐懼所捕獲。然後牠轉過身，拍拍無聲的翅膀，消失了。

「哇！」是我對這樣一個奇怪的幽靈所能做出的最好的語言反應，因為這個明顯來自精神世界的信使比布勒內灣的兩隻可愛的海豹更讓人不安。我想到了瑪格麗特．克雷文的小說《我聽見貓頭鷹叫我的名字》，並記得在那個故事中，貓頭鷹的叫聲象徵著死亡向聽到牠的人靠近。我又不由自主地打了個寒顫。

然後自嘲地甩了甩頭，眼睛向上轉動，「這實在太奇怪了。」

我們暫停了我們的懷疑

我們並不孤單

〈神祕節奏〉，一九八五年[11]

11 《電動窗》專輯中曲目〈神祕節奏〉的歌詞摘錄。原文：We suspend our disbelief / And we are not alone。

第六章

美國最孤獨的公路

試著對人性的善良抱有一些信心。

〈沒有人是英雄〉，一九九三年[1]

1　匆促樂團一九九三年發行的《平起平坐》專輯中曲目〈沒有人是英雄〉的歌詞摘錄。原文：Try to hold some faith in the goodness of humanity。

根據我的經驗，加拿大和美國之間的一些小的、偏僻的邊境關口存在著多重人格障礙。大多數情況下官員只會問幾個問題（你來自哪裡？你要去哪裡？），然後就讓你上路。有時，為了表示友好又或者有些好奇，他們會聊起摩托車和你的旅行。然而在極少數情況下，像在這些就業率低又無處可去的小地方的海關官員似乎有點「神經質」，他們決定將出入境視為聯邦案件看待。

從沃特頓湖國家公園出來，我打算去蒙大拿州那邊的冰川國家公園（被吹捧為「沃特頓冰川國際和平公園」的另一部分）。但當我翻看地圖時，我注意到哥倫比亞省的弗尼就在它的西邊，那是我的朋友兼樂團夥伴——我們自稱「匆促人」——艾力克斯的出生地。我想著，從那裡給他寄一張明信片不是很有趣嗎？那裡離我的目的地只有大約八百公里（只是繞個道，風光也不錯），我還可以從那往南穿過鴉巢隘口後，進入我從未去過的落磯山脈。從那裡我可以沿著三號公路的蜿蜒路線到達名字很好聽的亞克，越過邊界進入愛達荷州，然後再向東走到冰川。

愛達荷州狹長地帶[2]是美國一個有點惡名昭著的角落，生存主義者[3]和白人至上主義者在那裡聚集，過著遠離公共水電設施、自給自足的生活。我覺得騎車穿過那個地區應該會很有趣，所以我決定跨越國境，朝那裡騎去。

2 愛達荷州狹長地帶是位於美國愛達荷州北部的一個狹長地帶，此狹長地帶涵蓋了愛達荷州其中十個最北的縣，而居住於此的居民則稱這一帶為北愛達荷。

3 實踐生存主義的人，通過收集大量食物和學習如何在戶外生活等方式，為未來的緊急情況做準備。

即使是最清白的人在過邊境前也會感到緊張，而我越是接近這個邊境，就越是想著那些可能會招來的「麻煩」。出發前我讓希拉以約翰．埃爾伍德．泰勒（由賈姬的姓、我自己的中間名和最普通的名字組成，做為藍調音樂家的名字很不錯）的假名給我辦了一張信用卡，好讓我在汽車旅館、餐館和加油站可以隱藏真實姓名。但在執法者的心目中，我想這些可能會顯得很可疑。另外我還攜帶了一些「緊急鎮靜劑」（以防我被困在某個地方！），這是珍妮特醫生在溫哥華時為我開的處方，她謹慎地用化名開的。這也可能是一個問題。

就在美國海關和移民局所在的小建築物前，我停下來取下耳塞，然後騎到通關的窗口，關掉了引擎。一個穿著制服、一臉吊兒郎當的人向我走來，問我是否有什麼要申報的，當我說「兩條加拿大香菸」時，他指示我把車停在建築物的另一邊。

在裡面，一位一臉嚴肅的年輕警官告訴我，他們曾發生過「劫持人質事件」，他用嚴厲的、軍事化的語氣命令我慢慢脫下外套，清空我所有的口袋（他對我耳塞的小塑料管和一張乾洗收據感到很可疑）。

然後他說：「把襯衫拉緊，轉過身來，表明你沒有攜帶武器。」

「現在，在那邊坐下，除非有警官的指示，否則不要起身或走動。我現在要檢查你的車輛。」

被嚇到了？我想我是。正常情況下，在世界任何海關接受任何此類檢查時，我都會要求在場，但我對這種偏執程度感到非常震驚，我只是緊張地坐在那裡，擔心他將發現什麼。幾分鐘後，他用他的白色「搜查手套」拿著我的錢包進來，要求我核對裡面的東西。然後過了很漫長的十分鐘，他回來了，脫掉了手套，並向我收取了二點四元「超量香菸」的關稅費用。天啊！老兄。

之後，我對於這天的記載，「美好的一天，直到在法西斯主義者眼皮底下過境。」

確實這天稍早之前是相當的美好。那天早些時候，又是一個涼爽、陽光明媚的九月早晨，我向西走到鴉巢隘口，在弗蘭克滑坡[4]的地方停了下來，這裡在一九〇三年時，山的一側突然在半夜轟然崩塌（為什麼塌方和地震似乎總是在半夜發生？），弗蘭克大部分的小鎮被掩埋，六十個人喪生。我站在高處的廢墟上，想著那些人，試圖想像那件巨大的災難，並再次想到「鬼城」這個詞。

和尼爾森一樣，弗尼也是一個大部分靠著艱苦的勞動（如採礦和伐木）建立起來的小山城，有一部分人則仰賴戶外休閒活動，因為它被群山和湖泊所環繞著，使得這裡得以提供冬季和夏季的各種活動。當我在半古樸、半平淡的大街上瀏覽時（實用的五金和工作服，滑雪板和自行車的玩具公仔），我思忖，要找到一張寫有「弗尼」的明信片的最佳地點應該會是在藥店。果然，幾分鐘後我就坐在我的摩托車上，立著中柱，給艾力克斯寫了一張明信片。

一開始我只關心卡片上是否有「弗尼」這個名字，並沒有注意到圖片，但在我開始寫之前，我注

4 一九〇三年四月二十九日早上四點，大家還在睡夢中的時侯，龜山毫無警告的在法蘭克村後方崩塌下來。不過一百秒鐘的時間，這些崩塌下來的岩石，在原是道路、住宅、火車鐵軌的地方，造成了長約一公里、深約一百五十公尺的掩埋區。

意到卡片上的標題寫著「幽靈騎士」。翻過來，我看到一張飛碟雲翻過山頂的照片。「幽靈騎士」顯然是當地對這種大氣現象的稱呼。

現在我必須解釋一下，艾力克斯和我會用一種我們戲稱為「白癡體」的方式寫給對方，我會用左手（非慣用手）握筆開始潦草地寫著「偶素孤魂起司！」（Eye em thuh gost rydur）然後我停下筆來，把頭往後一揚，想著：「哇，是啊！——我是個孤魂騎士！」我身上攜帶著的鬼魂，整個世界和別人的生活似乎都是虛幻、不真實的，周圍的生活跟我沒有關係，我感到自己的疏遠、瓦解。「哦，是的，」我想，「這就是我。我是孤魂騎士。」

然而，即使是孤魂騎士在過邊境時，也不能免於不受法西斯主義者的干預。在這一不愉快的事件之後，這一天裡我很容易感到擔憂。不過至少騎行很順利，沿著一條雙車道公路穿過被陽光洗禮的森林和山脈。我仍然對當地的名聲感到好奇，沿著一條泥土路探險，穿過地圖上一個叫莫伊泉的小鎮，但沒有看到白人至上主義者和生存主義者的活動跡象（儘管我猜他們應該不會做宣傳）。

下午晚些時候，我在蒙大拿卡利斯佩爾的一家汽車旅館停了下來，為的是隔天可以早點出發，穿越冰川國家公園內著名的「向陽大道」[5]。晚餐更加劇了我來到美國的不愉快。「義大利餃子的味道很奇怪，小扁豆湯裡卻沒有扁豆，還有裝在水壺裡的咖啡——很久沒見過這種東西了……還不夠久吧。」還不得不特別指出，不知道為什麼，這頓飯花了我二十美元。也許是因為它既難吃又貴。

我還注意到，在這次旅行中，有許多年長的男人，美國人和加拿大人都有，他們把牛仔褲的皮帶繫在突出的肚子下面，從背後將腰帶壓低，假裝自己的腰圍尺寸不變。與他們同行的婦女也往往不經意地表現出自我感覺良好的虛榮心（「沒有尊嚴的虛榮心」，這是我給它下的定義）；她們似乎無法看清自己的真實面貌。五、六十歲的婦女穿著、打扮和行為像是以為自己還年輕似的，儘管過去的幾十年可能已經讓她們皮膚變得皺巴巴、粗糙又衰老，而且——往往如此——肥胖（不愉悅大腦裡的刻薄想法）。

在這「歡迎來到美國」的晚上，我甚至無法在晚餐後散步，因為汽車旅館位在一條繁忙的大道上，連鎖餐館、加油站、商店和其他汽車旅館林立，既沒有人行道，甚至沒有路肩可以行走。車輛飛馳而過，以及停車場裡快速進進出出的車流，我很快就放棄了散步這個恐怖、危險、不值得實行的念頭，回到我的房間裡閱讀傑克·倫敦的《馬丁·伊登》。

房間裡有咖啡機，我早早地起來沖了一杯濃咖啡，裝載好摩托車，就在寒冷、多雲的早晨出發騎到冰川國家公園的入口。這條向陽大道是在公園早期負責人約書亞·洛根的敦促下修建的，目的是讓人們更容易接近欣賞公園的壯麗景色，它被認為是工程史上的一個里程碑。公路只在夏季開放，以狹窄、蜿蜒的環形路線爬升到二千三十一公尺高的羅根隘口，周圍被接近三千公尺的山峰環繞，當我經

5 向陽大道是唯一一條橫跨蒙大拿州冰川國家公園的東西向道路，既然名為向陽大道，顧名思義不管什麼時候開車都是東西向的，不是迎著陽光，就是背著陽光。

過了陡峭的落差和急彎處時，我讓自己放輕鬆，享受美景。我注意到「這趟騎行不是挑戰，反而令人很愉悅。」當我看地圖時——一隻短耳貓頭鷹飛掠而過——發現我一度離沃特頓湖僅有十六公里，兩天前我才去過那裡，騎了九百公里，思忖著自己繞這麼一大圈的路是否愚蠢。儘管經歷了在法西斯主義者眼皮底下的過境和在卡利斯佩爾令人沮喪的逗留，我至少知道我是孤魂騎士。

中午左右，我抵達了冰川公園旅館，這是一座用巨大原木蓋成的度假酒店，離大北方鐵路[6]的東冰川車站不遠（另一個宏偉的原木結構，現在由美國鐵路公司運營）。它建於州際公路和房車之前的時代，當時有足夠財力和空閒時間的遊客會搭乘火車來此，然後乘著馱馬繞行於公園中，有時最遠可到邊境對面的威爾士王子酒店。

我又一次在這個旅館季節性關閉的前幾天來到這裡，因此此時的遊客更少，氣氛更輕鬆。寬闊的大廳內部立著巨大的原木柱子，聳立直達三層樓高的原木橫樑，寬大的火爐像洞穴一樣，石砌的煙囪高高在上，還有一排排舒適的家具。我立刻被它的質樸華麗所吸引，讓我想起了另一個年代，於是訂了第二晚的房間，準備認真嘗試一些健走。因為沒吃早餐，我早已準備要來好好享用豐盛的辣肉醬湯和紅酒當作午餐，然後步行到鄰近的村莊去買一個背包和一個水壺。

在下午的「暖身」健行中，我踏上了一條寫著警告標示「你現在正進入灰熊區」的小徑，我一路上哼著歌或在我無法迅速想到另一首歌時就拍手（護林員說，「只要一直發出明確的人造聲音」）。小徑穿過樹林來到一個觀景台，海拔約一千五百公尺，這是一處滿地雜草與矮松在勁風中舞動的山頭。從這個壯觀的制高點我可以體會到那句兩個公園共享的口號「山脈與草原的交匯處」的含義，因為我從一個方向看去，穿過樹木繁茂的山谷，看到落磯山脈的綠色山坡和灰色山峰，舉起望遠鏡看到一頭公麋鹿正漫步穿過高山草原，而往另一個方向看去，開闊的草原在平靜的金色波浪中起伏，舉起望眼鏡看見一隻遠方的猛禽在狂風中勁飛而去。

第二天，天氣陰沉、氣溫寒冷，很可能還會下雨。但在早餐時，我研究了一下步道的地圖並買了一份午餐放在我的新背包裡。我決定走去斯闊峰的步道，來回大約十六公里的路程，我問飯店櫃檯的工作人員，他們大多是年輕的學生，看他們是否對這條步道有任何了解。幸運的是，其中一個在一個月前走過那條山路，他給了我一些有參考性的訊息——特別是告訴我他在回程時經過一個沒有標記的路段時迷路了，他不得不「叢林中開路」一段時間。當我走到那段小路時，它已經隱沒在灌木叢中，我決定用我的瑞士軍刀做一些標記。

當我穿過昏暗的樹林時，下起了小雨，但幸運的是，由石頭構成的地面排水良好，所以小路沒有變得太泥濘。我戴著雨帽，穿上防水夾克，除了腳以外，讓身體保持足夠的溫暖和乾燥，我很快就進入一種相當流暢的節奏，一路上大聲唱歌和說話。

當我走近時，一隻雲杉松雞站在小路邊上，我停下來，轉身給牠唱了首歌〈溫柔在我心〉：「但

6 大北方鐵路是橫貫美國大陸最北端的鐵路路線，從明尼蘇達州的聖保羅到華盛頓州的西雅圖。

這不是為了去一個我看不到你的地方，站在鄉間小路，記憶的長河，永遠的微笑，永遠的溫柔在我心。」[7]

那隻松雞一直站在我面前離我大約三公尺外的地方，似乎被我唱的美國經典抒情歌迷住了，比如〈比利喬之歌〉、〈當我抵達鳳凰城〉或〈小青蘋果〉（至少是以辛納屈的方式唱）。我再次思索著鳥類和女性的奇怪行為。

當我爬過林木線，進入一片稀疏的草地和裸露的岩石時，鬆軟的土壤上開始看得到動物走過的足跡，旁邊還有成堆的糞便。根據這些腳印的組合，我想我可以辨識出麋鹿、鹿和羊——還有一坨新鮮的樣本，裡面滿是只有熊才會留下的未消化的漿果。有一些地方，泥土被鋒利的爪子翻出地表，這肯定是灰熊的傑作。我確信我能在潮濕的空氣中聞到一種厚重的、令人不快的麝香，這可能是熊的體味。意識到自己的暴露和脆弱，我撿起一塊尖尖的、拳頭大小的石頭帶在身上。即使在當時也是很可笑的舉動，但我不會不戰而降。

當我幾乎快要摸到雲層時，腳下的路突然消失在一堆雜亂的巨石中，這些巨石其實是這座山峰的底部——一座由光禿、潮濕的岩石組成的像金字塔的山。我在一塊巨石後面躲避寒風，甩下背包，坐下來吞嚥三明治、蘋果和餅乾，同時用手拍打冒著熱氣的牛仔褲以發出「人類」的聲音，想像著每塊岩石後面都躲著一頭灰熊。

為了不讓雨淋到我的日記本，我彎下腰並寫道：「知道灰熊就在周圍而且不可預料，著實令我感到害怕，牠們想吃我的火腿和起司三明治！」

從眼前濕漉漉的景色回望八公里外的小旅館，只看見更遠方的草原，我抬起頭來盤算著接下來的攀登：在雨後濕滑的岩石上爬一段長長陡峭的山坡。我意識到從那更高處看出去，視野並不會更開闊——事實上還不一定能夠看到，因為雲層越來越低。如果我在霧中迷路了怎麼辦？或者跌倒受傷？我心中以達成目標為導向的自我雖然覺得該繼續，但這一次生存主義者的我佔了上風，認為最好還是不要去。

我開始往回走，這是一段輕鬆的下坡路，雨越下越大。當我到達旅館時，斯闊峰已經被雲層吞沒了，我知道這次求生者意志做了正確的決定。脫下黏答答的濕衣服，洗了個熱水澡，把報紙塞滿吸足了水氣、沾滿泥巴的鞋子裡，放在暖氣葉片下烘乾，葉片發出的聲音就像電影《橡皮頭》裡的一樣，我把其他東西都掛起來晾乾，然後去酒吧喝一杯犒賞自己。

大雨持續下了幾個小時，酒吧裡的天氣預報甚至還預測可能會下雪，所以看來我第二天是不會「迎向太陽」了。我把地圖攤開坐在吧台上，喝著威士忌，思考著下一站該去哪裡。牆上貼著一句話，是一個叫雷吉．里奇的人說的：

7　〈溫柔在我心〉由葛倫．坎伯演唱。原文：But not to where I cannot see you / standin' on the back road / by the river of my memory / ever smilin' / ever gentle on my mind。

「成功不能靠自燃，你必須自己點燃。」

說得好，雷吉，不管你是誰（顯然是七〇年代的一名曲棍球運動員）。

我給退休後居住在安大略省的爺爺寄了一張明信片，告訴他我和那灰熊狹路相逢的故事。另外又寄了一張給一個很久沒聯絡的朋友、也是我另一個同事（還有前面提到的艾力克斯）蓋迪——樂團的貝斯手兼歌手。和艾力克斯一樣，在我遭遇不幸的期間裡，蓋迪一直是個富有同情心和忠誠的朋友。在賽琳娜去世後，他一直待在靈堂（在那些惡夢般的日子裡，他是第一個讓賈姬笑的人，而艾力克斯是第一個讓她吃東西的人，即使只是一些肉湯。當她連這個都吃不下時，艾力克斯又逗著讓她笑了，說：「嘿，沒關係——現在妳可以成為一個超級名模了！」）。

賈姬和我還在倫敦的時候，有一天晚上蓋迪在進城的時候來拜訪我們，當我在廚房忙碌的時候，我聽到賈姬和他談笑風生，因為他鼓舞了她，振奮了她的精神。但是，就只那個晚上。

經歷了二十四年的職業生涯起起伏伏，我在匆促樂團的合作夥伴蓋迪和艾力克斯，都證明了是關心我的好朋友。當我告訴蓋迪我這趟「到處走走」的旅行時，他告訴我任何時候只要我需要人陪個伴，他可以「隨時隨地」來陪我。我知道他是認真的，也答應會記住這一點，我認真的想選擇一個好地方，如北達科他州或愛荷華州，召喚他進行「救援」性的會面。

給蓋迪的明信片中，我把登山健行遇到的灰熊事件當個玩笑告訴他，告訴他，我「帶著一塊尖尖的石頭，用來打灰熊——是的，沒錯！」並告訴他我做得很好，如預期中的好，這是賈姬和我在倫敦時慣用的一句話，用來回答那些問我們過得如何的朋友——「如預期中的好。」

儘管「什麼是可以預期的」仍是有所爭議的，但對於自己過的如何以及我內在的小孩的狀況是沒有什麼爭議的。我的日子繼續在光明與黑暗、希望和絕望中交替著，儘管我的夜晚大多是充滿了黑暗和「鬼魂」。

最糟糕的是，我經常在凌晨三、四點鐘醒來，躺在那裡一個小時左右，盯著黑暗，腦海中充滿的都是一些不好的、負面的想法。從在倫敦開始，這樣的惡夢似乎一直在增加，問題似乎出在我的胃上——儘管我未曾感到疼痛，只是有點不舒服，就像消化不良。有時我甚至搞不清楚我為什麼會醒來，我永遠無法確定可能是什麼導致這種困擾——太豐盛的食物、肉類、酒精，或者，正如我問我的日記，「對原本擁有強壯體質的我而言，這樣的傷害是我自己造成的，還是最近生活中連續不斷的重大變故所造成的？」一個非常好的問題。

總之，我把自己這段時間在療癒之路上的總體表現評論為：「前進一步，又後退一步。」

第二天早上，天氣預報與地圖的組合猶如先知般決定了我應該向西穿過愛達荷州，回到哥倫比亞河，到那裡後再依天氣狀況決定該往哪走。儘管天氣預報並不樂觀，但畢竟陽光充足，因此我決定走幾條支線以避免重複同樣的路線。從惠特菲什向北到尤里卡，不可避免地得穿過森林披覆的群山（畢竟是我喜歡的「靈魂景觀」），然後沿著庫卡努薩湖（Lake Koocanusa）的狹長段向南走（我始終對這個橫跨邊界的人工湖名感到困惑，我猜想它是附近的庫特奈「Kootenai」國家森林和加拿大、美國兩個國家的複合名稱——類似於在更南的州邊界那些缺乏想像力的城市名：德克索馬、猶瓦達、卡爾內瓦、摩西加利等等），回到位於我描述為「棒級了的三十七號公路」上的利比。

重新穿過愛達荷州狹長地帶，我在邦納斯費里轉向南方（在繁忙的九十五號公路上），經過科達倫[8]（此名來源「錐之心」既奇怪又不知道為何）和莫斯科。我繼續向南騎行，在明亮、多風的日子裡，穿過有著「狂浪般麥田」的愛達荷州西邊角落，抵達了以探險家梅里韋瑟．路易斯命名的路易斯頓——與位在華盛頓州隔著蛇河、以他的探險夥伴威廉．克拉克命名的克拉克斯頓遙相對望。我在一個六百公尺高的地方停了下來，俯瞰這兩個橫跨大河的小城市，不由自主地「哇」了一聲。我所站的地方應該曾經是後冰川期的河岸，一個充滿歲月痕跡的路標，指向一條沿著陡峭斜坡蜿蜒而下的古老篷車道，我決定從那裡進入路易斯頓，在經過九個小時和七百六十公里的騎行之後，準備找一家汽車旅館休息。

坐在旅館的「梅里韋瑟餐廳」裡，從平地望向剛才的來時路，在半透明的暮色中，那些皺巴巴、草木未生的懸崖已落入陰影裡，沿著那條古老篷車道上的牧場，燈一盞盞地開始亮了。餐館本身是高檔和低級的美式風格的奇怪組合；以蠟燭、精美的亞麻桌布、閃爍的仙女燈裝飾著，還有一大片面向壯麗景觀的玻璃窗，加上一位衣著得體、談吐大方的侍者，打著領帶，留著整齊的鬍鬚，還有一份令人垂涎三尺的菜單，每道菜都建議著與之相佐的葡萄酒（我選擇了什錦飯，非常辣，還有夏多內白酒佐餐）。

然而梅里韋瑟的「娛興節目」是由一架低沉的鋼琴（配有一個像似美國喜劇演員哈波・馬克思的假人），叮叮噹噹地播放著酒吧爵士樂的小曲。其他幾個顧客（在週六夜晚只有六位）穿著毫無品味可言的衣服，留著前短後長、俗稱「狼尾頭」的髮型、戴棒球帽、著短褲、穿T恤，個個顯得臃腫肥胖，配上寬邊的塑膠框眼鏡，還有一個讓人抓狂、大聲尖叫、無人看管的小孩（也許我很刻薄，但再一次說明了我的厭世，請注意，在梅里韋瑟只有一個來歷不明的用餐者獨自坐著……）

星期天早上當地居民都還在睡夢中，自家的汽車、卡車都還停在車道上或車庫裡。我早早的出發，這時的世界彷彿只屬於我一個人。又是一個明亮、涼爽的早晨，道路空蕩蕩的，當我穿過蛇河來到華盛頓州這邊，進入我稱之為「沙皮狗山」的地方，樹木很少，遍地枯黃的草就像沙皮狗的毛。「時速一百一十到一百二十公里，非常完美的騎行」。

從路標和空氣中的味道，證明我已經到了「洋蔥之都」瓦拉瓦拉。我在此買了俄勒岡州和華盛頓州的地圖，然後在市中心一家名為「紅蘋果」的老式餐館停下來吃早餐。由於天氣很好，我冒險向西進入這兩個州經常下雨的地方，因為我聽說沿著哥倫比亞河有幾個神祕的景點：一個與巨石陣一樣大小的複製品，一座位在無名偏鄉名叫梅希爾的城堡所改裝成的藝術博物館，還有哥倫比亞河景觀公

8 科達倫原文 Coeur d'Alene，此名源自十八世紀末或十九世紀初，法國商人和獵人對北愛達荷州原住民部落的稱呼。在法語中它的意思是「錐之心」，指的是部落成員在與外人交易時展現的敏銳易技巧。

路。

一條幽靈道路。

哥倫比亞河景觀公路開通於一九一五年，屬於當年的一個工程奇蹟。如今只剩下兩段，大部分被八十四號州際公路取代。這是美國公路史上一條很特別的路，因為它不是為了讓拓荒者往返邊疆或把貨物送到市場而修建的，而只是為了讓駕駛人能夠欣賞到哥倫比亞河峽谷的壯麗景色。雖然這條道路是由俄勒岡州的納稅人出錢蓋的，卻是出自於一個人的眼光和夢想：山姆．希爾。

作為大北方鐵路公司的一名年輕律師，山姆．希爾娶了老闆的女兒，從而開啟了他作為鐵路巨頭和金融家的職業生涯（他在一九三一年的死亡證明上寫著他的職業是「資本家」）。但是，不同於被貪婪和權力驅使的「強盜男爵」[9]，山姆．希爾是另一種美國文藝復興時期的人，他的夢想並沒有停留在積累財富上；他的夢想從這裡開始。

在他心愛的哥倫比亞河畔，一處荒涼無樹的偏遠地帶，山姆．希爾短暫的建立了一個烏托邦社區「梅希爾」（以他已經分居妻子的名字「梅」命名，那時她已經搬到了華盛頓特區），進行了灌溉農場和果園的試驗，鋪設了華盛頓州的第一條公路，並委託建造了一座戰爭紀念碑，其形狀是巨石陣的原尺寸複製品（如果德魯伊教徒[10]是用混凝土建造他們的天文台和祭壇，就會是長這樣）。在溫哥華以南的美加邊境，他還委託建造了一座羅馬風格的「和平拱門」（可以拿羅馬人用混凝土建凱旋門來比喻）。

山姆．希爾在哥倫比亞河北岸的峽谷懸崖上，建造了一個巨大的城堡（是的，仍是用混凝土灌漿），也叫梅希爾，儘管梅顯然早已不在了，也從未到過那裡。山姆藉著和情婦、私生子與羅馬尼亞王后瑪麗[11]的長期關係——是他在向歐洲皇室推銷大北方股票時認識的——來撫慰自己。王后傳記的作者將山姆．希爾描述為「一個瘋狂的美國怪人，一隻年邁的巨型牧羊犬，有張天真無邪臉蛋的男人，一頭白髮，喜歡為白日夢建造搖搖欲墜的紀念碑」。

女王自己寫道：「有時他的想法來得如此之快，而他說話的速度又極快，以至於他的朋友幾乎無法理解他。有時夢想家所做的事情對其他人來說似乎是不可理解的，而全世界都在想，為什麼夢想家不能像其他人那樣看待這個世界。」

一九二六年竣工後，梅希爾成了一座藝術博物館，一直以來，展出著本土藝術、收藏羅丹的畫和雕塑，以及羅馬尼亞王室的展品。

「有時夢想家所做的事情對其他人來說似乎是不可理解的。」孤魂騎士也是如此。不過，我會在日記中將這一天描述為「完美的郊遊天——天氣、轉換心情，還有『路邊景點』」[12]。

9 強盜男爵是十九世紀下半葉對一些美國商人的蔑稱，該蔑稱暗指這些商人為了致富而不擇手段。

10 德魯伊是古代凱爾特民族的神職人員。德魯伊教是西方世界最古老的信仰之一，據信四千五百多年前英格蘭的巨石陣建立時即已存在。現代的德魯伊教徒在十九世紀末期，於史前巨石陣重新恢復夏至慶典。

11 愛丁堡公爵阿爾弗雷德王子的長女，嫁給羅馬尼亞國王斐迪南一世，又稱羅馬尼亞的瑪麗王后。

12 路邊景點一般來說是人們前往某個地方的途中可能會停下來的地方而不是真正的目的地，它們經常在路邊打廣告以吸引遊客。

從瓦拉瓦拉出發，我向西漂流，穿過美麗的農業小鎮，而且行經很多美國的縣城，地方法院的房子總給我深刻的印象，應該有一本畫冊來介紹美國各地的各種環境和風格。我好奇，不知道這些小鎮是否有人曾經想過透過與另一個城鎮——可能相距數百或數千公里遠——共享氣勢恢宏的新古典主義建築來幫納稅人節省一些錢。我覺得以美國人的那份自傲，應該不會有這種情況發生。「我們必須擁有一座屬於我們自己的新古典主義的宏偉建築！」

在俄勒岡州看到有一個小鎮叫伊里根（Irrigon），我笑了起來（取這名字的靈感想必來自它坐落在灌溉（irrigate）農田之間）。另外，在附近的一間加油站，我看到一塊通常會寫著「技工值班」的牌子被改為「瘋子值班」[13]，更是忍不住地大笑。當我稱讚穿著工作服的老闆有幽默感時，他說沒有太多人會注意到這塊牌子。有時候開玩笑的人做的事情在別人看來是無法理解的。

沙皮狗山還在繼續，但沿著哥倫比亞河岸的規模更大，從那裡我接上了八十四號州際公路，往下游的梅希爾騎去。遠遠望去，亞當斯山覆蓋著皚皚白雪的圓頂在晴朗的天空中閃閃發光。我在一個休息站停下來上廁所，抽了一支菸，當我站在摩托車旁時，一位老人把他的老賓士車停在我身邊和我聊了起來。他很欣賞這輛ＢＭＷ，並用濃重的德國腔告訴我，早在三〇年代他就騎過一輛ＢＭＷ，後來又騎過一輛帶有邊車的春達普[14]，他說這車「比ＢＭＷ好多了」。他不經意地講述了在基輔因為沒有汽油而丟棄了那輛春達普，然後步行了一千二百多公里回家，身上僅有的就只有一瓶伏特加和一塊冷凍麵包，日復一日地行軍，甚至連睡覺都在走。突然間，我意識到他是在描述一九四三年希特勒從俄羅斯撤退的情況，而他當時一定是一名德國士兵。又是另一個鬼故事。

在比格斯附近，我看到了前往梅希爾的路標，接著騎上山姆．希爾紀念大橋過河。在遊客中心時，一位年長的志工向我講述了整個故事，我去看了浸淫在陽光中、棱角分明的巨石陣複製品，即使是混凝土灌出來的，也有一種不可否認的存在感，然後到位在華盛頓州這邊河岸高處的梅希爾城堡，它孤獨輝煌地矗立在宏大的哥倫比亞河上。

然後回到河對岸的達爾斯[15]（我相信這是美國唯一一個帶「the」的地名），這裡的河岸很高，形成了風洞效應和世界聞名的風浪板運動，而且樹木也開始出現了。後來我找到了一段十四公里長的「景觀公路」[16]遺跡，後來我在日記中以令人屏息的熱情表達我的感受：「以一種最有趣的方式在窄仄的路面上下起伏和迴轉。哇！他們肯定不會像以前那樣來開路了。」

在胡德里弗，我轉向南朝向白色山峰若隱若現的胡德山，沒有一絲雲彩遮擋它的完美風采。這條蜿蜒曲折、鋪設良好的道路被茂密的原始森林所遮蔽，山上雪原的壯麗景色盡收眼底。我騎得很快，在彎道上全力壓車（「今天整個胎面都用上了！」），氣溫正好符合只穿皮衣和T恤，我將此稱之為

13 原文：Maniac on Duty。
14 春達普是德國摩托車廠牌。
15 原文：The Dalles。
16 俄勒岡州的哥倫比亞河景觀公路於一九一六年開通，因其美麗風光和工程設計而受到羅斯福總統的稱讚，這條總長一一二公里、從勞特代爾到達爾斯的公路至今仍十分壯觀。

「幸福」。車流量相當大，不過所有的人似乎都在往反方向走，看來是度完週末要返回波特蘭。

緊接著，景色再次產生徹底的變化，原本濃密的森林突然向俄勒岡州東部的乾旱大地敞開，大盆地的山艾灌叢沙漠、草原和崎嶇的峽谷景觀，覆蓋了華盛頓州和俄勒岡州東部、愛達荷州南部、內華達州大部分地區和猶他州的一部分。「出乎意料的壯觀。」我寫道。我一路向南騎到本德（這是凱魯亞克《在路上》[17]筆下一個小角色的家鄉，不知怎的突然想了起來），我決定在那裡停下來過夜，在自我選擇度過漫長的一天之後，這真是太完美了。沒錯，很療癒的一天，但像往常一樣，最終還是被悲傷的魔咒給打平了。向前一步，又退後一步。

我下榻的河屋汽車旅館的房間，正好俯瞰著一條湍急的小河，空氣中瀰漫著松樹的香味。相比之下，大廳和餐廳裡的交談聲顯得嘈雜，摻雜著現場大樂隊的演奏和中年女歌手的歌唱聲，樂隊的表現出奇的好，而且顯然他們很喜歡演奏的樂曲。我想著我父親會有多麼喜歡他們演繹的〈唱啊唱啊唱〉、〈在林邊跳舞〉、〈不管下雨或晴天〉、〈倫敦迷霧天〉、〈棕色小茶壺〉、〈我聽過這首歌〉、〈歡快的吹號手〉和〈感性旅程〉。對我而言，這些曲目將是我未來在熊出沒的地區徒步旅行時的歌單。

第二天，根據那張全知全能的地圖，我往東回到愛達荷州，在漫長而孤獨的二十號公路上穿越高原，在這樣一個寒冷而晴朗的早晨，山艾灌叢散發著撲鼻的辛辣香味。首先映入眼簾是牧場上零星點綴的松樹和杜松，接著便讓位給了低矮的灌木叢和岩石丘陵。先是聞到一股燃燒枯草的嗆鼻味，然後是伯恩斯附近灌溉灑水器散發的濃郁香氣，這是在乾旱的土地上最奢侈的氣味。在安大略省附近的灌溉谷地裡的洋蔥香味又回來了，無比地誘人。

我決定盡早趕到樹城，到ＢＭＷ經銷商那裡換機油和做一些小的維修：換一個新的頭燈和油量表——它在亞伯達省時就已經失靈了。雖然我可以使用里程表，但在這些一望無際、空曠的沙漠公路上，我需要密切注意我的油耗，所以我還是希望油量表能夠活過來。

不幸的是，修好它並不容易，但我還是在雙子星重機保養店停了下來做了一些其他需要的維修，然後騎車進入樹城（此名來自法文boise，意思是「樹木繁茂」）綠樹成蔭的街道，想在市中心找家旅館方便我打點其他需求：去藥店、酒莊和皮革修理店。停好車卸下行李後，櫃台親切的女士（帶著同情的眼神）告訴我可以去找尼克修鞋店，他們不僅在兩個小時內修好了壞掉的拉鍊，保養了兩副被太陽曬得褪色的手套，清理了我的步行鞋（登山鞋兼正裝鞋，還沾有冰川徒步旅行中的泥土），還很好心地把它們送回到酒店。我認定這是一個友好的小鎮。

在旅館的獵場看守人餐廳吃了豐盛的一餐後（是的，跟托菲諾的維肯尼尼許旅館有得比。有巨海扇貝、奶油義大利麵搭配美味的鮭魚、櫻桃禧年冰淇淋[18]、頂級的夏多內葡萄酒，以及美味的咖

17 《在路上》是美國「垮掉的一代」作家傑克．凱魯亞克創作於一九五七年的小說。這部小說絕大部分是自傳性質，作者敍述在二十世紀中期橫越美國大陸的經歷。

啡），我在這溫暖的夜裡走了很長的一段路，九月下旬夜晚的空氣讓我想到了「溫柔」這個字，泛光燈在州議會大廈氣派雄偉的新古典主義建築圓頂上閃閃發光（每一州都用相同的建築設計嗎？）。在這個星期一的晚上行人很少，但有許多汽車呼嘯而過，我注意到有一家大的唱片行營業到滿晚的。我驚訝地發現自己有股想進去看看的念頭，儘管這個想法很快地就被拋到一邊。「差點就進去了，但進去做什麼呢？」我想，這是一種懷抱希望的衝動，對逛逛唱片行有一點興趣，但還不足以採取行動真的進去。即使我買了唱片，我也沒有唱機可播放。

第二天一早出發（華麗的早晨，陽光明媚，涼爽宜人），我看到了猛禽中心的標誌，但我事先查過，它要九點才開放；那時我已經在一百六十公里以外了。在樹城周圍，我注意到有很多義式咖啡館，外面經常停著一排皮卡車，我想像著這些牧場主和牛仔們聚在一起喝著他們的無咖啡因拿鐵和豆奶法布奇諾。至於我嘛，則選擇了韋瑟小鎮上的一家傳統的家庭式餐廳，最終仍抵不過當地洋蔥的誘惑，吃了一份農夫歐姆蛋，儘管它的洋蔥和辣椒的邪惡組合會整天在我體內轟隆作響。

又是一個風景優美的旅遊日，首先是去了地獄峽谷大壩，它位在被蛇河和七魔山包夾所形成的高大狹窄的峽谷底部，然後沿著一個陡峭的斜坡（別四處張望，會馬上覺得眩暈），在一條崎嶇不平、布滿了碎石、泥土和岩石（乾涸河床效應）的道路往上騎了三十公里，來到天堂之門的七魔山觀景台。在道路盡頭我走了最後的三百五十公尺山路，看著一對山藍鴝在林間嬉戲（我第一次看到這個物種的鳥），然後站在山頂（海拔二五七〇公尺）的火警監視塔[19]上，望著俄勒岡州一側的地獄峽谷，以及遠眺四個州或灰或綠或藍的山景。「這是一次極佳的旅遊，」我寫著：「以及得來不易的景色。」

我的紅色小汽油桶從摩托車後面脫落不見了，我猜它一定是在更具有「娛樂性」的爬坡過程中被彈開了。我看到一個漂亮的年輕家庭，父親、母親和兩個十幾歲的女兒正準備離開火警監視塔，擠回他們的皮卡車裡，我麻煩開車的男人請他回程的路上幫我留意我的小汽油桶，如果看到了就把它留在路邊。

我不知道為什麼對這個家庭如此地有好感，但在與他們交談的短短幾秒鐘裡，他們散發著開放、友好和健康的氣息，讓我光看著他們內心就會融化，與那天晚上在路易斯頓（只有八十公里遠）的那些遲鈍的「拖車廢物」[20]們形成了鮮明的對比，他們絕對糾正了我對人性衡量的天平。當然，從某種意義上說，他們雖然沒什麼舉足輕重的地位但卻更有價值，因為好人就應該如此。他們的皮卡車是幾年前的，他們的戶外休閒服也不是用最新的戈爾特斯材質製成的，但他們對我對彼此都很和善，我感到一陣強烈的羨慕之情。如我所料，在下山的路上我發現我的小汽油桶整齊地放在路邊。

18 櫻桃禧年冰淇淋是一種用櫻桃和利口酒製成的甜點，由餐廳侍者在客人桌旁現場以平底鍋點火烹製，通常搭配香草冰淇淋食用。該食譜是法國廚師奧古斯特於一八九七年為慶祝英國維多利亞女王登基六十週年所發明的一道甜點。

19 火警監視塔通常用於高海拔且能欣賞周圍地形的山頂上，以監控可能發生的森林野火。

20 「拖車廢物」是指住在拖車式活動房屋裡、地位低下的貧困白人，是種侮辱性的說法。

愛達荷州的里金斯是一排沿著九十五號雙線道公路的建築物所構成的小鎮，因為是泛舟、獨木舟活動的入口，也是沿著鮭魚河——又稱「不歸之河」[21]——溯溪而上的噴射快艇的停靠點而繁榮起來。我想到了那部由勞伯．米契和瑪麗蓮．夢露主演的《大江東去》，在這部老電影中，他們乘坐木筏順著一條危險的河流漂流，兩個漂流者（如果算上米契那失去母親的兒子的話是三個）在拓荒者滄桑的生活中隨波逐流，夢露「彈」著吉他並「唱」著一首帶有隱喻性的歌，生命是一條「不歸之河」。這部電影沒有什麼特別之處，但風景和隱喻都很好。

從舒適的河景汽車旅館房間出來，我沿著黑暗的道路走到七魔牛排和酒館，決定坐在戶外的一張桌子俯瞰陡峭的峭壁和周圍乾燥光禿的群山，與冉冉升起的半月。

最近一直在地圖和路標上一直看到「約翰迪」這個名字：是俄勒岡州的一條河？附近的一個小鎮？一座水壩？還是約翰迪化石層？我想知道「約翰迪是誰？」他是不是另一個有遠見的西方人？就像山姆．希爾一樣，把自己的名字刻在風景上以紀念他已被遺忘的遠大夢想？

嗯，並不是。約翰迪顯然並不完全是一個美國夢想家，反倒更像是一個流傳久遠的笑話主角。他曾是約翰．雅各．阿斯特[22]在一八一〇年探險隊的一份子，那次探險的目的是在哥倫比亞河口建立一個毛皮貿易站，但他的隊伍出現分歧，人數縮減到兩個人。在當時被稱為馬哈河的河口，一夥印第安人搶走了約翰迪和他的同伴攜帶的所有東西，包括他們的衣服，並把他們赤裸裸地留在河岸上。幸運的是，他們被另一支探險隊救起，但後來在哥倫比亞河上的旅行家總是特別指出約翰迪被搶和剝光衣服的地方，到十九世紀中葉馬哈河被稱為約翰迪河，也出現了約翰迪鎮、約翰迪大壩，還有約翰迪化石層。

說到有爭議性成就的美國人，我想到特技演員埃維爾．克尼維爾[23]，想知道他在哪裡嘗試跳過蛇河峽谷？但他全都搞砸了，就像我一樣。

我的大腦一天中有多少次被「現實」入侵並威脅要把我打倒？太多了。昔日的記憶和現在的遺憾。我還是無法接受。

〔九月三十日 里金斯——太陽谷〕

七萬七千六百零六（八百六十四公里）

太早醒了。天還很黑，不適合離開，所以又讀了一點《馬丁．伊登》（傑克．倫敦的半自傳體小說），讀到我已經知道黑暗結局會是什麼的地方（在他的另一本書中已經洩露了；我不喜歡這樣。例如派屈克．懷特的《特威伯恩事件》，在我發現書背面的簡介毀了看這本

21 早期船隻可以順流而下，但無法通過湍急的河水溯溪返回。
22 約翰．雅各．阿斯特（一七六三—一八四八），德裔美國商人、投資者，是十九世紀全美首富阿斯特家族的創始人。
23 埃維爾．克尼維爾是美國著名的摩托車特技演員車手，職業生涯中嘗試飛越蛇河峽谷，但以失敗告終。

書的樂趣後，我就不讀了）。

又是一個寒冷而晴朗的早晨，太陽照在西邊的山頂上，粉紅中摻雜一點灰色。沿著長長的白鳥斜坡[24]騎上海拔一千二百公尺。

在格蘭吉維的十字路口吃早餐。

注意到當今的「紅脖子」[25]都是一些綁著長馬尾、白脖子的老嬉皮。

昨天我意識到，每當我納悶為什麼某條特別的道路會存在時，其實公式很簡單：一端是錢，另一端是銀行。礦山、農場、石油、木材、水電等等。除了少數風景優美的公園道路之外，所有通往州際公路的道路都是如此；通常是出自某個人的願景，向陽大道、哥倫比亞河景觀公路皆如此——約書亞·洛根和山姆·希爾。

一九九七年五月在回聲測試巡演中，匆促樂團在哥倫比亞河峽谷舉辦了一場戶外音樂會，從露天圓形劇場可以俯瞰哥倫比亞河光禿禿的河岸，舞台後方的黃色草地像漣漪般向遠方展開。傍晚時分完美澄靜的空氣在這片簡單卻具有戲劇張力的地景上映出了巨大的光影，我們在大約兩萬人（我們有史以來最大的觀眾群之一）面前登台，夕陽緩緩地從萬里無雲、透明的暮光中消失——很快地被炫爛的舞台燈、追光燈和舞台屏幕取代，剛升起的半月正俯瞰著我們。這是我表演過的最美麗的環境。

像往常一樣，演出結束後我直接跑向大巴，司機戴夫跟在兩名騎著越野摩托車為我們開道的保安後面沿著深色的碎石道開出停車場，確保我們不會被散場後的車潮給堵住。早上布魯特斯和我卸下摩托車，從蒙大拿州米蘇拉的一個休息區出發，開始了我們有史以來最棒的騎行之一，向南穿過藍寶石山和比特根山之間的比特根河谷，越過山口來到愛達荷州，然後沿著鮭魚河順著鋸齒山而下，順便前往萊米山口——路易斯和克拉克從密蘇里河源頭出發後就是在這跨過大分水嶺的。

我們在太陽谷旅館過夜，該旅館由哈里曼[26]在一九三〇年代所建造，房間寬敞優雅，透過高大的針葉樹可以眺望滑冰場和群山（有一部以愛達荷州為背景的平庸老電影《太陽谷小夜曲》，是在四〇年代為了宣傳該度假村而拍攝的，葛倫．米勒[27]和奧運滑冰選手運動員桑雅．赫尼[28]在滑冰場上表演）。在海拔約一千八百公尺的地方空氣寒冷刺骨，但我整晚都開著窗戶和陽台的門，儘管溫度降到了攝氏零下一度（緊緊地縮在厚厚的毯子裡）。

這是又一個布魯特斯和我在演出空檔時短暫造訪過的許多地方之一，我們都認為這些地方值得長

24 白鳥斜坡是一條歷史悠久的山區公路，位於美國愛達荷州白鳥鎮附近，被列入國家歷史名勝名錄。
25 紅脖子是美國俗語，原指因為長時期從事農活，導致頸部皮膚被曬傷而發紅的南部農民，後來影射一些思想保守、迷信頑固、受過很少教育的鄉巴佬，由於見識不多而眼界狹窄，不願接受新事物和進步思想。
26 埃夫里爾．哈里曼（一八九一—一九八六），美國商人、政治家，曾任美國駐蘇聯大使。
27 葛倫．米勒是二戰時期美國最負盛名的作曲家兼樂隊指揮。
28 桑雅．赫尼（一九一二—一九六九）是挪威花式滑冰選手與演員，曾經獲得三次冬季奧運會的金牌，也奪得十次世界花式滑冰錦標賽金牌與六次歐洲花式滑冰錦標賽金牌。

期停留或者值得下次再來。但第二天一大早我們就除去了座墊上的霜，騎著摩托車踏上了另一個令人難忘的「通勤」之路，要騎很長一段路去樹城。

暮春時節，周圍的山脈甚至路邊和草地上仍是白雪皚皚，融化的雪水湧向洶湧澎湃的河流，就像海上的風暴，湍急的白浪拍打著岸邊。布魯特斯說，三天來我們一直沿著河流走，因為在那種凶險的地形上，沒有其他地方可以開路，我記得他那麼說是我們在班克斯附近被一位揮舞著棋子的女士攔住時，那裡發生坍方，一半的路都被土石淹沒了。隨後我們在那條路上看見了更多的坍方，在好幾公里的騎行中沿路都是燒焦的西黃松和山艾灌叢留下的黑色傷疤。

在五月一個陽光明媚的日子裡，樹城在我們看來也很不錯，街道兩旁綠樹成蔭，議會大廈的圓頂閃著白色的光芒。在這個小城市裡交通狀況很好，在經歷了一整個早上驚心動魄的騎行之後，我們很早就到達了大學禮堂，感覺很好。

不幸的是，以我自己的標準來看，那天晚上的演出是一場非常蹩腳的演出。在一起演奏了這麼久之後，蓋迪、艾力克斯和我從未有過真正糟糕的演出，至少別人是這麼認為的，但我們內心自有判斷的尺度，而這把尺可能是嚴厲的。我感覺今天的演奏靈活度不夠，不細緻，我記得在演出結束後我跑回巴士，對自己感到很厭惡。當我拿著一杯麥卡倫酒懶洋洋地坐在前座沙發上向布魯特斯吐苦水時，他說：「你對自己太苛刻了。」

我聳了聳肩，回答說：「這就是工作。」

在那次巡演的日記中，我寫道：「不流暢，沒有感動，不管是精神上，或是身體上。前奏很糟糕，還有其他很多小地方不夠圓滑。手肘再次感到痠痛，腿也不聽使喚。啊，好吧。」最後一句話對「我曾是一個多麼愚蠢的人」暴露出一種不同尋常的淡漠感，一年半以後，我帶著更多這樣的特質到了太陽谷。

「景物依舊，人事全非」。太陽谷旅館被參加會議的人士訂滿，我只能住到便宜的客棧，但至少我還能在餐廳裡用餐。太陽谷旅館的餐廳全是人，大概是為了享用他們免費的雞尾酒和自助餐吧，但這裡沒什麼人（晚上八點才九個人，猜猜是誰落單了？）。洛克菲勒焗烤生蠔和麋鹿肉配蘑菇、甜菜和當地著名的越橘莓（我請服務生告訴廚師「這是很棒的組合」，因為它是這樣的：焗烤馬鈴薯搭配著混合了胡蘿蔔、青豆和南瓜的什錦蔬菜）。

一旦你開始探索，這個地方就是一個過度開發的小鎮。對於一個滑雪勝地來說有太多該死的購物商場。不過有很多現場音樂表演，餐廳裡有三重奏，酒吧裡也有，在另一家餐廳還有鋼琴獨奏。真的很好。

今天的旅程很長，但很棒。涼爽、陽光明媚，很富有挑戰性，也沒有塞車。看到了野生火雞，在蒙大拿州的洛洛也見到了暗冠藍鴉，通過迷路小徑山口時更見到了大角羊。

我被寵壞了，有時甚至沒意識到已經騎了好幾個小時都沒有停下來休息，除了可能會被一群牛仔驅趕著的牛群擋下來以外（就像今天一樣）。

同時我也被天氣寵壞了。今天看到一朵雲，心想：「那是什麼，雪峰嗎？」

我不得不停下來拍攝那個標誌，「警告——一百二十公里連續彎路」。哦，不！

今天爬了兩座海拔二千四百公尺的山峰，它們真是酷斃了（也真的冷死我了）。去年五月殘留至今的雪峰（超過了一年，真是不可思議！），現在除了北峰還有幾塊殘雪外，其他地方都光禿禿的。

經過了四十一天，今天完成了兩萬公里的旅程。

又是一個被間歇性胃痛困擾的夜晚，在黑暗中失眠一個小時和胡思亂想後我早早起床，決定嘗試沿著一條穿越滑雪道的小路徒步到巴爾迪山的山頂，就在太陽谷另一邊的凱徹姆。把摩托車停在滑雪小屋後，開始了漫長而艱辛的攀登，這條持續上坡的小路穿過森林和開闊的滑雪道，從海拔一千七百公尺的步道起點經過兩個半小時的長途跋涉抵達二千七百八十八公尺、名叫「守望者」的山頂，我在那裡停下來，吃著從酒店打包來的午餐。

我坐在滑雪纜車的山頂小木屋的平臺上，俯瞰下方極深的山谷，還有在變幻莫測的雲層下、山巒起伏如同其名的鋸齒山。遠處突然響起一陣雷聲，乍聽像是炸藥爆炸，接著一場暴風雨從眼前向北方蔓延，拖著暗沉的雨幕。我感覺到小屋周圍開始刮起寒冷的強風時，還慶幸自己帶了雨衣，但把手伸進背包才發現我把雨衣留在了旅館。幸運的是就在我花了一個半小時下山，跨上摩托車騎一小段路回到旅館後，房間外頭不久就響起兩聲尖銳的雷鳴並下起了滂沱大雨。

第二天早上我沿著太陽谷大道向東騎行，在海明威紀念碑停了一會兒，那是一座青銅像，坐落在小溪邊的樹林中。海明威於一九六一年在凱徹姆的家中客廳拿著獵槍朝著頭扣下扳機結束了自己的生命。他被埋在當地墓園的一塊普通墓碑下，旁邊是他的第四任妻子瑪麗。在他最後的生命裡被病魔折磨著，身體虛弱，身心苦於妄想症及電擊療法的影響。那年早些時候他花了好幾天時間試圖寫一封簡單的信回覆約翰．甘乃迪的就職典禮邀請，也許那時候他就決定，如果他不能再寫他就不想活了。

匆促樂團在一九八二年發表一首名為〈失去它〉的歌，便是受到海明威的悲傷結局所啟發，意在表達無法做對他來說比生命本身更重要的事情的挫敗感：「看著它死去，比從未認識它更悲傷。」[29]

紀念碑底座有一段銘文，是海明威為一位朋友寫的悼詞。

他最喜歡的是秋天
木棉樹上的葉子變黃了
落在鱒魚溪流中漂浮著

29　原文：Sadder still to watch it die, than never to have known it。摘自匆促樂團一九八二年發行的《信號》專輯單曲〈失去它〉。

在群山、湛藍無風的天空上
現在他將永遠成為其中的一部分

在我孤獨的旅行中，我經常發現自己在追隨、甚至尋找已故作家的幽靈足跡：海明威、史坦貝克[30]、傑克・倫敦、馬克・吐溫、艾茲拉・龐德[31]（出生在樹城）、愛德華・艾比[32]、辛克萊・劉易士[33]、華勒斯・史達格納、薇拉・凱瑟[34]、瑪麗・奧斯汀[35]、恩尼・派爾[36]、傑克・凱魯亞克[37]、楚門・柯波帝[38]（他在堪薩斯州的花園市附近研究了《冷血》[39]的寫作素材），在一路往南到墨西哥的途中還有崔芬[40]和麥爾坎・勞瑞[41]。這些人都很偉大，但都走了。都是幽靈作家。但有一些尚在世的作家，藉著他們的作品為我「照亮」前路，我感受到他們存在：安妮・普露[42]、威廉・海特穆恩[43]、羅勃・波西格[44]、戈馬克・麥卡錫[45]。

當我在這些充滿鬼魂的地方旅行時，一種類似懷舊的感傷會隨時湧上，就跟旅行中有時進入到某個歷史遺跡的感受一樣。這些地方標示著其他幽靈的逝去——俄勒岡小徑[46]、驛馬快信之路[47]、路易斯和克拉克通往太平洋的道路、傷膝河大屠殺[48]的悲劇場景，或者在俄勒岡州的太平洋海岸公路旁一個更個人化的紀念碑，紀念一位被洶湧的海浪沖下岩石，並捲入海裡的年輕人。真是可憐，可憐，可憐。

在朝聖完海明威紀念碑之後，我本來打算騎一條未鋪設柏油的道路往東翻越先鋒山，但看起來並不樂觀。雨開始淅淅瀝瀝地下著，路況果然如路邊的「非一般維護道路」的警告標誌所言，泥土路面很快就被水淹沒了，拳頭大小的石頭從邊坡滾落橫亙在我面前的路上。我調轉車頭往回騎經過了凱徹

---

30 約翰·史坦貝克，是美國作家，一九六二年諾貝爾文學獎得主。代表作有《憤怒的葡萄》、《伊甸之東》和《人鼠之間》等。

31 艾茲拉·龐德是美國著名詩人、文學家，意象主義詩歌的主要代表人物。

32 愛德華·艾比是美國作家，以倡導環境問題和批評公共土地政策而聞名。

33 辛克萊·劉易士，美國小說家，一九三〇年獲得諾貝爾文學獎，是第一個獲得該獎項的美國人。

34 薇拉·凱瑟，美國作家，以《我們的一員》一書，於一九二三年得到普立茲獎，作品以擅長描寫女性及美國早期移民的拓荒開墾生活而聞名。

35 瑪麗·奧斯汀是美國作家。她的經典作品《苦雨之地》描述了南加州高山脈和莫哈韋沙漠之間地區的動物、植物和人，並喚起了人們的神祕主義和靈性。

36 恩尼·派爾是美國著名的戰地記者，被譽為「第二次世界大戰最偉大的戰地記者」。

37 傑克·凱魯亞克，美國小說家，是垮掉的一代中最有名的作家之一，最知名的作品是《在路上》。

38 楚門·柯波帝是美國小說家、編劇與演員，寫了許多被稱為經典的短篇故事、長篇小說與戲劇。

39 《冷血》是美國當代文學經典，入選二十世紀最偉大文學之林。本書是楚門·柯波帝於一九六六年出版的非虛構小說，描述了一起發生在堪薩斯州農場主一家的滅門血案。兇手在犯案後不久被逮捕，柯波帝獲悉此案後前往當地進行調查。

40 崔芬是小說家的筆名，據推測他是德國人，其真實姓名、國籍、出生日期和出生地都存在爭議。

41 麥爾坎·勞瑞是英國詩人和小說家，他最著名的作品是小說《火山下》。

42 安妮·普露是一位美國記者與作家，是李安導演《斷背山》原著作者。

43 威廉·海特穆恩是美國旅行作家，最著名的作品《藍色公路》記錄一九七五年開著福特貨車穿越美國的旅程。

44 羅勃·波西格，美國著名哲學家及作家，最知名著作為《禪與摩托車維修的藝術》。

45 戈馬克·麥卡錫，美國小說家，被譽為是海明威與福克納的唯一後繼者。

46 俄勒岡小徑是十九世紀北美洲西部拓荒者的主要通行道路之一，從密蘇里州橫越堪薩斯州、內布拉斯加州、懷俄明州、愛達荷州，終點抵達俄勒岡州，全長三四九〇公里，最後被鐵道取代。

47 驛馬快信之路是美國近代一項利用快馬接力，在加州和密蘇里州之間傳遞郵件、報紙和訊息的郵遞系統，全長約三千一百公里，從一八六〇到一八六一年共存在這一年半時間。

48 傷膝河大屠殺是指發生於一八九〇年在美國南達科他州傷膝河附近，五百名美國騎兵對印第安人進行屠殺，造成約三百名印第安人死亡。

姆和黑利。

雨漸漸小了，變成了一個涼爽、有風的早晨，儘管我的心情仍然很陰暗。在月形坑國家公園，我短暫地停下來抽了一支菸，看了看黑色的熔岩地，然後又轉向西邊，又停了下來，看了看牌子上所寫的北美最高的沙丘。稜角分明、淺棕色像金字塔的布魯諾沙丘，在灰色天空的襯托下，向上堆起了二百公尺高的峰頂，就像山艾灌叢和草原中的海市蜃樓。然後繼續前行離開了愛達荷州進入俄勒岡州的一個角落，在高低起伏的雲層下經過灌溉農田和被侵蝕的峽谷。

在雙車道的九五號公路我向南轉，在一條筆直、空曠的沙漠公路上騎了好幾個小時，幾乎看不到另一輛車。儘管各種條件都非常適合趕路，但我還是盡量降低速度，因為俄勒岡州謹慎地將時速限制在每小時八十八公里，可是一旦進入內華達州的州界，限速馬上便提升到更合理的每小時一百一十二公里。

俄勒岡州的保守式作風可能會讓人抓狂。山姆．希爾在一九一二年為他的高速公路進行遊說時同樣遇到了「保守派和自由派的互相矛盾」，俄勒岡州長曾向山姆形容他的州民是「善良卻古怪得令人氣惱」（然而州長也向他保證，「他們會追隨你，因為你身上有金錢的味道，而且還握過羅馬尼亞女王的手」）。

儘管現代俄勒岡州的進步常常令人欽佩，但同樣的自由—保守（或保守—自由）心態，也可能讓人傾向於認為其公民（和遊客）還沒有準備好接受過多的自由。不合理的低速限制就是一個例子；另一個例子是全州禁止自助加油，大概是擔心人們為自己的車子加油時，沒有足夠的責任心預防石油洩漏造成火災和環境污染的風險。或者也可能是為了在最低薪資水平下增加就業的機會。

像大多數摩托車騎士一樣，我更喜歡自己加油，這樣我就可以盡可能地把油箱加滿，但不會加到汽油滿出來濺到發燙的引擎上——冒著火災和環境污染的風險。加油也是一個檢查車輛的機會，看看油量表是否正常，輪胎有沒有氣，就像機師俗稱的「繞一圈」做機外檢查。因此本著梭羅的公民不服從的傳統精神，當我把車停在俄奧岡州的加油站時，我傾向於自己動手：取下油槍，按下油泵，自己動手（你必須要反抗壓迫！）。

騎在像九十五號公路這樣的路上，我一直小心翼翼地關注著我的油量，一有加油站時就馬上加油，因為加油站可能很稀少。在內華達州邊境城鎮麥克德米特加油後，我把車停在路邊，在一個「歷史古蹟」的標誌旁休息，讀到附近的奧懷希河是哈德遜灣公司的毛皮商人彼得・斯金・奧格登[49]取夏威夷的諧音命名的，他曾派兩名夏威夷捕獸人去那裡打獵，但他們很快就被印第安人殺死。又是另一個鬼故事。

我的目的地是——部分是計畫好的，部分是隨機的（因為在人口稀少的內華達州北部沒有其他選擇——溫尼馬卡小鎮。之所以挑中這個地方，其中「計畫」的部分是受到布魯特斯向我介紹的一首名

49 彼得・斯金・奧格登（一七九〇—一八五四）是英屬加拿大的毛皮商人，也是早期美國西部的探險家。

為〈我到過所有地方〉的歌的啟發，由來自加拿大的漢克．史諾[50]演唱。也許它是最極致的流浪者之歌，甚至是最好的公路歌曲，曲子是以這樣的句子開頭：「我在塵土飛揚的溫尼馬卡路上背著我的背包。」（布魯特斯和我發現溫尼馬卡就在內華達州之前，我們跟卡車司機問路，還研究地圖好幾天），然後利用押韻將一連串的地名像連珠炮似地背誦起來：

雷諾、芝加哥、法戈、明尼蘇達
水牛城、多倫多、溫斯洛、薩拉索塔
威奇托、土爾沙、渥太華、奧克拉荷馬
坦帕、巴拿馬、馬塔瓦、拉帕洛馬
班戈、巴爾的摩、薩爾瓦多、阿馬里洛
托科皮亞、巴蘭基亞和帕迪亞——我是個殺手

我到過所有地方，朋友，我到過所有地方，朋友
呼吸著山區的空氣，朋友
穿越沙漠，朋友
在旅行中，我做了我該做的事，朋友

我要花上一段時間才能在腦海中蘊釀出一段韻文，但很適合在騎車時「背誦」（不要把我的「背誦」當成是我在「唱歌」，那太抬舉我了），尤其是在廣袤無垠的大盆地沙漠上，在一條空曠無休止的公路上往前騎行——前往溫尼馬卡。

「塵土飛揚的溫尼馬卡路」，正如歌曲所描述的那樣，不算大的長條形沙丘往前延伸，沙子都被風吹到人行道上來了，但我的目的地只不過是一座位在州際公路上不起眼的小鎮，以及一家蓋在大賭場裡的紅獅汽車旅館——幾乎就像內華達州所有的旅館一樣。儘管我的心情一直很悲觀，但騎在這條穿越大盆地的公路上，我已經開始懂得欣賞這裝飾著山艾灌叢以及山巒的高原大地。不過鄉鎮和城市又是另一回事了。我喜歡內華達州的自然風貌，但對人的臉卻不怎麼印象深刻。

在溫尼馬卡的紅獅旅館我排隊等待進入酒店的餐廳，旁邊是一個好動的小男孩向他的母親討要硬幣，而她不理會他只自顧自地、機械式地給「命運輪盤」吃角子老虎餵食硬幣。當我終於找到一張桌子時，我寫著：

50 漢克・史諾是一名加拿大裔的美國鄉村音樂家。

這裡肥胖者的數量驚人——大肚子和大屁股（還有大嘴巴，就在我身後）。一切總成空。一整天的心情都很糟糕，這一幕更是幫倒忙。

騎上九百公里就為等看這一幕？嗯，好吧。必須接受現實（別管為什麼）。

從溫尼馬卡出發，我決定朝鹽湖城方向走，去做些摩托車的維修。但現在是週末，所以也沒必要趕時間。我在地圖上看到了博納維爾鹽灘，於是決定去看看並打算在附近的溫多弗小鎮過夜。

然而我的路線跟筆直到達可差得遠，先是往南走到巴特爾芒廷，穿過奧斯汀峰，然後在五十號公路向東騎了很長一段路到達伊利，再接上九十三號公路往北騎。我等於是在內華達州中部繞了一個大圈。這一天是在內華達州又一次精神錯亂的經歷，在空曠道路上騎了七百公里，穿過優雅荒涼的高原沙漠只為了到達另一個有著陳舊霓虹燈、吃角子老虎鈴聲和死氣沉沉的目的地。

內華達州的西溫多弗與猶他州的溫多弗隔著州界相望，但「活動」當然都在內華達州這一邊——一排排閃爍著燈光的賭場，其中有些還附帶著大型酒店。在週六的晚上，巨大的停車場裡停滿了掛著猶他州車牌的皮卡車，因為那些對罪惡免疫的「傑克摩門教徒」[51]湧向這個偏鄉小鎮的拉斯維加斯，享受一個週末罪惡的快樂。

許多酒店都已客滿，我選擇了一家速八汽車旅館——雖然我加入了他們的會員俱樂部（以約翰·埃爾伍德·泰勒之名），當晚獲得了房價九折的優惠，而且此後每次入住都有折扣，感覺還是很平庸。然後在好奇心的驅使下走進了隔壁的彩虹賭場。門口巨大的燈光招牌上秀出了來自舊金山的老牌樂團「星船」以及六〇年代復古風的「揚和迪恩」[52]和「一匙愛樂團」[53]的演出宣傳。

我走進了一家喧鬧、明亮、有幾個倉庫那麼大的賭場，想看看是否能找到地方吃晚餐。裡面充滿了閃爍的霓虹燈和鏡子，還有數以千計的老虎機、二十一點桌，還有兩家塞在角落裡的速食餐廳，看起來就像事後想到才加上去似的。

我強烈地想逃離這樣的瘋狂去吃街對面看起來相對正常的漢堡王，但終究我在一個賣著塑膠餐盒的櫃檯排隊等著吃一頓糟糕的晚餐，然後在一個面向巨大賭場的小酒吧裡聽一匙愛樂團的表演，他們六〇年代中的熱門歌曲不時被嘈雜的吃角子老虎聲音和廣播給打斷。

樂團由原來的貝斯手和鼓手——他現在身兼歌手、和弦齊特和手鼓演奏（而且在各方面都相當出色）——組成，搭配一位年輕鼓手、一位兼任鍵盤的女吉他手，還有一位顯然是取代他們在全盛時期的吉他手扎爾．亞諾夫斯基的人。他們最知名的成員也是原主唱的約翰．塞巴斯汀並未現身，但他們演奏了所有的成名曲以及同時代的一些其他作品，如「該協會」的〈珍惜〉和「左岸樂隊」的〈走開芮尼〉。儘管有刺眼的白光、吃角子老虎和人聲的干擾，有把年紀的樂手看起來似乎很享受，而年輕

51 傑克摩門教徒是指以相信信仰，但不遵守教會的行為標準，例如禁止飲酒、賭博、咖啡和菸草，在摩門教的信仰體系裡也不活躍的摩門教徒。
52 揚和迪恩是一九六〇年代早期與海灘男孩同期的美國搖滾二重唱，他們都是衝浪音樂風格的開拓者。
53 是一九六〇年代中後期流行的美國搖滾樂隊。

的音樂家也很賣力地表演，大約二百名的中年聽眾似乎很高興聽到〈城市的夏天〉、〈你不必這麼好〉、〈納什維爾的貓〉、〈你相信魔法嗎〉這些歌。

本質上，我看到的是一群普通人出來度個好玩的週末，但整個氣氛對我來說是如此奇怪。要嘛就是他們都是外星人，要嘛就是我是外星人。在漫長的三個星期裡我焦躁不安，心灰意冷，一直獨自旅行著，穿越蒙大拿州和愛達荷州的落磯山脈，進入俄勒岡州東部大盆地的山艾灌叢沙漠和內華達州的一大片土地，走了數千公里卻毫無意義。孤魂騎士在空曠的天空下，在草木稀疏、骨瘦如柴的山脊上疾馳而過，尋找療癒之路。

那天早些時候我花了幾個小時在五十號公路上向東騎行，蜿蜒穿越內華達州，晚上的時候我給它取了個暱稱，並添加了一個悲傷的註記。

「五十號公路是『美國最孤獨的公路』。我知道。」

第二天早上，我出發去看博納維爾鹽灘，在那裡每年舉辦的陸地極速競賽都會吸引一大批古怪的競速機器，試圖在不同類別的車種上創造新的紀錄——從噴氣式渦輪汽車到流線型摩托車。這些東西在我還是個孩子的時候就已經讓我著迷了，我想我應該去看看，以滿足我的懷舊之情。

但是當我沿著狹窄凸起的路面騎到意味已抵達目的地的大告示牌時，發現四周被水包圍著。依據告示牌顯示，極速競賽是在夏天「下雨之前」進行的，儘管在這樣一個乾旱地區一年可能只下兩次雨，但當雨落下來時，往往會滯留在堅硬的地表上幾天甚至幾週，即使只有幾公分深。

一輛貼著租賃公司標籤的新型轎車停在我身邊，下來了一位操著濃重德國口音的中年男子，他環顧四周然後皺著眉頭對我說：「這是給船通行的快速通道。」

回到內華達州，到了綠洲鎮的十字路口，我又挑了一條偏僻的小路朝東北方向再度往猶他州去。在一個寒冷而微風徐徐的日子裡，我轟隆隆地穿過破舊荒蕪的牧場，感覺自己進入了一個很好的精神狀態，「當身體在主導騎行應付路況時，我的思緒遠去，漸漸進入一種漂流的狀態——直到大風把我拉回現實，必須全神貫注地騎車。」

伴隨著斷斷續續煩人的雨，沿著州際公路一路來到鹽湖城，在那裡我早早地住進了萬豪酒店以便有時間洗衣服和打電話。布魯特斯向我保證他還是會來和我會合，他只是要「先處理一些事情」。我還和媽媽聊了聊，試圖讓自己聽起來比實際更愉快些。

氣象報告對未來幾天的展望並不樂觀，北部和東部的山區和大部分地方都會有雪，所以我思考了一下再來要走的路線。我曾想過回到蒙大拿州，也許去黃石國家公園，但看來至少在這幾天裡高海拔的山路會更適合雪地摩托車而不是一般摩托車的到來。

酒店遭到一大群共同基金經紀人的入侵，他們正在舉行「會議」（正確地說應該是舉行「派對」），而我被安排在他們舉行「會議」的隔壁房間。喧鬧的聲音和強烈洪亮的笑聲震耳欲聾，我掏出了隨身攜帶的摩托車耳塞繼續閱讀傑克·倫敦的《北地故事》。在酒店的餐廳裡我無意中聽到隔壁桌的一個如小丑般的經紀人不停地對他同桌的夥伴一而再地講述他跑步的細節：他的最佳紀錄、他的心率、他的腦內啡等等，直到他讓我感到厭煩，相信跟他同桌的人也一樣感到厭煩。然後他開始談論他的女兒麗安儂，我冷笑著對自己說：「你用史蒂薇．妮克絲[54]的歌給你的女兒取名？別鬧了。」（妒忌、妒忌。）

好不容易隔壁房間的共同基金「派對」終於結束，派對的參與者——我是說參與會議的人——都去了另一個酒吧，我才得以入睡，早早起床前往ＢＭＷ維修廠更換機油、換新輪胎和修理鬆動的排氣系統。布魯特斯和我在匆促樂團巡迴之旅中曾來過鹽湖城的ＢＭＷ，我們一致認為在所有去過的經銷商中，他們是最友好和最專業的，所以我很高興能再回來。

在同地圖和氣象報告進行了長時間的交流後，告訴我要再次向西騎行遠離雪地。下午早些時候我騎車離開鹽湖城往尼腓去，走上了六號公路[55]——又叫「共和國大軍公路」，然後轉五十號公路[56]——即「美國最孤獨的公路」，這次我要走這條路穿過內華達州。一個牌子警告說「一百四十公里內沒有服務區」，確實如此，一路什麼也沒有，直到內華達州邊界（可以想見有個賭場在那）。大盆地沙漠高處的風非常寒冷，穿透我多層衣服下的每一個毛孔，而且根據天氣預報，今晚會更冷，西部山區的所有地方都會低於冰點。

在伊利停車過夜，我沿著街道走到內華達酒店，這是一個一九二〇年代遺留下來的老建築，藉著將其曾經優雅的大廳變成無可避免的賭場而倖存下來，裡面充斥著閃爍的燈光和吃角子老虎機不斷發出的嗡嗡聲、鈴聲和嗶嗶聲。在一側，餐廳保留了它經典復古的魅力，有半圓形的沙發座和一個老式的午餐吧檯，牆上掛著歷史悠久的採礦照片。不過餐廳面向所有的噪音來源，食物也是一般般。根據我在西溫多弗的觀察，「我猜人們不會去賭場或內華達州吃飯」，這個地方也不例外，儘管這裡的櫻桃派非常好吃。

我的情緒被美國最孤獨的公路影響了，那天晚上我打電話給幾個朋友，想尋求些心靈的安慰和陪伴，即使這樣我仍然感到迷失，感到孤獨。當我在貝斯特偉斯特旅館醒來時，溫度是攝氏零下五度，我決定乾脆留下來吃早餐，希望晚些天氣能暖和一點。回到內華達酒店後，嗡嗡聲、鈴聲和嗶嗶聲仍在繼續，我在日記上寫道「內華達州的樂趣從未停止」。

儘管寒冷刺骨，我還是很享受穿越美國最孤獨公路的漫長旅程，經過了都是山艾灌叢的平原、長滿杜松的山、鹽灘、沙塵暴和偶爾出現的沙丘，所有這些都在水晶般的天空下展現在我面前。有一次我騎車穿越一個寬闊的山谷，能見度極好，從那裡我可以看到前後至少三十公里遠的地方，而且一輛車都沒有。感覺到有尿意，我靈機一動，乾脆把摩托車停在路中央，熄火，然後走到路邊去解手。解完後還是什麼都沒看到，我伸了伸胳膊和腿還有脖子和背，點了根菸，走了一圈，邊走邊抽。

54 史蒂薇．妮克絲是一名美國歌手和詞曲作家，常被視作搖滾女王。

55 六號公路是一條東西向的美國國道，連接麻薩諸塞州和加州，全長五千多公里。

56 美國五十號公路是美國的跨州高速公路，從西部的加州延伸到東岸的馬里蘭州。位於內華達州的一部分穿越該州大片荒涼、幾乎沒有人煙的地區，因此被《生活》雜誌評為「美國最孤獨的公路」。

我取出相機從摩托車後面拍了一張照片，看起來像是它自己在路上騎行——一位孤魂騎士。從那時起，這成了我的一個「儀式」，也是一個娛樂的來源，因為我每天都在尋找一個合適的地點來拍攝孤魂騎士的照片，試圖捕捉一個完美的背景，當然還要搭配一段空蕩蕩的道路。

在沙漠上經過幾小時寧靜、沉思和穩定的騎行後，我來到位在交通樞紐上的的法倫。突然地五十號公路一點也不孤獨了，因為周邊的交通一直很繁忙，沿著州際公路一路到雷諾——西部最大的小鎮，正如著名的標誌所顯示的那樣。雖然它總是被拉斯維加斯（眾星雲集，從強悍好勝的珍哈露[57]到風情萬種的梅蕙絲[58]）比下去而顯得黯然失色，但雷諾也有自己的繁華地帶，一個由閃爍的燈光、響亮的喇叭、華麗的賭場和密集的交通組成的嘉年華市集，在經過了一天寧靜的騎行之後，這一切似乎變得很瘋狂。

我去了國家汽車博物館朝聖，以前每次樂團在雷諾演出時我都會去參觀，時間可以追溯到七〇年代末。那時它還是比爾・哈拉[59]的個人收藏品，他是一個賭場大亨，完全可以隨心所欲的收購任何稀奇古怪的收藏（以前有人說過，只要擁有了賭場，賭博才會有回報）。哈拉最終在雷諾郊區的三個巨大的倉庫裡裝滿了大約三千輛汽車，有時候他用火車車廂裝載從其他收藏家那兒收購而來的戰利品，再將它們翻新成如珠寶般的完美。他的收藏品越來越多，有各種奇思妙想的車，例如近五十年來的每一款福特車型，一些賽車和驚世駭俗的改裝車，還有許多二〇和三〇年代的經典豪華車款（包括歐洲和美國），以及一些名人的汽車如約翰・韋恩的科維特，瓊克勞馥的凱迪拉克，凱勒・歐康納的瑪莎拉蒂，以及霍華．休斯來自五〇年代的普利茅斯轎車（另一位有能力放縱自己奇思妙想的大亨，由於他對空氣中的「細菌」有恐懼症，所以這輛車配備了一個精密的空氣過濾系統，佔據了後車廂的大部分空間）。

哈拉死後，洲際酒店集團買下了他的整個賭場和酒店企業，包括汽車收藏，然後拍賣了其中百分之九十的車——包括我最喜歡的兩輛，一輛是布卡迪五十七型亞特蘭大，它的車身採用華麗的奶油和焦糖雙色系，另一輛是紅色法拉利166MM巴奇達（匆促樂團的一首老歌〈紅色巴奇達〉的「主角」）。這些寶物已經被送到某個地方的某個私人車庫，就像哈拉的許多獨特的經典收藏品一樣，但至少他曾經公開與他人分享。

該集團保留的三、四百輛汽車透過成立國家汽車博物館而獲得稅收抵免，而展出的汽車更傾向以愉悅大眾為主，即名人的汽車。不過，不同時代的代表性車款還是以全尺寸的立體透視圖、街景、展示廳和充滿時代細節的車庫呈現。做得很漂亮，還是值得一遊，但我仍對它失去了原來的樣子而感到遺憾（幽靈車）。

57 珍哈露（一九一一—一九三七），活躍於一九三〇年代的美國女演員。
58 梅蕙絲（一八九三—一九八〇），美國女演員。
59 比爾．哈拉（一九一一—一九七八）是全球最大賭場娛樂集團「美國哈拉斯娛樂公司」創辦人。

可惜他沒能確保它的存活；也許他並不關心。我能理解這一點，但還是太不幸了，我沒辦法忘記那些曾經擁有如今卻已失去的存在。

是的，一寫下最後一句話就刺痛了我。

是啊，我記得那些曾經擁有如今卻已失去的存在，每時每刻都記得。就在前一天早上我還在和造景設計師講電話，他正在為賈姬和賽琳娜設計一個紀念碑，放置在我在多倫多買的墓園裡。這不是一個愉快的任務。我不知道這樣的紀念碑對我是否有意義，甚至不知道我是否會想去那裡，但我知道這樣做是必要的，為了我自己和其他悲傷的人。為了紀念那些曾經擁有如今卻已失去的存在。

在雷諾，我再次痛苦地想起我所失去的一切。於是我決定，如果必須在這樣的一個小鎮上停留，我就住在它最荒謬愚蠢的地方，所以我住進了馬戲團賭場酒店，這是一座巨大的高層建築，現場有馬戲團表演，摻雜著吃角子老虎不停的嗡嗡聲、鈴聲和嗶嗶聲。置身在餐廳及其周遭的喧鬧聲中，鄰桌的一對老夫婦親切地和我交談，他們正在慶祝六十週年紀念。看到成雙成對的夫妻對我來說總是一種折磨，尤其是那些一起變老的人，但我忍住了悲傷的刺痛，祝他們結婚週年快樂。

第二天早上我在一個寒冷、晴朗的日子裡騎車離去，我將這騎行稱之為「逃離雷諾」，沿著一條曲折的小路一直走到風景如畫的弗吉尼亞城。清晨在遊客到來之前這裡很安靜。然後我繞著太浩湖轉了一圈，這個深藍色的湖泊位在內華達山脈的高處，是另一個一直對我內在理想的「靈魂風景」極具吸引力的山中森林湖泊。不幸的是，我發現自己被困在一連串令人沮喪的道路施工中，在卡車和汽車交替的車陣中走走停停——有時甚至還得腳踩著地拖著走。

我停在路肩上的一輛瀝青卡車旁邊，司機從駕駛室探出頭來聊了一會兒我的摩托車，又說了些他即將要買的一輛摩托車，然後告訴我可以走另一條路翻過山嶺，那兒車沒這麼多。我很高興能從車陣中逃出來，接著走八十九號公路穿過路德山口，然後從八十八號公路騎到卡森山口，這裡海拔二千六百公尺，在這樣的高度空氣稀薄，有冰川刮過的花崗岩、小湖泊和高大的松樹。有一次我的鼻孔被一股在當下無法辨認的誘人芳香味道所吸引，然後當我追上一排緩慢爬坡載運著乾草的卡車時，我笑了——這是傳統農業的氣味。

進入加州後，山路開始下坡，終於感覺到空氣變暖了（這是自從騎車進入溫哥華以來，近一個月來頭一次有這種感覺），很快我就熱到必須停下來脫掉幾件衣服。然而這種舒適的代價是擁擠的交通；似乎我不得不和許多其他人跟車一起分享這個氣溫更溫和、土地更肥沃的州，一路穿過中央山谷北部乾燥枯黃的山麓和灌溉的農田。

空氣中散發出另一種挑逗的氣味，原來是一輛裝滿大蒜的卡車（可能是來自附近的「大蒜之都」吉爾羅伊，當我到達車流量更大的納帕谷時，便被綠色的葡萄園和芳香的桉樹所包圍。禿鷲在高空盤旋尋找地面的獵物，我想儘管有許多關於沙漠荒涼的卡通片，但我很少在真正的沙漠中看到禿鷲。當然這些腐肉的清道夫會聚集在更有可能找到食物的地方，而一個有更多生命的土地不可避免地意味著更多的死亡（唉）。

位於聖海倫娜的南橋旅館就在納帕谷的中心地帶，比我最近住的地方高級多了，我有一間明亮、豪華的套房，當下馬上決定再住一晚。在吃了幾晚「簡陋」的餐館後我想找個地方吃頓好的，櫃檯的女士推薦了附近一家頗有名氣的義大利餐館「葡萄園之間」。由於無法透過電話訂位，我試著在吧檯等待，但經過沙漠之旅，我不僅不習慣人群，也不習慣人們的「高姿態」。

這個地方非常「現代加州」，而且塞滿了……現代加州人。腦中出現一個問題：有些女同志穿得像男人一樣，這樣她們就不必穿得像女人？只是好奇……

我看到有一張小桌子是空的，我就坐了下來，感覺被人圍住了。我一邊喝著酒一邊看菜單，並且問酒保是否可以點點東西，他帶著某種傲慢不屑地告訴我，我只能在吧台吃，不能在那張桌子上吃，因為「那裡沒有服務員」。於是我又問他我是否可以把食物從吧台拿到我的桌子上吃時，他的鼻子抬得更高了，並且吸了吸鼻子說：「我們不是自助餐廳！」

我就當他是「加州人」起身離開了，沿著街道走到聖海倫娜的市中心，在那裡我找到了一家不大但很棒的小酒館，並在吧檯前吃了一頓美味的飯。回到酒店後我試著打電話給布魯特斯，因為我已經有幾天沒能聯繫上他了，希望能儘快敲定我們見面的計畫。他沒有接聽手機，於是給他留了言，並且開始擔心起他來了。

關於布魯特斯的私生活，有些事情我不想知道，但我大致知道我們的企業家布魯特斯偶爾會參與一些聯邦當局所反對的草藥的進出口交易，而且我知道他住在水牛城附近的一家汽車旅館正在進行一些交易。因此當他沒有接聽手機，旅館人員告訴我他「走了」時，我擔心最壞的情況發生。

第二天早上我踏上了一條蜿蜒的狹窄道路，穿過納帕谷和索諾瑪谷之間林木蒼鬱的山丘，開始了另一次文學朝聖之旅，前往傑克．倫敦州立公園。倫敦把他心愛的索諾瑪谷稱為「月亮谷」，這個公園保留了他「美麗農莊」的一部分，在那裡，他在一片草地和橡樹交錯的地景上試驗了現代的耕作方法。公園裡還保留了他的夢想之家「狼屋」的遺跡，它離完工只剩幾天的時間卻神祕地被火燒掉了。倫敦深受狼屋被摧毀的打擊，並認為起火原因有可能是人為縱火，因為他自認自己跟所有人都是朋友，而幾個月後、也就是在一九一六年他就過世了，一般認為是此意外導致他的死亡。

這是一個曾經燦爛生命的結束，但不幸的是太過短暫了，因為當他因肝功能衰竭而倒下時只有四十歲，顯然是由於多年的酗酒、過度勞累以及對鴉片酊和嗎啡止痛劑成癮所造成的，這些藥品在當時仍然廣泛使用。費茲羅傑曾寫下「美國人的生活中沒有第二幕」[60]的這句名言，可能是為傑克．倫敦

60 「美國人的生活中沒有第二幕」源自費茲羅傑的最後一部小說《最後的大亨》，意思為「人生沒有第二次機會」。原文：No second acts in American lives。

和他自己所創造的，他是另一位過度燃燒自己而英年早逝的「幽靈作家」。

這是傑克・倫敦的信念：

我寧願成為灰燼，也不要成為塵土！
我寧可讓我的火花在燦爛的火焰中燃盡，
而不是坐等油盡燈枯而死。
我寧可成為一顆卓越的流星，
讓內在的每一個原子都散發著壯麗的光芒，
而不是一顆永恆沉睡的星球。
人的正確功能是生活，而不是存在。
我不會把我的日子浪費在試圖延長生命上，
我會利用我的時間。

一八七六年倫敦出生在加州奧克蘭市，他的母親是一個貧窮的未婚媽媽，他的青年時期很艱苦卻極具冒險精神：在舊金山灣偷撈牡蠣、做罐頭廠工人、在橫跨太平洋的獵捕海豹航行中當水手、做臨時學生、當一名激進的社會主義者，甚至是一名搭著火車穿越美國的流浪漢，一八九七年他向北旅行到育空地區時還不到二十歲。在淘金未果的情況下，在一室一廳的小屋裡（就是我在道森看到的那個重新組裝的小屋），度過了無止境的凍傷和營養不良的冬天，然而他不知道的是此時的自己正在挖掘日後可以為他提供幾十個故事和幾部小說的素材，以及無法想像的名聲和財富。他的第一本小說《狼之子》於一九〇〇年出版，他很快就成為世界上最受關注的作家，甚至超過了馬克・吐溫和狄更斯。吐溫在評論倫敦年輕時與社會主義的關係時說：「我希望倫敦那個傢伙能如願以償地實現社會主義——然後他就可以派出民兵來收取他的版稅了！」

然而在取得這一成功之後，倫敦過於慷慨，也許也過於揮霍，他只得不停地工作以負擔他的生活方式，其中包括放縱自己、雄心勃勃地建造雙桅帆船「蛇人號」。一九〇六年他和第二任妻子查米安乘坐這艘帆船開始環遊世界，這段經歷他寫成了令人喜愛的故事《蛇人遊記》。

即使在那次橫跨太平洋的艱難航行中（最終因倫敦的健康狀況不佳而中止），他仍然保持著一天一千字的產量，正如他寫作生涯中的每一天。事實上他必須不斷地幫雜誌寫故事和文章以支付船隻維修、航行、建造狼屋、維護美麗牧場、養活第一任妻子和兩個女兒，以及他慷慨送給朋友、親戚、甚至寫信向他要錢的陌生人的巨額款項。

至於倫敦是如何為他替幾十本雜誌創作大量故事儲備靈感的，我在後來的「幽靈作家」朝聖之旅（在我漫無目的的漫遊中，常以此做為前往某一目的地的虛假藉口）中發現了一個有趣的線索。在美國第一個諾貝爾文學獎得主辛克萊・劉易士的家鄉、明尼蘇達州的索克中心[61]，我在專門為他而建的博物館停留，看到一封倫敦寫給年輕的劉易士的信，感謝他提供的最新一批故事情節，倫敦為此付給劉易士每篇五十美元的報酬。對我來說這是一個令人驚訝的線索解釋倫敦如何能夠保持如此多產的寫作，但就像莎士比亞精湛的作品往往是圍繞著二手故事編織而成的，但這並不影響倫敦以毫不費力的藝術手法，寫出他最好的故事和小說如《海狼》和《馬丁．伊登》。

從各方面來看，傑克和查米安一直深愛著對方，並以一種在他們那個時代不常見的平等主義方式分享生活。在他死後，她住的房子離狼屋的廢墟不遠，離倫敦的墳墓（在樹林裡的一塊巨石下，依他的遺願埋在那裡）也不遠，她把這棟石造大宅稱為「快樂牆之家」，現在成了一間博物館，裡面擺滿了倫敦寫作生涯和他們一起旅行和生活的紀念品。看到他們已逝生命的所有遺跡讓我感到悲傷而流淚，再一次讓我感到憤怒的不是生命的徒勞，而是死亡的徒勞。

> 他們彼此相愛，一起做過很酷的事情，但這並沒有讓他活下去。她也是如此，雖然她獨自生活了很多年（痛！）。

在十月初的平常上班日的下午，公園的小路上只有幾個人，當我漫步穿過林間在狼屋的碎石殘骸旁吃午餐時，空氣中總有股憂鬱一直伴隨著我。我徒步往更遠的山坡上爬，望向遠處的小湖和船屋，以及傑克和查米安去世時居住的小木屋。儘管氣氛沉悶，但這種沉悶的氣氛總能在看到鳥類時得以被打破，就像我在巴貝多的悲傷時光一樣，橡樹上閃現著各種奇妙的鳥，我用望遠鏡觀察到了八、九個不同的物種，從橡樹啄木鳥到難以捉摸的隱士鶇，牠們的歌聲也許是所有鳥類中最美的，在夜晚的寂靜中有時會聽到一連串明亮的音符。

當我回到南橋旅館時，我看到電話上的信息燈在閃爍，腦子裡響起一個小小的警報，因為只有一個人知道我在哪裡。布魯特斯。不過當我聽取語音信箱時，留言的不是他而是他的妻子喬治亞。她的聲音聽起來心煩意亂，信息也很簡短。「我在我媽媽那裡。我**真的**需要和你談談。」

我打電話給她時，她顫抖著聲音告訴我布魯特斯已被逮捕，「情況很糟糕」。我告訴她我會盡我所能，她給了我一個在多倫多的律師的號碼，有人安排他介入此案。我試著給他打電話，然後也給我自己的律師打電話，但是在東部已經是晚上八點了，我誰都聯繫不上。

> 悲傷，悲傷，悲傷。我最好的朋友現在被關進了牢裡。不知細節，但喬治亞說「這很糟糕」，我敢肯定是這樣。
>
> 當然，我會盡我所能，但不抱希望，這不僅讓我的日子變得暗淡，也讓我的生活變得黑暗。我們本來應該很快見面並一起騎行——現在呢？不知道該怎麼辦。我想，只能繼續吧。

61　索克中心是城市名而非建築名。

但是，之前讓我繼續前進的小火花正在……閃爍著。真糟。

今天早上還和厄爾醫生通了電話；他認為我得了胃潰瘍，並說每天晚上吃四錠善胃得，為期一個月。

生活會變得越來越好了。

在那一刻我意識到我的生存意志已經掉到了絕對的谷底，而我個人的地獄恰恰是一首非常糟糕的鄉村歌曲：

我的孩子死了，我的妻子死了，我的狗死了，
我最好的朋友進了監獄，
所以我在那條漫長而孤獨的路上騎行。

伴著胃潰瘍。

總之，除了幫助那個在監獄裡的朋友，我對這一切都無能為力，所以布魯特斯成了我生活中為數不多的「任務」之一。第二天一大早我給多倫多的律師布魯門費爾德打了電話，他告訴我布魯特斯被逮捕了，因攜帶了一「卡車」受列管的草藥，加上他之前在美國因兩次類似的「過失」被定罪（我的

朋友兼同事蓋迪曾將監獄定義為「錯誤決定之家」），布魯特斯的麻煩大了。

律師接著補充說：「如果我們失去對這個案子的掌控權，他可能會被判處終身監禁，不得假釋。」這些想法讓我不寒而慄，我聯絡我自己在佛羅里達的律師，請他找「水牛城最好的刑事辯護律師」，並打電話給在多倫多辦公室的希拉，安排為布魯特斯的家人提供一段時間的經濟支援，這樣至少他不用為家人擔心。

不知道還能做什麼讓我感到焦躁不安，情緒非常低落。我收拾好東西繼續騎行，沿著布魯特斯和我一年半以前走過的路線，往北經過納帕谷到卡利斯托加，穿過羅伯特·路易斯·史蒂文生州立公園（另一位幽靈作家）的潮濕林地到克利爾湖周圍的乾旱地區，然後走十六號公路。布魯特斯和我曾騎這條路去沙加緬度的演出現場，我們到那裡時幾乎沒油了，不得不從一個外觀是破舊農舍的小修理店買了幾加侖的油。

當我騎經阿科體育館時，那是沙加緬度郊外的一座巨大混凝土建築，我想起了過去幾年在那裡舉行的演唱會，想像著在那個體育館裡的一個角落，在刺耳的音樂、閃爍的燈光陪襯下，成千上萬的歌迷尖叫著，我在舞台的中心，似乎像記憶中的電影場景一樣遙遠和不真實。

上次來阿科體育館還是和布魯特斯一起騎著摩托車來的（唉！），早些時候我獨自從酒店騎著摩托車穿過沙加緬度的街道到體育館。那天，回溯到八〇年代末，我看到兩個女人帶著她們的孩子站在街角舉著一個牌子，上面寫著「工作換食物」，在那個時候這種可憐的景象還不是很普遍，所以當我騎著摩托車經過她們看到這一幕，著實感到震驚和不捨。於是我又繞了回去給了其中一位驚訝的婦女一張百元美鈔，再騎車離開並悲傷地搖了搖頭。

哦，這是個悲傷的世界，而且似乎只會變得更悲傷。當我穿過加州中部時，我一直在想世界上所有已逝的人，所有的鬼魂，當我沿著我真正感受到是美國最孤獨的公路上騎行時，我內在小孩的靈魂是既黑暗又寒冷。

當我聽說你走了
我感到一抹陰影穿過我的心

〈沒有人是英雄〉[62]，一九九三年

62 匆促樂團《平起平坐》專輯中曲目〈沒有人是英雄〉的歌詞摘錄。原文：When I heard that you were gone / I felt a shadow cross my heart。

第七章

沙漠隱士

我們在前往冒險的路上旅行
在沙漠公路上直奔太陽的心臟
像戀人和英雄，以及每個人心中的不安分
我們唯有在奔馳時才感到熟悉
不停地奔跑中

〈夢想道路〉，一九九一年[1]

1 《搖滾硬骨》專輯中同名曲目的歌詞摘錄。原文：We travel on the road to adventure / On a desert highway straight to the heart of the sun / Like lovers and heroes, and the restless part of everyone / We're only at home when we're on the run / On the run。

鬱鬱青蔥的山脈可以說映照出了我心目中的「靈魂風景」，但也還有其他類型的景觀也吸引著我，而且吸引著不同部分的我。在美國西部四大沙漠走得越多就越喜歡它們，每一處都有自己的特點：大盆地[2]的山艾灌叢和杜松灌木，莫哈韋沙漠的木焦油灌木叢和約書亞樹，科羅拉多的龍舌蘭和煙樹，以及索諾拉的福桂樹[3]、金色假紫荊樹和巨人柱仙人掌。我開始把所有這些沙漠景觀視為我的「夢境」，因為在這些充滿神祕、微妙和嚴酷之美的乾旱土地上，令人敬畏的空間規模反映了一種不真實卻又熟悉的環境；預示著危險但又充滿了優雅。

當然，「沙漠」一詞指的是被人類遺棄[4]，實際上這些地區的植物和動物生活豐富而迷人，完全符合瑪麗．奧斯汀所說的「苦雨之地」[5]。細想一下不起眼的木焦油灌木，這是一種參差不齊的深綠色矮樹，在莫哈韋沙漠中有數十億棵之多，均勻分布（一些科學家認為它的根部會釋放出毒素，防止其他植物生長得太近）。每在暴雨過後，空氣中總是瀰漫著它刺鼻的氣味（這正是它名字的由來）。總的來說，無數的木焦油灌木不僅是西部中所有生命形式中的最大生物群體，而且某些木焦油灌木群

2 大盆地以乾旱貧瘠和複雜多變的地形著稱，包括了北美最低點惡水盆地以及美國本土最高點惠特尼峰，大部分地區都是沙漠。
3 福桂樹又稱蠟燭木，是一種沙漠植物，生長於美國西南部及墨西哥北部。
4 這邊指沙漠（desert）與遺棄（desertion）是有相同的字源。
5 《苦雨之地》是美國作家瑪麗．奧斯汀寫的書，於一九〇三年首次出版，包含一系列抒情散文，內容涉及人類和其他居民，以及加州的歐文斯谷地和莫哈韋沙漠的乾旱景觀。台灣作家吳明益引用英文原書名創作同名中文小說。

落還被認為是地球上最古老的生物，它們是從一萬或一萬二千年前的同一棵植株的根莖繁衍而來。

對沙漠研究得越多，就越能看到它是多麼有活力，不管是可見還是不可見的。郊狼、狼蛛、烏鴉、吉拉啄木鳥、角百靈、兔子草、毛驢草、不同種類的仙人掌，有時甚至還會看到花——路邊偶爾會出現如白色百合花般聖潔的曼陀羅，或高大纖細的福桂樹的精緻紅花，它們宛如幽靈似的很罕見，有時一年只出現一次，所以它們的存在感比草原上的花海或東部的林地更強烈。

在空曠的沙漠雙線道上騎摩托車也有一種夢幻般的感覺。沒有龐大車流的威脅和干擾，沒有穿越森林時狹窄的視覺盲角，不用擔心路面的碎石或隱藏在快速彎道處的慢速卡車。眼前的一切都是敞開的，每一個潛藏的危險在數公里外就有徵兆，任何潛藏的美麗也是如此。當我騎向下一個道路上的高點或是參差不齊的山脊時，風景以緩慢的方式在眼前展開，我有足夠的時間環顧四周的全景和細節，把腿擱在汽缸蓋上迎向所有朝我而來的一切。

逃離了擁擠的加州，心中還對目前困在水牛城，某個如地獄般的監獄裡的布魯特斯感到滿滿地擔憂。我再次向東朝著山脈和沙漠走去，由於我將會有一段時間不會與布魯特斯見面，我決定與賈姬的妹妹黛比、她的伴侶馬克、他們兩歲的兒子魯迪和他們的牛頭㹴「右撇子」會合，他們正開著租來的大露營車穿越西部。

在過去的一年零兩個月裡，黛比也一直努力走出她對失去賈姬和賽琳娜的悲痛，在某些方面她失去的和我的一樣多。她畢竟在多倫多和我們家一起生活了十年，所以她和她的姊姊和外甥女都非常親近，在賈姬臨終的時刻是我和黛比握著她的雙手，看著她在巴貝多的醫院裡嚥下最後一口氣。我和她理解彼此。

在獨自旅行的途中我經常打電話給她，有時打她家的室內電話，有時則打他們露營車內的電話。我們約定只要他們到了我所在地的「附近」、西部的任何地方，我們就碰面。當我在加州感到擁擠和漫無目的時，我當下就決定沒有什麼比回到夢境般的沙漠，騎行一千六百公里穿越內華達州和猶他州去拜訪他們更重要的事情了。對於孤魂騎士來說這是個再好不過的任務。

幾個小時後，我回到了內華達山，在一〇八號公路的漫長爬坡過程中，我在索諾拉（在一八九四年後的加州淘金熱期間是西部最野蠻、最無法無天的地方之一，但現在則只是一個寂靜的山區小城）停下來吃早餐。當我看到一群摩托車騎士從他們停放的摩托車旁走過時，我又想起了布魯特斯，顯然他們是趁著星期天一起出來騎車。其中有人邀請我和他們一起吃早餐，但我拒絕了，我對他們的「立場」有點警惕——他們的背心和夾克上印著一個基督教摩托車俱樂部的標誌。我向來對傳教士一直保持謹慎的態度，尤其在「神」讓我經歷了這一切之後，我對討論神學的態度就更不開放了。無論人們試圖將什麼神靈作為形而上的解釋、辯護或安慰，就我而言，祂們都沒有對我很好。由於缺乏耐心或沒有如同約伯[6]一樣的盲目信仰（或者說我沒有通過「信仰的考驗」），不管是上帝或是聖母還是其他眾神，我對祂們一點用處都沒有。

因為正準備前往索諾拉山口，這是內華達山較高的山口之一，海拔有二九三三公尺，因此在離開餐館之前，我在皮衣內穿上了長袖內衣，並掏出了厚厚的冬季手套和塑膠雨衣。現在是十月初，山頂很冷，再過幾週當大雪開始紛飛，這個山口就會因積雪而關閉。上山的路（經過吐溫．哈特，一個宛如馬克．吐溫和布雷特．哈特分身靈的小鎮，他們都寫過淘金熱時代的著名作品）在一個燦爛的日子裡把我帶進了我內心世界的靈魂風景中，晴朗而寒冷，道路無休止地蜿蜒到山口，接著又往下走。在內華達山的遠處，我俯視著莫諾湖廣闊無垠的藍色，終於認出在湖泊南岸由石灰華沉積所形成的尖塔狀岩石，以及更遠處高沙漠[7]的夢幻景象。

莫諾湖是一個逃過人類開發的罕見景觀。它處在一個獨特的、荒涼的地區，因此勉強逃過了遭任意開發而破壞的命運。在七〇年代湖泊面積迅速減少，湖水被不斷擴張的大城市洛杉磯的貪婪渴求所吸走。然而一場拯救湖泊的運動獲得了足夠的宣傳和支持，從而動搖了公眾輿論，洛杉磯不得不停止其「海盜行為」，甚至歸還滋養湖泊的河流。

十九世紀末馬克．吐溫曾就「水」在西部的地位寫過一篇有預見性的評論：「威士忌是用來喝的，水是用來爭奪的。」整個二十世紀都是如此，幾乎每條西部河流都築起了水壩並分布在不同的州（有時還進入加拿大和墨西哥），每一個含水層都被從更深的地下抽上來，直到在乾旱的西部各州，似乎將最珍貴的每一滴水都被收集、改道、爭論，並最終得到聯邦政府的補貼。

如果說莫諾湖暫時得以保存下來，那麼在南邊的歐文斯湖就沒有這麼幸運了——事實上它根本就不再是一個湖，而是一個白色的、被礦化的乾旱鹽地。整個歐文斯河在上世紀末被洛杉磯市偷走了，當時該市的驚人擴張速度已經遠遠超過了它最初的發源地洛杉磯河（洛杉磯原本的名字是西班牙語「Pueblo de Nuestra Senora de La Reina de Los Angeles」，意思是「聖母的天使之城」）所能負荷的程度。該市的第一位水務專員威廉·穆赫蘭負責尋找新的水源，他乘坐一輛馬車穿過莫哈韋沙漠前往歐文斯山谷，發現歐文斯河將源自內華達山的融雪和白山山脈的水注入歐文斯湖，該湖周圍有灌溉的農場和果園，甚至有蒸汽船往返於附近的死亡谷和帕納明特谷的採礦區。

短短幾年，河流和湖泊周圍的大部分土地都被洛杉磯的代表悄悄地、甚至透過詐騙的方式買了下來，並修建成了一條巨大的水渠將水穿過沙漠輸送到這個乾渴的城市。從各方面來看，穆赫蘭本人是一個盡忠職守的公務員，從最初的鑿渠工程到最終將整個洛杉磯的水系統掌握在自己的手中，他沒有從他負責的公共工程計畫中獲利。當他打開水渠時，他發表了可能是有史以來最簡短的獻詞，指著水說：「就在那裡，拿去吧。」

然而其他人就沒那麼有公德心了，包括當時的市長，他買下了歐文斯谷唯一適合做大壩的土地，以及《洛杉磯時報》的老闆奧蒂斯·錢德勒家族（他們曾大聲疾呼要求發行債券來支付該專案的費

6　《約伯紀》中，約伯是位正直良善的富人，在幾次巨大災難中失去了人生最珍貴的事物，包括子女、財產和健康。他努力想理解遭受苦難的緣由是為什麼。

7　「高沙漠」一詞用於將其與南加州的「低沙漠」區分開來，兩者由不同緯度、海拔、氣候、動物生活和植被的差異來定義。高沙漠通常位於海拔六百至一千二百公尺之間，與低沙漠相比，高沙漠具有獨特而溫和的天氣模式。

用）。他們與其他被公認為有遠見的資本家一起買下了乾燥、毫無價值的聖費南多谷土地，然後再引用水渠「多餘」的水來灌溉，把這塊地變成最賺錢的柑橘園，後來更成為西部最熱門的房地產。

然而，穆赫蘭在聖弗朗西斯基托峽谷親自監督建造的水壩，某天晚上竟在山洪的沖刷下崩塌，造成巨大的破壞和生命損失。此意外成為穆赫蘭一生的恥辱，以致他抑鬱而終。現在，人們以著名的穆赫蘭公路來紀念他，這是一條風景優美的雙線道，沿著好萊塢山和聖莫尼卡山的山頂蜿蜒而行。

在歐文斯谷的主要城鎮畢曉普，我在一個加油站停了下來，脫掉了內衣和外衣，然後向南騎到大派恩，在加州一六八號公路上轉向東，這是布魯特斯和我在回聲測試巡迴演出時第一次去死亡谷走過的一條小路。在幾乎空無一人的完美雙向車道上蜿蜒爬升來到巨岩夾峙的韋斯特加德山口時，車道縮減成一條，然後在吉爾伯特峰和利多峰又爬過兩個超過二千公尺的山口，我下到木焦油灌木和約書亞樹的高沙漠中，天氣涼爽而陽光明媚，穿過邊界來到內華達州。

在與九五號公路的交界處我看到了棉尾牧場（寫著「全年無休」），它實際上是一家妓院，前面有一個很大的碎石停車場，幾輛貨車和轎車是當天下午唯一的生意（「沒有停下來」，我在日記上寫著）。向北穿過近乎成為鬼城的戈爾德菲爾德，來到被稱為「共和國大軍公路」的六號公路交界處，我決定在托諾帕小鎮上找地方過夜（在美國原住民休休尼語中含有帕的詞是「水」的意思，因此經常出現在大盆地乾旱地區的地名中，如伊文帕和帕朗[8]——這應該是休休尼語中「濕地」的對應詞）。

托諾帕是個小鎮，但大到有一家像樣的貝斯特偉斯特旅館和一家舒適的墨西哥小餐館「你家」[9]，這家餐館過去曾以不同的名字經營，裝潢保有原來的樣子都沒變——諾加海德皮革、富美家美耐板、鍍鉻家具、紙巾和塑膠水杯——但一直都提供不錯的食物，所以風評很好。

托諾帕也大到足以發生街頭犯罪，因為我注意到那天晚上有兩個十歲出頭的男孩在停車場周圍玩耍，第二天早上我去檢查輪胎胎壓的時候發現氣閥蓋不見了。對這些小鎮男孩來說，這無疑是一種具有異國情調的紀念品，是一種沒有惡意的惡作劇，但這使得我不得不在那些寬闊的沙漠公路上保持低速行駛，生怕沒有固定的閥門突然因高速的離心力而洩氣。一直到猶他州我才找到一個大到可以賣給我兩個氣閥蓋（五十美分）的修車廠，才覺得可以放心地加速前進。

這是我摘自那天的日記，十月十日。

早晨雖寒冷但晴空萬里，廣闊的高沙漠和崎嶇不平的褶皺山峰構成了美麗的風景，這些特徵在早晨的陽光下閃閃發光。路上到處都是像燕子一樣的角百靈在我前面飛來飛去，常常差那麼一點就要撞上來。路上還有幾頭牛。

8 托諾帕、伊文帕和帕朗都是由 pah 組成的地名。

9 原文 Su Casa 來自西班牙文 mi casa es su casa，意為「我家就是你家」，為表達歡迎之意。

我忍不住在內華達州的雷切爾停下來吃早餐，那是「外星人公路」[10]上一個由組合屋和移動式露營房車組成的小地方。雷切爾立了一個標示牌寫著：「美國的幽浮首都：歡迎外星人」宣示自己的地位。餐廳的紀念品攤位上擺滿了相關商品，如外星人形狀的吉他撥片、幽浮保險槓貼紙和咖啡杯。雷切爾靠近內利斯空軍靶場（包括傳說中如神話般的「五十一區」）和內華達試驗場[11]，因有人曾在此目擊奇怪飛行物的報導而聲名大噪。這些飛行物可能是從捕獲的太空船——例如據稱在新墨西哥州羅斯威爾墜毀的那艘——「逆向工程」仿製而來的。無論你是否「願意相信」，這都是有趣的事情。

對我來說同樣有趣的是觀察這種神話吸引了什麼樣的人。這家名為「小外星人」的餐廳牆壁上掛滿了貶低政府、總統、第一夫人、土地管理局、槍支管制倡導者以及其他任何被認為干擾西方「自由」的漫畫和口號（西部各州的牧場主對聯邦政府激烈地要求自主性，他們依賴聯邦政府的補貼和過度開採聯邦土地的自由權利被描述為：「不要干涉我，只需給我更多的錢。」）。

吧台上方的標語寫著：「謝謝你在我吸菸時屏住呼吸。」就像我在阿拉斯加讀到的那個民宿店老闆一樣，「當然，這裡有一個非吸菸區——在餐廳外面！」

經過杳無人煙名叫「暖泉」（真的有溫泉）的地方和五里牧場，布魯特斯和我那次在那裡「偷」汽油。

這一提，又要再回溯到一九九七年春天樂團的巡迴表演，布魯特斯和我進行第二次閃電式穿越美國的騎行（五天之內從東海岸到西海岸）。很顯然，當時我們還沒有學會在看美國西部地圖時要帶一點健康的懷疑態度——地圖上顯示的名字不僅可能不是一個加油站，甚至可能什麼都不是。

因此當布魯特斯和我那天早上騎出內華達州的雷切爾時，我們決定先不去加油。還有九十公里的路程，可以輕輕鬆鬆地到達地圖上的下一個城鎮——暖泉。然而下一段筆直、荒蕪的雙車道公路，我們禁不住地油門越開越大，以每小時二百六十公里的速度雙雙飆速著。高速意味著高油耗，我們的油表明顯地下沉，我低頭看到油耗顯示器的黃色燈光在閃耀。

突然間我的視線凝聚在前面的道路上，並難以置信地睜大了眼睛。瞬間的恐懼反應讓我想都沒想就收回了油門，我盯著前方一個巨大的黑色物體從隆起的道路後面出現。那是一架噴射戰鬥機，來自附近的空軍基地，它威嚇的身影看似在我們的前方盤旋，然後急劇傾斜，就倏忽向南飛去。飛行員一定是決定玩一玩嚇唬一下我們；他做到了（後來我意識到，我對這個突如其來驚嚇的反應是出自於對「條子」的制約反應）。

當我們到達暖泉，那裡當然沒有人。我們把車停在幾座荒廢建築物旁的一個碎石停車場，關掉引

10 外星人公路即美國三七五號州際公路，因有人宣稱在此路看見過幽浮而聞名。

11 一九五一年美國在該試驗場進行第一次核試驗。

擎時聽到的只有風聲。我們互相看了看，下了摩托車，摘下頭盔，抽根菸休息一下。現在怎麼辦？

布魯特斯發現了牆上有支公用電話，並翻開電話簿尋找有沒有付錢就願意幫我們送油來的加油站，但沒有一個加油站有人接電話。一輛載著馬匹拖車的皮卡駛進停車場停在我們旁邊，一位中年牧場主、一個年輕的女人和一個少女從車裡爬了出來，打開拖車把他們的四匹馬放了出來讓牠們在拖車的陰影下喝些水跟透透氣。當布魯特斯還在打電話時我過去問那個牧場主，他是否知道附近有什麼加油站。在我們交談的過程中，那個女人正在皮卡的引擎蓋上攤開一盤用鋁箔包裹的炸雞，很明顯她是那個男人的女兒，而那個少女是她的女兒。

他們都一致認為最近的加油站是在北邊一百六十公里的伊利，或者南邊八十公里的托諾帕。當我解釋我們的困境時，牧場主說：「我希望我能幫得上忙，」然後指著有一盤雞腿的皮卡說：「可是我用的是柴油。」

他以西部人的熱情好客想請我們吃一塊雞肉，但我禮貌地謝絕了；我們在帕納卡吃了一頓糟糕的早餐後，我肚子還是飽的，而且我也實在擔心我們要如何處理這種情況。牧場主人的女兒說他們剛才經過一個相當大的牧場，約往回走八公里處，也許我們可以從那個大牧場的主人那裡買點汽油。

那牧場叫「五里牧場」，大門上方掛著一個有五個V字形標誌的牌子。我們把車騎到車道上在院子裡停了下來，但沒有看到任何人。院子裡有一棟房子、幾個附屬建築和兩間活動房屋，院子裡停著一輛新的中型克萊斯勒和幾輛「看起來很體面」的皮卡和牽引機。儘管這個地方看起來有人居住但一直沒有人出現，一塊用柵欄圍起來的草坪上有一個小小的灑水器正在灑水。房子的前門被掛上了鎖，但工作間的門卻大開著，看得見裡面的工具和五金零件。

我緊張地走向活動房屋和更遠處一間位於木棉樹林中的附屬建築，邊走邊大喊著「哈囉」，但沒有人回答。當我回到摩托車旁時，布魯特斯正在查看一個放在木架上的鐵製油桶。

「你能分辨汽油和柴油嗎？」他問。

「聞味道的話，我可以。」

他把油槍遞給我，我聞了聞，然後告訴他這是汽油。

「好吧，我們拿走一些，留下一些錢。」

我不介意承認我被他這個主意嚇壞了，但我沒有更好的辦法。除了一件事。

「我們先把錢留下。」我說，並且已經想像有扇門碰的一聲被推開，聽到子彈上膛的聲音，並有一個聲音慢悠悠地說：「你們這些傢伙以為自己在幹什麼？」

那天晚些時候我寫道：「我不記得自己什麼時候這麼害怕過。」我急迫地想離開那裡。在過去他們曾經把偷馬賊吊死，因為你偷了那個人的馬，實際上就等於要他的命。他們應該不會用同樣嚴肅的態度對待偷竊汽油吧？總之我們每人拿了八公升，布魯特斯留下了一張二十美元的鈔票（在那時候可能是加油站油價的二十倍）和一張解釋我們困境的紙條。

多虧了布魯特斯無所畏懼的機智（現在他的機智在哪裡呢？），把我們從一個糟糕的情況下救了出來，但我對此感到內疚，甚至一年半後我在去雷切爾吃早餐的路上，騎車經過那個牧場時我也感到緊張。

我沿著外星人公路向東行駛，注意到帕納卡附近的紅色路面（可能是給外星人的信號），然後繼續向猶他州邊界前進，地景逐漸從井然有序的約書亞樹（摩門教徒命的名，據稱與先知高舉的手臂相似）被灌木叢中的刺柏所取代，然後是更大的刺柏和有著柱狀岩石的峽谷。

那天晚上黛比和馬克一家人計畫前往猶他州史普林維爾的一個房車營地，那兒離普若佛不遠。那天我騎了八百多公里，然後住進了房車營地對面的貝斯特偉斯特旅館，打了幾通關心布魯特斯狀況的電話，然後在路邊的「飛行J」卡車休息站快速地解決了晚飯，等待黛比和馬克一家人的到來。

這時我才意識到，從溫哥華開始我已經有近一個月沒有見到熟悉的面孔了，對於即將與我認識的人、特別是認識我的人在一起而感到興奮。擺脫了總是要保持警惕或避免與陌生人交談的某些話題（例如我多麼害怕有人打趣地問我：「那麼，你有家人嗎？」）。我可以放心地和他們在一起，默默地分享感受或講一些會喚醒過去的熟悉玩笑——會讓黛比和我覺得是安慰而不是痛苦的方式。我們讓賈姬和賽琳娜在彼此心中活著，我們也共同感受到我們是唯一真正知道失去了什麼的人。

促成這次會面的另一個原因是我們都在往拉斯維加斯的路上。在馬克受盡了照顧傷心欲絕的伴侶和剛出生不久的兒子的折磨之後，黛比想給他點回報，於是就提出了布魯特斯想到的一個計畫——他一直計畫與我在拉斯維加斯見面，並在當地的賽車場參加由三屆世界冠軍弗雷迪．斯賓塞親自教授的摩托車騎行課程。馬克多年來一直熱衷於騎摩托車，黛比為他報名了騎行學校作為他們家庭旅行的一部分。顯然布魯特斯不會加入我們，但至少我可以和馬克分享這一經歷。

第二天我們分頭去了拉斯維加斯，他們的房車開去了馬戲團賭場酒店的公園，我則去了摩托車學校指定的酒店——石中劍大酒店，這是一個仿照亞瑟王傳奇打造的觀光飯店，當然它也是一個巨大的賭場。在那裡我終於得到一個可以給布魯特斯寫信的地址，並在一張我從猶他州錫安國家公園買來的信紙上告訴他我在拉斯維加斯的所有經歷。這是我在我們共同自我放逐期間，我寫給他的眾多長信中的第一封。事實證明這對我來說是很好的療癒，而且似乎也沒有傷害到他。

信一開頭是我借用了拉斯塔法里[12]教信仰為匆促創作的一首名為〈數字人〉的歌詞——儘管巴布．馬利似乎將衣索比亞視為「應許之地」的錫安，而他所指的邪惡巴比倫（如他的現場演場專輯名稱《坐巴士去巴比倫》）似乎就是美國，但有些人可能會說他的理解完全是錯的。

12 拉斯塔法里教，是一九三〇年代自牙買加興起的一個黑人基督教與社會運動。此一宗教認為非洲是地上的天堂，因為祖先觸犯了神而被流放到牙買加成為奴隸，故黑人信徒等待神降臨解救他們以重回地上的天堂。而一九三五年時，非洲衣索比亞的皇帝海爾．塞拉西一世正領導全國軍民抵抗義大利墨索里尼的侵略，這樣抵抗西方殖民的形象，在當時讓許多牙買加人相信他就是傳說中的救世主，是上帝的轉世。而牙買加的雷鬼樂受到拉斯塔法里教的影響非常地深，而雷鬼教父巴布．馬利也是虔誠的信徒之一。

一九九八年十月十六日

錫安小屋

嘿，兄弟。

大約十五年前，我認識的這個混蛋在一首搖滾歌曲中寫了這些話：

「他想在錫安過夜，

他已經在巴比倫待了很久了。」[13]

在拉斯維加斯的混亂和惱人的低級社會中度過了四個晚上之後，今天我覺得這句話非常正確。兄弟，我沒有心情去那個地方。過去我總是覺得它某種程度上還滿有趣（或者至少別人是這樣認為的），但擁擠的交通、吃角子老虎機不間斷的叮噹聲和鈴聲、肥胖醜陋的人群、難以下嚥的食物、糟糕的服務和俗氣的酒店房間都讓我發瘋。今天早上我非常慶幸能逃離那裡。

我還想到，你也不會介意在錫安度過一個晚上。那個有先見之明的混蛋可能會為你寫的另一句話：「你願意去哪裡？哪裡都好，但不要這裡。」我相信這句話足夠真實，不是嗎？這次輪到我不知道該說什麼或做什麼，但我希望能夠成為你的好朋友，陪你度過這個難關，就像你一樣，在我不如意的日子裡。我之前已經告訴過你，但值得我再提一次：沒有人像你那樣全心全意地做我的朋友，我很高興有機會報答這種奉獻精神。因此在我擺脫這種悲哀的嚴肅態度之前，請允許我說，我不僅會盡我所能幫助你擺脫或度過這種無知的情況，而且只要有需要，你的家人將一直會得到照顧。你不要為這個問題擔心。只要有我在他們就會沒事。

現在，別再哭了，否則，我就給你一些讓你哭出來的東西。

弗雷迪·斯賓塞的課程進行得相當順利——這意味著我沒有摔車！我的膝蓋沒有磨地，而我「壓車」壓得很好，也確實學到了一些關於騎速克達的技巧。正如我們所猜測的一樣，弗雷迪本人也是一個相當有個性的人，儘管他會時不時地「岔題」講述一些他在賽車時代的軼事或者偶爾展示一下高超的騎行技巧。在第二天，我們每個人都有機會跟著他在賽車場的「賽道」上走一圈，光是這一點就值得一遊。至少我可以很謙虛地這麼說。

尼克·伊納茨（《運動騎士》雜誌的前編輯）負責大部分的實際教學工作，以我們這些凡人可以理解的方式闡述了弗雷迪的平穩性、摩托車操控和身體動作的原則。我們班上只有七個人，所以每個人都得到了很多單獨的關注和大量的賽道時間（雖然永遠不夠！）。

馬克也玩得很開心（也沒有摔車），和他們一起在房車營地閒逛，看《南方公園》，在馬戲團賭場酒店和石中劍大酒店自助餐廳吃「垃圾食物」，還蠻好吃的。這提醒了我：在我知道你的

13 匆促樂團《信號》專輯中〈數位人〉的歌詞摘錄：He'd like to spend the night in Zion / He's been a long while in Babylon。

「不幸遭遇」的同一天，我終於崩潰了，打電話給厄爾醫生問他為什麼我在半夜醒來，且時間都正好是在我吃完飯的六個小時後，他說「這是一個相當典型的胃潰瘍症狀」。****！（不知道你所在的地方是否允許讀髒話——哈哈）。所以現在我必須每天晚上服用一堆胃藥持續一個月，並希望胃潰瘍能痊癒，尤其是在我出發前往墨西哥以前。

為了不讓你覺得我玩得太開心，告訴你我在這裡一直要到八點半才能等到位子吃晚餐。老天！巴比倫可能被堵得水洩不通，但錫安也是相當擁擠的（我確實注意到經常去國家公園的那種美國人與拉斯維加斯的美國人相比有很大的不同：後者人的數量只有一半卻有兩倍的活力）。

你應該記得我們在雪松嶺上俯瞰，短暫但令人難忘，近距離看也同樣壯觀。我們住的山莊坐落在峽谷的山壁之間，高度差比底部面積大，山壁上都是紅色的砂岩，維琴河穿梭谷底，沿岸盡是木棉和青松。我很幸運地訂到了一間小屋，雖然是屬於四戶房型，而且石壁爐還是假的，實際上是煤氣壁爐。我猜你可能已經在為我感到悲泣。今天下午我沿著峽谷壁徒步走到翡翠池，有機會的話我把在那裡拍的照片發送給你。當我恨你的時候，真的很想折磨你……

好吧，這裡真的很美，但人出乎意料的多。你知道嗎？這些人似乎自認也有權利與我分享。

同樣的事情發生在加州。在鹽湖城和你談話之後，大雪阻斷了我去懷俄明州和蒙大拿州的路，我向西走經過雷諾，從那時起我就被困在令人受不了的交通中。路過太浩湖時已經像洛杉磯一樣到處都是工地，而且從那裡到納帕似乎就像身處在一場要命的遊行隊伍（也許我在育空地區、阿拉斯加、不列顛哥倫比亞省、愛達荷州和內華達州遊玩了幾週後，有點被寵壞了）。我在聖海倫娜待了兩天（唉，在那裡我得知你的消息後嚇壞了），並在索諾瑪山谷的傑克．倫敦州立公園展開了一次愉快的徒步旅行（順便說一下，黛比也想給你寫信，所以我讓她給你寄了幾本我最近比較喜歡的捷克．倫敦的書）。當我從內華達山脈下來時，我意識到這是我一個月來第一次感到溫暖。在我從伊利和你通話的第二天早上氣溫是攝氏零下五度，所以只穿著皮背心和T恤穿越加州真是太好了。

但宜人氣溫的代價是我陷在車陣裡，所以我立刻從那裡逃離回到內華達州，途經二千九百公尺的索諾拉山口，到了大派恩，在那裡我又走上了上次我們從另一個方向走的那條美妙的道路，穿過韋斯特加德山口。在托諾帕過了一夜，在雷切爾吃過早餐後（在五里牧場——我們不知情的救世主面前停了一下），我騎車前往猶他州的史普林維爾與黛比和馬克會合。

而這大概就是現在的樣子。我只能在這裡住一晚，所以明天我將前往布萊斯峽谷，只要天氣好我就在這一帶閒逛。拉斯維加斯的天氣很暖和，但到這裡又變的很冷，不過至少沒有下雪。

但不知為何，我總感覺好像有什麼人不見了，你知道嗎？（事實上，確實**有些人**不見了）。

我不知道我是否想獨自己去嘗試那不起眼的「岩石洞」[14]小路或者去大峽谷北緣，但也許

14 岩石洞小路始於布萊斯峽谷國家公園以東七十五公里處，是一條崎嶇不平的土路。

我會往摩押[15]方向走，看看那裡會發生什麼變化。十一月三日我約了艾力克斯和連恩碰面，就在艾力克斯位於聖塔菲的住處，這是很棒的一件事，但有時我承認我感到有點「迷失」。作為一個「騎士」，在很多方面都適合我，但有時候在有些早晨我只想在魁北克為自己做飯，在家裡閒逛而不是在美國閒逛。不過，不行。現在這樣對我來說是最好的事情，至少在聖誕節之前是這樣，當那些軟弱的時刻來臨時，我唯一要做的就是繼續前進。

我想念你，兄弟，希望你能和我一起在錫安而不是在巴比倫。我們都會玩的更開心！

（第二天清晨……）

我本來想再多寫一些，但由於在這裡有一個郵局，我決定在這裡把信寄出去，這樣你就能早點收到。我從一個曾坐過牢的英國朋友的經驗中知道，在獄中「有一點錢」是很方便的，我能在這裡買到匯票，所以我將寄兩百美元給你，讓你用來買任何你可能買得到的「必需品」。

如果你願意的話，我希望聽到你的消息，如果你想寫信給我，希拉會從辦公室那裡定期的把郵件轉給我。如果我還能為你和你的家人做什麼，儘管開口，我在這裡等你（也許不是在這裡，但我也會在某個地方為你做些什麼）。希望保釋的事情能順利進行，你忠實的支持者（像我一樣）能籌集到「國王的贖金」[16]，把你從那裡救出來。

「我愛死你了。」

「什麼？」
「胡扯。」

你的好鄰居
孤魂騎士

當我買下了匯票並把信寄給布魯特斯的時候，得知我的小木屋還可以再住一晚，於是我就住了下來。早餐時我向女服務員詢問了山莊的建築本身，因為我知道它曾是舊日火車旅行時代的目的地（這裡指的是聯合太平洋鐵路），但當時似乎沒有留下任何東西。她告訴我，原來的山莊在六〇年代被燒毀，並在九十天內重建。「從那時候起，他們就一直在努力修復它」。這些椅子和桌子是由原建造者的孫子以樹枝和藤條所打造而成。

在餐廳的牆上，我注意到猶他州的禁酒警告，類似於加州的餐廳和酒吧所張貼的警告。

「警告——飲用在本店購買的酒精飲料可能會危害你的健康和他人的安全。」

15 摩押是美國猶他州格蘭德縣的縣治。
16 「國王的贖金」比喻為一大筆錢。

我對這種誇張的「爸爸最懂」的家父制警告沒有什麼耐心，我在日記中寫道：「哦，去你的。」

當天晚些時候，在另一封給一位遠方朋友的信中，我進一步整理了心中的思緒。我似乎進入了一個深刻反思的時期，而且和以往一樣，似乎只有用筆寫在紙上才能達到最好的反省效果。這封信是寫給門德爾森·喬的，他是加拿大畫家、音樂家、政治活躍分子、環保主義者、摩托車手、奇特的作家，以及北方森林的居民。用生理與心理的視角打量的話，喬是一個身材魁梧、體格壯碩、富有哲理的人，他擁有敏銳的智慧、不屈不撓的剛毅、直言不諱的見解、犀利的幽默和對大多數人類的極度蔑視。我們對許多事物的見解是一致的，雖然偶有意見相左，但彼此享受著偶爾卻富有啟發性的通信。

一九九八年十月十七日

錫安國家公園

親愛的喬：

今晚你將成為我的客人，在你我所見過的最美麗的地方吃飯。我們將在過去兩晚我所住的小屋裡用餐，我將會吃到朝鮮薊、蔬菜牛肉湯、紅寶石鱒魚和夏多內葡萄酒。你可以吃任何你喜歡的東西！

我們被海拔六百公尺高的紅色砂岩的山壁環抱著，而峽谷底部其實沒有那麼寬，所以維琴河沿岸的木棉和茂密的植被只有在正午時分才看得到陽光。昨晚在我從餐廳回到我的小木屋的路上，我停下來看了看草坪上最溫順的一群騾鹿，其中一隻是帶鹿角的雄鹿，然後抬頭看了看……不知道從什麼時候以來我看過的最亮的星星……

今天，我們（就是你和我）展開了一次十六公里遠的徒步旅行，在前六公里內爬上了那些六百公尺高的山壁直到峽谷邊緣的觀景台，我們停在那裡野餐，俯瞰那些被侵蝕的山壁，有些是棱角分明的堡壘，有些則在河水和石頭的沖刷和旋轉作用下被打磨成圓弧形。在高處，岩石是白色的，而在低處，鐵和其他礦物將它染成各種深淺不一的紅色和棕色。總之，很華麗。白色大寶座、三聖父、哭牆、天使降臨之頂、翡翠池、西納瓦神廟[17]，用望遠鏡和相機拍攝都讓我們大飽眼福。喬，你可能會感到有點呼吸困難，因為峽谷位在海拔一千四百公尺，而我們爬到了二千公尺高的峽谷邊緣，無論從心靈或肉體來講，這都是一次令人驚嘆的步行。

作為一個現代的流浪騎士就是我最近的生活模式。我在哥倫比亞省北部時發現，步行是一種適合替代摩托車的方式——讓我「動起來」——所以每當我來到這樣的地方，我都會試著停下來欣賞一下風景和鳥兒。

這樣的鍛煉是好事，而且還能讓我的步伐放慢一些。最近我的生活中嚴重缺乏真善美的時

17　白色大寶座、三聖父、哭牆、天使降臨之頂、翡翠池、西納瓦神廟皆是錫安國家公園裡的著名景點。

刻，而正是摩托車第一次讓我與公路、風景和野生動物有了美妙的邂逅。沿途停下來欣賞風景，主要是在國家公園，而進入森林也同樣……如果不是令人振奮，至少也是讓人覺得寧靜。

你可以想像，過去十四個月裡發生的令人難以置信和無法接受的悲劇，我的內心受到了多麼大的震撼。你和其他人都知道我努力生活的方式——如果我做得好，我會努力做好事，相信一些基本的因果報應原則，即「做好事，有好報」。然而這根本不是真的，因為賈姬就是這樣的生活方式，我們也是這樣教導賽琳娜的，她的整個生活重心，甚至在十九歲時，就是出去與不公正戰鬥。現在她永遠不會了，而這個世界也因此變得更加貧窮。

而我，我必須從頭開始。不僅要建立一個新的生活，還要構建一個新的人。我把以前的自己稱為「那個人」，因為除了他的記憶，我什麼都不分享，他曾經喜歡的一切我都得重新發現，一個接一個，所以我堅持了下來，例如閱讀、騎摩托車和賞鳥，但對於藝術或音樂我還沒那麼確定（我可以看或聽，但不能像以前那樣「參與」），我對工作、慈善、世間的事情或我不認識的人都沒有興趣。在我現在的吉普賽生活中，我每天都會遇到很多人，在加油站或小鎮小餐館的短暫相遇中，有些人我本能地喜歡和回應，但在大多數情況下，我看著周圍醜陋和刻薄的人，思考著：「你為什麼活著？」

甚至有時我有一種強烈的衝動，想拿著一把機槍把所有的混蛋都殺死（當然，其中也有一點憤怒！）。

上週我在拉斯維加斯待了幾天，這一點讓我猛然意識到，過去我總是覺得這個地方某種程度上還滿有趣的（至少另一個人是這樣認為），但這一次卻讓我無法忍受。到處都是豬！人渣！禽獸！卑賤的畜生！死吧！死吧！都去死吧！

然而，我去那裡是有原因的。為了弗雷迪．斯賓塞在拉斯維加斯國際賽馬場的學校。幾個月前布魯特斯和我預訂了那個學校，雖然他沒有去，原因我一會兒就會說到，但我確實見到了賈姬的妹妹黛比，她正帶著她的小家庭開著房車進行她的「療癒之路」旅行。她的另一半馬克，一個經驗老道的喜美 CAR 600 騎士，也參加了為期兩天的課程。

我記得之前在魁北克翠湖山莊的賽車場參加吉姆．拉塞爾的福特方程式汽車課程——雖然那令人非常興奮——寫過信給你但這次的課程似乎更嚴肅，在街上騎摩托車比駕駛汽車更要嚴肅看待。當然，主要的壓力是不要撞車，而我很高興在這個層面上我做到了，同時也享受到了一些刺激腎上腺素分泌的樂趣（這在我近來的生活中很罕見但我很歡迎它），並學到了關於摩托車操作的一兩件事。即使我離開了那裡來到這裡，我對我幾天前走在同一條路上的老ＧＳ感覺更舒適和自信。

那輛 R1100 GS 剛剛行駛了八萬四千公里，其中二萬七千公里是在過去兩個月內完成的，它仍然是我能想像到的最舒適、最全面、最有趣的摩托車。從一路在泥土、碎石和泥漿中騎了一千六百公里到因紐維克，然後到愛達荷州無盡的曲折道路，再到內華達州五十號公路（美國最孤獨的公路）那漫長、荒涼的路段，這趟的旅程它一直是我忠實的駿馬和夥伴。換了幾次機油，換了幾套輪胎，換了新的剎車片，在溫哥華做了一次一萬公里的保養，在拉斯維加斯又做了一次，然後又上路了。我非常鬆散的計畫是穿過美國西部的州（我已經被山區的初雪趕出了懷俄明州和蒙大拿州，並已在這些海拔較高的地區忍受著零下幾度的早晨氣溫）向南漂流，然後進入墨西哥，也許還有貝里斯，直到我度過聖誕節——通常在魁北克這是家庭歡聚的季節。然後，我想把摩托車寄放在聖地亞哥，並在一月和二月飛回來，這是冬季的黃金雪季，希望越野滑雪和雪鞋健行能像今天這樣的日子或其他日子在蒙大拿州的冰川公園、愛達荷州的太陽谷或加州的傑克．倫敦州立公園的徒步旅行那樣對我「有幫助」。

有一些人確實說過他們**羨慕**我，雖然大多是陌生人，我不覺得你會那麼膚淺或只關心自己。他們覺得我這樣看起來比任何人都渴望的自由還更自由。然而這更像是「絕望的逃亡」，而我給自己的另一個名字是「孤魂騎士」。我是一個鬼魂，我也帶著一些鬼魂同行，我在一個不太真實的世界裡騎行。但只要我繼續前進，我就沒事……

至於——布魯特斯（這是他的故事摘要）。

老天。這對他、他的妻子和兒子來說都很慘，我也很難受。先是我的女兒，然後是我的妻子，再然後是我的狗（一直由我父母在照顧著，但在一個月前不得不讓牠走），現在是我最好的朋友。很難冷靜的面對這一切，你了解嗎？

但我會幫助照顧他的家人（我說過我已經失去對人的博愛，但我沒有失去對我關心的人的慷慨），看看我是否能幫助把他保釋出來，但至少可以肯定的是，我們將會有一段很長的時間無法再一起騎行。當然，他是知道分寸的人（知道如果沒有坐牢的心理準備就別犯罪……等等之類的），但這對他——還是個打擊。

就在同一天，我發現我得了胃潰瘍（不知道為什麼？）。

但明天我將繼續前往布萊斯峽谷國家公園，再到圓頂礁、峽谷地和拱門（猶他州的風景相當豐富，令人難以置信）。沒有其他事情可做，只能繼續前進。

猶他州布萊斯峽谷國家公園
盧比斯貝斯特偉斯特旅館

喔，我們來到了一個新的景點；比昨天所看到的還更壯觀。在二千七百公尺高的地方向南眺望大峽谷，周圍是令人難以置信的岩層，形成了尖頂、尖峰、拱門、塔樓和哥德式城垛。布萊斯峽谷是以早期摩門教先驅埃比尼澤．布萊斯的名字命名的，根據傳聞，他曾說：「在這種鬼地方遺失一頭牛，真是再糟也不過了！」[18]一點也沒錯（有趣的是，猶他州公園指南把「鬼地方」改成了「討厭的地方」）。

今天，我只是騎著車繞著公園走走，在各個景點停下來看看、拍拍照（我在過去兩天裡拍的照片比我平時兩週裡拍的還要多），明天我計畫做一些徒步旅行。就在幾天前這裡已經下過一場大雪，所以我很高興此刻道路（和天空）是晴朗的。

總之，我想把這封信寫完寄給你，所以現在得停筆了。我希望你的情況不至於太糟，喬，現在我正以這種方式把我新生活的碎片組合起來，我相信在未來的幾個月和幾年裡，我會更頻繁的與你聯繫。

在猶他州十二號公路的「療癒之路」上。

你的朋友

尼爾

在穿越布萊斯峽谷國家公園中一個叫「仙境峽谷」的徒步旅行中，我下到被侵蝕的砂岩岩壁和塔樓之中，置身在被稱為「巫毒」的岩柱林中，所有岩柱都被刻蝕出一圈又一圈水平對稱的彩色岩層。這些獨立的風景元素與其說是自然傑作，不如說更像是藝術品，而且整個地景感覺更像是一座博物館。此時我腦海中出現一些類似的比較：高第在巴塞隆那出色的聖家堂、馬利尼日河沿岸的泥塑清真寺、以弗所或巴特農神殿中搖搖欲墜的希臘遺跡、新墨西哥州古普韋布洛人的建築遺址、電影《美麗的姿態》[19]中的法國外籍兵團堡壘、埃及的帝王谷；或者可能是同樣具有紀念意義但不屬於塵世的事物，如亞特蘭提斯的幻影。

在一個國家公園的遊客中心我拿了一本叫《沙漠隱士》的書，作者是愛德華．艾比，他在五〇年代曾是猶他州拱門國家公園的護林員，他在猶他州和亞利桑那州北部的高沙漠和峽谷地區寫的文章和故事給我留下了深刻印象。他寫道，在科羅拉多河的格倫峽谷被淹沒成為鮑威爾湖之前，他曾在那裡泛舟和徒步旅行，我開始理解在建造大壩的過程中所失去的一些東西。然後是他對人類的一些見解，例如「到了四十歲，男人要對自己的臉和命運負責。」我急著想和一位必定能體會其中奧祕的朋友分享這一發現，就立即給布魯特斯郵寄了一本《沙漠隱士》，以及一本名為《沙漠讀者》[20]、是許多不同作家的選集。

艾比經常提到摩押，這是猶他州東部的一個小鎮，位於兩個國家公園——拱門和峽谷地之間，我決定沿著這個路線走，途經猶他州東南部令人驚嘆的各種地貌，從大草原到月球表面到紅岩到高森林[21]（海拔二千九百公尺）到山艾灌叢和刺柏，然後向北穿過漢克斯維爾，繞過亨利山脈（最後一個被加

18 原文：It's a hell of a place to lose a cow! 猶他州公園指南把 hell 改成 heck。
19 《美麗的姿態》是英國作家珀西瓦爾在一九二四年出版的小說，說的是一個英國家庭的三兄弟先後加入了法國的外籍兵團，參與在北非的戰爭。小說曾多次被搬上銀幕。
20 《沙漠讀者》是本詩集選，節錄古中國、埃及、庫克船長與愛倫．坡等人的詩。
21 高森林指的是從種子或幼苗長成的森林，與矮林不同，通常有相當高的封閉樹冠。

入美國地圖的山脈。這是我從正在讀的一本關於鮑威爾少校[22]探索科羅拉多河的書、華勒斯．史達格納寫的《在一百度線之外》[23]中了解到的），到猶他州的摩押。

事實證明摩押是一個完美的小鎮，至少照「孤魂騎士」的嚴格標準來看是——一個小鎮應該有一個像樣的汽車旅館、一個好的餐館、一個小型的當地歷史博物館、一個友善的郵局和一個存貨充足的酒類商店。加州納帕谷的聖海倫娜是我以前最喜歡的地方，但摩押因其孤立和壯觀的環境、沒有擁擠的人群、交通和「加州人」的態度，以及在數千平方英里的險峻荒野中作為文化綠洲的感覺而勝出。

例如「中心咖啡館」對一個厭倦了的旅行者來說是一種完全出乎意料的享受，它樸實優雅，菜單精緻，至少有二十種不同的葡萄酒可供選擇。然後還有一個精緻的小博物館一直開放到晚上八點，展示了該地區的原住民生活、地質學、自然歷史以及先驅者和採礦的故事，附近的圖書館也是如此（展示了艾比的初版書籍），一直開放到晚上九點。

愛德華．艾比顯然是摩押的當地英雄，因為當地的書店被稱為「偏遠之地」，是根據他的小說《猴子歪幫》中的一個角色所擁有的公司命名的。在小說中艾比（以典型的幽默和不敬）引入了生態恐怖主義[24]的概念，被認為是真正啟發了以「地球優先」的環保實踐者。為了迎合湧向附近國家公園以及世界著名的自行車和越野車山林車道的遊客，和摩押主要街道上的許多商店一樣，書店也在晚上營業，我在飯後悠閒地瀏覽了一下它的書架。有一整架的書被貼上了「艾比和盟友」的標籤，我忍不住買了一整箱的珍寶從友善的郵局寄回家。

在旅程途中我經常看到鍍鉻的塑膠「魚」，這是基督教的標誌，貼在汽車後面，有幾次我被一種極具巧思的進化論變體——長著小腳的魚——逗樂了，上面寫著「達爾文」（還有其他變體，像是一條寫有「耶穌」的鯊魚正吞食進化中的兩棲動物，無意中顯露了某種程度的諷刺，還有一次我看到一條魚寫著 Gefilte〔猶太人的傳統美食「魚丸凍」〕時忍不住大笑）。所以當我終於在「偏遠之地」找到達爾文系列的貼紙時我略感興奮，雖然很想在我的行李箱後面貼上一個，但我決定不想因為大肆宣揚我的「無宗教信仰」而冒犯任何信徒，儘管他們可能不會對我表現出同樣的禮貌。

隔天早上我冒著下不停的小雨出發去拱門國家公園健行。在納瓦霍拱門下避雨吃午飯後，我穿上雨衣繼續前進（我注意到了「沙漠中的雨」這句簡單的詞所傳達的憂鬱氣息）。

第二天我繞著峽谷地國家公園的「天空之島」風景區騎行，單單這段曲折的道路就值得一遊。依然是陰天，從大望角[25]眺望，前景有些黯淡，但不要緊，那裡是綠河和科羅拉多河的匯合處，是激流峽谷的起點，還有更遠處、著名的「迷宮」[26]。

馬克和黛比在北上的路上經過摩押，那天晚上我到房車營地看望他們，並敲定第二天在紀念碑谷

22 約翰．威斯利．鮑威爾（一八三四—一九〇二），美國探險家、地質學家和民族學家，以探索科羅拉多河上游和大峽谷而聞名。
23 《在一百度線之外》是美國小說家華勒斯．史達格納在一九五四年出版，該書為美國西部探險家約翰．威斯利．鮑威爾於美國西部探險的傳記。
24 生態恐怖主義指用暴力針對相關人士或他們的財產從事破壞以支持生態、環境或動物權利的行為。
25 大望角位於峽谷地國家公園，是一睹峽谷全貌的最佳地點之一。
26 迷宮是峽谷地國家公園內另一著名景點。

與他們見面。我仍在等待布魯特斯的消息，就即將舉行的保釋聽證會與他的律師保持聯繫，但一直沒有消息。

一九九七年春天在「回聲測試」巡迴演出的休息期間，賈姬和她的老友喬治亞飛來科羅拉多州的杜蘭戈與布魯特斯和我會合，往後的幾天裡我們一起在四州界地區[27]旅行。布魯特斯和我騎著摩托車，女士們則乘坐一輛租來的小休旅車。在接下來的幾天裡我將又走在這些相同的道路上，不可避免地將觸及這些令人酸楚的回憶。

十月二十四日　猶他州．墨西哥帽岩鎮

昨天走了很遠的路，途經蒙蒂塞洛、多洛雷斯、墨西哥人之水、布拉夫、凱恩塔和紀念碑谷。一路上大部分時間都是陰天，甚至有一次短暫的陣雨。牙齒的情況越來越糟，我現在懷疑是感染了，當然，今天是週末，我人在墨西哥帽岩鎮！

在布蘭丁以北下了幾滴雨，我們四個人上次在那裡吃了早餐，剛過墨西哥帽岩鎮的岔路口，布魯特斯和我在那裡等著「迷路的小休旅車」。當我沿著那條我們一起走過的路時，感覺心好痛，尤其在接近聖胡安旅館時感到非常難過，淚流滿面地發現我的房間竟然跟上次我和賈姬住的是同一間。

昨晚在紀念碑谷的古爾丁餐館（很普通）與黛比和馬克共進晚餐，然後緊張地騎車返

回。外面太黑了。一直到凌晨兩點才睡，看完了《猴子歪幫》（非常精彩），然後開始看《沙漠無政府主義者》。止痛藥終於緩解了牙痛，然而到了早上又痛了。也許要去旗桿市接受治療。毫無疑問，要用抗生素。

「在那條瘋狂河流的某處。」在此指的是聖胡安河，沿著「鵝頸」（高而蜿蜒的峽谷）的懸崖邊緣徒步旅行，除了偶爾的四輪驅動車、越野車或靴子的痕跡外，看不到任何人的蹤跡。我非常留意有無響尾蛇，並且盡量不要走在「有潛在生命」的地方（這些是受到了國家公園的護林員和艾比對我的影響）。

坐在鵝頸峽谷的邊緣，除了遠處傳來棕色河流的低語（以及我那因為打鼓而導致的耳鳴！），一片寂靜。微風拂面，涼爽宜人，偶爾有幾片白雲。

往回走時，峽谷巨大的輪廓彷彿是「紀念碑」剪影似地佇立在身後上方，穿過採石場、舊垃圾場和遠處的礫石坑，從旅館上方的懸崖走出來，很嚇人，紅色砂岩易碎鬆滑而且沒有明顯的下坡路。但像往常一樣，沒有回頭路可走。

如果牙齒不痛了，也許明天會去佩吉市。租一艘船在鮑威爾湖周圍晃一晃，看看還沒被

27 四州界地區是美國地圖上唯一一處四州的州界成十字形交會於一點的地方，四州分別為：西南角的亞利桑納州、東南角的新墨西哥州、東北角的科羅拉多州和西北角的猶他州。

淹沒之前曾經存在那兒的格倫峽谷。幽靈峽谷。

昨天晚上這裡的萬聖節裝飾，馬克在廣播中聽到這是美國第二大的「節慶」活動。我猜是在超級盃球賽之後。

在一個陰沉的大雨天我騎車進入亞利桑那州北部，然後向西穿過黑色台地[28]和愛德華·艾比的《猴子歪幫》中的電氣鐵路以及巨大的燃煤發電廠，就在亞利桑那州的佩吉市（根據艾比的說法是「可可尼諾縣的蠢貨首府」）。繞過這個圍繞著大壩建設而發展起來的小鎮，我騎過一連串教堂串起來的「耶穌街」，然後穿過大壩，我在那裡停了下來看著湖面，想像著峽谷本來的樣子。

持續的大雨和牙疼讓我很沮喪，我想我應該去旗桿市。雨下的像聖經裡描述的一樣氾濫成災，鎮上的街道被深深地淹沒了，我躲在州際公路邊的漢普頓旅館裡看著氣象頻道上不斷地回播「豪雨特報」和旗桿市下起暴雨的大新聞（是的，我知道）。

整個西南地區像是被一張大的濕毯子覆蓋著，但尤馬市標示陽光明媚、攝氏二十六度。因此第二天一大早我就離開了，即使雨水打在我的面罩上結成了冰，到了四十號州際公路上又融化成了灰色的雪水，我還是以最快的速度往下走（從海拔高度來看）。舊的六十六號公路被後來新的州際公路切斷、取代，以致於扼殺了從塞利格曼到托波克沿路上一系列城鎮的發展（最終成了「鬼路」），我轉向那條長長彎曲的舊路，就跟九七年春天布魯特斯和我走那條路時一樣那麼地孤獨、風景優美和「有趣」。

西特格雷夫山口那段路陡峭、蜿蜒、狹窄而且崎嶇不平，我記得在小說《憤怒的葡萄》[29]中讀到過，大蕭條時期向西遷移的奧克拉荷馬州人有時會付錢給當地人，讓他們超載的車輛能夠通過該段路，而有些路由於坡太陡了，不得不倒著爬。

然後經過哈瓦蘇湖時，我在「鬼橋」停了下來——這座橋前身其實是橫跨泰晤士河的倫敦大橋，後來被以生產電鋸聞名的美國商人羅伯特．麥卡洛買了下來，拆卸後運過大西洋，在亞利桑那州的沙漠中重新組裝起來（他聲稱這個湖之所以存在是為了測試他的舷外發動機）。

終於在得以脫下雨具和內衣後，我向南騎行經過了零星的幾輛露營車，以及水晶鎮的州際公路附近幾處露營車的「定居點」，一直到亞利桑那州的尤馬，穿過由科羅拉多河所剩不多的「殘渣」（幾乎所有農田的水都被抽走了，流入加州、亞利桑那州和內華達州的城市和灌溉工程）所灌溉的一片片農田。

尤馬有一個修繕得很好的老城區，我住進了歷史悠久的科羅拉多汽車旅館，建於三〇年代，可以將車直接停在有紅瓦屋頂的房間前，廊前開著九重葛，露天的自助洗衣機就放在通風的走道上。這似

28 黑色台地是亞利桑那州的一個高山台地。
29 《憤怒的葡萄》是美國作家約翰．史坦貝克於一九三九出版的長篇小說。

乎是一個可以多待一天的好地方，可以處理一些雜事。

十月二十七日　尤馬

忙碌的一天。首先是給我的「中間人」希拉打電話，接著是布魯特斯的律師（傳真「品性見證書」和「雇用書」給他），再出去找換機油的地方。真是不容易啊！歷經幾次拒絕，總算有間摩托車店不情願地答應，但要我「動作快一點」。老兄，這又有什麼大不了的？總之，完成了。

然後參觀了領土監獄歷史博物館[30]（猜猜我在那裡時想到了誰，猜對沒獎），從郵局寄出更多讀完的書，再到主要街道閒逛（仍然一片死寂），也去了世紀屋博物館[31]。博物館的女士給了我一大堆資訊，一時無法消化，但我了解到這裡附近的拉古納大壩是科羅拉多州的第一個水壩，這裡的萵苣用水耕以保持土壤涼爽，而且採南北向種植，並用雷射光進行土地整平。同時還種了捲心菜、青花菜和花椰菜。

停車場裡有大約四十輛來自「鐵馬旅行團」的摩托車，但大多屬於巡航車系：有數輛哈雷、數輛本田，還有一輛ＢＭＷ。我是在嫉妒他們成群結隊嗎？經過思考，不是。我更喜歡單獨騎乘。

哦，對了——牙齒慢慢不疼了，自己變好的！生活是美好的……

〔致布魯特斯的信〕

一九九八年十月三十日
亞利桑那州．比斯比

嘿，小夥子！

一個星期以來我一直在延遲寫這封信，因為我聽說有一個保釋聽證會即將召開。好吧，我昨天用管風琴仙人掌國家紀念碑[32]裡的公用電話打給布魯門費爾德〔多倫多的律師〕，聽他說法官「暫停判決」。好了，夠了。總之，我想寫一封信問候你，看看以後會發生什麼！不想讓你覺得被忽視了……

無論如何，我想這是個好消息（以我從《法網遊龍》[33]中學到的知識來看）。基本上就是說

30 是尤馬的前監獄，後改為正史博物館。

31 世紀屋博物館已更名為桑吉內蒂故居博物館和花園，以紀念尤馬商業鉅子桑吉內蒂。

32 其命名來源是因為園區內有一種長得很像管風琴的仙人掌，在美國境內，管風琴仙人掌只能存活在這個國家紀念碑的附近。

33 美國一部以警匪和法律為題材的電視劇。

「我會考慮的」這個意思，不是嗎？今天我在想，你經常運氣背到讓你陷入糟糕的困境，但也有足夠的好運氣來擺脫它們。無論如何，到目前為止，我的希望與你同在。

那麼，是什麼讓我來到比斯比這個繁華的小城？我想你永遠不會問……

〔回顧我到尤馬的旅行〕

從尤馬向東沿著州際八號公路騎行，這輛有點熟悉的摩托車出現在我身後，黑色車身帶著突出的硬皮包，大燈亮著，以令人吃驚的一百六十公里時速朝希拉本德前進。他讓我想起了以前和我一起騎車的人，不過我沒有被騙。他只是另一個孤魂騎士。

在懷依以南，瞄具山[34]以西，我決定去看看管風琴仙人掌國家紀念碑，最後在那裡露營了兩個晚上。背了兩個月的帳篷和睡袋，天氣終於暖和到可以派上用場了，而且再往南八公里、位於墨西哥邊境（舊稱「外國佬關口」[35]，現在標示也還這麼寫著）的盧克維爾有一家雜貨店和咖啡館，所以我就去了。在一棵牧豆樹和一棵金色假紫荊樹下，我佔據了為數不多的陰涼處，在仙人掌、福桂樹和木焦油灌木中安頓好自己。我沿著公園的東半部騎行了三十公里，走的是典型的沙漠道路（碎石、沙子、岩石沖刷），在外國佬關口買了麵包、冷肉和起司，當太陽下山，留下明亮的半月、星星、一顆路過的衛星和幾架從空軍基地（高華德空軍靶場）起飛的戰機時，我沿著營地周圍的小徑四處走走。

第二天早上起來我騎車到外國佬關口吃早餐（經過大約一百輛的邊境巡邏警車），然後走了十三公里到廢棄的維多利亞礦山，一邊走一邊辨識所有新認識的仙人掌和灌木，也欣賞了許多只會出現在索諾拉沙漠的野鳥。

第二天清晨 仍然在比斯比

因為在尤馬用完了手邊的機油濾心，我記下了土桑BMW經銷商的地址，想著如果它「出現在我的視線」內就順便去看看。幸運的是，它確實出現了，因為我在尤馬和兩個傢伙聊了起來，當我告訴他們我想往北去謝伊峽谷時，其中一人說那裡正在下雪，二千公尺以上的地方都在下雪，同時也下雨。

我知道如果不知變通那將一無所有。我說：「好吧，也許我可以改去墓碑鎮。」另一個人附和說：「沒錯，南下經由墓碑鎮到比斯比，去住青銅皇后大酒店。」於是我就去了。

你可以想像墓碑鎮幾乎是一個「主題公園」，定期可以看到「OK牧場槍戰」[36]的橋段和打

34 瞄具山是以附近一座類似槍瞄準具的山命名。
35 外國佬關口，Gringo 是拉丁美洲國家的人對只會說英語者的稱呼。

扮成牛仔和西部歌舞女郎的人們站在木板鋪就的人行道上。但是那個地方確實發生過一些事情，所以它有一定的說服力，特別是在一個涼爽的陰天，狂風吹拂著街道上的塵土。就在我把摩托車停在酒館門口時，我確實聽到了什麼？「天空中的孤魂騎士。」

我不知道是否告訴過你，這是我給近來想像中的一本書還有我自己所下的一個標題——「孤魂騎士」。從字面上或從隱喻上講，我覺得自己有點像漂流在西部的幽靈；確實也有一些幽靈跟著我（你也在其中；我無意冒犯！），所以我經常發現自己跟隨著傑克．倫敦、海明威、愛德華．艾比、鮑威爾少校如鬼魂般的足跡，甚至是像電報溪這樣的地方：一個真正的、活生生的（也可以說是已亡故的）鬼城。有時候連我自己都感到不真實，有時是對世界上的其他地方，但無論如何，我總是對每個人和每件事都有一種「疏離」感。

甚至對現在所身處的這個地方也有一樣的感受。比斯比曾經是世界上最大的採礦鎮，有兩萬人，以一九〇三年建成的青銅皇后大酒店為核心發展起來。現在我可能會把它比作我們在新墨西哥州陶斯住過的拉方達酒店，略帶時髦，卻緊握著消退中的榮光，就像這個小鎮（也像我一樣！）。它位在海拔一千五百公尺的狹窄山谷中，應該是亞利桑那州氣候最好的地方，因此吸引了足夠多的遊客，伴隨著一些退休人士和註定以失敗收場的「藝術家社區」（到時那些人想必都成了老嬉皮），使它得以持續發展，成為一座孤魂騎士的鬼城。

〈水瓶座〉這首歌有句歌詞怎麼寫著來著？好像是「神祕水晶的啟示」[37]？我想是的，兄弟，就是這句話。

如果我能夠像喬尼．比爾比[38]一樣，他在著作《與月同行》[39]中講述了他在未婚妻去世後騎摩托車穿越非洲作為一種絕望治療的故事，並將這些神祕的啟示具體寫成一本書，這本書將會成為我前一本著作《蒙面騎士》的精彩續集。關於這個我們等著瞧。這些天我越來越常地感到思鄉之情，很想坐在電腦前看著聖布魯托湖的深秋，但是……還不行，我仍然決定撐到聖誕節（或說是閒晃，也可以說是堅持）。另外出現的一件好事是，當我前往位在土桑的「鐵馬摩托車店」（他們除了代理ＢＭＷ，也代理英國 Triumph 和德國ＭＺ）時，他們告訴我可以把我的摩托車寄放在那裡，這會是前往墨西哥的一個不錯的「門戶」。

而且也許到那時我就能看到你醜陋的臉蛋了。我真的不想在那裡見到你（從某種意義上說），當然，如果你的官司拖得太長，我就不得不去看你了，但我不認為那會是好事。我們上次在魁北克相聚，無論如何對我來說是一個更好的回憶。

但我們就看接下來會怎樣！

36 ＯＫ牧場槍戰是一八八一年發生在墓碑鎮的一場執法人員與不法分子之間的槍戰，被認為是美國西部歷史上最著名的槍戰，此事件被拍成電影《龍爭虎鬥》搬上大銀幕。

37 〈水瓶座〉由五度空間合唱團所唱，「神祕水晶的啟示」原文為 mystic crystal revelations。

38 喬尼．比爾比為一個搖滾歌手、作家與旅遊創業家。

39 《與月同行》為喬尼的著作，在未婚妻去世後，他於一九九一年從倫敦一路騎車到南非開普頓，在那之前很少有人走這條路線。

還有打電話這件事也是一樣！如果你想用那該死的機器（對你而言可能是如同一把天使般的豎琴！）和我說話，就說吧。現在我可以用這種方式和你交談，我不希望我們的談話因被形勢所逼或周圍的環境而變得扭曲或不自然。但是，就像別人在我的苦難中支持我一樣，我也會支持你的，兄弟。

如果你有時間，我當然希望聽到你的消息，但這也取決於你。我曾經讀到湯瑪斯・傑弗遜[40]曾收到一位朋友的來信，抱怨他沒有什麼有趣的事情可以說，而老湯瑪斯告訴他，「只要告訴我每天在你眼皮底下發生的事情就可以了。」所以，是的，我想聽聽你一天做了什麼，你能做什麼，你遇到什麼人物，讀了什麼書（喬治亞告訴我你在讀法律的書籍——好主意！你也許以後可以找到一份律師的工作！）……等等諸如此類的事情。希拉經常將我的郵件轉寄給我，我很想聽到你的消息。或者，當法官最後的判決結果出來後，我們就能把你弄出來，我就可以像個「正常人」一樣和你說話了。不管怎麼樣，我在這裡等你，兄弟！

十月三十一日

新墨西哥州・索科羅

或者我在這裡等你，或者某個地方。不管怎樣，我都會在你身邊。

祝你萬聖節快樂。嘿，你要出去做什麼？哈。

今天早些時候我經過亞利桑那州東部一個叫骷髏峽谷的地方，有個招牌指出傑羅尼莫[41]——「最後的敵人」——在那裡投降了。在我所到之處故事越來越多，而且大部分是「鬼故事」，真是恰如其分。

我今天在想，如果沒有大量的研究就不可能真正寫出這些地區的故事或者了解它們。西部是如此該死的複雜，你知道的——圍繞著水資源、採礦、伐木、牧場和印第安人保留地的政治衝突，所有這些都交織在一起。

今天下午在雷雨和冰雹的威脅下，我經過了七百零三公里的長途騎行來到了K-Bob's牛排館[42]隔壁的速八汽車旅館（里程表上顯示為八萬八千九百二十八公里，其中屬於這次旅行的里程數為三萬一千八百二十一公里）。

沿途經過的大部分地方都在海拔一千八百到二千一百公尺之間，還冷的要命，但希拉國家森林保護區沿途的風光不錯，還有索科羅以西的「超大電波望遠鏡陣列」[43]。明天如果我可以進得

40 第三任美國總統，也是《美國獨立宣言》主要起草人，是美國開國元勛中最具影響力者之一。

41 傑羅尼莫是阿帕契族部落的一名傑出領袖和巫醫，也是一名傳奇戰士。他曾率領阿帕契族人抵抗美國與墨西哥，被視為民族英雄，於一八八六年歸順美國。

42 K-BOB'S是一家區域性連鎖餐廳，在德克薩斯州、新墨西哥州和科羅拉多州運營。

去的話，我希望去看看三位一體遺址[44]，然後再向羅斯威爾走去，把外太空與雷切爾和外星人公路聯繫起來。

第二天我將前往聖塔菲與艾力克斯和連恩會合幾天，我很期待；尤其是自六週前在溫哥華以後，這是我第一次到別人家裡（黛比和馬克的露營車不算）。並不是說我在速八旅館裡不自在，你明白的，但是……你明白的。

總之，是時候給這封書信畫上一個句號了。我相信你有更好的事情要做而不是整天看我的胡言亂語。如果沒有也沒關係，我很快就會再寫！我有一本《猴子歪幫》要寄給你，一旦我到了另一家書店，我會給你寄一些其他好東西，聖塔菲應該可以找到一些。同時我再附上幾百塊錢供你用餐和跳舞之用，如果還有什麼需要我寄給你或為你做的，請告訴我。我會持續。

您忠實的僕人

孤魂騎士……

在出發前以及在路上，我已經記下了任何我可能想去的地方的名字——無論是像懷俄明州的魔鬼塔（從未去過）、博納維爾鹽灘、汽車博物館、大古力水壩或是傑克·倫敦州立公園這樣的地方——在我的地圖盒裡，我列出了在我騎行的路徑上可能與我擦肩而過的各種「美國」地點的清單，或者現實中在一千六百公里範圍以內的地方。

超大電波望遠鏡陣列就在這個名單上，當我騎車穿過新墨西哥州緊鄰著聖奧古斯丁平原的高原台地時，可以看到那長達數公里長的白色盤子對稱地傾斜，仰望著風雲密布的天空，令人嘆為觀止。

新墨西哥州的羅斯威爾也在名單上，據稱是四〇年代末幽浮墜毀的現場，由此引發了幽浮熱以及一系列關於該事件的陰謀論書籍和電視、電影。從青春期開始我就被這種神祕和超自然故事的浪漫所吸引，但這個博物館前身是一家戲院，對一個可能的信徒來說是非常令人失望的；它只記錄了這個故事的歷史而沒有一件真正的證據（我知道、我知道——是政府把這些東西都偷走了……）。

我名單上的另一個風景名勝是白沙國家公園，其純白色石膏粉的沙丘在沙漠的陽光下非常壯觀。沿著令人眼花撩亂的白色道路騎行，白沙被堆到路邊像堤防一樣，我始終有種錯覺我是在魁北克的雪路上騎行：最讓騎兩輪的人感到不安。

我在高沙漠上的旅行乃至我在這一階段的孤獨探索，都以在聖塔菲停留畫下一個恰當的句點。艾力克斯和他的妻子夏琳在那裡有一棟房子，我們已經安排好在十一月初碰面幾天。碰巧的是，我們的老朋友兼巡演經理連恩正結束另一個樂團的日本巡演回來，他也同意在那裡停留。

43　超大電波望遠鏡陣列位於美國新墨西哥州，由二十七個天線盤面組成，每一個天線面盤直徑有二十五公尺，是世界級的無線電天文觀測站之一。

44　三位一體遺址是美國引爆人類歷史上第一顆原子彈的地方，三位一體是此核試驗的代號。

連恩與匆促的關係很難定義，因為他所涉及的是如此廣泛和關鍵。從形式上看他是樂隊的巡演經理也是我們錄音項目的執行製片人（這兩項工作簡單地說，就是負責在正確的時間把每個人和每件事都安排在正確的地方——但事情總沒有那麼順利），但他也是我們所有人的親密朋友（事實上，他娶了夏琳，她是賈姬打從青少年時期以來的朋友）。

連恩實際上比我加入樂隊的時間更長（在我加入之前，蓋迪和艾力克斯已經以匆促樂團之名和另一位鼓手一起演奏了六年），在我們從無名小卒到有所成就的這些年裡，他已經從一個兩人小組的第二號人物，成為一個由五十多名舞台技術人員包括混音師、燈控、投影幕操作員、組裝工以及卡車和巴士司機組成的團隊中安靜但不可或缺的領袖。

在過去十四個月的地獄生活中，連恩和希拉一起為我的生活做出了最大的貢獻，因為他對「這個世界是如何運作」是如此了解。當我需要飛往英國的航班以及預訂我和賈姬、布拉德和麗塔的酒店房間時，我第一個找的人是連恩。當我需要為賈姬在倫敦尋找悲痛輔導師時，我找的是連恩；還有更多。當我感到迷惘和孤獨時，他也是我會打電話的人之一。

從各方面來說，自從我在溫哥華與丹尼和珍妮特住在一起後，再次來到別人的家裡感覺非常好。在經歷了兩個月徘徊在汽車旅館、加油站和餐館等充滿陌生人的世界之後，我能夠和我的兩個最好的朋友一起放鬆，有一個真正的壁爐可以取暖，有艾力克斯傳奇般的烹飪，有我們各自冒險的共同故事，在聖塔菲附近做幾次短程旅行，並前往班德利爾國家紀念碑的古普韋布洛人的遺址遊覽，並睡在一個有舒服床單和枕頭的可愛客房裡。

不可避免的是當我離開那裡再次獨自上路騎行，而艾力克斯和連恩飛回家與家人團聚，在那之後我將再次遭受「訪客症候群」的打擊，不得不為這段插曲付出代價。但在它持續的時候，我會臣服於陪伴的溫暖以及被好朋友關心的感覺。

我背對著風
喘口氣，在我再次出發之前，
我被驅趕著前進，沒有片刻的時間
來度過一個有酒有朋友的夜晚。
我讓我的皮膚變得太薄
我想暫停，不管我假裝什麼
像一些朝聖者，學會超越，學會生活
彷彿每一步都是終點

〈時間靜止〉，一九八七年[45]

45 匆促樂團《別開火》專輯中曲目〈時間靜止〉的歌詞摘錄。原文：I turn my back to the wind / To catch my breath, before I start off again / Driven on, without a moment to spend / To pass an evening with a drink and a friend / I let my skin get too thin / I'd like to pause, no matter what I pretend / Like some pilgrim, who learns to transcend / Learns to live as if each step was the end。

第八章

致布魯特斯的信

對彼此來說我們都是島嶼
在動盪的海面上架起希望的橋樑

〈你我之間的祕密〉，一九七九年[1]

1 匆促樂團一九七九年發行的《永久的波浪》專輯中曲目〈你我之間的祕密〉的歌詞摘錄。原文：We are islands to each other / Building hopeful bridges on the troubled sea。

在聖塔菲的一個晚上，當連恩、艾力克斯和我圍坐在廚房的桌子旁喝酒和講故事時，電話響了。我整個下午都在試圖聯繫布魯特斯的律師，當艾力克斯把電話遞給我時，我希望是布魯門菲爾德先生帶來一些好消息，但我聽到的卻是布魯特斯本人的聲音還有那熟悉的問候語：「嘿，兄弟，你好嗎？」

我又驚又喜，張口結舌，感動不已，他喋喋不休地說了幾分鐘，我才有機會問他些問題，關於他的生活狀況（出乎意料的好），他的法律狀況（目前還不清楚），以及我是否還能為他做什麼（寄更多的書）。他絕對是以前的布魯特斯，開朗而樂觀（至少在電話裡的那幾分鐘），只要和他說話，聽到他的聲音，我就感覺好些了，和他又親近了許多。

在一個下雨的早晨我向艾力克斯和連恩告別後，再次迷迷糊糊地向西走去，我度過了三個黑暗、孤獨的日子。唯一能讓我振奮精神繼續前進的（如果這可以說是我的實際方向的話），似乎是我越來越多地通過布魯特斯的眼睛來看待這段旅程。儘管他的情況很嚴峻，但不知何故，通過他的眼睛事情看起來仍然比我的光明（至少在我看來是這樣；他可能不同意）。

在聖塔菲的電話中，布魯特斯曾說過一句話：「你出去就當是為我騎車吧。」我告訴他我會的，但如果布魯特斯真的是透過我而活，在某種程度上我也在和他做同樣的事——每天騎車，思考我的所見所感，以及我將如何把每天的經歷寫給他。從那時起我的大部分故事都是講給布魯特斯聽的，在我騎車穿越西部時，我整天都在思考這些問題，然後在我坐在汽車旅館的房間裡，或在酒吧裡，或在餐館的一張桌子上喝著麥卡倫酒時寫下來。我的整個生活變成了一封給布魯特斯的信。

一九九八年十一月十三日
加州死亡谷的爐溪旅館

嘿，小麻煩！

如果我的逍遙自在對你還不算折磨，我再補充一點，我正在露台上喝冰凍瑪格麗特調酒，眺望著鹽灘、遠方巧克力色的帕納明特山和摩卡色的沖積扇，以及天空中若隱若現的夕陽。

我現在該閉嘴了嗎？該死的，我才不要。我獨自一人，相當悲慘，這都是你的錯！好吧，也許不是全部，但你知道我的意思。你應該在這裡讓我玩得開心，而不是和你所有的**新朋友**一起在那裡消磨時間。

我很高興能在這裡停留兩個晚上，因為我最近有一些非常煩心的日子。在聖塔菲的一星期裡日子過得還不錯，但正如賈姬和我在倫敦時的情形那樣，朋友來訪時很好，但當他們離開時就更糟了。週一早上帶著低落、脆弱而萎靡不振的情緒離開了，一出去馬上就面臨著濕冷的雨、籠罩的大霧、討厭的側風，以及穿越到處施工的阿布奎基，甚至從天飄下大片潮濕的雪花，不僅令人眼花撩亂，還要擔心車輪底下的路況。沿著州際二十五號公路騎（以最快的速度向南行駛！），雪消失了，但側風卻很要命，特別是在通過卡車時。當我繞過拉斯克魯塞斯老城區前往德明時，冰冷的雨越下越大。我只好在洛茲堡蜷縮了一夜，心中哭泣著又感到失落（我在一家極其平庸的貝斯特偉斯特酒店和附近名叫「曼越莓」的餐館吃飯），第二天早上繼續前往土桑（雖然依舊寒冷和吹著狂風，但至少陽光明媚），去那裡換機油。

我精心規畫了一條路線想避開臭氣熏天的鳳凰城（艾比將其描繪成一隻「變形蟲怪物」，最後將吞噬整個亞利桑那」[2]），但在離開土桑八十公里處的地方我的車速錶壞了。我討厭走回頭路，所以打算繼續向北走到鳳凰城的經銷商那裡，說服不情願的客服經理來幫我安排維修（他可能會搬出跟以往一樣的藉口，如「今天修不好」、「每個師傅都排滿了」、「零件沒有庫存，要再等等」）。以我一貫的羞澀和隱忍，我靜下來等他，並建議他看看身邊是否有一輛GS可以把零件取下來換（為什麼這些人從來不會先想到這一點？你可以確定這些人從來沒有做過農用設備經銷商的零件經理，就像我為我父親做的那樣，馬上幫客戶解決問題！）。所以幾個小時後，我又蜷縮在鳳凰城西邊的一個平庸的貝斯特偉斯特飯店裡（至少不在鳳凰城內）。第二天當我前往加州東南部的神祕地區時（官方正式名稱是科羅拉多沙漠），天氣又濕又冷，從科羅拉多河到加州

2　愛德華．艾比一九七六年寫了〈變形蟲怪物來到亞利桑那〉的文章，講述人口不斷湧入鳳凰城消耗自然資源，最後宛如一隻不斷增生的變形蟲怪物將整座城市吞噬。

帝王谷幾乎都是灌溉農田，還有令人印象深刻、綿延不絕的阿爾戈多內斯沙丘。

當我沿著索爾頓海（在尤馬的博物館有位好心的老太太稱它是「排水溝」）的東側騎時，雲層和雨水越來越多，在一年中的其他日子裡，這裡的風景可能都很好，但鐵定不是今天。我本來打算沿著十號州際公路向東走到約書亞樹國家公園，但寒冷和潮濕的天氣把這計畫搞砸了。我原本計畫當晚的留宿點是羅伊汽車旅館[3]，但時間還很早，如果我直接去那裡，大約二點半就能到達——太早了（速克達人渣的規定是在沒停車前不喝酒。對我來說那意味著我一停好車就該開始喝酒！）。

所以我想我應該可以從「二十九棕櫚樹公路」（也就是六十二號公號）向東騎一段路，那兒有一條通往西北方加的斯（離安博伊不遠）的路，然而到那兒後我卻沒看到「路」（我後來才知道其實根本不存在這條路。整個莫哈韋地區可能只有五條道路和十個城鎮，他們怎麼就不能在地圖上弄清楚呢？），所以我只能繼續沿著六十二號公路前進，來到了上回我們從帕克去約書亞樹國家公園時走的那條路，再轉北騎上滿是卡車的九十五號公路。天空變暗了，下起了雨（我現在已經為美國所有的沙漠送來了雨水，從大盆地到莫哈韋到科羅拉多到索諾拉，他們不應該付我錢嗎？）。

（停下來觀看夕陽逐漸隱沒在望遠鏡峰後，並品嘗第二杯瑪格麗特。你與我同在嗎？）

挺不錯的，雖然四點二十分的日落稍嫌有點刺眼。

就像前天一樣，在大雨中騎行在窄仄的沙漠公路上，卡車後面飛起的泥漿和沙子形成長長的密雲把我和摩托車濺得滿身都是（離開聖塔菲時還閃閃發亮的摩托車只維持了一分鐘），我瘋狂地擦拭著我的面罩，試圖甩掉那些卡車。整個過程既危險又討厭而且悲慘。當夜幕降臨時我又一次爬進了尼德爾斯一家平庸的貝斯特偉斯特飯店，它的餐廳「加州茶水間」在我吃完寬義大利麵和卡本內葡萄酒之後不能抽菸而顯得更平庸了（你與我同在嗎？）。

但是昨天早上，太陽從雲層中慢慢地、不情願地露臉來（無疑是為自己感到羞愧），我沿著老六十六號公路一直走到羅伊汽車旅館。旅館老闆沃爾特和我在門口坐了一個多小時，他當然會問起你，我只是告訴他「你這次來不了」（很實在的事實）。我一直想找出那些舊日沿著聖塔菲鐵路[4]充當水站[5]依字母排列的鬼城，但找不到「F」和「B」，他替我填上了該有的位置，而他不知道的「H」，很高興能從我這裡知道答案。所以是：安博伊、博洛、加的斯、丹比、埃塞克斯、芬納、戈夫斯和荷馬。

儘管不得不在老式加油機上安裝那些由「可伸縮包皮」組成的油槍，羅伊汽車旅館跟它原有

3 羅伊汽車旅館位於六十六號公路的安博伊上，在一九三八年開幕之時是前往洛杉磯的必經之路，加上前不著村、後不著店的地理位置，使得此處有著相當熱鬧的過客往來，後來隨著州際公路I-40繞過此處，而逐漸沒落並停業多年，但近年以古蹟之姿進行大規模修復。

4 聖塔菲鐵路是美國歷史上曾經存在的一家大型鐵路公司，一九九六年和伯靈頓北方鐵路合併成「北伯靈頓和聖塔菲鐵路公司」。

5 舊日蒸汽火車停下來補充水的地方。

的「時髦華麗龐克風」看起來似乎大同小異，儘管在去年夏天一場龍捲風吹過時摧毀了它後面的移動式房子還有走廊屋頂上寫著「CAFE」的招牌。這個週末一些從紐約和拉斯維加斯來的「有錢人」討論在這裡建游泳池、高爾夫球場，以及整修後面一排汽車旅館式的房間。他似乎認為這可能會發生，但我們知道這裡會變怎樣，一旦……

在那裡，我將摩托車面向公路停放，以羅伊汽車旅館和遠處的安博伊火山口當背景，以「孤魂騎士」的姿勢拍了一張照片，然後北轉沿著科爾巴克路[6]到凱爾索。多虧了我給西南地區帶來的所有雨水，莫哈韋成了一片木焦油灌木遍布的綠海。凱爾索車廠的門窗都用壓克力封住了，前面有一塊牌子宣布他們正在「研究」將其作為莫哈韋國家保護區總部的可能性。看起來是個好主意。然後經過貝克，就是世界最大溫度計（當時是攝氏十八度）和「瘋狂希臘」餐廳[7]的所在地。從那裡開始，生活開始變得更好一些。我的日記記載著：

看著莫哈韋沙漠的美景，心情開始好轉：在一大片起伏帶著斑點的沙海中，突起一座座灰褐色的岩石島嶼，一望無際。途中錯過了去但丁之景的岔路，但還是轉身回去，我不打算錯過這個絕佳的俯瞰點做為探索這一帶的起點。上面很冷，但下到這裡就不冷了。在露台上捕捉到帕納明特山脈的最後一抹夕陽。真棒……

來到這裡真是一種享受。剛剛在優雅的餐廳裡吃了辣玉米蟹肉濃湯，然後回到我舒適的小房間休息。在經歷了三個貝斯特偉斯特旅館和艱苦的三天之後，對此特別感謝。

在外面喝咖啡，喝白蘭地，抽菸。此時星光燦爛。

記得僅僅一年半以前，就在這同一張桌子上看到海爾・波普彗星。世事變化的如此之大……

此刻你與我同在嗎？我知道你是的。

不幸的是，這裡有些繁忙：在弗內斯克里克正舉行某種「四十九人日」[8]的大會，難以計數的房車擠在牧場周圍。我去遊客中心在我的日記前面蓋「護照印章」（我在錫安時開始注意到了印章和印台，從那之後就開始從國家公園和紀念區蒐集——艾比將旅遊產業形容成「鑄幣廠[9]」——我現在已經有九個了），但我很快地逃離那裡。一排排賣著「西部藝術」的攤位，現場演奏著老式音樂（拉著小提琴），還有一群銀髮、身穿緊身牛仔褲、牛仔靴、挺著大肚子、開著休旅車的遊客。

6 科爾巴克路位於加州聖伯納迪諾縣，是穿越莫哈韋國家保護區的主要和最繁忙的路線。
7 瘋狂希臘餐廳是家以希臘地中海飲食為主的速食餐廳，是許多人選擇下車休息的地方。
8 舊金山四九人是美國國家美式足球聯盟球隊。
9 一九六〇年代愛德華・艾比曾在拱門國家紀念區工作，目睹旅遊產業為國家公園帶來錢潮，因此他戲稱Monuments為Money-mints（鑄幣廠）。

幸運的是這裡沒有太大的影響，儘管入住的時候旅館大廳正好有吉他、貝斯和小提琴三重奏歡迎我的到來，而昨晚我坐在游泳池（我們怎麼會錯過呢？）邊的室外壁爐旁，依稀可以聽到遠處房車露營地的噪音如浪潮般地傳來，我抽著自己個人的「小火爐」（聞起來像煙燻木塊的味道），仰望著煙霧飄過星星。然後像往常一樣，我在九點前就睡著了。

在山裡待了一個月後，早早入睡這是可以理解的而且也不是什麼大事，只是我五點就醒了。當我騎摩托車的時候，沒有必要在寒冷的清晨一大早出發（尤其是當我沒有只有瘋子才想到要去的一些瘋狂、複雜和遙不可及的目的地時！），但另一方面，那便是一天中最不好過的時間，躺在床上胡思亂想（我想你也和我一樣）。

那麼就只有看書了，不是嗎？今天我讀完了《艾比精選集》[10]，我很快就會寄給你。裡面有很多好東西，但我特別被他對死亡谷的描寫所震撼，這似乎是無人能比的，緊接著是另一篇關於紐約的文章，信不信由你，他捕捉到了**那個地方**的所有美麗和恐怖。我希望你現在已經收到了《猴子歪幫》和史達格納的書。艾比的《勇敢牛仔》[11]是另一本好書，但我不確定是否要把它寄給你，因為它的大部分內容都發生在監獄裡！這本書的電影版《孤獨的勇者》[12]（嘿，那就是在說我們，對嗎？），在摩押的那家很棒的書店（店名叫「偏遠之地」，顯然是艾比的一些朋友合夥開的）買到的，我想如果從那裡郵購一堆東西時應該也會買得到這書的電影版。

總之，我發現所有監獄的細枝末節都有點嚴酷，但也許你早就發現了，這我不清楚。

說到這個，上星期電話裡聽到你的聲音時我確實很驚訝。艾力克斯說是你的律師回我的電話，而那也是我一直在等待的，但當我聽到你低沉的聲音時，嗯，用那句「一根羽毛就可以把我擊倒」的老話來形容似乎很恰當。但對我來說，這確實是一次愉悅的談話。總之，我在上一封信中提出的所有問題都得到了解決，並讓我對你的「處境」有了更好的了解。有一點我覺得比較糟糕的是我這星期沒有與布魯門費爾德先生聯繫（沉浸在我自己的痛苦中以及三個小時的時差），所以我不知道關於「判決延期」後的最新情況。

我已經一個禮拜沒有打電話給我媽了，出於愧疚，我前幾天晚上給她打了電話，但我必須再打一次，讓她知道我現在**好一點**了。只有一點。否則，我就會像烏龜一樣躲進殼裡尋求保護。

今天我從黃金峽谷走到扎布里斯基角，從低於海拔五十八公尺到高於海拔二百一十六公尺，再向下穿過高爾峽谷，沿途在一塊陰涼的岩石上吃了野餐。你應該記得從那個眺望台上一眼望去毫無生氣的超現實景象，這正是我徒步穿越的地方。但這對我來說很有用……

唉，明天我要去洛杉磯，在那裡做些摩托車的保養（換新輪胎，但主要是為墨西哥做些行前維修），以及辦些在墨西哥的「保險」等等，我已經在好萊塢的日落侯爵酒店預訂了四個晚上以

10 《艾比精選集》收錄愛德華．艾比最好的幾篇故事。
11 《勇敢牛仔》是艾比的第二本小說，講述一個刻意遠離科技的牛仔拯救被關到監獄的朋友的故事。
12 《孤獨的勇者》是由艾比的勇敢牛仔於一九六三年所拍成的黑白電影。

便辦完所有這些事情。在那之後我就不確定了。說實話，我並不急於去墨西哥，到那裡一切都會變得更加困難，你知道的，而我現在還沒有完全準備好。在土桑，我讀了克萊門特．薩爾瓦多[13]關於在下加州[14]騎摩托車的書，當然所有聽起來不錯的道路其實都是險惡的泥土路，我不認為我會想獨自去嘗試這些（是的，這又是你的錯；因為你沒有和我在一起！）。然而以天氣情況來說，我的「活動範圍」在不斷限縮中，所以我很快地多多少少會被迫去冒險。我相信我會的。我不能永遠像這樣一直迷失和掙扎下去（我可以嗎？）。

前幾天我的速度錶壞了，這成了其中的一個「轉折點」。我把車停在路邊和自己「開了個會」——我是否應該回到土桑把車停好，「穿上我的降落傘」然後跳傘逃生？不，我決定了。我還沒有準備好在魁北克躲起來，尤其是在那裡過聖誕節。所以我得繼續前進。沃爾特建議我回到羅伊汽車旅館在那裡待個一兩天，「我們可以坐下來喝點酒，看著來來往往的車輛」（就像你和我一樣）。我也不介意再回到這裡住上一段時間（只要「四十九人隊」走了；我剛剛在大廳裡看到，自一九四九年以來他們每年都在這裡舉行「露營」，而明年是第五十屆，將會非常盛大。千萬不要錯過）。

這裡附近一定還有很多不錯的健行路線，而且這是一個很好的住宿點。但我想我應該會等到了洛杉磯再決定。至少我已經習慣了不知道接下來要去**哪裡**，即使是在某一天，我也無所謂。這些天我的標準操作流程是告訴自己：「總會有轉機出現的。」

在給人指引方向時，薩爾瓦多有句俗語很好用，「只要跟著你的前輪走就行了。」所以我會照著做。

所有這一切又讓我們吃了一頓豐盛的餐點（在我健行的日子裡，我是可以吃甜點的），在露台上那張「我們的餐桌」上喝咖啡和抽菸，在酒吧裡喝白蘭地（寫作時光線更好），看完星星後就回到我的房間。喔，被我「強迫收聽」的觀眾，現在天色已晚（已近九點），是時候規畫進入大城市的路線了（哦，好高興啊），我到那兒時會打你的「特別號碼」並留下我的號碼給你（我相信我一定會為你準備一些很刺激的好萊塢故事，說不定在你收到這封信之前就會聽我說了。這一切都變得太混亂了）。

你與我同在嗎？

我知道你有的。

跟著你的前輪……

孤魂騎士

13 克萊門特．薩爾瓦多是一個知名的摩托車記者，在過去三十年中寫過超過一千篇有關摩托車的文章，刊登在許多摩托車雜誌上。

14 下加州是墨西哥最靠近北邊的州。為了與位於下加利福尼亞半島南部的南下加州區分，又稱北下加州，北面與美國加州接壤。

樂隊的長期攝影師也是我們在九〇年代初兩次巡演（分別為《變魔術》與《搖滾硬骨》兩張專輯）的個人助理，安德魯．麥克諾坦，最近從多倫多搬到了洛杉磯，他透過辦公室的希拉發給了我一條信息，說我如果去洛杉磯旅行可以打電話給他。我對雜亂又瘋狂的洛杉磯沒多大的興趣，但如果我要去墨西哥（仍然不確定），我需要解決一些保險問題，對摩托車做些保養，也要為接下來的冒險做好一些準備，所以我決定不如到那裡去處理這些事情。

好萊塢的日落侯爵酒店，我們一九七四年樂團的第一次巡演在那停留，之後經常和樂團一起住在那裡。我把摩托車停在飯店下面的車庫裡，坐在游泳池邊點了一杯瑪格麗特調酒，為接下來不得不忍受的幾天乾杯。

我在好萊塢周圍和日落大道上漫步，辦理各種事情，而摩托車則進入了ＢＭＷ保修廠。我在布魯特斯的「住處」留下了我的號碼，因為他不能接，只能往外打電話，這樣他可以打電話給我，再來一場愉快的閒談。我又買了幾本書寄給他，現在我知道他可以收到這些書了（雖然一次不能超過四本，而且不能是精裝書——顯然那些書裡可以藏匿毒品或刮鬍刀）。

安德魯開車帶我去美國汽車協會辦理墨西哥保險，作為另一個真正關心我的朋友，為了讓我能夠多「走出自己」，他把我介紹給一群加拿大僑民，包括喜劇團「大廳裡的孩子們」[15]的戴夫．弗利，一位很隨和、很孩子氣而且簡單的人；還有和藹可親、留著辮子的音樂家約翰．卡斯特納[16]；約翰的朋友羅布，一位年輕的演員和作家，他的髮型很有趣，談吐也很風趣；還有他們的朋友提姆，經營一家獨立的唱片公司，他的思緒沉靜，似乎經常在我們出城的時候扮演「巡演經理」的角色。

我們一群人圍著戴夫在好萊塢住所的廚房桌子上度過了幾個難忘的漫漫長夜，我還遇到了好些其他很好的人物，比如卡通「南方公園」的創作者之一麥特．史東，我很高興地告訴他，在我非常低落的時期是他的作品幫助並支撐著我度過，甚至有時還能讓我發笑，他與企業界打交道的有趣故事讓我想起自己與音樂界中「商業」方的衝突，我立刻對他和他的夥伴特雷產生了共鳴。就像我自己和我的樂團同伴一樣，他們只是一對來自郊區（以他們而言是來自丹佛）的傻子，透過自己喜歡的事情獲得了成功，而現在卻要面對那些根本不了解他們的人，並與之抗衡。

有天晚上安德魯和我參加了戴夫的電視節目「新聞廣播」的現場錄製，另一個晚上戴夫邀請我們參加在拉哥俱樂部[17]舉行的單口相聲表演。這兩場演出都讓我難得的有些笑聲，並讓我想起現場喜劇是多麼的「平易近人」（就像現場音樂一樣），以及獨自一人是多難得有機會如此開懷大笑。尤其是一個獨自面對很多鬼魂的人。

戴夫當時正在和一個年輕漂亮的加拿大女孩嘉柏麗約會，安德魯和我在喜劇表演前和他們兩個人一起吃了頓飯。後來安德魯告訴我，她曾叫我「性感帥哥」，他總是笑著以這調侃我。我臉紅了（以

15 大廳裡的孩子們是一個加拿大喜劇團，演出含有許多黑色幽默的元素。戴夫．弗利是其中的一員。
16 約翰．卡斯特納是個加拿大音樂家。
17 拉哥俱樂部是加州洛杉磯一家以音樂和喜劇表演而聞名的夜總會。

前從來沒有人叫我「性感帥哥」——鐵定又是受到自身的「悲劇氛圍」影響），我不再繼續想下去。

最終，我在洛杉磯待了整整一個星期，這是我始料未及的——更不用說大部分時間都很享受——但到了最後一天我感到不安，有點心煩。在西好萊塢處理了最後幾件雜事，我看到一輛ＢＭＷ敞篷車，和賈姬的一模一樣，然後是茱兒．芭莉摩的電影海報，她長得有點像賽琳娜，突然間我的眼淚就流了下來。

第二天一大早，我回到路上向墨西哥出發，仍然把我看到的和做過的一切都當成「致布魯特斯的信」。

一九九八年十一月二十五日
南下加州．洛雷托

你好！兄弟——

事實上是沃爾特向我推薦了這個小鎮，截至目前為止還算不錯。我下榻的綠洲酒店幾乎是空的，而且就在科爾特茲海[18]的海灘上，也幾乎是空的，沒什麼人。這週是美國的感恩節，我以為氣氛可能會開始變得有點瘋狂，但到目前為止還沒有跡象。至少這裡沒有。在週末之前我一直努力讓自己遠離卡波聖盧卡斯[19]，希望這能成功。

到目前為止，我主要是依著克萊門特．薩爾瓦多的建議，我很高興在土桑買了他的《下加州摩托車冒險》。這本書對我幫助很大，把我帶到了那些我不知道的地方，以及那些我絕對不可能找到的道路上。

從洛杉磯出發，我沿著州際十號公路向東走，然後在你和我走過的那條去聖地亞哥的山路轉向南方走，穿過那些高大的森林、草地和牧場，進入安沙．博雷戈沙漠[20]。再一次，放慢腳步，在州立公園和博雷戈泉鎮[21]上奇怪的房車綠洲[22]、索爾頓海的西側漫遊著，然後穿過埃爾森特羅和帝王谷的大量灌溉區，這樣真的很好。在加利西哥，薩爾瓦多推薦的德安薩酒店看起來不錯，但不幸的是它不再是一家酒店，而成了一棟公寓，所以我最後住進了令人髮指的「牧場汽車旅館」，它甚至不值三十美元。像往常一樣，我想住在市中心，也不是為了什麼理由。但這個「小鎮」完全是為了滿足「跨境購物者」的需要，除了看起來可疑的中國餐館和連鎖的漢堡店，實在沒有其他地方可以吃飯。我最後在一些知名的披薩連鎖店吃了糟糕的意大利麵配百事可樂，讓我

18 科爾特茲海即加利福尼亞灣，當地居民多稱科爾特茲海，是下加利福尼亞半島與美洲大陸間的一個海灣。
19 卡波聖盧卡斯位於墨西哥南下加州，被譽為墨西哥五大旅遊目的地之一。
20 安沙．博雷戈沙漠是加州最大的州立公園。
21 博雷戈泉被安沙．博雷戈沙漠州立公園圍住，小鎮上的燈非常少，以便減少光害，讓來這裡渡假的遊客能享受閃爍星空。
22 房車綠洲是將沙漠上的綠洲開發成供房車露營的渡假村。

感到很沮喪。我在洛杉磯待了太多的日子，就像我在聖塔菲一樣；我會不停地想「這個還可以，這個還可以」，但突然間一切都不行了，我嚇壞了！

這是那晚我在加利西哥對我的日記（在某些方面它是你的「另一個自我」）所講的情況。

這應該是有關美國的最後一篇日記了，涵蓋了近兩個月的內容。情緒起伏不定。一如既往的，想到了很多沒有寫到的東西，但一種被傷害的感覺卻一再反覆出現著。除了悲傷、難過、痛苦和通常預期的反應之外，這是一種感覺脆弱、受傷的狀態，好像被背叛了（啊，是的——被生活背叛了），而且傷痕累累甚至超出我現在的理解。

這一定是整個旅程的谷底（到昨天為止已經三個月了；很難相信。或者……還不是谷底）。

現在經常想到家，並希望在新年前——完整地——回到家。我們都很清楚太多事情都可能發生，但我希望能活著回到那裡度過冬天，就讓我們看看情況會如何發展，如果我能夠打起精神把生活安排好，而不是陷入那個深不見底的黑洞……

總之，跨越墨西哥邊境還滿容易的。大約一個小時後我就拿到了我的「立體」小貼紙，只花了十一美元，而不是像上次花了三天還付了不知道什麼名目的佣金（當時布魯特斯和我把摩托車運送到墨西哥城），然後就來到了墨西卡利塵土飛揚的街道上——我一到那裡就馬上迷路了。當然，這裡是墨西哥，在某個圓環路標突然不見了。最終我找到了向西去特卡特的路，一路穿過冒著煙爬坡的卡車、破舊又超速行駛的巴士、滿是油味的皮卡、畏縮拖著舌頭的狗、突然隆起又沒有明顯顏色的減速丘，還有檢查站上全副武裝不會說英語的青少年士兵，以及塵土飛揚滿布著垃圾、坑洞的路面，再加上揮舞著手要我避開卻迎面而來直接衝向我的司機。所有這些好東西我都沒錯過。

正如我們的朋友米爾斯所說：「是該感到害怕的時候了！」

繞過提華納，我轉向南來到恩森納達（繁忙而建築密集的城市，相當不錯，你能想像的最大面的墨西哥國旗在海濱上空飄揚），然後又轉向東前往……麥克的天空牧場！這是越野車手和墨西哥越野賽車的麥加聖地，但薩爾瓦多警告說：「這可能是一段很艱難的三十五公里路程。」的確如此。泥土、沙子、岩石、碎石、溪流、車轍，所有這些都會遇到。但是他保證，「如果你騎的是一輛好的『黃金之翼』[23]（頂級休旅車款）那就沒問題，但這會讓那些越野車騎士非常反感。」果然，當我最後停好車時（就在我好好欣賞完那滿是沙子和石頭的六公尺寬河面後），一群人站在他們滿是塵土的單缸引擎越野車旁邊，其中一個開始大喊，「你是怎麼做到的？」、

23 黃金之翼是本田推出的一款廣受歡迎的四缸引擎重型機車。

「你是怎麼做到的?」

我只是說,「帶著極大的恐懼。」

他們都圍了過來,他說,「你和我們走的是同一條路嗎?」我說:「應該是的。」他突然說:「但你一點都不髒!」的確,我看起來挺乾淨的:好萊塢BMW維修廠的師傅把我的摩托車擦得很亮,並且第一次穿上了相當新的Vansons夏季皮衣,我甚至在洛杉磯把皮靴擦得很乾淨。

「嗯,」我說:「我猜是因為我沒跟在你們後面。」

說真的,那是因為我走得太慢了。

總之,那天晚上看到我的大紅色GS跟大約三十輛越野車和兩輛沙灘越野車在院子裡排成一排,看起來確實很有趣。我完全是他們的英雄(除了那些因「厭惡」而不理我的人)。幾乎在那裡的所有人都是參加下加州旅遊活動,所以在集體晚餐時我被安排和其他「怪人」在一起:兩個開皮卡來的老傢伙——一個是鳥類學家吉姆,過去二十年他都開私人飛機到下加州,另一個是植物學家諾姆,他住在南下加州。他們是很好的晚餐夥伴,我向他們請教了我在美國西南部看到的動植物(是吉姆證實了我在沙漠高地看到的類似燕子的鳥是角百靈),他們還告訴我在南下加州會看到更多的鳥和植物(在洛雷托這裡我買了諾姆的書《下加州的植物和樹木》,這樣我就可以知道更多它們的名字)。

麥克的天空牧場正如薩爾瓦多所描述,「它並不華麗,但很有趣。」在一千二百公尺高的地方，那天晚上徹骨的冷（攝氏零度以下），我穿上所有的衣服蓋著毯子睡覺。由於發電機九點就停了，而戴著頭燈並不適合閱讀，所以很早就睡了，而且第二天早上也不急於出發。儘管我讓那些越野車手感到有些羨慕，但我並沒有感到太過自負，因為我仍然要走完那三十五公里的障礙才能出去。

當然第二次走往往更容易，事實也是如此；尤其是沒有刺眼的陽光照射的情況下，我可以分辨出前方的路（或正在騎的路）是泥土、沙子、岩石或碎石。

然後我聽從了鳥類學家、植物學家和麥克本人（顯然是老麥克的兒子）的建議走了另一條保證不會陷入深沙的「捷徑」——五十公里路況還算不錯的泥土路——回到南北向的主幹道。果然，除了有些崎嶇不平的路段和一些之字形的彎道，那是一條相當紮實的土路。

又回到了許多皮卡車奔馳的柏油路面，那天晚上我停在薩爾瓦多說的「必須停留之處」、「如果你不會被路況嚇倒的話」，那就是沿著有如波浪般的山脊稜線騎上五公里可怕的沙子路（天啊！）來到太平洋岸邊一個叫「老磨坊」的地方，這裡以前是一個礦物精煉廠和魚罐頭工廠，現在則改裝成一家宜人的小汽車旅館（一晚二十五美元），還有餐館和酒吧（現在比索的匯率是十比一，所以東西很便宜）。

一群渾身「髒兮兮」的傢伙也住在那裡，他們之間似乎在打賭我這輛乾淨的「街車」走的是哪條路線，當我說「走那條向西穿過特立尼達谷的可愛泥土路」時，他們中的一些人都不敢置信地搖頭。哈哈哈！速克達人渣就是這麼玩的啊！

我們過去不就是這麼玩的嗎？我們這些獨立騎士被一些敵視我們的人施加了詛咒——我是這麼想的，否則沒有其他辦法來解釋這一切。

在這方面，過去幾天也幾乎很滑稽。在從洛杉磯下來的路上，我的背不知怎麼地就扭到了（我記得是在回頭看那些叉路口時扭到的），我一直感到疼痛、僵硬和行動不便（我知道這經驗你很熟悉），然後在騎了三萬八千公里沒有任何故障後，我的GS在過去幾天裡突然在降到三檔時出現了令人不安的「搖晃」（雖然在升檔時沒有）。在洛杉磯時我買了備用的頭燈和尾燈燈泡隨身攜帶。今天一個方向燈燈泡壞了（當然）。我在這裡找到了一個，但在安裝時我把龍頭解鎖進行測試時，一不小心將車把上的頭盔撞到地上，把面罩刮壞了。當然我還有一個備用的，是上次旅行中被蟲子和沙礫刮過留下疤痕的老戰友。一週前都沒有這些問題，但現在看來，也許兩週後我在墨西哥城時可以把這些問題解決掉，包括在那之前出現的任何其他問題。然後是我的潰瘍。昨天我試著在早餐時吃墨西哥煎蛋，結果痛了一整天，今天我忍不住吃了一個起司香腸歐姆蛋，結果感覺就像吃了一個多刺的仙人掌！

這到底是怎麼回事？你知道我在說什麼嗎？

當然，正如預測的那樣，所有生活基本所需在這裡都變得有點困難：汽油、食物、水、住宿、騎行、導航、電話、郵件，諸如此類的事情（在麥克餐廳遇到的晚餐同伴提醒我，不要用墨西哥郵件寄回任何東西，所以我只能希望這封信能寄到你手上）。昨天那群越野車騎士中的一位提醒我要在埃爾羅薩里奧加油，儘管我的地圖顯示在卡塔維尼亞有一家墨西哥石油加油站，但顯然它要嘛就是沒油，不然就是油槍壞了，果然前一天我不得不用我的備用油罐、時速保持一百一十公里、騎了三百七十公里才找到另一個偏遠的墨西哥石油加油站。我今天去的那家加油站，四個油柱中只有一個可用。

但是，引用一句我非常喜歡的話：「儘管如此……千萬不能抱怨。」（這句話通常是在長篇大論的抱怨完之後說的，就像現在這樣！）。

昨天我走了很長一段路，六百公里，穿過比斯卡諾沙漠（想不出它有什麼區別，因為整個下加州都是沙漠，這點我還在學習分辨），經過了著名的「觀峰玉」[24]、管風琴仙人掌、武倫柱仙人掌和一些類似約書亞樹的龍舌蘭，還有福桂樹、仙人球以及像猴麵包樹般有肥大樹幹的大象樹、金色假紫荊樹和牧豆樹，然後在格雷羅內格羅之後進入一大片低矮的灌木叢。

這條路總體來說不錯，很窄，但沒有太多坑洞。我在聖伊格納西奧的棗椰綠洲停下來過夜，薩爾瓦多認為這是「下加州地區最迷人的城鎮」。到目前為止我同意這一點——月桂樹下的大廣場（主廣場）被古老的商店和十七世紀的西班牙布道所圍著，除了狗叫、雞啼和孩子們踢足球

24 觀峰玉意為「可怕的怪物樹」，絕大部分都生長在墨西哥下加州半島，又稱柱狀福桂樹，生長速度十分緩慢，不過相對地壽命也很長。

外，這裡一片寂靜，坐落在被仙人掌沙漠包圍、一片鬱鬱蔥蔥的棗椰山谷中。日落時分，數百隻兀鷹在棗椰和通信塔上盤旋棲息。

只有六個房間的汽車旅館每晚二十美元（付現金，不用費心要記名或類似「官方」的東西），顯然是由一個德國水手建造的，他在聖羅薩利亞（就在我今天早上吃早餐的路上）跳船，來到世紀之交，他的後代仍然在經營。我所到的每個地方都有這麼多的故事。聖羅薩利亞是由法國人開發的，作為一個銅礦中心，那裡的教堂（它看起來就像是半圓拱型棚屋與《海底兩萬里》中尼莫船長的鸚鵡螺潛艇的混合體，但是以一種很好的方式互相結合）是由古斯塔夫·艾菲爾[25]設計的，全部的金屬鋼條和面板都來自於一八八六年的巴黎博覽會，然後被拆開帶到這裡，來到下加州。當時這裡還是一片荒野。

我認為，今天的日記開頭部分相當具有「說明性」：

十一月二十五日

聖伊格納西奧——洛雷托

九萬五千零三十七（三百零三公里）

閃亮的早晨，穿過棕櫚樹，來到沙漠和火山。

難得的停下來吃早餐，在聖羅薩利亞的弗朗西斯酒店的陽光露台上，這裡是古老的採礦鎮，展示著火車頭和生鏽的火車車廂。不錯。很安靜。

吉拉啄木鳥在電線桿上，月桂樹上的蜂鳥，兀鷹展開翅膀，背對著太陽，在街對面的電線桿上。

艾菲爾教堂是一道風景。到處都有這麼多的故事。

第一次看到科爾特茲海，一片寧靜的藍。島嶼在地平線上。昨晚睡得很好，後背好了一點。《卡迪拉克沙漠》[26]精彩萬分——最好不要把帶的書都看完了！

今天我一邊騎車一邊想，我活著靠的僅僅是一種純意志的行為。我像一個在作戰中受傷

25 巴黎艾菲爾鐵塔設計者。

26 一九八六年出版的《卡迪拉克沙漠》是美國環境學者馬克·雷斯納的代表作，詳述美國西部發展的土地與水利政策。

的士兵一樣支撐著自己，感到自己隨時都可能從心裡崩潰。到處都得不到平和，沒有可以想像的救贖。只有等待的感覺，消磨時間。等待什麼呢？我猜想是等待時間過去。能否有治癒的機會？我不這麼認為。只能努力減少傷痕。期待內心不至於太扭曲、太殘缺。

（儘管如此，千萬不能抱怨……）

一九九八年十一月二十六日

洛雷托

好吧，我們試著讓這件事變得輕鬆一點。我不想讓你也感到沮喪（哦不！）。很明顯，我還要在這裡多待上一天，明天也可能會留下來。我很想，但還是要等到明天早上再做決定。無論發生什麼事，我肯定會再停留一天。

昨天，我在海裡涉水走著，一個當地人開始對我大喊大叫並指著他的腳底。我以為他指的是尖銳的石頭、珊瑚或者是海膽，但我問了一下飯店櫃台的人，他告訴我那個人是在警告我有魟魚，並說光腳下水不是個好主意。所以我出去買了一些別緻的黑色橡膠涼鞋，現在我要進入真正的熱帶地區了，穿上它也會很方便。

（聽我喋喋不休的**購物經驗**，你覺得無聊了嗎？嗯，太糟糕了，你這個大魯蛇；你怎麼了，太忙了嗎？哈、哈、哈！）

就如我今天在給我爺爺的明信片中所說，「馬上到這裡來；這裡很熱，陽光充足，物價便宜，你可以躺在棕櫚樹下的吊床上看一整天的書！」那就是我在做的事。除了在這個怡人的小鎮上散步，參觀古老的傳教士佈道所和精心設計的博物館，就是沿著港口（海堤）、海灘和小潟湖去賞鳥。

我正準備在綠洲汽車旅館吃「感恩節」特餐。不完全是「在地美食」，但應該會更適合我那不安的胃（儘管下加州可說是「海鮮中心」，但對我來說這完全不是問題）。當我前往「大陸」（這裡的人似乎都稱對岸為大陸）時，看看會發生什麼事。我打算從拉巴斯搭渡輪去馬薩特蘭。我還沒有看過那邊的地圖。也許我會先朝瓦哈卡騎作為開始。這些只是為了你。

因為當然在所有你錯過的這次旅行，都寫在這些字裡行間，但請放心，有幾條讓薩爾瓦多欣喜若狂的路和一些有趣的地方，尤其是一些特別誘人的泥濘小路，我一定會放棄的。不僅僅是因為我是「弱雞」，我也必須保留一些東西等我們一起來探索，對吧？

（順便說一下，我差點忘了祝你感恩節快樂。既然你這些日子以來是「美國公民」，他們有沒有給你一個特別的晚餐？另外，如果你要在那裡混一段時間，你認為他們會給你一張綠卡嗎？有可能吧……）

總之，是時候為這一激動人心的情節畫上句號了，希望明天也許能把它寄出去（然後這封信的冒險即將開始：從這裡到拉巴斯，到馬薩特蘭，到墨西哥城，到誰也不知道的地方，希望最終能到你那裡）。上次的電話通話中我感覺到你對自己的情況很有把握，對未來抱著很務實的期待（而不是「希望」），我當然希望它或多或少能以某種「可容忍」的方式解決。

我相信你這些天並不是真的快樂，我猜想你和我一樣期待著聖誕節的到來。和我一樣，你充其量也只能感到無奈：「只是感覺在等待，消磨時間。然而等待什麼？我猜是等待時間流逝。」

儘管如此，千萬不能抱怨……

誠摯地祝福你

孤魂騎士

穿過漂亮的洛雷托小鎮去郵局，走了長長的一段路之後，我沿著港口走回來，看那些在碼頭上釣魚的男孩。他們正以最快的速度把魚拉上來。一個身材魁梧的年輕人走到我坐的那塊大石頭旁試圖與我交談。他說他來自錫那羅亞州[27]，該州與下加州隔著科爾特茲海，當我告訴他我來自多倫多，他狡黠地點點頭說「藍鳥」，這讓我愣了一下，直到我意識到他一定是個棒球迷。

他問我是否想去一個「墨西哥聚會」，有「很多女士」，當我拒絕時，他問我是否想要一些「魔塔」[28]，我不知道這個詞，他翻譯說是「大麻」，當我說不用了，他說：「還是你像美國人那樣喜歡抽『強力大麻』？」我再次搖頭拒絕並說：「警察太多了。」

他哭喪著臉說：「我忘了。」我繼續盡可能地無視他，看著魚和鳥，但他鍥而不捨地用一種推心置腹的口吻告訴我：「我也很害羞。」

我點點頭，和他握了握手，然後走回綠洲汽車旅館，到溫暖的淺海裡游泳，然後在吊床上躺了一會兒。我看完了《卡迪拉克沙漠》，然後繼續看馬克．吐溫的《苦行記》，這本書講述了他在十九世紀五〇年代從密蘇里州到淘金地的旅行故事。

傍晚時分我沿著海濱大道走到一家名叫「智利威利」[29]的餐廳，這個名字很不雅觀。我點了一份雜燴湯，但一直沒上餐，等了很久才吃到烤蝦串和龍蝦，於是我給我的朋友蓋依寫了六頁信，讓她了解我最近的旅行情況，包括內在和外在。

再次沿著水岸走回去，我在酒店的酒吧停了下來，想坐在外面喝杯白蘭地，繼續寫給蓋依的信。酒吧裡只有兩個客人，是一對雖然很愉快但卻喝的非常醉的英國夫婦。那個男人幾乎說不出話來，他的臉都鬆弛了，因為他專注地想把碟子裡的東西倒進他的杯子。而另一方面，「英國人的妻子」開始

27 錫那羅亞州是墨西哥三十一個州之一，西臨科爾特茲海和太平洋。
28 魔塔是西班牙語大麻之意。
29 原文 El Chile Willie's 類似 Chilli Willy，後者是一種外形類似男性生殖器官的辣椒，因此也有性活動之意。

喋喋不休地說話，似乎停不下來。

她的口音被稱為「河口英語」[30]，是泰晤士河口一帶受過教育的人說的，她說的每句話似乎都以驚嘆號結束。「你太安靜了！」她說，「我一直在**觀察**你！」

「你應該是在休假，是嗎？是這樣嗎？總是在讀書，獨來獨往，不是嗎？你不想和其他人打交道，是嗎？你到底在認真讀什麼書？」

我只是臉紅了，含糊地說些馬克．吐溫的話，低頭看著自己的腳，她還是不放過我。

「你不想和別人扯上關係，我看得出來！。哦，沒錯！我一直在觀察你！」

我臉一紅，又咕噥了一句。

「你是一個看起來很引人注目的紳士，你是！」（我？是嗎？）

「讓我稱呼你為溫柔的巨人！」（啊，什麼？）

「你是**我的**溫柔的巨人！」（我？）

「真的，你就跟他一樣——你和我的丈夫！」

此時那個帶著醉意的大人物終於抬起頭來，笑著說：「老兄，如果你喜歡，你可以聽她說二十四個小時。」

我臉紅了，又嘟囔了幾句，他示意酒保再給我拿一杯白蘭地，算他的。感謝他，並迅速向他的妻子點了點頭就到外面去坐著寫東西，最後向我的日記傾訴：「必須承認她把我弄得『暈頭轉向』

了。」

從洛雷托出發，我繼續沿著狹窄的下加利福尼亞半島向南前往拉巴斯，走的是克萊門特．薩爾瓦多在《下加州摩托車冒險》中推薦的一條風景路線，從六十五公里平坦泥土路上穿過崎嶇的仙人掌沙漠，來到過去曾是主要幹道的一段柏油鋪設路面，即所謂的「西區公路」。

墨西哥的南下加州首府拉巴斯是一個規模不小的城市（十萬人），這裡本身是個漁港，有美麗的海濱，在花木扶疏的廣場上有一座石頭建造的氣派大教堂。在入住位於港口的酒店時，我做的第一件事竟然是讓我的皮夾掉進了電梯縫裡，當時我正準備拿小費給行李員。護照、信用卡、現金、旅行支票——所有東西都在裡面。兩個維修人員用兩根棍子，花了大約半小時，才把皮夾從那裡弄出來。

我在拉巴斯停留的主要原因之一是預訂前往馬薩特蘭的渡輪，所以一取回我的「重要文件」，我立即趕往渡輪辦公室。到了才知道，他們只接受一天前預訂，早兩三天是不行的。哦，原來如此。不過我也得知我可以在該公司位於卡波聖盧卡斯的辦公室預約船艙，所以我決定到那裡辦理這件事。

回酒店的路上我經過大教堂，覺得被吸引進去了。教堂內部是天主教風格，寬闊、華麗、安靜，有鍍金的、五顏六色的聖母雕像、多位聖人、血淋淋的十字架、十四幅耶穌受難像圍繞牆壁、祭壇上燃著蠟燭，午後的陽光穿過高大的彩色玻璃窗照射進來，照在幾個伏首的人身上，他們大多數是婦

30 河口英語是一種現代的英語口音，廣泛流傳於東南英格蘭及東英格蘭地區，特別是這兩個地點的交匯點泰晤士河沿岸和其河口。

女。我選擇了中間的一個空座位坐下來享受片刻的寧靜與平和。這不算是祈禱，但也許是「走出自己的一步」。

在天主教堂裡讓我感覺到與賽琳娜的連結，雖然往往不是宗教方面的，而是因為對她在巴黎聖心教堂的反應的記憶。在匆促最近一次歐洲巡演接近尾聲的時候，也就是一九九三年「搖滾硬骨」巡演的一部分，賈姬、賽琳娜和黛比在巴黎和我會合了幾天。一起休假一天後，賽琳娜開車載我和我的司機彼得（我年輕時在倫敦的老朋友）去阿姆斯特丹看演出，然後回到巴黎，我們在那裡停留了幾天，在那座美麗的城市街道上漫步。這是賽琳娜第一次來巴黎，對這裡留下了深刻的印象。

有一天我們四個人爬了高高的階梯，來到位於蒙馬特山頂白色輝煌的聖心教堂。像她的父母一樣，賽琳娜永遠不會「理解」宗教，但我們都理解靈性，十五歲的賽琳娜突然完全被教堂裡的虔誠氣氛所吸引，修女的輕歌，禮拜的寧靜，香火和蠟燭。她想點一支蠟燭，於是決定為她唯一能想到的天主教徒，她的表弟肖恩點燃。

當我們靜靜地穿過教堂，爬到圓頂欣賞整個巴黎的景色時，賽琳娜睜大了眼睛，整個人充滿了這個地方的靈氣，令人敬畏的規模、靜謐、宏偉與優雅——這正是教堂設計所展現的效果，但宗教往往將它貶低。那天之後，賽琳娜永遠被那座教堂的魔力所打動，如今她走了，我發現參觀墨西哥的天主教堂讓我與她連結起來，就像她當時一樣，與巴黎那段美好的回憶連結起來。

從巴黎返家的旅程也是令人難忘的。黛比飛回多倫多，而彼得則開車送賈姬、賽琳娜和我到英格蘭的南安普敦，我們從那裡登上了伊莉沙白女王二號郵輪，展開為期五天的航行前往紐約。說實話，女孩們在船上有時會感到無聊，但我就是喜歡那次航行——我們在船艙裡一起讀書，有私人平台和滑動玻璃門，可以看到開闊的海洋，在寒冷、有霧的下午在無人的甲板上漫遊，一起玩牌組遊戲，還有美味的食物和飲料，每天晚餐都穿得很正式——那部分賽琳娜很喜歡，因為她總是喜歡打扮。我很高興至少能有這些記憶，但這些仍然會灼傷我。當我坐在墨西哥教堂的長椅上想著曾經的一切時，不禁潸然淚下。我的療癒之路向前一步，又退後一步。

第二天，我繼續前往卡波聖盧卡斯，當晚在露天餐廳吃晚飯時，我記下了我對那個傳說中的度假小鎮的印象。

十一月二十九日

拉巴斯——卡波聖盧卡斯

九五七七九（二四三公里）

很好。跟預期的差不多。不，到目前為止，沒那麼糟糕。不能在海裡游泳，因為有激流。不過，在房間聽碎浪也很好，而且今天穿越北迴歸線後空氣明顯變暖了。

索爾瑪套房飯店，泳池酒吧（三個游泳池），巨大的、悉心整理的海灘（空無一人），後面美麗的岩石和懸崖，酒吧桌上真的小聖誕紅，真的扇形棕櫚樹（遮蔭處），浪漫的墨西哥流行音樂（聽起來算抒情），很棒的瑪格麗特酒。曲嘴鷦鶺、英國麻雀、還有一些喋喋不休的美國人。

想想我對那些大聲自嗨、抽著雪茄、一臉兇惡的美國胖子的看法是如何變得柔和的。他們中的三個人今天抓到了馬林魚，他和他的馬林魚奮鬥了四十五分鐘，並說（或喊）著：「我永遠不會忘記今天！我永遠不會忘記今天！」令人不得不原諒有這種淘氣興奮的粗人。無論如何，有一點……

〔稍晚〕晚餐時刻。在如此度假氣氛的地方獨自一人，很奇怪。

現在——街頭樂隊表演開始！我把我的二十比索放進大吉他裡，點了「瓜達拉哈拉」，那是……敷衍了事，我猜。也許我被墨西哥街頭樂團寵壞了，那是一個優秀的「進化的墨西哥街頭樂團」，我和布魯特斯在墨西哥市買過他們的CD。或者是在瓦哈卡〔我們第一次聽到真正的墨西哥街頭樂團的地方〕。

（另一個不成熟的理論，是關於墨西哥街頭樂團風格的起源：是一種弗朗明哥、吉普賽、民謠、歌劇與摩爾人的結合。取自法語的「結婚」（mariage），因為十九世紀法國占領時期，他們會被雇請到婚禮上表演。）

在墨西哥已經待了一個星期了。我意識到有一半時間在洛雷托。那似乎是個好地方。如果我有腦子的話，我就不會告訴任何人這件事。

但我沒有，所以我會。

〔稍晚〕月亮周圍的大環，距離滿月還有三、四天。雨要來了？每隔十秒就有一個大浪，有時像遠處的爆炸，轟隆隆的低音。

經過與電話冗長的奮鬥後（引用馬克．里布林[31]的話，原因太愚蠢了，不說了），終於接通了打給史蒂芬的電話，他似乎還在生氣我這麼久沒給他消息、不知道我想做什麼；當時我認為這些是可以理解的，並一直在洛杉磯等他的消息。算了。我猜他也有他的問題……

賈姬的哥哥史蒂芬是一個半退休的潛水教練和「老船員」，他也因為這場家庭悲劇和對整個關係網中掀起的波瀾，以及周遭每個人都突然感到的共同震驚而受到嚴重的打擊——無法相信這樣的事會發生在我們身上。史蒂芬是我生命中的一部分，也是我最好的朋友之一（從任何方面來說），因為在我十幾歲的時候他和他的弟弟基斯（現在替我管理著魁北克的家）曾在我的家鄉安大略省聖凱瑟琳的當地唱片行「錄音男山姆」工作。那是一位年輕音樂家第二喜歡去的地方，僅次於樂器店「奧斯塔內克」，店裡到處是吉他和鼓，我們站在裡面聊好幾個小時，幻想著我們的大好未來。

31 馬克．里布林（一九六三年生）是個美國作家，其著名的小說為《FBI與中央情報局的祕密戰爭》。

在我們二十歲出頭的時候，基斯、史蒂芬和我曾和另一個朋友韋恩一起住在鄉下的一間房子裡，就在我開始和賈姬交往之前。我最後搬出了那間房子去和賈姬住在一起，我記得當時很緊張，不敢告訴他們，害怕他們會對我和他們的小妹妹「未婚同居」感到不安。但是史蒂芬實際上在某種程度上幫我們兩個人牽在一起，有時如果我在打烊時正在附近閒逛，他就會請我從唱片行送賈姬回家，所以我不需要擔心；他們兩兄弟為我們兩個人感到高興。

經歷了命運中難以想像的轉折與命運的斷裂，我們所有人的一切都改變了，和我一樣，對史蒂芬而言這是一個重擔。他是那種覺得要對家裡的每個人負責的人，一直如此，也許在他內心深處，他覺得這樣的失去是一種「失敗」——好像他的親人「在他的眼前」死去，而**他的**職責是要讓他們活著。我理解這種感覺，因為我當然也有這種感覺。也許一個丈夫和父親的首要責任是保護妻子和孩子，而在我內心深處，我覺得我在這方面也失敗了。對於任何認識和關心賈姬和賽琳娜的人來說，這些悲劇裡存在著許多黑暗的陰影。

我之前已經講述過史蒂芬在那場曠日持久的噩夢中的重要角色，他到倫敦探望我們，幫助我們安頓下來，搬進多倫多的房子，和我們一起去巴貝多，監管賈姬的治療和護理（他也是一名訓練有素的醫務人員），並在前來關心我們的朋友太多時扮演「守門人」的角色。

他的妻子雪莉是一名急診室醫生，她是另一位精力旺盛的珍貴朋友，在賈姬病情惡化期間，她發揮她的醫療專業並分擔深夜的看顧工作，自巴貝多之後，我就再也沒有見過他們兩人。他們計畫在十二月訪問貝里斯，我曾答應在那裡與他們見面，現在還是這麼打算著。我想史蒂芬已經忘記了，當我說要做一件事時，我一般都會去做並且一直在等待更正式的計畫。他不理解我鬆散的旅行方式，透過這種方式我一直在逐步實現一個又一個虛假的目標——去溫哥華拜訪望丹尼和珍妮特，去拉斯維加斯參加賽車學校，去貝里斯與史蒂芬和雪莉會面。這一切對我來說都是有意義的，但對其他人來說也許不是。

從卡波聖盧卡斯出發，我回到拉巴斯渡口，然後開始穿越墨西哥的「大陸」，在幾天後寫給布魯特斯的信中提起這個故事，其中包括我附加給他的日記。

一九九八年十二月五日
瓦哈卡．卡米諾皇家酒店

好啊，瘋子！

同樣的，這是一個我不需要向你描述的地方，但不要跑掉（哈哈）；我有一些關於抵達這裡的故事要講。

我上次和你說話時，我「正在洛雷托閒逛」（因為我希望你能收到那封信——還有這封信！），之後我又在那裡閒逛了一天。它與加州的聖海倫娜和猶他州的摩押一起列入了我選擇的絕佳小城鎮名單。也許什麼時候我可以帶你去。

〔從那裡到拉巴斯，再到卡波聖盧卡斯的旅程回顧。〕

根據我之前關於卡波聖盧卡斯的一切聽聞，我已經有心裡準備，我不會喜歡它，但它真的沒有那麼糟糕。我住在一個類似度假村的地方，它坐落在宛如「世界盡頭」（菲斯特雷角）[32]的地方，那裡沒什麼遊客（我繼續身為「淡季先生」的代表），並多次走路進城處理事務，甚至晚上去吃飯和散步。你知道的，儘管有「硬石咖啡館」和「好萊塢星球」，甚至還有肯德基、達美樂和漢堡王，但在許多隱微但確定無疑的方面，它骨子裡仍然是一個墨西哥小鎮。那種特質很難被扼殺，導致這些連鎖店看起來顯得格格不入，儘管如此這般，這個小鎮仍然活下來了。我是說，如果你在尋找這樣的小鎮的話。

我沿著「環形線」從卡波聖盧卡斯回到拉巴斯，一邊是藍色的太平洋，另一邊是數公里長的綠色大象仙人掌（類似巨人柱仙人掌），在一個叫托多斯桑托斯的迷人小鎮上的加州旅館（自一九二八年以來，有人聲稱這是老鷹合唱團那首知名歌曲的靈感來源）停下來吃個早餐，我想，這值得一住。

也許某一天我可以帶你去那裡。

早早安然回到拉巴斯，我在貴人薩爾瓦多先生推薦的一家小摩托車店停了下來，買了一些上好的四行程機油，並在飯店門口進行了一次史詩級的更換機油行動，這裡飯店人員告訴我「沒問題」，與尤馬、甚至白馬那些地方形成巨大的反差，在那裡我到處都被拒絕。我一直不明白為什麼。

卡波聖盧卡斯的旅行社專員愛德華多熱心地提醒我，（要搭乘三點鐘的航班）必須在中午前到達渡口，所以我就照做了：結果只是呆呆悶坐了三個小時，我還是最後一個上船的人，跟著三個騎越野摩托車的加州人，他們載的東西很驚人：巨大的背包、衝浪板，甚至還有一把吉他。他們承認他們的情況沒比我好多少，而且經過沙地時遇到了一些麻煩。看的出來！

結果這是我搭過最好的渡輪之一。雖然相當老舊（建造於一九七四年，是長期停止營運的卡波—巴亞爾塔港航線的退役船隻），我的艙房很不錯，兩個臥鋪中間隔著小沙發和桌子，而且船上有個不錯的餐廳，就像那不勒斯—突尼斯渡輪上的那樣。船上的人都很友善，**到處**都有音樂：酒吧有現場樂團，船尾的露天酒吧有「CD點唱機」，甚至當我爬上甲板閒逛時還能聽見從那裡傳出的音樂。在餐廳裡他們正播放瑪丹娜的精選集，當像〈美麗的島嶼〉這樣的歌曲響起時，我有點想哭，讓我想起賽琳娜和我開著保時捷從加拿大回音湖出發，將車頂打開，把那首歌的聲音開得很大。然而，我聽到的其他一切都是以西班牙語演唱的墨西哥風格音樂，這再次證明了他們優秀文化的力量。

32 菲斯特雷角是西班牙的一個岩石環繞的半島。在羅馬時代，它被認為是已知世界的盡頭。

這天幾乎是滿月，科爾特茲海很平靜，船順著風走，使甲板上的空氣感覺起來是靜止的。總體而言這是一次非常愉快的航行，第二天早上八點左右到達了馬薩特蘭。

一九九八年十二月六日
庫埃納瓦卡

好了，現在是一個新的場景。我希望你能跟上行程。我們住在這裡一家極優的「晨光飯店」，這是「羅萊夏朵」加盟飯店的其中一家；在四處逛了一圈之後才找到飯店，庫埃納瓦卡白天仍然像我們在晚上到達時一樣很難找路。

顯然這個地方已經被列為世界上最好的酒店之一，這點我可以相信，寧靜的圍牆院子裡有鬱鬱蔥蔥的草坪和花園，間有孔雀、冠鶴、火鶴和鸚鵡，還有一個擁有私人露台的優雅套房。沒錯，我是從《孤獨星球》的旅遊指南中選了它。我無法想像我們上次從機場出來後怎麼會住到那個低俗的「酒店」裡，除非你是從某人的福斯汽車裡，那本給窮背包客參考用的旅遊指南上找到的。

早上八點左右，我在馬薩特蘭下了渡船，就很想直接去走那條被稱為「惡魔的背脊」[33]、一路通往杜蘭哥與幾個「銀礦城市」[34]的山路，但是把天數加起來，扣掉星期天（為了「務實行程」，例如在墨西哥市保養車和補給），並且計畫在一週後與史蒂芬在貝里斯見面，加上不想完全重複同樣的路線，我決定往南走一段。現在我把那天稍晚寫的日記內容放進來：

崔薩餐廳位於巴亞爾塔港中部一條河上的小島上，餐廳裡播放優美的爵士樂。為了找貼紙，我的腳和眼睛疲憊不堪，不過這讓我持續一直在街上走著。

你或許會認為在一個像這樣的旅遊城市找貼紙是很容易的事，但你錯了。沿著港邊經過整個老城區，我找了不下二十五或三十家商店（越俗氣的越好），最後在時髦的老城區的最角落，在阿科斯海灘旁邊找到了一張俗氣的小貼紙。不過，有一件想要追求的東西總是好的，無論那是多麼廉價和無意義。

不錯的飯店，雖然趕在旺季前正在進行的翻修有點亂；這就是我再次成為「淡季先生」該有的待遇。餐館也不錯，就在河邊，樹上裝有燈飾，桌子上有蠟燭，音樂很優美。只是獨自一人很遺憾（拜託，今晚不要再流淚了）。

今天的花草樹木看起來都綠意盎然。我努力回憶我上次在綠蔭下騎車是什麼時候。真的

33 惡魔的背脊曾被視為是墨西哥最危險的一條路而聞名，因為它穿越曾以種植大麻和鴉片而惡名昭彰的馬德雷山脈。
34 殖民時代位在墨西哥城西北部的西馬德雷山脈的幾座銀礦城市。

不記得了。長滿常春藤的樹木和棕櫚樹形成的綠色隧道、高高的草叢、懸崖和山脈、一些曲折的大彎在樹林中蜿蜒起伏。

餐點也不錯，藍玉米和蟹肉海鮮濃湯、綜合義大利水餃，有螃蟹、蝦和魚三種內餡拌白醬。現在水果起司蛋糕和咖啡上桌了。

騎車離開馬薩特蘭時有一種很奇怪感覺。不知何故，感覺不那麼遙遠；也許是因為至少有一部分是「熟悉的」。雖然沒有真正認識到任何東西，可能是因為當時布魯特斯和我從曼薩尼約走那條路時我們非常緊張：在發生嚴重車禍之後（如前面提到過，在我們第一次穿越墨西哥中部的旅途中，布魯特斯在這附近衝出公路撞斷了幾根肋骨，他的摩托車也嚴重毀損）。然而我有一種更強烈地身處「外國」的感覺。也許是因為這裡不是沙漠！這裡到處都是熱帶的綠，延伸至與海灣接壤（整天也都有厚厚的霧霾），那個海灣被認為是一個古老的火山口。

今天有很多的車輛經過，不斷有卡車和巴士，特別是在特皮克之前，是前往瓜達拉哈拉和墨西哥市的叉路口。

十二月三日

街上活潑的墨西哥人對我說：「先生！你的太太呢？」唉！

巴亞爾塔港——芝華塔尼歐

九七二〇〇（七五二公里）

這座城市拼寫出來還行，但唱起來頗長！（芝-華-塔-尼-歐）。我與布魯特斯在前往伊斯塔帕用早餐的路上經過這裡，也就是在他大難臨頭前。今天一整天再次走過那條路，但方向跟上次是反過來走。

在這次漫長的騎行中，里程數已經超過四萬公里。不容易啊！要嘛路上很多卡車和大巴士，要嘛車輛稀少，道路沿著海岸線不斷變窄且蜿蜒。一路沒有墨西哥石油（加油站）；我們一定很幸運，因為我在曼薩尼約附近加完油後，在大約三百四十公里處得多用一罐備用油。本來想可以直接去到阿卡普科，但這太遠了。大約四點三十分，經過九個小時的長途跋涉；而且沒有吃早餐。我今天原先的粗略計畫是在拉斯哈達斯（鄰近曼薩尼約）停留兩或三天，但開始看地圖之後決定增加天數，決定先去「逛」瓦哈卡，也許在墨西哥市之後再去帕倫克或其他地方。

巴亞爾塔港的「海浪聲」聽起來不一樣，比較像「白噪音」[35]，而且是持續不斷。昨晚起身看見大浪，就像一場風暴。今天早上經過「約翰．休斯頓的餐廳」，有《巫山風雨夜》[36]

35 人們常將有限頻寬的平整訊號視為白噪音，聽起來像是密集且持續的沙沙聲。

電影的原始布景。像拉斯哈達斯一樣列為下次的名單。那裡周圍綠意盎然，棕櫚樹叢生的山坡，一路都是如此。偶爾有一些地方稍微乾燥，有較多的灌木叢，但總是充滿綠意。

太晚了，太遠了（也太累了），無法欣賞這個小鎮的「真實面」，但昨晚在海濱露天圓形劇場的現場音樂幾乎都是**當地**的。有一種說法似乎很真切，如果以前有一個鎮，現在就會有一個鎮。只要去尋找它。墨西哥文化很強：「你無法忽視它。」很高興我沒有。

好吧，我並非有意給你這麼**長**的摘錄，但這一切似乎都是你可能感興趣的東西。很抱歉說了那麼多關於美食之類的事；與你在**那間**羅萊夏朵加盟飯店的待遇相比，可能有點折磨人了！

根據地圖（那張謊話連篇的墨西哥地圖！），我認為從芝華塔尼歐到瓦哈卡應該是「可行的」，所以我出發了。第一個遇到的障礙就是我們的老剋星——阿卡普科；真想可以有路繞過去，我自己肯定找不到路，也沒有任何有用的標誌來指引（驚喜，驚喜），所以只能直接穿過數公里繁忙、悶熱、冒煙、塵土飛揚而且令人沮喪的阿卡普科市中心，然後沿著海岸到「粉色宮殿」拉斯布里薩斯。正如我在關於阿卡普科的日記中寫的，「我真的越來越討厭那個地方了！」儘管我不能否認那裡有很多墨西哥的東西——只是完全沒有好的部分。

接著，我今天至少要在四個路障前停下來，大部分是軍隊設的，但其中有一個是惡名昭彰、腐敗的「司法部」所設。我不記得上次他們出現過，你呢？是因為薩帕塔民族解放軍[37]，還是經濟衰退導致犯罪率上升？或者來自美國的壓力，要他們出來打擊非法移民和毒品？還是為軍隊做的勞務工作，以防止他們參與「政變」？也許都有可能。

總之在我轉入山區時，已經是三點左右了，騎的是一條與我們之前騎的不同的路，但我仍然認為我應該可以在七點前趕到。我真是個傻瓜。一路坑坑洞洞騎得我筋疲力竭，不停地變換二檔和三檔，要在成片的鬆散碎石路上轉彎，村子裡有成千上萬個〔減速帶〕，通常都沒有標示，既要閃過卡車和巴士，又要躲避豬、狗、雞、牛、馬和驢。所有這一切「好事」都被我碰上了。

很快，天開始黑了……哦，兄弟，我**嚇壞**了！在這漫長的旅程中我第一次在夜間旅行，而且偏偏是在瓦哈卡的山區。除了對生命和肢體的明顯危害外，顯然最近在瓦哈卡的道路上「土匪」非常活躍，甚至沿著海岸線，而且《孤獨星球》警告說：「最好的防禦是不要在夜間旅行。」但我不知道還能做什麼；路上都看不到一家貝斯特偉斯特飯店，在路邊露營似乎也不是一個特別聰明的選擇。反正我的身心已經處於一種很虛弱的狀態，無論是對內在力量或韌性方面，我幾乎要哭著來面對這場危機了。無可奈何，只能繼續騎行，雖然速度很慢、很小心、很害怕。

我趕到瓦哈卡的卡米諾皇家飯店時，已過九點三十分了，距離芝華塔尼歐九百一十八公里，

---

36 《巫山風雨夜》是一九六四年由約翰・休斯頓執導的美國電影，改編自田納西・威廉姆斯的同名小說。

37 一個長期控制墨西哥最南端的自由意志社會主義政治及武裝組織。

耗時十四小時。你或許可以說這是「可行的」。在特拉希亞科塵土飛揚的大街上看到一家飯店，那裡似乎是一個比較熱鬧的鎮，但那時我已經有一個小時左右的時間來適應黑暗，月亮即將升起，而且——說實話——這個地方看起來很可怕。可是那時我已經沒那麼絕望了，即使後來在那裡迷路了（主要路口沒有標誌）。實際上我很高興，就在那之後，看到一個寫著「瓦哈卡一四四」的標誌。

我心想著，「這還不算太糟。」

至少最後的六十五公里是收費公路，快速、安全，而且車流量小。但是很黑！這是我整個旅程中第一次在夜間騎行；希望這是最後一次。並沒有如我所想像的那麼可怕，但也夠糟糕了。而且還可能出現更糟糕的情況：爆胎、故障、撞車、遇到搶匪。

可以肯定的是，從來沒有一刻是沉悶的，而從睏倦的角度來說，我也從來沒有一刻感到真正的疲累。這兩天我帶著一種使命感、承諾和百分之百的警覺性，隨時為任何事情做好準備。

雖然**現在**很累。

然而第二天早上，我坐在廣場一家陽光明媚的咖啡館裡吃著「墨西哥式煎蛋早餐」，看著那些看起來很像「原住民」的人走過，想著，「這一切值得嗎？」

見鬼，當然不值得。我筋疲力盡、渾身痠痛、眼冒金星、全身僵硬，手上起了水泡，屁股也**很疼**！我覺得糟透了。但至少我到了瓦哈卡，而且可以待上一整天。我不想做什麼重要的事情比如參觀阿爾班山[38]遺址，但在聖多明各教堂旁邊的修道院裡有一間很棒的新博物館，還有在魯菲諾．塔馬亞博物館收藏一批前西班牙時期的藝術品，當然，還有尋找貼紙的活動（可惜沒有斬獲）。

不幸的是，我沒能在艾爾．亞薩多．瓦斯柯餐廳要到一張俯瞰憲法廣場的位子（畢竟是星期六晚上），但一切還算順利。那道「瓦沙卡雞肉黑醬料理」值得我千辛萬苦趕到那裡（而且也是我一個主要的靈感來源）。廣場上沒什麼特別的，而這一次，餐廳裡安排了一個很棒的樂團——「墨西哥歌謠」，有三個十二弦曼陀林的演奏者、兩個吉他手，還有一個鼓手和搖沙鈴的人（這個也不錯）。晚飯後，我在周圍逛了逛，晚上九點，一切要開始了，我也找人費力擦亮了我破舊的 Rockport 休閒鞋。馬林巴音樂今年在瓦哈卡似乎非常「流行」，因為有兩個這樣的團體在廣場上表演，但只有一個墨西哥街頭樂團。這裡不像我們上次來的時候那麼熱鬧，也有可能那次我們沒那麼早到，因為周圍還是有很多人，不過我真是太累了，沒辦法繼續待晚些。不用說，這仍然是一座最優秀的城市。也許某一天我會再帶你去！

街道上擠滿了小販（很多鋁膜氣球）、出遊的家庭，還有為數不少的警察。儘管我提出了種種抗議，但必須承認，這些確實讓我在擁擠的街道上更有安全感，尤其是在讀了關於墨西哥市目

38 阿爾班山遺址是距離瓦哈卡市十公里的一處考古遺址。

前犯罪情況的最新報告之後——哇！自從經濟大蕭條後，情況似乎比我們上次來的時候糟糕很多。看過那些報導後，我對安全問題更加重視，特意把錢包分別藏在三個不同的地方——腿上、腰包，還有一個和我那支不錯的手錶一起藏在我行李袋中的背包口袋裡。我出門時應該要留**一些**東西在飯店。另外，也有聽說瓦哈卡路上有劫持者的傳說；這也使我昨晚很警覺！

總之，現在是隔天早上了，在庫埃納瓦卡，我昨天走了一圈，去了博爾達花園——這是我們的老朋友瑪德．馬克西米利安和可愛的卡洛塔（他們在一八六〇年代當了墨西哥的皇帝和皇后，共在位三年，結局是瑪德．馬克西米利安在克雷塔羅被行刑隊處決。卡洛塔則精神失常，在梵蒂岡的監護下繼續活了三十年，一直認為自己仍是墨西哥的皇后）作為夏天的避暑地。走過這座相當瘋狂的城市的繁忙街道，相較之下，這間飯店和它美麗的花園成為一個可愛的綠洲。

這裡如此生氣勃勃，充滿著笑語、音樂、買賣的、擦鞋的、政治宣傳的，還有鳥兒在樹梢上的叫聲，聲音很大，我確信牠們應該是**玩具**或類似的東西（長尾鶲哥）。這座城市實在有點邋遢，狹小的街道上有著非常擁擠的交通，但這和許多城市一樣，不管是在這裡或在歐洲，這都是一個難題。我還注意到紅綠燈下的小販：賣口香糖、糖果、聖誕老人帽、彩票、報紙，但最好看的是，有一個表演吞火的人。

今天我要前往上次我們一起去拜訪過的ＢＭＷ在墨西哥市的經銷商「巴伐利亞集團」，去找我們的朋友們：巴勃羅、魯道夫和米格爾（我想這是那幾個小技師的名字），希望他們還待在特拉爾潘道上的這家店。如果沒有我就有麻煩了，因為今天是我在墨西哥城的「無車日」（為了防止空氣污染，該市只允許某些數字結尾車牌號碼的車在特定的上班日行駛），但我已經記下了來自BMW俱樂部的「大使」老馬丁的號碼，以防萬一我需要幫助。

有趣的是，從瓦哈卡到這裡的旅程似乎並不像幾年前從另一個方向走時那樣富有戲劇性。我在日記中問自己：「是更有經驗還是我**糟蹋**了這趟旅程？好吧，我仍然感到喜歡，只是沒再那麼**焦慮**！」

總之，我現在要去「製造精神病人」城（Makesicko，取「Mexico」的諧音，出自墨西哥作家奧克塔維奧．帕斯[39]的戲謔說法），到那裡我會把這封信寄出去，並多寄幾本書給你。這個故事的下一個精彩部分，即前往貝里斯的旅程，我相信很快會到來。現在你知道我每天都在想你，而且有很多好地方等著和你一起去。

也許有一天你可以帶我去那些地方！

夢幻旅行者

39 奧克塔維奧．帕斯是墨西哥優秀的詩人、學者、評論家、小說家、翻譯家、外交官，創作詩、隨筆、小說、政論雜文、文學評論。一九一四年生，一九八八年過世。

〈日記筆記〉

十二月九日，墨西哥城四季飯店

在「這家餐廳」庭院裡的露台上有出色的吉他二重奏。但願他們不要再搞什麼聖誕活動了。七點，這裡沒有其他人，待會我會獨自一人喝著香檳。我會讓他們知道我可以的。

而且還要寫給自己一封信。

今天稍早騎車的時候，我在想，對我女兒太太的思念往往就像身體上的疼痛，而剛才，那痛——幻痛[40]——出現在孤魂騎士身上。因那曾經屬於你的一部分被剝奪而感到痛苦。

一切都準備就緒，要離開這裡。衣服洗好了，較「正式」的衣服則都乾洗好了，一箱東西寄回了家，所以行李輕了一點，書籍和給布魯特斯的信，所有的這些事情都處理好了，希望我的摩托車也會很開心。現在要踏上「最後一程」了。

和服務生愉快地談起墨西哥的不同之處。這個地方的員工很好，每個職位都是。雖然服務價格不斐，但很值得。餐點全數上桌，用奧賽嘉魚子醬與紅鯛搭配番茄泥和墨西哥松露。服務生很驚訝我竟然知道怎麼念出墨西哥松露（墨西哥松露是一種真菌，像法國松露一樣，被認為很美味），但我只是告訴他：「嗯，我以前來過這裡，一旦你學會怎麼說特奧蒂瓦坎[41]或紅鯛，你就掌握訣竅了。」

哦，兄弟，這頓飯真好吃。我狼吞虎嚥大約三分鐘內就吃完了。沒辦法，太好吃了。

突然，八點鐘時，所有人都出現了。有更多漂亮的女人（這我並不關心）。我在心裡忖度，就我在《蒙面騎士》中表達的角度來看，墨西哥同時給人非洲和巴黎的特色。靈魂與精緻兼具。

我環顧四周看看是否只有我一個人在這裡。不，還有另一個失敗者。我是說孤獨者。

哦，真開心。

剛剛想了想未來（反正是一種寄望）。例如，整理這些筆記甚至增加內容——也許會把這些東西寫成一本書。在某種程度上，我希望這能成功，然而……從現在開始，未來似乎是一條漫長而神祕的道路，甚至無法想像它，真的，除非是在有限的時間內例如兩個月。不過，還是太可怕了。兩個月的時間就已經足夠讓人思考了。那感覺好像是明年！

也許會順利的……

40 幻痛是某些人失去四肢後產生的一種幻覺，感覺失去的四肢仍舊附著在軀幹上並產生疼痛感。另此單詞亦有與所愛之人已天人永隔的悲痛之意。

41 特奧蒂瓦坎是一個曾經存在於今日墨西哥境內的古代美洲原住民文明，大致上起始於前西元二百年，並且在西元七百五十年時滅亡。

晚飯後，漫步到院子裡，噴泉正噴灑著，吉他手彈奏著，樓上的露天平台上有很多人，酒吧裡有很多人，無法回到房間。

再來一杯干邑白蘭地。

然後就睡覺去了。

在BMW經銷商處經歷了一點混亂，被繁忙的街道和誤導性的街道路標所困惑，我直到中午過後才得以擺脫墨西哥城，趕往墨西哥灣的維拉克斯。我和布魯特斯上次拜訪墨西哥時本來希望能參訪維拉克斯，但在曼薩尼約待了三天，等他的傷勢恢復了，摩托車也修好了，可以再騎時，我們已經沒有時間去維拉克斯。因此，和在許多地方一樣，我在那裡停了下來，心裡想著布魯特斯。

事實上，在大部分時間裡，在我心裡我是和他並騎著，因為現在沿途布魯特斯大多跟著我。我常常一邊騎車一邊想著我要給他寫些什麼，以及如何描述，並把所有的細節保存在我的大腦和我的日記裡，一旦我到了貝里斯有時間就把它們寫在信裡寄給他。

現在我正在努力騰出時間，因為我已經安排幾天後，就在跨過邊境進入貝里斯後，一個叫科羅札爾的小鎮上與史蒂芬和雪莉見面，沿途還有一個我知道布魯特斯會希望我花時間去拜訪的地方。帕倫克位於混亂的恰帕斯州，是一個巨大的、頹圮的馬雅遺址的名字，在我們上次拜訪時，反叛的「薩帕塔民族解放軍」經常劫持車輛、搶劫遊客，所以「不建議前往」那兒旅行。從我能得到的消息指出，最近該地區的情況稍微平靜了一些，所以我打算為了布魯特斯冒險去看看。

根據《孤獨星球》旅遊指南，帕倫克地區是墨西哥雨水最多的地方（而且「總是悶熱，很少有風」），我親身證實了這些說法。我在傾盆大雨中來到一個小度假村，住進了一個閒置的、舒適的小屋，度假村位於一條泥沙很多的小河邊，其上覆蓋了茂盛的熱帶樹木和藤蔓。大雨幾乎下了整晚，早上我在日記中寫道，這畢竟是一片熱帶**雨林**。我回想了一下，這裡與我經常旅行的沙漠的對比並不是很明顯：「在沙漠中，所有的樹葉都是為了保存水分；在這裡，樹葉巨大而多，盡可能地吸收水分。茂盛的生命，**龐大**的生命。每塊石頭上都有苔蘚或黴菌，但沙漠跟這裡並沒有什麼太大不同，沙漠只是表現得比較**謙虛**而已。」

我正在讀大衛．馬魯夫寫的《記住巴比倫》[42]一書，他對「耐力」這一特質的思考讓我想到了西黃松的種子，它們只有在火災後才會發芽，或者某些沙漠植物只有在山洪暴發時被石頭磨去外殼才會發芽，從而確保它們有足夠的水分生長。我還記得讀到過某些水果種子只有在被鳥類或動物排泄後才會發芽。從達爾文的角度來看，這顯然有助於確保它們的傳播，但我想到的隱喻是關於新生的磨難——為了讓一個小小的幼小種子（或靈魂）成長，它必須經過火災、洪水或……屎。

在穿越墨西哥的那些漫長日子裡，我的思緒越來越強烈地朝家的方向，或者至少是家的**概念**。我

42 《記住巴比倫》是大衛在一九九三年出版的書，獲得了許多國際文學大獎，書的主題涵蓋孤獨、語言、關係與群體等。

還有兩個星期的旅行，還有那在地平線彼端被稱為聖誕節的黑暗日子，但我在騎行時似乎只想著回到墨西哥城。這好像是一條漫長的返家路。

我在急什麼呢？期待的感覺讓我回想起童年時對時間的感知；它令人費解的線性關係，無論從哪個方向看，都多麼不真實。

然而，當了四個月的流亡者，漂泊者，騎行者，孤魂騎士。這樣已經夠了！

在帕倫克我似乎又成了「淡季先生」，因為我獨自坐在度假村的酒吧裡（「忍受，或是說無視那些聖誕音樂」），而晚餐時，除了幾個美國家庭外，桌子都是空的。我在墨西哥待了夠久，至少可以用西班牙語點餐，我試著把這件事當成一個原則。那天我記下了我最喜歡的每日一詞——mantequilla（奶油），並註記起初我以為他們的奶油是「調味的」，加了香料或其他東西，但後來發現並非如此，它只是有點餿了。

那天晚上我開始閱讀戈馬克．麥卡錫[43]的《果園守護者》[44]，我註解著「麥卡錫自身獨特的、通常是既美麗而冷酷的矛盾修辭風格，寫於一九六五年左右；應該是他的第一部作品？」

早上雨漸漸小了，我騎車來到廢墟，花了幾個小時探索這個巨大的金字塔群，這些倒塌的石塊被從周圍如此茂密蓊鬱的叢林中切割出來後，部分被重新堆疊。我記得讀過格雷厄姆．格林[45]的《不法之途》[46]，講述他在一九三〇年代末在墨西哥的旅行，當時這些廢墟還是雜草叢生的小丘，不難想像如果它們再次不被重視，很快就會被那些生命力旺盛、無情的熱帶植物所吞噬。

在一個陰沉多雲的日子，只有幾群墨西哥學生在寺廟之間的濕草地上徘徊。我注意到「除了鬼魂之外，這裡一點也不擁擠」。一群華美黑鸝從頭頂飛過，還有另一種鳥，因為牠的形狀和飛行節奏，起初我以為是非洲犀鳥，但最後從我的《墨西哥鳥類》中確定是巨嘴鳥。在附近的樹林裡我還發現了一隻黃嘴酋長鸝，書上說牠是「很難發現的」。

我爬上了最大的金字塔——碑銘神廟的六十九級既陡又窄的台階，然後沿著裡面幽閉的通道下到地下室。一扇三角形的石門和巨大的雕花石板圍繞著幾個石棺原本所在的小房間，石棺和其他所有被挖掘到的寶物如今都在墨西哥城的博物館裡——除了一個鑲著珠寶的死亡面具，它在一九八五年被盜，再也沒被找到。我寫道「這又是一個鬼故事」，同時對另一個較小的寺廟——康德金字塔有關的故事感到好奇。康德金字塔是以一個古怪的德國人沃爾貝克伯爵命名的，他在十九世紀初曾在金字塔內居住了兩年，和他同住的同伴只被描述為「他的女性朋友」。我試著想像他們是如何在那裡生活

---

43 戈馬克・麥卡錫是美國作家，出版過十二本長篇小說，他以特殊的敘事方式聞名。
44 《果園守護者》是麥卡錫於一九六五年出版的長篇小說，講述一個年輕男孩不知道自己遇到的人是殺害父親的兇手後，所發生的一連串故事。
45 格雷厄姆・格林是個英國作家、記者，被視為引領了二十世紀英國文學的作家。
46 《不法之途》是由格林於一九三九年出版的書，基於他前一年到墨西哥看到政府逼迫基督教徒，以及那些被壓迫者的反應。

的，如何從附近的村莊購買食物與收集雨水，儘管當時我從未想過他們**為什麼**這樣做。

第二天早上我趕往邊境，然後跨進貝里斯和海邊村鎮科羅札爾。托尼旅館是一間小旅館，就位在墨西哥灣岸邊，一排棕櫚樹和異葉南洋杉立在一彎海灘上面對著藍綠色的大海。史蒂芬、雪莉和我自巴貝多以來就沒有見過面，所以這一次的會面令人特別感動也令人期待。當我們一起坐在戶外酒吧喝瑪格麗特酒時，我發現我講話像連珠炮。自從在聖塔菲和艾力克斯和連恩的聚會之後，除了在洛杉磯的安德魯（他才剛**開始**成為一位真正的親密朋友），我已經有一個多月沒有見到真正認識我的人了，能和我覺得舒服的人在一起真是太好了。

史蒂芬和雪莉在貝里斯市的機場租了一輛吉普車，後來我們一起旅行時，他們主動說要幫忙載我的行李，所以我奢侈地享受了幾天騎乘一輛空摩托車的時光。我也很喜歡晚上有人陪我聊天，因此沒怎麼寫日記，直到有一天日出我坐在一個被露水濕潤的土丘草地上，這是禪奇度假村裡一個未被挖掘的馬雅遺址，我描述了清晨的野生動物：

> 六點起床，站在土丘頂上向西看，後面是瓜地馬拉的叢林。周圍有詭異的吼猴發出聲音「宏亮」的呼吸聲（還是聲嘶力竭？）。小藍鷺、食蝠隼、一對禿鷹、鸚鵡、華美黑鸝的叫聲和啄木鳥在空心樹上的響亮叩叩聲、褐頭擬椋鳥（在視覺和聲音上是我最喜歡的當地鳥類）的「鳴叫」，還有兩群眼斑火雞。高大的樹上掛著擬椋鳥的鳥巢，許多鳥都只聞其聲不

見其影。鸚鵡聒噪地叫著。眼斑火雞不優雅，但很美，牠們光禿禿的藍色腦袋上有紅色的疣，羽毛很壯觀。

昨晚與史蒂芬談論了禪奇度假村周圍整個種植園的情況（今天早上又喝了他們的咖啡），所有這些都是鮑恩家族「領地」的一部分，廣達一千平方公里左右，毫無疑問地在全國各地還有更多。該家族還擁有該國可口可樂的裝瓶權，而且顯然已經在貝里斯待了七、八個世代，所以一定是英國種植者或木材大亨的後代。

貝里斯這裡的度假村曾被瓜地馬拉的惡霸接管和搶劫、巴士被劫持、士兵被殺。還有許許多多的故事。

過去幾天，我逐日一點一點地寫信給布魯特斯，讓他了解庫埃納瓦卡之後到現在的「最新情況」。

一九九八年，十二月十七日
貝里斯．禪奇渡假村

你好，吸血怪獸卓布卡布拉[47]！

在離瓜地馬拉邊境三公里的地方，在近千公里的叢林中間、一百三十公里的泥土路盡頭，一個未經修復的馬雅遺址的中心有十二間小木屋。遺址的草叢蓋住了頹圮的金字塔和廟宇，周圍繞著一個熱帶花園、棕櫚樹、木棉樹和熱帶硬木的廣場。今天早上的自然導覽讓我看到了滿滿一頁的鳥類蹤跡，今晚晚餐後，史蒂芬、雪莉和我都報名參加了夜遊。看了旅館用紅外線相機在附近小路上拍到的美洲虎、貓鼬之類的照片後，我希望我們也能看到，哦，或許也能看到一些切葉蟻……

這裡是一個非常特別的地方，我們從拉馬奈前哨旅館來到這裡。拉馬奈前哨旅館位於新河的一個寬闊部分，旁邊是一些修復的馬雅遺址，也提供了很好的賞鳥機會（包括兩種巨嘴鳥——還有很多鸚鵡），樹上的吼猴發出詭異的怪物聲音，雖然不如禪奇那麼高檔豪華，但仍然非常美麗與友善。我心裡想的是，賈姬和賽琳娜會喜歡這些地方，而**你**也會喜歡**來**這裡。

說到來這裡……我們上次通話時（我當然希望你一直有收到我的墨西哥信件；根據我母親的回報，我寫給我外公的明信片三個星期都沒到），我正準備要去墨西哥城。我順利地從庫埃納瓦卡離開，走收費道路，穿過令人訝異的混合松樹與落葉樹的茂密樹林（之前我和你經過時，因為是在漆黑中通過，所以看不見這些樹），這條路在海拔三千多公尺，然後蜿蜒而下一直到特拉爾潘道，再掉頭回轉到路的另一邊（這可不是一個簡單的動作），就在轉過去時，我發現巴伐利亞集團不見了。

我想我一定是騎過頭了，於是又繞了一大圈，甚至騎到了更南邊的佩里費里克，穿過了像往常一樣瘋狂的街道，同時痛苦地意識到我的車牌尾數的「六」，而且每次一經過警察時，都確信我頭頂上有一個閃光燈在說「逮捕我吧」。不管怎麼說，肯定的是，BMW店已經不見了（前一天晚上我曾有過這種想法，還嘲笑自己杞人憂天，並在日記中寫道：「難怪我得了個該死的胃潰瘍！」）。

現在是第二天早上，在我繼續講述這個令人振奮的故事之前，我必須描述一下我們昨晚的夜遊。雪莉不想去，所以只有史蒂芬和我，還有我們的嚮導路易斯。我們每個人都帶著很亮的手電筒，而路易斯肩上背著一個大的手提式探照燈，以便我們**發現**東西時照明。我們也真的找到了，

47 卓布卡布拉這個名字來自西班牙語中的吮吸與山羊，是一種有可能存在於美洲的吸血動物。據說最早於一九九〇年代初在波多黎各出現，後來據說在墨西哥及美國南部也出現，會攻擊並吸食牲畜的血。

沿著黑暗的森林小徑匍匐前進，把光束照在樹叢中和樹冠尋找著，偶爾停下來，關上燈，站在絕對的黑暗中仔細聆聽。真令人毛骨悚然！路易斯為我們找到了一隻白耳負鼠、一隻蜜熊（類似負鼠的樹上小動物）、一隻夜鷹，最重要的是，還有一隻美洲豹貓。太酷了（我忍不住想，這可以做成一個可愛的項圈掛在我的皮衣上，哈！）。

總之……這就是我現在的處境，在週一上午墨西哥城的瘋狂交通中，在我的「禁止駕駛日」，迷失在特拉爾潘道上。現在怎麼辦？好吧，我把摩托車停在一邊，攔下一輛金龜計程車，寫下了「巴伐利亞集團」的名字，司機和我最終得出結論，它已經「搬家」，他們的新地點「有點遠」，不過我還是得騎車跟著他；我仍然覺得自己是路上警察眼裡的一個「移動目標」，我的車牌尾數六正在向世界呼喊，或者至少是對著警察呼喊。

經銷商的新家在聖安琪[48]，緊鄰科約阿坎區，是一個時髦、全新、只賣摩托車的公司，老闆是一個講英語的年輕小伙子，名叫艾瑞克（門口還有一個穿制服的武裝保全，帶著一隻拴得緊緊的德國狼犬，這暗示了墨西哥城目前的社會氛圍）。所以，我總算到了，但又不算真正的到，因為維修部門在另一個地方，就在剛才佩里費里克和特拉爾潘道的交叉口附近。哦，天哪！

這次配備好地圖和他們的指示，我一路狂奔過去，沒被警察抓到（艾瑞克建議我最好把違規的車牌拿掉，但也說反正警察不太注意摩托車），見到了六十二歲的維修經理佩德羅，他和我們的老朋友馬丁有著相似的氣質。他是一流的高手，我不得不佩服他，聽他講我的傳動系統出了什麼問題，我接下來該做什麼，我應該如何去做，諸如此類的。

最近墨西哥城生活的另一個指標是，叫計程車並不安全，搶劫事件層出不窮，尤其是針對外國人，被害人會被打，直到他們說出提款卡的密碼。我的天啊！所以佩德羅幫我叫了一台金龜計程車，和司機說了幾句，給他看了他擁有的警察徽章（因為一些原因我沒聽清楚），然後我就去了四季酒店。在那裡過了幾天好日子，處理一些事情，給你寄了一封信和幾本書，去看牙醫，把幾顆牙冠黏回去，處理電話、傳真和聯邦快遞，吃得很好，看著那些似乎用來為飯店增色的美女們（你知道——那並不是我們在意的）。

（同一天晚些時候，在貝里斯市）。

你知道的，當身邊有其他人期待你關注他們或諸如此類的時候，就很難寫很多信或日記。而我是如此習慣於當個「孤獨騎士」或孤魂騎士，但當然，有一些同伴也不錯。雪莉今天中午離開禪奇度假村準備回家，史蒂芬開著他的吉普車跟在我後面，穿過叢林和門諾派教徒建立的農業社區（這個國家有很多這樣的社區）來到主要道路上，並向南穿過乾燥的熱帶草原來到這個地方，相較於這個在各方面都令人不悅的城市來說，這旅館算是不錯了。沒辦法，這是一個我們可以在

48 聖安琪原本是獨立的小城，後被納入墨西哥城。

白天到達的目的地，並在此為我們明天進入馬雅山脈做準備，並打算在被法蘭西斯·柯波拉買下的布蘭克尼奧克斯山林小屋[49]過夜。如果那裡和我們去過的地方一樣好，那就沒問題了。

（我剛剛把過去幾天看到的所有鳥類加總一下——因為我是個很無聊的傢伙！——結果發現超過四十種，其中大部分是我以前從未見過的。當然，最好的事情是，所有這些自然觀察使我的小腦袋被較健康的事物占據，而不是往自己的腦袋裡鑽）。

在這個冗長的括號之後，我回到了墨西哥城。

所以我在星期四早上七點半出現在艾瑞克的艾塔威士達車行的ＢＭＷ維修部，因為佩德羅說他會在那裡，但直到九點才有人出現，這時我才得知佩德羅已經辭職（他與老闆有些分歧，這位老闆讓我想起了物流公司那個綁馬尾的傢伙，而佩德羅，正如我所說，讓我想起了馬丁，所以你可以想像會有某些「個性衝突」）。

我離開瓦哈卡時，後輪胎的氣壓已經下降了十磅，我在路上已幫它加滿了氣，並請佩德羅檢查，如果輪胎破了就換一個新的。我那天早上到的時候，舊輪胎和車輪已經從摩托車上卸下來了，上面有個標記，顯示有一根大釘子，但是新的維修經理一個名叫庫爾特的年輕德裔墨西哥人，因為不知道我想要做什麼也不知道如何聯絡我，因此現在他說：「也許我們明天前可以拿到一個新輪胎。」

哦，老天。

所以我注意到商店裡有幾輛屬於「艾德懷斯」[50]旅遊公司的GS車，其中一輛後面有一個相當新的普利司通。你可以猜到接下來發生的事……

中午過後我繞過佩里費里克向西走（我們那次和路易斯走的路），然後騎上中央快速道路穿過城市往普埃布拉和東部去。在經歷了各種混淆、錯過路標和不斷繞圈圈之後，我終於脫身前往維拉克斯。

正如你所想像的，這是一個非常熱鬧的小鎮，打燈的鐘樓照出一個五顏六色的廣場，棕櫚樹上纏上數不清的小燈炮。馬林巴樂隊、墨西哥街頭樂隊、站在軟鋼索上的雜技演員、舞蹈管弦樂隊，在一個濕氣濃重的夜晚，這裡聚集了數百人，逛著許多紀念品攤位的海濱步道（我還是找不到貼紙，不過至少學會了如何用西班牙文說我要的東西——Calcomanias〔貼紙〕）。

49 在一九八〇年代初，法蘭西斯．柯波拉訪問貝里斯時，立即愛上了這個地方，並買下當時廢棄的布蘭克尼奧克斯山林小屋。多年來，這裡一直是柯波拉與家人的隱居度假之地，直到一九九三年才向大眾開放。

50 國際性的摩托車旅行機構。

一九九八年十二月二十二日
貝里斯．普拉森西亞

好吧，臭襪子先生，對不起，讓你這樣掛了這麼久，但我一直……很忙。是的，就是這樣。不管怎樣，我們來到了路的盡頭（這是什麼路啊，但我會完成的），而從這裡開始對我來說就是回頭路了——回到墨西哥城，然後回家，回家，回家！

這時為了讓你跟上，我不確定該從哪裡說起，因為我還有很多事情要講。現在我從維拉克斯繼續講，並試著把你從那裡拉到這裡（我現在可以告訴你，你幾乎不可能從那裡到這裡）。關於你的情況我也有點不清楚，因為我從墨西哥城打了**兩次**電話給行蹤飄忽的布魯門費爾德先生，但他沒有回電。一定是以為是你打來的。哈哈……

總之，那天的目標是帕倫克，我認為應該不會太遠（又是那張說謊的地圖！），所以我開始沿著海岸走風景路線；直到大雨傾盆而下，我才逃回了收費公路。

這是我的日記摘錄：

我在想，我真的希望有一天能有一個還算平靜的旅行。自從下加州以來還沒有過這樣的日子。

〔稍晚〕今天也不會平靜。又被收了一次一百四十四比索（四十美元）的過路費，包括一開始在「風景路線」上過兩座橋的過橋費。如果我像個明智的人一樣一直堅持走「收費道路」話，可能會平衡我付出的代價（「從地圖上看起來不錯」，典型的墨西哥錯誤）！又是漫長的一天，雖然任何能讓我「活著到達」的日子都是好日子。

這一切開始於……離開維拉克斯相當簡單，接著便到處繞圈尋找正確的路。很多時候數字是錯誤的，或者標示的地名甚至不在地圖上，或者是距離過於遙遠，感覺是錯誤的資訊（比如從墨西哥城到瓦哈卡），你認為它不可能是正確的。

地圖上的數字會錯嗎？今天我在想，我喜歡一個國家可以容忍錯誤的想法，但現實卻是另一回事。這樣簡直是地獄。

然後下起了雨，大到我必須停下來穿雨衣（當地人一直好奇地看著我）。現在，「風景路線」似乎毫無意義，所以我騎上了「逃跑路線」一七五號公路。這條路確實讓我發現了一個沿著河岸的驚奇小鎮，有美麗的廣場和教堂以及粉色、黃色、藍色和綠色等各種色調的建築。接著我繞了幾圈尋找收費公路的入口；同樣，沒有一個入口看起來是對的。本來我騎在一條路況不錯的四線道上，後來在拉薩羅卡德納斯遇到施工。沒有任何告示標誌，只有塵土、混亂和大量的交通。從那時起，卡車和巴士擦肩而過，就這樣騎到比亞埃爾莫薩時，路標跟地圖還是對不起來，只能繼續前進，希望它是正確的。正如我在第一次墨西哥之行後寫的那樣：「就算你是走在正確的路上，你也不知道。」

今天的小販賣鳳梨、橘子、香蕉和鸚鵡（肯定是氣候變化的標誌），在收費站尤其普遍。那裡也總是有士兵：不要想逃過收費站！

開始對返回墨西哥城的旅程感到畏懼。可能會很漫長，而且很艱難。雖然地圖上看起來路很寬。

說起地圖……

總之，帕倫克和你想像的完全一樣。我在那裡多花了一天時間，在廢墟周圍徒步旅行，在金字塔上上下下（走下那些又陡又窄的階梯後，我的腿疼了好幾天），我再次成為「淡季先生」，在森林裡租了一間漂亮的小木屋，旁邊是一條褐色小溪，溪上伸展著樹枝和藤蔓，蟲鳴鳥叫不絕於耳，夜雨中有螢火蟲。非常好。記得提醒我有機會帶你到那裡去。如果我們在這個地區的話……

然後是衝向貝里斯邊境的時候了，在這段旅途上我被一隻黑頭美洲鷲襲擊了！與我們習慣的紅頭美洲鷲相比，牠們在避免路殺的能力上似乎有點遲鈍，而這隻肥大的混蛋直接在我前面拍翅而不是在旁邊。當我眼見撞擊不可避免時，我只能連忙低下頭並抓緊車把，結果牠重重地撞了上來，把我的左前方向燈直接撞斷，並在我的儀錶板、車把、後照鏡、水箱和皮衣上留下了禿鷲的肉塊碎片。就像……超噁的！

我用路邊的樹葉盡量清理了一下（我回頭看了一眼路邊那塊黑色的禿鷹屍體——成了牠兄弟們的午餐），我繼續前行，不囉唆地以最快速度通過了邊境，並把你帶回到這封信開頭的地方。

好吧……首先，柯波拉先生的飯店價格過高，而且工作人員在大多數情況下都不太敏捷。但它位於水流湍急的弗里奧河邊，被年輕的（可能是第三代）松樹圍繞著，整體來說環境不錯，但也就這樣了。之後我應該不會帶你來這裡。

（順便說一句，禪奇度假村現在在我們心目中的地位下降了，因為在我的臀部、大腿、膝蓋窩和其他部位大約有五十個狠狠的紅色咬痕，應該是臭蟲咬的。）

第二天早上，史蒂芬和我受到五十六公里遠的卡拉科爾（也是路的盡頭）的馬雅遺址誘惑著想去看看，但天氣不好，而且我們已經在一條相當「顛簸」的山路上走了三十公里，所以我們決定離開那條路向南走。這個決定是明智的，因為我們剛轉入「蜂鳥公路」[51]就下起了大雨：典型的熱帶性氣候。我找了個地方停下來拿雨具，每隔幾秒鐘就得擦一下頭盔的護面罩，接著準備通過一座木板橋。通常我會騎中間避免車輪被木板卡住，但這次我錯了，因為中間是所有卡車和巴士滴油的地方，加上突然的暴雨和高溫，那裡滑得無可救藥。

51 蜂鳥公路是貝里斯四大公路之一。

摩托車從我的胯下衝了出去，一直滑到橋盡頭的邊欄把整個車頭都撞爛了。擋泥板被扯掉，大燈被砸碎，油箱冷卻器整個凹陷，儀表板也凹進前叉，側飾板的裝飾也被磨掉，發動機護罩被壓碎，另一個前方向燈也掉了。至於我，也摔得不輕，擦傷了肋骨（當然沒有**你**上次那麼嚴重），滑在地上時前臂撞到了一根立著的欄杆（當下我還想著「手臂一定斷了」，但只是嚴重的瘀傷——哦，還有一些疼痛）。身上的皮衣讓我免於受到碎片和更嚴重的傷害，我的一隻靴子破了一點，但這已是不幸中的大幸。

史蒂芬就在我後面，幸運的是我所有的行李都在他車上，所以我們可以確定我整個人還完好無缺，便從護欄（很多這些假的「臨時」橋樑甚至沒有護欄，這可能會讓摩托車**和**我摔進河裡）下牽起摩托車（它已支離破碎），並把儀表板從前叉上捆綁起來，然後把剩下的摩托車殘骸扔進吉普車。除此之外，摩托車行駛和轉向都還好，飯店裡一位友善的維修人員幫我做了一個壓克力的頭燈罩，它和儀表板都處在很奇怪的角度，但都能運作。這真是一台好車。

現在我們面臨著人類所知的**最糟糕**的道路。當然雨下得很厲害（如果地獄裡下雨，就會像這副模樣，而這就是通往那裡的路，或者說是從那裡來的路——六十五公里像洗衣板的泥濘路，坑坑窪窪跟爛泥巴）。

所以你可以想像，我感覺非常地痠痛和僵硬，肋骨受到了嚴重的撞擊，淤青的手臂很快就陷入了相當的疼痛之中，還有對摔車的意外也餘悸猶存。然而這段旅程也即將接近尾聲——整整四個月騎了四萬四千公里——哦，太棒了，當我從帕倫克離開時，總里程已超過了十萬公里，當時我還停下來拍下里程表上這令人興奮的一刻。有一次史蒂芬和我甚至停下來在路邊的茅草棚下躲了一會兒，希望雨會停。但並沒有。六十五公里的路走了三個半小時，都是用一檔，而且我還不時要下來腳踩在泥巴裡推車。史蒂芬一路都用四輪傳動開車，但也不可能開得更快了。

然而普拉森西亞這個地方很壯觀：盧巴哈蒂[52]飯店——「月亮之家」——這裡是去年三月我們從倫敦回來時，賈姬和我本應在那裡待一個月重新建立某種新生活的地方。嗯，結果並不盡如人意，不是嗎？總之，我說得夠多了，是嗎？（每封信似乎都變得更長，但當我向南旅行時，似乎發生了更多的事情）。現在我只想趕快過完接下來的幾天，回到墨西哥城，扔掉可憐被砸爛的紅色摩托車，然後飛回家。回家後我便能打電話給你，我們到時再聊。

但你要是嘲笑我摔車的事，我會掛電話。畢竟這都是你的錯，讓我得自己下場耍特技！

稍晚見，夥計

橋樑剋星

52 盧巴哈蒂在當地語言指的「月亮之屋」的意思，飯店中所有的房間以不同語言的「月亮」命名。

某天下午，盧巴哈蒂飯店的老闆給了我一張紙條，是當地一個五金和木材商人史蒂夫．克里斯滕森寫的，他說他看到我被撞壞的摩托車停在那裡，想知道我是否已「受夠了」，想把它賣掉。我很快地考慮了一下，但決定要一起繼續未完的旅程。

我和史蒂芬還真的去了克里斯滕森先生的木材廠和他談了一會兒，知道他是個美國人（我猜是四十多歲），已經在貝里斯待了十三年；他說他不能接受美國的「政治正確」。我再次希望我是一個更有**好奇心**的記者，因為我想知道他指的是什麼。

雖然他有點失望我不想賣掉我的摩托車，但還是邀請我去他家看他完全重新改造的一輛老R100GS摩托車，還讓我在他的車棚裡換油。

史蒂芬和我在普拉森西亞遇到的另一個有趣的人物是拉里，一個留著辮子的當地人，他告訴我們他的「女士」的故事，她住在多倫多附近的斯卡伯勒。以及他是如何飛到那裡，然後把她的車一路往南開到貝里斯，儘管他沒有駕照。很難想像他怎麼做到的。

還有阿爾瓦，盧巴哈蒂飯店的年輕黑人女服務生，前一天晚上還和我們愉快地打趣，但那天下午我在酒吧看到她時，她的心情很糟，說她想「殺人」。我告訴她：「如果妳不在意，我就把**我**全部的麻煩事都告訴妳！」

毫無疑問，她工作量太大，薪資太低，似乎對每個人都很不滿，但特別是對某個人——她想對著開槍的那個人。我告訴她：「不值得為某個蠢男人去坐牢。」她說那她出去踢隻狗好了。我說：「是啊，妳踢全部的狗，我踢全部的貓，怎麼樣？」

接著，阿爾瓦也被主管林恩惹惱了。林恩要她擺好晚餐的桌子和照顧吧台，她一邊氣喘吁吁地走來走去，一邊大聲抱怨和嘲笑林恩對幾位到來的客人笑臉殷勤。我告訴她史蒂芬和我將在第二天早上也就是平安夜那天離開，因為「旅館裡沒有房間」時，她回說：「好吧，至少你沒有**懷孕**。」

說得好，阿爾瓦。

第二天早上，史蒂芬又跟著我回到了那條可怕的泥濘道路上，我們在丹格里加一個叫做鵜鶘礁海灘俱樂部的破舊小度假村裡度過了一個不歡樂的聖誕夜。接著在聖誕節整天辛苦地前進，一人騎車、一人開車，經由貝里斯市回到科羅札爾的托尼旅館，回到我們出發的地方。

第二天清晨史蒂芬和我做了一個感性的告別，畢竟我們又再次一起熬過一次艱難的時刻。史蒂芬開著吉普車回到貝里斯市的機場準備飛回俄亥俄州，而我則再次獨自穿越墨西哥邊境，以一種絕望的緊迫感騎車前往墨西哥城。

現在聖誕節已經過去了，我迫不及待地想再次回家，回到湖邊小屋裡，腦子裡不做他想。到了第二天下午我趕到了墨西哥城，把那輛可憐被撞壞的摩托車扔在ＢＭＷ經銷商那裡，並住進四季酒店待一晚。想到這次旅行能去到這麼遠的地方就很興奮，儘管我訂的航班要等到第二天晚上，但這次運氣不錯，當晚飛往多倫多的航班剛好空出一個位子，因此在喝了幾杯酒慶祝一番，並在客房吃了一頓精美的晚餐後，我在午夜時分退了房搭計程車去了機場。

家。我想知道外面會有多少積雪。我想念房子裡的房間，它們現在會是什麼樣子。我想到家裡到處都是賈姬和賽琳娜的照片，想知道我現在看著它們心裡會是什麼感覺。我想到了所有的記憶，並想知道像這樣再次近距離地接觸會是什麼感覺。

我已經離開了四個月又一星期，走了四六二三九公里。這是一段漫長的旅程，從各方面來說都是如此。我改變了嗎？我是否已經「療癒」了？

部分的我當然對再次進入那棟房子而感到興奮，但也仍有一個疑問的幽靈。我當然帶著一種思鄉的幻想，幻想著再次回到那棟房子裡的感覺，但我不能肯定現實生活是否最終會是**美好的**。想到我之前說的關於「旅行」的幻想，我也可以這麼說是關於「家」的幻想。一如既往，我無法說出自己會有什麼感覺，要等到我真的**感受**到它。

在我宛如奧德賽之旅的流浪中，對我來說最重要的是感覺我仍然在往前走，仍然願意嘗試，仍然能找到力量去面對陰影和鬼魂，每天早晨和晚上走在治癒的路上，並且相信「總會有轉機出現的」。

晚間的飛機從跑道上起飛
越過星座的光芒
我俯視著百萬間房屋
想知道你今晚在做什麼

如果我可以揮動我的魔杖
我要讓一切都變好

〈變魔術〉，一九九〇年[53]

53 《變魔術》專輯中同名曲目的歌詞摘錄。原文：The evening plane rises up from the runway Over constellations of light / I look down into a million houses / And wonder what you're doing tonight / If I could wave my magic wand / I'd make everything all right。

第二部

回家的天使，在飛翔

我曾夢見一個冬天的花園
午夜相會
銀藍和冰冷的寂靜
為你，我變得多麼地愚蠢

〈變魔術〉，一九九〇年*

* 《變魔術》專輯中同名曲目的歌詞摘錄。原文：homeward angel, on the fly / I had a dream of a winter garden / a midnight rendezvous / silver blue and frozen silence / what a fool I was for you。

第九章

冬季盛宴

光線的遊戲——一張照片，
我曾經的樣子
一些被遺忘的陌生人
對我來說沒有太多意義
光線的把戲——移動的畫面
在飛行中捕捉到的瞬間
使陰影更暗
或使色彩更閃亮

〈可見光〉，一九九〇年[1]

1　**《變魔術》專輯中曲目〈可見光〉的歌詞摘錄。原文：**play of light — a photograph/ the way I used to be/ some half-forgotten stranger/ doesn't mean that much to me/ trick of light — moving picture/ moments caught in flight/ make the shadows darker/ or the colors shine too bright。

照片與回憶。經過將近二十年的家庭生活，一長排的相冊擺滿了湖邊小屋客廳壁櫃裡的架子。我無法想像我會想再次打開那些相簿來翻看，除非我真的想折磨自己，但在擺滿房子的許多鑲框照片中有三張我特別喜歡——也特別討厭的。

第一張是黛比在巴黎杜樂麗花園拍的黑白照片，賈姬、賽琳娜和我坐在長椅上。這張照片從我們的背後拍攝，我坐在中間，雙臂橫在長椅背上擁抱著兩個「我的女孩」，賽琳娜的臉側著，看向我們兩人。

另一張彩色照片是一九九七年八月十日那個最後的早晨，由賈姬的舅舅哈里拍的，就在賽琳娜開車去多倫多之前。照片上我們三個人站在湖邊平台上，後面是樹木和湖水，毛茸茸的尼基躺在我們前面。一個笑瞇瞇的光頭男人站在一邊（我以前的習慣是在七月一日把頭髮剃光，其他時間就任其生長），穿著「五十一區」的T恤衫和短褲。賈姬也是夏天的休閒打扮，打著赤腳，穿著短褲和T恤，頭髮因為陽光、風吹和水氣而顯得有點亂。賽琳娜站在中間，看起來年輕、結實而且漂亮。那個夏天她一直在努力健身，游泳、走路、上高爾夫球課，一邊在跑步機上跑步，一邊看《梅森探案》和《綠野仙踪》的重播，這一切原本都會有回報，當她回到多倫多開學後，整個人會看起來很棒。

第三張令人愛恨交織的照片也是一張黑白照，這張賈姬和我的照片，是安德魯（洛杉磯的安德魯）在一九九七年匆促樂團三位成員接受加拿大勳章（加拿大平民的最高榮耀，類似於「優良公民」獎）的時候拍攝的。我穿著亞曼尼燕尾服，帶著驕傲的微笑展示我的加拿大勳章，賈姬穿著黑色禮服，一身優雅的裝扮，眼睛閃閃發亮，對著相機露出一個大大的微笑。

照片與回憶。

我從墨西哥城飛回來，於一九九八年十二月二十八日上午抵達，在經過四個月的旅行，橫跨加拿大、美國西部、穿越墨西哥的東西部、跨越整個貝里斯後，我知道我是飛回來再次面對這些照片，以及充滿那間鬼屋的所有一切。

基斯在機場接我，把我送到湖邊的小屋——儘管現在湖面已經結冰，上面覆著越來越厚的雪，這些雪同樣覆滿了房子和周圍的樹林。對我來說這一切都顯得那麼美好。這是我靈魂冬季的風景。

我不在的時候，基斯一直很忙，不只以他一貫的完美標準維持著這裡，而且還和他的朋友皮埃爾一起把賽琳娜的臥室改造成賽琳娜紀念圖書館。皮埃爾是一位出色的木匠，一九九二年時就幫忙蓋這棟房子了。我八月離開前和他倆見面，並在牆上畫了一些鉛筆標記，現在這些潦草的筆跡已經變成一個立體的楓木書架、一個穿過牆壁連結大廳的玻璃櫃，樓上的閣樓也多了一個連接我工作室閣樓的拱門。他們的工做得很細緻。

整個夏天和秋天，基斯有時還會從多倫多的房子裡運來一車車的寶貝。我和黛比已經查看過那裡的個人物品，把認為應該留下的東西裝箱（這實在很難說得準，因為你往往不會花太多注意力在物品上，所以最終會保存那些看似重要，或與失去的親人——以我的例子是兩位——相關的東西）。除此以外，我知道我想保留的只有幾幅多倫多房子裡的畫作，還有書——曾經擺滿家裡高大書架的數百本書。因此在最初的幾天裡，清空賽琳娜紀念圖書館地板上的那堆箱子，把書上架到那些嶄新、空蕩蕩的書架，讓我那顆不安的心能有事情做。

夏天停留在這裡時，我曾告訴基斯我的計畫，我想讓房子成為一種「反叛」的聲明，表達我作為「復仇的單身漢」的新角色。我在他面前向天空舉起拳頭，以決絕的態度喊道：「我會做給妳們看的。」這裡指的當然是賈姬和賽琳娜「拋棄」我這件事。

除了屋裡到處都擺放著她們的照片，我也四處放上精緻的汽車或摩托車模型，或某種能展現「男子氣概」的東西，我還故意違反賈姬對空間整潔的品味，在客廳的書架上擺滿了藝術書籍和非洲雕刻品，每面牆上都有一、兩幅畫，甚至以沙龍式的擺法把它們分兩層掛在高牆上。

基斯住在附近的一個小鎮上，當我在家時，我請他每隔幾天就來做些雜務，同時幫我進行「重新裝修」。他和賈姬一樣，對室內裝潢傾向樸實風（或者稱之為較有「品味」的風格）。有一天我讓他站在梯子上掛畫時，我對他說：「你知道，賈姬會討厭這個。她會說這太**雜亂**了。」

基斯看也沒看我，喃喃地說：「這是她可能會用的詞。」

「哈，」我笑了，再次舉起拳頭和眼睛看向天堂說：「我會讓妳知道，留下我一個人會發生什麼事！」

事實上，我覺得基斯對我的「復仇的單身漢」狀態有點同情，因為我曾半開玩笑地提到，我想把我的杜卡迪 916（最漂亮的摩托車之一）放在客廳裡，而當我從墨西哥回來，從前窗看見它立在那裡，我笑了起來。它是如此肆無忌憚的閃耀、鮮紅，一點也不女性化。

我的弟弟丹尼、珍妮特和馬克斯在新布倫瑞克與珍妮特的家人一起過聖誕節，而在蒙特婁拜訪幾位朋友後，他們在新年過後開車來住幾天。在以往快樂的日子裡，丹尼和珍妮特經常來這棟房子，他們似乎感覺到了「鬼魂」的重量，非常沉重。丹尼後來寫信給我說，他覺得「我比他們在悲傷的路上走得更遠一些」。

起初我對他的說法感到一陣被冒犯的刺痛，因為我確實不覺得我有走的「更遠」，但後來我意識到，某方面來說這是真的。在某種程度上（每天都不同），我已經**習慣**了獨處的狀態，而且部分的我就只是**接受**了現在的情況。想到我在悲傷過程中的每個相對階段，我明白那時我已經在一年零四個月裡都是個全職的、專業的哀悼者。每日每夜，每分每秒，我完全專注於我的失落、生存和內心小男孩的狀態，事實上我似乎已經有了某種程度的進步，恢復了一點力量。也許「療癒之路」有了成效。也許這段時間以來，實際上我的行動是前進兩步，後退一步。

雖然現在我暫時放棄了吉普賽模式，回到了隱士模式的生活，我知道我仍然必須保護自己，免於太多孤獨和「回顧」帶來的傷害。我首先決定的，是藉助朋友和家人的幫助，讓他們每隔一、兩個星期就來拜訪我，這樣便不會有陷入自己內心太深的危險。

我開出的另一個保護措施是繼續我的「寫作療法」。正如我在旅行期間證明了書信是一個很好的檢測自己想法的工具一樣，我決心每天花一些時間坐在書桌前告訴別人我的感受，我做了什麼，我希望做什麼。這是一種宣洩。

布魯特斯仍然是我的主要「聽眾」，但還有一些其他我想聯繫的朋友——那些在我最近的不幸事件中失去聯繫的人，但他們一直寫信讓我知道他們惦記著我。

現在回頭看，這是我適度療癒和嘗試恢復正常生活的另一種作法，我想再次向更廣泛的朋友圈敞開自己。當然不會像過去那麼廣泛，因為在過去的幾年裡我一直穩定地寫大量的信件（只有在樂團巡迴和旅行期間會比較零星）給遠方的朋友，但我現在已經沒有「熱情」去做這些事了。

在我生命中這個新的轉折點，一切回歸空白（無論是好是壞）。如果重來一次，我會選擇那些我確信仍然希望出現在我生命中的人，並邀請他們回來。如果他們願意。

以及如果他們可以。因為很明顯，要成為像我這樣失敗者的朋友，願意分擔如此可怕悲劇的現實，並不是那麼容易，對這一點我也是能夠理解的。儘管如此，似乎總是有一些好人能夠忍受這一切，不斷地令我感到驚訝，我當然感謝他們真正的寬宏大量——靈魂的偉大。

不可避免的，我從湖邊小屋裡寫的第一封信，寫給了我那正在坐牢的可憐朋友布魯特斯。他的保釋請求最終被拒絕了，現在正在等著談判出一個可接受的認罪協商。聯邦當局曾向他提出條件，要他「說出幾個名字」，但他知道這個方式對他和他的家人都沒有好處。

湖畔小屋對布魯特斯來說也是一個特別的地方，事實上是他發現了那個美麗的地方，然後介紹給我。大約在一九九〇年，他和喬治亞到我們位在回音湖的小木屋來探望我們，離這裡大約十六公里遠，布魯特斯每天都開車在洛朗山脈南部尋找可以購買的地產。有一天他回來告訴我他發現了一個湖，這個湖剛開放開發，只有三棟房子蓋在樹木茂密的岸邊，湖水乾淨到可以直接舀起來喝。

第二天我們把一艘獨木舟搬上他的吉普車頂上，我與賽琳娜和他一起開車去探訪這個天堂。那個湖區的地主路易（後來成為我的鄰居和教導我林地知識的人）也正在出售這座湖上的幾座島嶼，布魯特斯、賽琳娜和我划了半天的船，盡可能地探索這些島嶼（我們不得不在茂密的灌木叢中行走，試圖看到整塊土地的長相），並沿著岸邊巡視，查看多個可能購買的土地。

這些島都很小，不超過零點四公頃，要在上面蓋房子也不切實際（最先想到的就是秋季的結冰和冬季的融冰），但從我們「內在小孩」的角度來看，這仍然很誘人——擁有自己的島嶼是多麼令人激動啊！我們決定理智行事。然而在一個星期內我們各自在湖邊買了一塊地——和一座小島。

不幸的是，伴隨著其他東西從那裡消失，布魯特斯也在幾個月前把地賣回給路易，以支付他部分的律師費。但就像布魯特斯最能理解我對摩托車和旅行的感受，他也最能理解我對湖邊小屋的感受。

一九九九年一月七日
魁北克．聖布魯托湖

嘿，冒失鬼！

這個冬日早晨美極了，太陽剛剛照亮路易家後面的樹，氣溫為攝氏零下十二度，一夜之間有二十五公分的新雪細粉。昨晚刮起了一場暴風雪，上床前我關掉了室內的燈，坐起來看了一會兒戶外燈光下永不褪流行的「雪花球」。

這幾個月來我一路上日日夜夜幻想的冬季景象已經真實呈現，就像我想像的那樣，而且我一直在鏟雪（好吧，實際上是基斯一直在鏟雪——我只是欣賞並在雪中玩耍）。

正如在電話裡告訴你的，我在這裡的頭幾天是快樂地在室內度過的，單純地沉溺於**待在這裡**（這麼久以來我所想要的就是這個：活著並待在這裡，而我還沒有把這視為理所當然）。隨著賽琳娜紀念圖書館的成功建置和一定程度的裝修，以及客廳的書架上擺滿了關於藝術、汽車、摩托車和鳥類的書籍（我認為這是一個最正確的組合），我開始鍛鍊我因騎摩車而變弱的體格，以便再次參與戶外活動——我沒得選擇，因為永遠活躍的丹尼和珍妮特在這裡做客。有一天我上午和丹尼一起雪地健行，下午和珍妮特一起越野滑雪，所以我已經有了一些「新鮮空氣和鍛鍊」。

現在地面上的積雪將近六十公分，正適合雪地健行，而且至少足夠在有氧廊道[2]上進行越野滑雪，所以我最近總會穿上雪鞋探索附近的樹林，還會每天開車到村裡在廊道上滑雪，每天滑遠一點。

2　「有氧廊道」位於加拿大魁北克，是一條五十八公里的多功能休閒步道，建在舊鐵路上，用於騎自行車、步行或越野滑雪。

說到冬天的這些事，聽起來不是很不錯嗎？你知道它是的。樹上和到處都是雪，想到過去四個月裡我去過的所有地方，無論多麼美麗都只是為了使這裡看起來更美好。這裡是「歸屬」，你知道嗎？我知道你知道的。

在我對於回到這裡感到興奮的同時，有一個小小的疑慮一直糾纏著我：再次**帶著情緒地**面對這裡會是什麼樣子？看著這裡所有的照片，充斥這個地方的東西，以及這個地方本身；無論我在哪裡看，都能看到她們的面孔，在相框裡，以及在記憶裡（我可能已經在電話裡告訴過你這些，但為了我自己，不是為了你，這也值得重述。你畢竟是我的忠實聽眾，所以我寫什麼你就得讀什麼！）

好吧，在這段漫長的時間與距離的間隔中，我已經抵達了「悲傷之路」的其中一個階段。悲傷有相當明確的一系列「階段」，人們會一一經歷（我以前知道這些東西的所有細節，在倫敦我讀遍與悲傷相關的書籍，但我已經明智地讓它們從我的腦海中流走了），有不同的階段，主要是「震驚」、「不相信」、「否認」、「憤怒」等等這些。最後你應該到達「接受」的階段（不能與喜悅、平靜或順從混淆）。

無論如何，「接受」似乎是我現在所處的位置，因為當我第一次走進這間屋子，環顧四周賈姬和賽琳娜的照片時，我腦海中浮現的字眼是：「我知道。」就這樣。並不是說我真的能「接受」它或一定要接受它，但至少「我知道」。

我想，這是件好事，而在這個程度上，我想「療癒之路」完成了它的工作。我剛剛開始翻閱我在旅行初期的一些日記，發現自己當時只是希望能在聖誕節前四處遊蕩，也許還能遊蕩到墨西哥和貝里斯，然後在當時看來仍遙遠的未來，回到這裡度過隆冬。我現在可以說這個計畫在外在和內在的意義上都成功了，而現在我只需要努力完成第二階段的工作。

和第一階段一樣，我不確定這一切會有什麼效果，但我將使用同樣的操作方式：沒有壓力，沒有強迫，只是盡量讓自己以輕鬆和健康的方式度過這些日子。當然現在是另一個「危險期」，我可能很容易陷入「邪惡之路」，所以我一直很注意自己。這就是為什麼我一直熱衷踩著雪鞋和滑雪板的原因，我希望能在越野滑雪方面建立某種生活規律，每週至少進行三次長時間的滑雪。這不僅能讓我保持忙碌，而且我的「體能水平」也能提高一些。

總之，我會努力讓自己在非破壞性的活動中保持忙碌，希望我能對在這裡做的一些事情感興趣，例如重新開始寫作。但還是那句話，沒有壓力，沒有強迫。我只是開始打出我的筆記，整理我所收集的材料，再看看情況如何。到現在為止，我早上已待在辦公室一個小時左右，只是東摸西摸，然後看看鍵盤會把我帶到什麼地方。

這是另一件需要適應的事情——再次打字，在我經歷這麼長一段時間手寫日記和信件之後。但我確實喜歡手寫。在電腦上打字不僅比寫在筆記本上整齊（忘了我寫的字吧），我還發現這樣我在表達上更能隨心所欲，因為我知道任何太過愚蠢的東西都可以在之後得到修正！但我想，兩者都很好。這要看情況，不是嗎？

但是，對啦，還有很多事情要做，好吧。客房和前廳仍然堆滿了箱子，還有更多的箱子要從多倫多運來，所以總是有很多這種整理工作要做。我以前在這裡的辦公室現在「併入」賽琳娜紀念圖書館，非常的凌亂。我才剛開始消化堆積如山的郵件和雜物，但我在與你談話後發現了你一封寫得很好的信，這樣很好。

聽說你不得不放棄那個和善的年輕非裔美國人雷金納德的陪伴，我很難過，因為我相信以你說的那種「豐富多彩」的方式與他交談是非常愉快的，能真正打破那些跨文化的藩籬。我的意思是說，你們也許可以針對共同的興趣加以深入探討，譬如像過去那些偉大的黑臉雜秀[3]一樣，所有幽默的角色都塗上黑臉妝，唱歌跳舞都極富魅力，那是多麼的引人入勝啊！或者像那個小山米．戴維斯[4]；如此偉大的藝人。還有六〇年代那些衣著光鮮的摩城[5]歌手的輕快音樂。確實，在如此坦誠的情況，能幫助兩個被共同禁錮在一起的靈魂伴侶共度難關，甚至可能想與「兄弟」分享在「鄰居」間「哈草」的經歷。

我說啊，毫無疑問，在這種無拘無束的語言交流中，你甚至會發現有機會使用「布吉」（隨著音樂擺動身體）和「捷舞」[6]（一種快舞）這樣令人愉快的動詞和形容詞！我敢肯定，這是很大的樂趣，而你失去了這樣一個純樸而有趣的夥伴，是很令人遺憾的。

〔同一天稍晚……〕

好吧，我剛剛穿著雪鞋在樹叢中「拓荒」回來，在路對面的樹林裡走了很久。我記得你和我曾經在「百畝樹林」[7]周邊雪地健行，但我不認為我曾經把你從東北角拉到更遠的灌木叢中進入伐木特許地與公有地中。幾年前的冬天，我可以穿過那裡並連接一些林道——這些林道只有冬季的雪地摩托車和秋季的獵人使用——然後一路走到「有氧廊道」。然而從那時起，經過幾個夏天的生長，尤其是去年著名的冰風暴把這條小徑封得嚴嚴實實，所以今天我帶著一把樹枝剪到那裡去試一試。在幾個小時吃力、彎曲和猛力的扯拉中，我大概剪掉了兩百萬根漆樹新芽以及無數「鮮嫩的」幼苗，但我仍然深陷在濃密的灌木叢中。下一次我必須帶上手鋸，因為有許多相當粗大的樹直接橫躺在小徑上。

這讓我毫髮無傷地忙了幾個小時，在回來的路上我循著遠處電鋸的鳴叫聲，越過這片土地，

3 黑臉雜秀，是十九世紀初一種美國種族主義戲劇娛樂形式。每場演出均由喜劇小品、綜藝節目、舞蹈和音樂表演組成，這些節目專門描繪了非裔美國人。表演大多由化妝成黑臉的白人演出。

4 小山米．戴維斯（一九二五—一九九〇）是美國歌手、舞蹈家、演員、喜劇演員、電影製片人和電視導演。由於他受歡迎的程度幫助打破了當時娛樂圈的種族障礙。

5 一九五九年，二十九歲的底特律人高迪創立了塔姆拉唱片公司，並於次年將塔姆拉併入摩城唱片公司，簽約了數百位傳奇歌手和樂隊，後被環球唱片併購。

6 在二十世紀三〇年代初起源於美國的非裔美國人的舞蹈風格。

7 作者以小熊維尼裡的虛構森林「百畝森林」的諧音為自己住處的森林命名。

穿過臭湖結冰的湖面，幾天前我和丹尼在那裡開闢了一條小路（我們的足跡幾乎被昨晚的大雨淹沒）。皮埃爾和基斯正在另一條小徑上工作，清理遠處地界線上大量的枯枝。去年夏天我們一直沒能完成這項工作，因為光是清理馬路對面的小徑就花了我們四人一整天的時間，但我要求他們至少要把小徑上最大的樹移除，這樣就可以不必從它們的周圍或上面、下面鑽過去。

然後回到家，熱了一罐美味的豬肉佐白豆，然後又在書桌前工作了一陣。我今天就會把這封信寫完然後寄給你，這將是我出門的一個好藉口。我從嘗試越野滑雪活動學到一件事，那就是出門辦事是去滑雪的好藉口，而去滑雪是出門辦事的好藉口。這對我可能會奏效！

總之，這就是今天全部的大新聞。請注意，昨天我寄了一個包裹給你，裡面有兩本書、一張可以買兩百個墨西哥松露[8]的匯票，還有兩張我認為你可能會喜歡的照片（當然，因為你在裡面是主角）。我不確定你現在是否有地方收藏這樣的東西，但我想我還是把它們寄給你，說不定你有地方放。

如果沒有，你知道該怎麼做，不用我告訴你。就像在滑雪纜車上「保持滑雪板不觸地」，或者正如你那可悲的前朋友雷金納德建議過你的：「一個人必須以冷處理的方式接受這些司空見慣的事件，我的至親兄弟，你知道我在說什麼嗎？」

對抗權勢，兄弟！

孤魂騎士

〔致萊斯利・喬伊斯的信〕

一位多產的作家，也是出版我第一本書《蒙面騎士》的波特斯菲爾德出版社的創始人。

一九九九年一月十五日
魁北克・聖布魯托湖

親愛的萊斯利：

好吧，我在這裡，又回到了樹林裡的家，我肯定屬於那裡，而且我很高興地說，這正是我在過去兩個月裡自我「放逐」時日夜夢想的樣子。一場真正的、理所當然的暴風雪正在外面肆虐，空中的雪密到讓人看不到湖對面，在我回來後（十二月二十八日）已經落下超過六十公分的雪，雪花飄飄繼續落在像鮮奶油的山峰上。溫度一直保持在我的「冬季最佳溫度」（攝氏零下十度）

8　墨西哥松露是一種生長在玉米穗上的真菌，會引起玉米黑穗病，儘管這是一種植物病，但墨西哥人認為這種真菌是美味佳餚，會加入各式菜餚中進行烹調，故稱為「墨西哥松露」。

左右，儘管有幾個晚上的溫度接近零下三十度，這給了我一個很好的藉口來點燃那支老式柴爐。

當然，我有電暖爐之類可以保暖的東西，但這支柴爐是我「應急」計畫的一部分。蒙特婁的加拿大廣播電視台，也就是我每天獲取天氣信息的地方，不會讓任何人忘記一年前的大冰風暴，雖然這個地區不是受災最嚴重的地方（其實當時我們在倫敦），這裡停電了大約十二天，非常寒冷。這就是為什麼我有一支柴爐、一台發電機、一輛四輪傳動車，還有雪鞋。

這就是為什麼每個魁北克人都知道，你必須隨時準備充足的酒和菸！

所以我正慢慢適應我將在這裡過的任何一種生活。作為一個不負責任的騎士，一個人不可能一走了之四個月之後，回到家卻沒有某種程度的**混亂**，當然我的內心也有一定的混亂，所以它……打平了。

〔對我的旅行和「接受」悲傷理論的回顧〕

……所以，經過四個月和四萬六千公里、四個國家、六個省分、兩個地區、十一個美國州和十七個墨西哥州，也許這一切只是為了說：「我知道了。」我想，這一切對我的過去來說已經足夠，但我只希望這些對我的未來也是足夠的，你知道我的意思？

好吧，用天才（卡通「天才與傻傑」[9]中的角色）的不朽名言來說，當他爆打傻傑後，傻傑問他：「你為什麼打我，天才？」

天才狡猾地回答說：「時間會證明一切，傻傑。時間會證明一切。」

賽琳娜和我以前很喜歡這些角色。

我在旅途中讀了不少東西，其中很多是關於我旅行地點的背景，特別是關於美國沙漠的書籍，這引領我到了一些有趣的地方。你認識美國作家愛德華．艾比嗎？我在一座國家公園的遊客中心發現了他的《沙漠隱士》，隨即成為他的忠實粉絲。《猴子歪幫》、《勇敢牛仔》，還有他的許多小說和非小說很快就被我裝進背包裡；我旅行穿越的西部是他用愛和理解寫下的西部。

我對傑克．倫敦的興趣也讓我對《海狼》、《馬丁．伊登》等傑作以及那麼多優秀短篇小說的崇拜。

〔我拜訪傑克．倫敦州立公園的故事，以及關於倫敦的悲傷結局〕

他和他的妻子查米安似乎很相愛，他們一起經歷了許多冒險，他當然有一個有趣且成功的人生，然而這些都不足以讓他繼續**活著**。或者對她亦然。這讓我很難過。很多事都是如此。

但是，正如我在明信片中所暗示的（我很高興你收到了這些明信片；一路上我想讓一些人知道，他們在我的心中還活著，而且我在他們的心中也還活著！），在療癒之路上我確實偶然遇見一些真與美的重要時刻。

那是一些簡單的事情：日出時分我從曼尼托巴省的尼帕瓦騎過薩斯喀徹溫省，前一天晚上我

9 「天才與傻傑」為美國卡通，描述兩隻實驗室的白老鼠意外得到人類的智慧，傻傑仍在依戀老鼠的生活，但天才想征服世界。

在那裡躲了一場八月底的雷雨，現在週日早上的馬路空盪盪的似無盡頭，仍然濕亮，映照著我身後的晴空和初升的太陽。或者騎車經過阿拉斯加公路沿線的湖泊和森林山脈與一個馴鹿家庭、一隻黑熊或一隻禿鷹擦身而過。在通往因紐維克的鄧普斯特公路上，苔原上空的矛隼、阿拉斯加的灰熊、鯨魚在載我往南到魯珀特王子港的渡船旁嬉戲。公路、風景、野生動物。再一次，專注在最重要的事情上。

在這次旅行中另一個必須推進的重要過程，是**重建**我自己。我預計這項工作將持續一段時間。不用說，我的人生根基已經被深深地動搖了，以致於我現在甚至對「我是誰？」和「生命是什麼？」這些我曾經知道、或者覺得我知道的基本概念都毫無想法。但在我的靈魂深處有一種對過去任何事物的排斥感。

我對生命曾經有過的基本「信仰」完全消失了，甚至到了一種嚴重的程度，以至於我現在帶著一種內在的假設，即我過去做的一切可能都是錯誤的（畢竟它們都「行不通」），因此我以前的生活、行為、興趣和習慣的每一個細節都需要重新審視。

因此，我回過頭來閱讀、騎自行車、騎摩托車、划船和賞鳥，並發現它們都不錯。現在我可以把雪地健行和越野滑雪加入到這個清單中。還有看雪。哦，對了——還有寫信。

在旅途中我保持著相當好的寫日記習慣（就像閱讀一樣，當你獨自旅行時，特別是在酒吧和餐館裡時，它是很有用的），我最後寫成了三冊的「孤魂騎士」筆記（加拿大、美國和墨西哥／

貝里斯），儘管我還沒有開始整理它們。

無論如何，再次感謝你一路上的祝福，並且知道我現在已經在我的雪域（噢耶，只是看著下雪！）中安定下來，成天感受自我。我計畫在接下來的幾個月都待在這裡，除了不得不去趟多倫多處理醫療、牙齒、財務、法律和一些雜七雜八的事。

讓我們一起在不久的將來找個機會聚聚；我會想這麼做的。也許你會在蒙特婁（離這裡只有一個小時的路程），或者我們都會在多倫多，或者在春天到來的時候，也許有一天你會在路上看到遠處有一個穿著黑皮衣配著紅色圖案的鬼魂，因為獨一無二的孤魂騎士正向你迎面而來。

先再見了。

你的朋友

尼爾

〔致門德爾森．喬的信〕

一九九九年一月十九日
魁北克．聖布魯特斯湖

親愛的喬：

好吧，我在這裡，而且我還活著。

（讓我們從最基本的開始）。

至少在我自我放逐的最後一個月裡，我想要的就是這樣——在這裡，活著。這是一段漫長的旅程，沿著那條古老的療癒之路，當然，它還沒有結束。幾乎沒有。事實上，我猜它每天都在重新開始。好吧，我在這裡，而且我還活著。從基本的東西開始。

十二月初的幾個星期裡，我在下加州旅行，我確實很喜歡那裡，之後搭渡輪到墨西哥「本土」，到幾年前我和布魯特斯騎過的一些地方。儘管在一個「艱困的」國家旅行難免會有挫折，但我確實喜歡墨西哥，特別是那裡的人們。

尤其是因為他們了解**音樂**。在我從拉巴斯往馬薩特蘭的那艘過夜渡輪上，我注意到餐廳裡播放著音樂錄音帶、酒吧裡有一個現場樂團、船尾有一個正在播放的ＣＤ點唱機，甚至當我站在船頭看月亮從科爾特茲海平靜的水中升起時，甲板上還傳出有節奏的拉丁音樂。音樂無處不在，無時不有，在城鎮裡我的精神時常被現場音樂鼓舞。在主要的廣場上，墨西哥街頭樂團、馬林巴樂團、舞蹈樂團以及獨奏小提琴手和吉他手四處遊走為人們提供娛樂，並接受群眾的自由打賞。

還有，幾乎所有的音樂都是墨西哥音樂，甚至流行音樂也是。考慮到墨西哥的處境和地理位置（一位前墨西哥總統曾經說：「可憐的墨西哥：離上帝這麼遠，離美國這麼近。」），值得注意的是，那裡的年輕人已經擺脫了那種「美國種族主義─迪士尼─貧民窟」的普遍影響，這很了不起。

在美國和加拿大西部的「原住民」社區，甚至在遙遠的北方，我會看見當地的年輕人出去「巡遊」，擠在一輛破舊的汽車裡，車門隨著震天價響的饒舌音樂上下震動著。也許「貧民窟黑幫音樂」的強勁節奏和憤怒韻律確實讓「叛逆年輕人」的挫折感找到宣洩的出口，但對於因紐特人的孩子和墨西哥人來說，也知道這些是外來的東西不是他們的根。

墨西哥人民擁有自己的音樂，而且是如此強大文化的一部分，這是多麼偉大的事情啊！即使是在最令人無法忍受的、過度開發、還有「硬石咖啡館」和「好萊塢星球」的度假勝地，如果你知道要尋找什麼的話，你總能發現一些傳統墨西哥小鎮的風情。即使是在巴亞爾塔港這個在所有太平洋沿岸海灘度假勝地中「破壞最嚴重」的地方，我也能找到狹窄、崎嶇不平的後街，露天廣場上古怪的老教堂，教堂前有成排的街頭攤販，而就在海堤邊觀光紀念品店和酒吧的中間正上演一場現場音樂表演，充滿歡樂和生氣，表演者和觀眾都是**當地人**。

我在上一封信中大概提到，最近大自然是我真善美的重要來源，在我的整個旅行中，我特別被鳥類所吸引。當然，健行時帶著一本野外指南小手冊和雙筒望遠鏡會很有用，但即使在我騎著摩托車時，我也學會了快速地瞥一眼，比如說，看見路邊柱子上的一隻鷹，並記住牠的特徵：中等大小、黃嘴、身體有棕白色的條紋、尾巴有白邊、黑色的底紋。之後我再去查閱，從科學上辨識牠是「某種老鷹」。當我還是一個七、八歲的孩子，我的人生理想是成為一名「專業賞鳥家」，我可能最終達成了這個目標。

我在去年夏天出發旅行時，驅使我的是一種意識或一種希望，認為移動對我而言可能會是一種好的「注意力轉移方式」，尤其與在家坐困愁城相較，但我不知道這件事會有多重要。有幾個早晨，我起床時會突然感到一陣憤恨、傷心、孤獨和絕望，但我一旦騎上摩托車，整個世界會先**縮小**，縮小到我所需要的一切在這輛承載我的摩托車上就已自足，接著會擴張，擴大到迎面而來的高速公路、風景和野生動物的嶄新世界。

一旦我開始走出家門在樹林和山區健行，我發現也有同樣的好處。這不是關於美麗的風景或大自然的和平與寧靜；重要的不是**看**，而是**移動**。在路上或在行進中，這才是最重要的事情。

在這裡，我在雪地健行和滑雪中找到了相同的「療法」。這並不是說我從冬季樹林的美景中獲得了多少快樂，因為我經常發現自己在蹣跚前行時緊盯著地面，但我的思緒進入了「自在流動」的狀態，而且在某些時候我會想：「嘿——過去十分鐘我去了哪裡？」

然後也許我會停下來，看看周圍的風景，腦子裡一片清新的暢快。

這就是我這些日子以來的工作：照顧我「內在的小孩」。這是我目前定義自己生活的方式。有一天我想到了「險境中的靈魂」這個說法，我認為這很貼切，因為我現在確實面臨許多危險。到目前為止，光是知道這一點就已經有所幫助，預先知道是為了預做準備，而且我已經能夠輕輕地「引導」自己走上破壞性較小的道路（再一次，繼續**移動**）。

到目前為止效果還不錯，但我還沒有走出困境，距離還很遠。我真正缺乏的是我以往的**熱情**，點燃我對從事或學習某件事的熱情，使那件事變得比整個世界上的任何其他事情都重要。過去，我可以很容易而且自動地喚起對某些活動的專注和使命感，例如長途自行車、滑雪、摩托車、游泳、學習藝術、歷史，甚至是些「大事」，比如音樂和寫作。

最近沒有什麼是我真正**想做**的，就像我以前被驅動的那樣，也沒有什麼是我真正**必須**做的，除了讓自己吃飯睡覺之外。你可能會同意我在英國一位朋友的看法，他也是在貧困中度過了大半生，他認為我比一些失去一切而且貧窮的人更幸運。我可以部分地理解這一點但不能完全同意。我不覺得自己比誰幸運，真的。

然而，是的，我確實**不必**做任何事情（至少現在是如此），但是當你把這一點與我**不想**做任何事情的「雙重否定」聯繫起來時，你就會看到危險。

我的意思是，這些日子我對「為什麼？」這個問題相當警惕，因為我不敢把它用在發生於我女兒、我妻子、我的狗或我最好的朋友身上的事情。在我看來，沒有什麼「為什麼」，也沒有什麼「公平」。那麼，為什麼要在早上起床？為什麼要假裝「堅持下去」？

我的一位作家朋友萊斯利．喬伊斯昨天才在信裡向我提出這個問題，說他很高興我找到了讓自己走下去的東西，但他想知道「那是什麼？」

好吧，告訴他（和你）真相，我不知道那曾經是什麼或者現在是什麼；也許我以後會弄清楚。似乎我的大腦開始有了一點本能反應，在這可能是人生中最黑暗時刻之前我曾經歷過的所有黑暗時刻中，我似乎一直抓住這樣的想法：「**總會有轉機出現的。**」現在已經夠好了。我會試著輕輕地引導自己走上合理而健康的道路，並儘可能地避開危險和毒藥。基本上就是閒逛，等待那個「轉機」出現。

至少雪又回來了，今天在空中狂吹，為灰色的一天帶來了一些動感和光亮。昨天下過雨後，地面上的雪仍然很鬆軟，所以別想滑雪了，我想即使是雪鞋也會很快變成一團爛泥。所以我會試著在路上散步。在我家這條路上只有五棟房子，通常只有週末時有來自蒙特婁的遊客居住，所以在平日這裡是一個安靜的地方。

喬，再次感謝你一路上的來信，感謝你對我真摯的關心，我只能像往常一樣回報說，我做的「和預期的一樣好」。

和往常一樣，我希望你也是如此。

你的朋友
尼爾

〔給史蒂芬的信〕

史蒂芬住在俄亥俄州哥倫布市附近，他的妻子雪莉是一名急診室醫生。我曾請他讓我知道他**真正的**感受。

一九九九年一月二十六日
聖布魯托湖

嘿，醜陋的美國人！

我說：吐槽得好！

說真的，你做得很好。我請你試試，你顯然是真心誠意地試了一下。我能在字裡行間感覺到火氣和怨氣從冰冷的傳真機中傳送出來。

「你覺得怎麼樣？」我希望這樣寫下來對你有一丁點好處，因為我發現它有時確實有用（至少在「很糟的日子」），我也希望你明白，不論如何，它不會造成任何傷害，也不會被「斷章取義」。當它是針對我這個特定的聽眾時就不會。

首先，你可以很高興知道，讀這樣的東西對我沒有一點傷害。就像我之前向你描述的，這些世俗的東西很煩人而且沒有必要，對每個人來說都是如此，尤其是對我們這些「受傷的人」來說，但人生中的這種害蟲和寄生蟲畢竟不是**真的**。不像那個吸食腹股溝的床蝨（貝里斯的臭蟲）在我表皮上的咬痕仍然很明顯。那才是貨真價實的！

與這些瑣碎的事情相比，當我聽到你們嚴肅的抱怨，比如生理和心理健康問題時，我當然會感動而且關切。那也是應該的，因為我關心你們。但是當涉及到我們生命中的其他事情時，我很高興知道這些事情，只是為了更接近你的生活，但那並不會影響我，你知道嗎？

就像最近我和黛比用的方式一樣：我們都知道對方同樣傷得很重，都承擔著巨大的、根本的、生死攸關的、搖動世界的失去親人之慟，所以當我們講電話時，這一點仍然是我們彼此理解並心照不宣的。因此我們就像兩個家庭主婦一樣，告訴對方當天困擾我們的小事情。這只是一個宣洩的機會，而且往往只要大聲說出來就會打破這類煩惱的「魔咒」。

但是另一件非常明顯的事情是，你仍然感到非常孤立和沒有方向，儘管我理解這一點，但我學到的一些東西，我認為你可能會從中受益，等一下我會告訴你。

我想我可以肯定地說，我比你更「失落」，不僅是失去了家庭，而且絕對是失去了我認為構成我人生的**一切**。我的人生和「自我」都歸零了，甚至現在我還把以前的自己當成「另一個人」，感覺我們除了有相同的記憶外，什麼都沒有。

也許在這場被剝奪中，你我之間唯一的差別是，我已經有一段時間明白到一切都消失了，而我必須完全地重新開始。在過去六個月左右，我回應這份體會的方式是嘗試我過去喜歡的一切，看看它們是否仍然對我「有用」，即使是以完全不同的方式。因此，我又回到如在英國讀書和散步，在巴貝多騎自行車和賞鳥，而且從那時起，嘗試騎摩托車、雪地健行和越野滑雪。

有些來自「舊生活」的事物仍然引不起我的興趣或者太危險不能來攪和，例如音樂的情感力量。這是一個問題，因為我很難想像沒有音樂的生活是什麼樣子，但我必須找到一種新的方式來使用這種力量。

現在我不想要也不需要音樂的情感投入，當然，音樂曾經是我過去「家庭生活」的一部分，我不需要它的記憶連結。所以我從比較「中性」的東西開始，例如器樂[10]和一些經典的標準曲目[11]，用音樂的力量來「搬運」我但不會把我帶到壞的地方。

10 器樂是相對於聲樂而言，完全使用樂器演奏而不用人聲或者人聲處於附屬地位的音樂。

11 標準曲目是一種廣受歡迎的音樂作品，能跨越不同的音樂流派，例如許多爵士樂標準曲目進入了流行曲目，許多藍調標準曲目進入了搖滾曲目。

例如最近我在聽各種舊卡帶，這些卡帶是從多倫多的地下室找出來的，並一箱箱的被搬到這裡，而這些卡帶大部分是我過去約十五年前常聽的音樂；在私人情感上這些音樂更吸引我，可以純粹作為一種感官享受來聽，而不僅僅是讓我想起那美好的舊日時光。

有趣的是，每當我試著去聽我過去參與過的音樂時，如當蓋迪給我他們正在製作的匆促樂團現場專輯CD時，我總不是從個人的角度去看它的。它總是「另一個人」做的，雖然我試圖建構出來的「新傢伙」——約翰．埃爾伍德——可能會欣賞「另一個人」所做的作品，但那個人不是我，你知道嗎？我甚至無法想像那個人投入在那些作品的奉獻精神與全心全意的努力。但我仍然欽佩他的成就，尊重他的努力付出才能把鼓打到那樣的水準，但那不是我。

那天晚上我看了我的教學影片，同樣的事情發生了。彷彿螢幕上那個說話和演奏的人不是我。我可以欣賞他所做的事情以及他為了做到這些所付出的代價，而且我並不覺得這一切都是浪費時間或什麼的，它只是與現在活在身體裡面的「我」沒有任何關係。

所以好吧，現在就是這樣。電影也是如此；不管什麼類型的劇情片都一樣，因為我不需要那些。亞里斯多德說藝術的目的——是釋放被壓抑情感的一種「宣洩」——也與我目前的人生狀態無關。我的情感已經很明顯，而且也充分表達了！

因此，我看愚蠢的、沒有感情的東西，例如賽車娛樂台Speedvision：達卡拉力賽[12]、去年夏天的摩托車比賽，甚至是經典老爺車拍賣會。或者，有一天晚上我還因為看國家冰球聯盟的全明星賽而嘲笑了自己，但就像你看足球賽一樣，它可能很**蠢**，但沒有關係。它讓你大腦中愚蠢的部分被占據，這才是最重要的。因為無論你怎麼稱呼那個「愚蠢的部分」——潛意識、無意識、左腦——它總是麻煩製造者。

因此，這裡我遵循一些「指令」、一些「指導」，它們反映了我學到的更有用的東西。看待上述這些觀察的正確方式是：它們是必要的**適應過程**。我發現用「處理它」或「對它下工夫」的方式來談論它是沒有意義的。不，這個特殊的「它」不是要處理的東西，也不是要下工夫解決的東西。這種「它」只是改變了一切，而且未來也不可能接受「它」。沒有交易可做，也沒得妥協（我想艾恩・蘭德[13]曾經寫道：「你不能向邪惡妥協。」）。

在此時此刻，這完全是關於重新開始，從下往上地重新開始，作為達爾文主義的生物體，我們要適應這些新的情境。適應或滅亡。我們無法改變現在的情況，也無法改變它對我們和我們生命觀的影響。這一切都已經鑄成。如果我們真的想嘗試從這個黑暗的十字路口繼續前進，我們只能在這不可避免的變化中嘗試引導**自己**。要是這些是我們可以「克服」的事情或者能從我們停止的地方輕鬆地繼續前進，我們就不會成為現在的我們了。有一次我這樣表達我對自己未來的看

12 達卡拉力賽，是一個每年都會舉行的專業越野拉力賽，為多車種的比賽。大部分賽段都遠離公路，需要穿過沙丘、泥漿、草叢、岩石和沙漠。車輛每天行進的路程由幾公里到幾百公里不等。

13 艾茵・蘭德，俄裔美籍小說家及哲學家，以所發表小說和發展一種她命名為客觀主義的哲學體系而聞名。

法：「我知道我被這些經歷弄得傷痕累累，但我不想被它們弄得變成**殘廢**。」

如果說繼續下去還有什麼意義的話，那不是成為另一個憤世嫉俗、討人厭的老人來擾亂世界，或者作為是一個毫無樂趣的隱士，或者是一個永遠活在過去的痛苦殉道者，為生命對**我**所做的一切懲罰其他人，這樣的**存在**。

我不喜歡「接受」這個詞的感覺，「悲傷學家」把這個專業術語用在我目前所在過程的階段。我從「療癒之路」回來後發現，經過那麼長的時間和距離我至少已經超越了「否認」的階段。但對我來說，知道這些事情是真的並不意味著我接受這個事實。遠非如此。在我看來，我**永遠**不會接受人生應該是這樣的結果。尤其是**我們的**人生。這不是我的生活方式，也不是賈姬的，我們也不是這樣教賽琳娜的。

這根本不是我認為的世界運作方式，說到底，我不可能「接受」賽琳娜和賈姬不得不死。不行。在我的世界裡不行。所以那個世界或者說那個世界觀，已經消失了。一些善意的人試圖向我提供他們認為是「安慰」的想法，即「每件事的發生都是有原因的」，但我馬上讓他們閉嘴（盡可能禮貌地）。他們就是看不出來，這樣看這件事絕對不是安慰，甚且，它在你的頭腦中帶來了一些可怕的問題：「是因為某種**原因**嗎？什麼？她們**活該**死掉？我活該**失去**她們？世界**不需要**像賈姬和賽琳娜這樣的人？」

胡說八道。然後有時我的想法會向偏執的方向游移，或者也許是原始的迷信。「是我**做**了什麼嗎？是不是某個討厭我的人對我下了**詛咒？**」

理性的頭腦可以很容易地駁回這種「詛咒」，但畢竟，我們在這裡要處理的不是理性的頭腦，而是「愚蠢的頭腦」。當然，醒著躺在黑暗中思考這些致命問題的頭腦，也不是會多**強大**。

因此，我們這些在「其中」的人，像你和我一樣，只能試著「接受不可接受的事情」。我們被期望振作起來然後繼續前進（這些期望有時是來自他人，有時只是來自我們自己無法澆熄的部分），但我們面臨的是一場相當絕望的戰鬥，畢竟，沒有什麼可以整裝振作起來的！

我們過去的一切，我們賴以生存的一切，我們所相信的一切都消失了。有一次我在日記中表達了我一直背負的那種受傷的感覺，它與被背叛的感覺如此相似，我的結論是，我被背叛了，被人生本身背叛了，那是相當深刻的。所以被背叛的人，像你和我一樣，必須重新開始，從絕對的零開始，構建一些新版本的「人生」，一個我們可以「賴以活下去」的版本。我們沒有辦法堅持我們曾經相信的東西，也沒有辦法忘記在我們的人生和世界中實際發生過的事情。我們永遠不會再**信任**「人生」。然而，我們必須再次適應，甚至適應這種難以忍受的現實，否則，無論如何，我們會死去。這就樣。

所以，下面是指令的清單。這些理論有時是從我在倫敦閱讀的所有「悲傷書籍」中得到的領悟所發展出來的，但那些學術基礎（其實只是從其他人身上收集到的經驗，有時被那些研究這個黑暗領域的人所「詮釋」）和見解，只有在我把它們應用於自己的經驗時才有價值——那些是對我有用、幫助我以非破壞性的方式度過這些漫長、了無生趣的日夜的方法。

同樣，若真的只有時間是經過驗證的治療劑，那麼就有必要適應**那個**現實，那麼「撐下去」、生存就會變得至關重要，好讓所謂時間流逝的神奇力量有機會發揮它們的作用。正如我告訴你的，在我四個月的旅程中，這個過程似乎一直在發揮作用。儘管這條「療癒之路」還很長，而且看不到盡頭。

拿破崙的一位將軍，我想是內伊[14]，他的座右銘是「首先，堅持下去」[15]這個令人欽佩的「第一原則」也被海明威採用，作為他個人和專業的基石。對我們來說也一樣。如果「時間」是對我們有用的一種療法，那麼我們必須活著等它發生，你懂嗎？

所以，我們開始這些指令吧：

一、**保持移動**。這是最好、最簡單、最重要的事情。就像在倫敦繞著公園走路對我有用，或者在巴貝多騎自行車對我有用一樣，我很感謝地發現，在我的「宏大的旅程」中，騎摩托車對我有用，還有後來的健行也是。

如果你「內在的小孩」焦躁不安，你得帶著你的內在小孩出去騎騎車，讓他平靜下來。有時他差不多一分鐘就睡著了，當然這也沒關係（你只是想讓他安靜，對嗎？），有時我似乎進入了一種恍惚的狀態，然後我會「醒過來」並想：「嘿，過去十分鐘我去了哪裡？」答案是「遠方」，而且有時候那還是個好地方。我把越野滑雪作為出門的藉口；去辦點事順便滑個雪；或者說要去滑雪順便辦點事。

無論哪種方式，它都能讓我動起來，而且把事情做完。這是另一個重要的指令：

二、踢自己的屁股，輕輕地。我一直在努力設定一些適度的目標，包括每天和每星期的目標。在一天當中完成一些愚蠢的事情，並從「清單」中刪除是件好事。我猜是因為它讓你覺得你和「世界上其他地方」仍然有些關係！

例如今天，我可以回想一下，在我弟弟生日那天發一份傳真給他，在布魯特斯生日時留電話信息到他的「旅館」，在我爸爸的生日那天打電話給他（是的，都在同一天），然後開車去莫林高地[16]的自動櫃員機，去聖薩維爾採買雜貨，還要事先計畫這一切，以便我還有足夠的白天時光去樹林裡滑雪健行。之後我就可以小酌一下了。

這不是高壓的生活，也沒有什麼驚天動地的活動，但我為自己安排了這些事並且去完成（儘管在某些時刻我很想「不去打擾」它們中的每一個）。必要時，我會在屁股上輕輕踢一腳，或者出聲罵自己是個懶惰的傻瓜，正因為如此，我認為今天是令人滿意的一天，所有需要做的事情都

14 米歇爾・內伊是拿破崙手下的法國將軍，也是法國大革命和拿破崙戰爭期間的指揮官。
15 原文：D'abord, durer。
16 莫林高地是加拿大魁北克省洛朗山脈地區的一個城鎮，位於聖薩維爾以西，拉許特以北。

完成了。我所說的「需要」當然包括帶我內在的小孩出去兜風。還有喝酒。

做這些活動還有一些小小的額外好處，例如雜貨店的收銀員會向我真誠地祝福「日安」，而我也得強迫自己看著她並回敬她的問候。這個世界對我來說仍然是不真實的，但我盡量不刻意避免與愉快的陌生人接觸。那樣做是不禮貌的！

我現在的另一個「小目標」是每天早上花一、兩個小時在書桌前寫一封信或一份傳真給像你、布魯特斯或丹尼這些我想聯繫的人，或者反過來說，給我已經很久沒聯絡的人，也許有一年半或兩年了。這些是我仍然重視的朋友，我希望他們成為我「新生活」——無論那會是什麼樣子——的一部分。

其實做什麼並不重要，但只是這樣你就能說你在一天中改變了某件事：一個被忽視的朋友不再被忽視；一件應該處理的差事已經處理好了。

三、讓別人享受到幫助你的樂趣。這對他們有好處，對你也有好處。在這些日子裡，我肯定學會了「倚靠」，而且我發現很多人都非常值得倚靠，而你是其中最主要的人。然而，我知道在你「自我放逐」時，身邊沒有這樣的人，而且我也知道，身為「主要受害者」或「核心遺族」，我得到的同情和幫助更多。

但是，要利用你能利用的一切，就像我最近一直在做的那樣，例如我對基斯。我把生活中越來越多的「雜事」推給他，而我必須說，他已經為我做了好多。他不僅是在「完成工作」，而是盡一切可能使我的生活更容易。他出奇地謹慎，小心翼翼地不「打擾」我，但照顧到他能處理的最細微的部分。我希望這能持續。

四、「重播」症候群。哦，天啊，那是一種折磨。從一開始，也就是八月的那個晚上，當厄尼局長在我們家前停車，帶來可怕的消息，我就一直被無休止重播的賽琳娜意外折磨著、腦海中有著不同的「想像」，那些全都很可怕。這已經很糟糕了，而且它還持續著，和賈姬生命晚期的真實回憶比起來，既沒比較慘，也沒比較好。

最近當我感覺到其中一個「重播」開始時，我就會試著阻止它：站起來，走動，自言自語說：「滾開」、「現在就停止」（是的，我最近經常自言自語，但我認為我給自己的建議還不錯！）。

再提一次，要有動作：把你的想法轉移到其他地方，如果有必要的話，可以起身移動。

五、在你能力範圍與他人和平相處。而且在值得這麼做的地方。你和我都經歷過人類最可怕的極端經歷，也許只有戰爭中的士兵可以與之相比。那是緊張而激烈的。我們都竭盡所能全神貫注在賈姬身上。情緒高漲、任何摩擦或緊張都是這種情況的直接結果，也以它們結束。

我覺得你和我之間也是如此。我們可能因為處理這類變故的方式而暫時疏遠了：你孤立自己，這也會疏遠他人。沒有什麼是永久的，沒有什麼是重要的。把它丟到我們腦後，無需討論，無需「寬恕」。沒有人做錯事，也沒有人受傷，只是我們個人如何處理「激烈的戰鬥」。我驚訝地發現**自己**在經歷那段時間後更能接納別人，可能是因為賽琳娜的死和照顧賈姬的經驗。我不得不依賴別人，而且有很多人可以讓我依賴。

一九九八年二月，當我們帶著賈姬的「死刑判決書」從英國回來時，在苦苦支撐著賈姬六個月的時間後，在我知道無論如何都是失敗的情況下，還是努力地表現堅強和「安好」，只因為你在那裡我才可以（或覺得我可以）放手。當時一切都變得太多，我只想**麻木**一段時間，我之前在英國時就知道麻木的價值，但我知道那對賈姬不好，而且我不能麻木，因為我還要照顧賈姬，讓她**活下去**。

這是一個沉重的負擔而且持續了很長時間，所以當我們回到多倫多，你騎車來拯救我們（或至少是讓我們喘息）時，我很高興把這股情緒交給你一段時間。對我來說，「暫時麻木」對我來說是一個非常理想的狀態（現在也是），對於任何敢於批評我的人，我會說：「我就是毀了啊——不然還要我怎樣？」

我不想辯解，也不為這一切感到驕傲，但時機到的時候我也「振作起來」了，而且我知道賈姬從未真正責備過我選擇「麻木」一段時間。事實上，我想她明白我承受了那麼大的壓力，而我很高興地注意到，當有人膽敢批評我時，她站在我這邊。

尼爾

〈致萊斯利．喬伊斯的信〉

一九九九年二月五日
魁北克．聖布魯托湖

親愛的萊斯利：

我又來了，剛從我在上封信中提到的「期待」的可怕多倫多之旅回來。把所有煩人的事塞在兩天裡，讓我在那裡忙得不可開交，我把所有的鳥事都處理好了，同時我也做了幾件比較開心的事，例如和我以前的夥伴一起吃飯。

但我確實很高興能離開那裡。主要是因為有太多的回憶，很多是突然出現的：當我開車時，看到灣街和布盧爾街轉角的ＧＡＰ，我曾在那裡遇到賽琳娜，帶她去購物；或是賈姬和我曾與路易．貝爾森和其他一些「鼓手」一起吃晚餐的餐廳；甚至只是賈姬和賽琳娜曾經走過和開車經過的街道。

這一切都太多了，真的。

而且我不僅很高興能離開那裡，也很高興能回到這裡。在過去的這幾星期，我清楚地認識到我愛這棟房子，而且以另一種方式我也愛我的土地——「百畝樹林」。有所愛是好事，畢竟（讓我想起了電影《憤怒的葡萄》裡所說：「這沒什麼，只是泥土。但這是我的泥土。」）。而這個裝滿了我和賈姬收集的所有藝術品和珍品的房子，以及所有關於賽琳娜和我們三個人的生活記憶，已經開始演變成一個美好的事物。被保護的，私密的，舒緩和美麗的。我總是說我想住在一個「舒適的博物館」裡，這就是我在這裡建造的東西。

隨著多倫多的房子準備出售，我逐漸把那裡所有藝術品融入到這間房子，所以現在我有一個賈姬肯定會把它說成是「雜亂」的環境，但它適合我雜亂的靈魂，並為眼睛提供轉移的目標。「復仇的單身漢」，這就是我。客廳裡有一輛裝飾用的杜卡迪摩托車，一艘獨木舟巧妙地懸掛在天花板，四處展示著汽車模型，每一面寬闊的牆壁有一幅畫來裝飾。現在我把所有的書都裝進了「賽琳娜紀念圖書館」，它再次成為一個「生活空間」，對我來說，它有點代表了房子的「心」。那裡陳列著賈姬和賽琳娜的紀念物，這個概念在某種程度上是……貼切的。

我有時還是會被一張照片或一個物件偷襲，被其所引發的痛苦記憶突然刺傷，但這並不令人驚訝。也許我會克服這些事情，一個接一個，這樣在我腦海中閃現的就只有美好的記憶了。無論如何，想逃離很方便，只要穿過馬路，穿著雪鞋或進入森林，或去越野滑雪，在行動中迷失自己，在忘我的舞蹈中迷失自己，是多麼令人療癒。對你來說，是「遺忘的海岸線」；對我來說，是「遺忘河森林」[17]。

我的多倫多之行帶來的一件好事，是有機會閱讀你的最新作品《足夠的世界》[18]，這是一部多麼好的作品。最高的讚譽是它「吸引」了我，這裡有一個完美的說明：一天晚上，在我和朋友們吃完飯回來的路上，我在想：「很好，現在我可以回去看我的書了。」當然，這是一個作家所能施展的最大的魔力，當然我可以告訴你，我是真切地陶醉了。

做得好，先生。在我看來，又是一部可與《虛無共和國》[19]媲美的傑作。精采的人物，真正「活生生的風景」（你也許是有史以來第一個對工業園區進行抒情寫作的作家），生動的氣氛（喜歡國王、貴族和夫人們，因為他們突顯作品的魅力與尖銳的隱喻），敘述編織得如此巧妙。

在閱讀過程中，我想到了一些古早說故事的隱喻，比如「紡紗」或「編織故事」，我在想，也許有兩種說故事的基本方法：以經典的敘事方式，一縷一縷地把它紡出來；或者像拉開布幕一樣，揭露舞台背後的活動。比如說像福克納，或者派屈克·懷特[20]。我猜你在《足夠的世界》中使用了這兩種技巧，讓讀者等待，例如當凱倫的命運逐漸揭開時。當然，同樣重要的是，這種技巧是無形的，所以我只有在回想時才注意到，「他是怎麼做到的？」

與政治一樣，如此精明，如此富有同情心，與故事息息相關，並始終處於「秀出來，不要

17 遺忘河是希臘神話中冥界的五條河流之一，亡者被要求喝下遺忘河的河水，以忘卻人間的事。

18 《足夠的世界》講述一個能量、食物都充足，年輕人的成長卻充滿挫敗的世界。

19 《虛無共和國》講述一九六〇年代加拿大外海的一個小島向世界宣布獨立，在這個無政府狀態的烏托邦中，受外部世界影響而被捲入政治、越戰與和平示威運動而身陷動盪，此時出現一個意想不到的人物出手相助。尼爾·佩爾特為本書撰寫後記。

20 派屈克·懷特（一九一二－一九九〇），澳大利亞小說家、劇作家，是二十世紀最重要的英文作家之一，一九七三年諾貝爾文學獎得主。

說」[21]的模式。要麼是行動突顯出不公義，要麼是人物道出了不公義，但「全知全能的作者」從未現身講大道理（這是我要學習的一課！）。

我不知道這個書名是取自文本，還是書名如此巧妙地編入其中，但無論如何，這個書名很好，尤其是這句話：「世界夠大，時間亦久」[22]（這是引自哪裡？也許是華茲華斯[23]？）我也喜歡將惠特曼的《草葉集》和艾略特的《普魯弗洛克的情歌》並置。這幾天對我來說非常適用，因為我確實感覺，彷彿我已經從惠特曼的存在主義和身體的狂喜轉到了艾略特的「在乾涸季節裡乾涸頭腦的思緒」[24]（來自《小老頭》）。幾年前我在取一個公司名稱，我選了「普魯弗洛克的興趣」，這可能是一種預言。儘管當時我想表達一種完全不同的諷刺意味！

你在信中問的一個問題一直在我（乾涸的）大腦中迴響，是關於過去幾個月讓我撐下來的神祕的「東西」。答案是，我不知道。無論如何，現在還不知道。我一直忙於解決**如何**活下去的問題，而沒有想過**為什麼**，而且現在我沒有腦力，或許也沒有必要去想這些。毫無疑問，總有一天它會「變得清晰」，好像事情都是這樣的。

我猜，主要的推動力是本能的、生物的。思考我為什麼選擇活著的麻煩在於那會讓我無法避免思考賈姬為什麼選擇**死亡**（因為毫無疑問，這關乎選擇和意願）。儘管考慮到純粹的達爾文主義以及細胞生存與繁殖的驅動力，這兩個問題的答案可能就這麼簡單。無論哪一種，我都討厭，而且這也不公平。儘管正如我寫給我的朋友門德爾森．喬寫的：「沒有『為什麼』，也沒有『公平』。」

祝你一路順風，朋友。

我們為什麼在這裡？
因為我們在這裡——
搖滾硬骨
它為什麼會發生？
因為它發生了——
搖滾硬骨

〈搖滾硬骨〉，一九九一年[25]

---

21 原文：show, don't tell。

22 「世界夠大，時間亦久」原文：World Enough and Time。出自十七世紀英國詩人安德魯・馬維爾的詩《致他靦腆的情婦》的第一行，其後被用於各種作品的標題中。

23 威廉・華茲華斯（一七七〇－一八五〇）是英國浪漫主義詩人。

24 「在乾涸季節裡乾涸頭腦的思緒」摘自艾略特〈小老頭〉一詩。原文：Thoughts of a dry brain in a dry season。

25 《搖滾硬骨》專輯中同名曲目的歌詞摘錄。原文：Why are we here? / Because we're here / Roll the bones / Why does it happen? / Because it happens / Roll the bones。

第十章

季節性憂鬱症

快樂的疤痕
痛苦的疤痕
大氣的變化
使疤痕再次變得敏感

〈傷疤〉，一九九〇年[1]

1　**《變魔術》專輯中曲目〈傷疤〉的歌詞摘錄。原文：**Scars of pleasure / Scars of pain / Atmospheric changes / Make them sensitive again。

〔致布魯特斯的信〕洛朗山脈的雪王

一九九九年二月八日至九日

魁北克．聖布魯托湖

嗨，走狗屎運老弟！

對我來說，這是一個全新的週一早晨，而且這種模式還在繼續。上午在書桌前寫了一些東西，下午就到樹林裡去了。昨天在「百畝樹林」裡我穿著雪鞋滑了一圈（我想這是自從和你一起繞過一圈後，我第一次自己繞），並用完了我最後一塊用來標記邊界線和滑雪路徑的橙色絲帶。

前一天我一路穿過公有地和舊伐木道路到達「有氧廊道」。經過幾天清理路徑和修剪漆樹的工作，我終於可以直接走到那裡了，這也是一趟不錯的「行軍」。

我第一次注意到那裡的獵人在他們的樹上射擊架對面設置了餵食槽，毫無疑問，在狩獵季節前的好幾個星期他們都在那裡餵鹿，然後準備好等著把牠們擊倒。兄弟，就像我在阿拉斯加看到的那樣，這不是打獵——只是在射擊！

雪地上的動物足跡也是一個令人著迷的來源，查看並學習如何解讀它們。當然，我有幾本這類的田野指南，但有一些我經常看到的足跡讓我感到奇怪，因為它們看起來確實像狼的腳印。

這些腳印比狐狸的腳印大，經常三三兩兩地走，而且保持一條相對直的直線像狐狸、郊狼和狼那樣，而豢養的狗是不會這樣的，牠們會到處亂跑到處嗅聞。此外據我所知，這附近一隻狗也沒有。

昨天當我在樹林裡的時候，我非常確定一群飢餓的狼在跟蹤我，從石頭和樹木後面看著我，等待機會悄悄地撲上來把我撕成碎片。但我逃掉了。

因為這種種的一切，這片樹林最近對我來說變得非常重要——這裡是如此的療癒——我還想要有更多的小徑！關於小徑有個重點是，它關乎到未來，讓我想到之後的事，甚至讓我開始「期待」某些東西，在大多數的日子裡我很少有這種感覺，所以我正在探索這片樹林。

上星期我不得不在（雷鳴閃電的）多倫多待上幾天。我不喜歡那裡。太多的記憶從四面八方抽打我，還有太多該死的人。我把所有該處理的事情都塞進忙碌的兩天裡處理完：牙科、醫療、財務和哀悼（這次前往普萊特山公墓是最愉快的一次拜訪），並與雷（匆促樂團的經理）共進晚餐，第二天又與蓋迪、艾力克斯和連恩一起吃飯。再次和這些人相聚的感覺很好，因為他們總能逗我笑，他們的友誼都是對我的支持，無關乎任何事業上的壓力。

能與他們相處已經是夠好了，但在開車回來的路上仍忍不住浮現了「糟糕的想法」。像是那些不得不和我在一起的人是多麼的無辜，我拖累了他們。在這漫長的噩夢中，我所有的朋友都義無反顧地支持我，但畢竟在這個時間點和我在一起不會有多大的樂趣：想著該說什麼，擔心對話沉悶了或是說了不得體的話，或是因為無力為「可憐的我」做什麼而感到尷尬和悲傷。我不知道。我所能說的是，連我自己都不想當我的朋友（「我也不想」、「閉嘴」、「不，你閉嘴」、「你才是有病的人」、「閉嘴吧拜託！」）。

在多倫多時我和經紀人見了一次面，我問他，假設我退休了，靠投資生活，請他估算一下我的「固定收入」可能是多少。然後我問希拉我的年度開支概況。你猜怎麼了？希拉的數字是經紀人數字的兩倍多。我不是數學魔術師[2]，這是肯定的，但我知道這不是好事。

所以我為這個問題苦惱了幾天（還有其他事要擔心了——太好了！），然後決定就按我的方式生活，等我的錢都花光了，我就會死了！很簡單，不是嗎？我不知道為什麼沒有人想到這一點。也許我可以當別人的財務規畫師賺得一些額外的收入。「好吧，格魯克先生和夫人，權衡你們的資產和負債，我認為你們應該賣掉所有東西，花光所有的錢，然後等死。」

抱怨夠了——來談些好的事……

賽琳娜紀念圖書館現在是一個完善的視聽中心。黛比給我買了一台好的投影機和一個壁掛式螢幕，所以我花了一些時間去看我所有的「孤魂騎士」幻燈片，並把它們在轉盤上放好。現在這

2　數學魔術師既是數學家又是魔術師。此語來自美國作家羅伊・維爾・希斯於一九三三年出版的《數學魔術》一書，羅伊自己是一位魔術師與謎題愛好者，他的魔術常以數學為基礎。

些工作已經完成，我也將開始回頭去看「速克達人渣」的那些東西。

現在我可以播放幻燈片了！想想看，下次你來拜訪我時，你就可以坐在那裡目不轉睛地看著我的所有幻燈片，可以看好幾個小時。

還是你寧願待在你目前所在的地方……

今天我要去滑雪，可能只是沿著有氧廊道輕鬆地滑行一下。當大衛．米爾斯在這裡的時候（另一個認識多年的朋友，他和他的妻子凱倫在每件事上都給予我很大的支持），我們滑了一條三角形、長達十公里的環狀路線（這在地圖上被標記為「困難」的路線），那段路有很多上下坡，其中一些很陡而且狹窄。我至少摔了十二次（經常是在下坡時失控摔倒），而那個假文青混蛋傢伙一次都沒摔，甚至只是為了讓一個笨拙的朋友感覺好一點，連做個象徵性的假摔都沒有。

這合理嗎？有一次我甚至流血了，臉埋在雪裡，在冰殼上劃傷了鼻子。那天我說了很多髒話。然而正如我在回來的路上對大衛說的，我不會選擇做別的事情，而且我肯定會再做一次，改天再做（拿困難當藉口是沒用的，因為我那所謂的朋友可沒有遇到任何的麻煩）。

但我仍然發現，穿上鞋子出門或是手拿滑雪杖可以轉移注意力，使大腦——靈魂——平靜下來。這也是好事，因為這個內在的小孩最近不斷在哀嚎。可能是得了腸絞痛或什麼病。也許是長牙了。嗯，應該就是這樣——我內在的小孩開始長牙了！

我喜歡這樣。

不管怎樣，今天路上將不會有週末的混亂，所以我期待著內心有些平靜和安寧。搖著並哄著那個小孩入睡……

我也喜歡這樣。

總之，我出去的時候會檢查一下郵局的信箱，看看裡面有沒有你寫的一些東西，然後晚點再繼續寫。

一九九九年二月九日

所以呢……昨天下午我滑雪滑得很開心。一個寒冷的晴天，一片凌亂的綠蠟色樹林，以及完美的雪況。停好車，從廊道開始，然後在庫雄湖上方的一條小徑上滑雪，離開簡單易行的路線進入樹林，走一些比較天然的地形，滑一些有挑戰性的起伏，而且——一次也沒有摔倒——一路摸索到「維京滑雪俱樂部」的路口。

根據路線圖，似乎我可以在維京步道上做一個很不錯的小迴圈，也許今天我可以試試（在滑雪道上滑雪就像摸索墨西哥公路一樣，所以如果你一個星期左右沒有聽到我的消息，趕快打電話找人救我）。

哦，對了，我很高興你喜歡《島之戀》[3]。它也被拍成了一部美麗的電影，裡頭有喬治・

史考特[4]、克萊爾·布魯[5]和大衛·漢明斯[6]扮演的酒鬼（也許男孩們某天晚上會想租來看看，嗯？）。在電影版本中，他們最後一句話很棒：「你永遠不會了解任何愛你的人。」

我過去的幾封信不就是在談論這類東西嗎？

這是很深刻的，兄弟。

以後再聊，小寶貝。

尼爾

〈致休·塞姆的信〉

他是我的合作夥伴，自一九七五年以來一直負責匆促合唱團專輯封面的藝術指導，另外他做的封面包括我的《蒙面騎士》一書、打鼓的教學影片《進行中的工作》，以及兩張向巴迪·瑞奇[7]致敬的專輯。

一九九九年二月十一日

魁北克·聖布魯托湖

親愛的休：

很抱歉這麼久沒有聯繫你，但是……我今年過的很不好（我培養出了一種「輕描淡寫」的能力），不過我相信我會克服這一切，回到某種生活的，大約一萬年後吧。在那之前我將努力保持活躍——看起來很忙，就是這樣（就像汽車保險槓上的貼紙，「耶穌來了／看起來很忙」）。

我已經回到魁北克大約有六個星期了，在這之前我有一段長達四個月的摩托車之旅，我稱之為「療癒之路」。當然，那條路並沒有真正的目的地，但沿途有一些美麗的風景，這對我來說是好事。你可以想像，從巴貝多回來，在失去了賈姬之後，我幾乎被打倒了。我什麼都不喜歡，什麼都不關心，也什麼都不想做。那是一段危險的時期。

因此，在試圖重建某些東西的過程中，我嘗試過去喜歡的東西，看看它們是否對我有任何幫助。生活中的一些「慰藉」悄悄地回到了我身邊；儘管一切都不再像過去。在倫敦和賈姬度過的六個月裡，我開始能夠再次閱讀，然後也開始外出走路：在倫敦周圍走上數公里，北邊的攝政公

3 《島之戀》是一九七〇年海明威死後出版的小說。
4 喬治．史考特是一位美國舞台劇和電影演員，曾獲得奧斯卡最佳男主角獎。
5 克萊兒．布魯是英國電影和舞台劇演員。
6 大衛．漢明斯是英國演員兼導演。
7 巴迪．瑞奇是美國爵士樂鼓手，因其演奏的技術、力量與速度被譽為「世界上最偉大的鼓手」。

園運河和櫻草山，東邊沿河到聖保羅大教堂，西邊通過海德公園和肯辛頓花園到荷蘭公園，或者南邊經過肯辛頓和切爾西到哈默史密斯橋。保持行進、行進、行進……

在巴貝多，我從事的是賞鳥，這也是在我最近的旅行中一直幫助我分神的活動，也是在巴貝多，我又再次騎起了自行車。在賈姬的祝福下（畢竟是她為我買了第一輛成年後的自行車，那真的為我開啟了些新東西，然後是我的第一輛摩托車，那又是另一個全新的開始），我買了一輛越野自行車，每隔一天，早上就出門，讓自己迷失在群山以及島嶼北部的熱浪中。

去年夏天我又開始划船，在湖面上我憤恨地划著我那流線形小船的槳，發洩一些能量和一些憤怒（是的，我身上帶了相當數量的那種無用的東西，而且一天中說了很多髒話）。

在那段靈魂陷入漫長、黑暗的暫停時間裡，我被那無休止的噩夢和恐怖的漩渦拖累，只能緊緊抓住家人和親密如家人般的朋友，幸運的是他們為我前來，改變了我的人生。

根據經驗和閱讀的許多「悲傷書籍」（現在有一個愉快的書房了），我知道我應該主動與在我「新人生」中想要繼續來往的（而且他們也願意的）人重新建立聯繫。

最近我慢慢地開始聯繫其他老朋友，一次一封信，我確實還是喜歡這文字組合在一起的過程，喜歡嘗試表達事物。然而，目前我的雄心壯志到那為止，或者到這裡為止。目前寫信就已經足夠了，我當然不會把自己逼得太緊。對我來說，每天做一點「交流」，帶著我內在的小孩出去兜兜風這就足夠了。加上其他一些零碎的日常雜務，這就是我的工作。

當然，我知道可能會有一本很有影響力的書即將從我的人生中和最近的旅行中——一個是自身存在性，一個是地理性——被編織出來，甚至把匆促樂團巡迴的部分也納進來。但我也知道，出這樣的書將是非常艱難的工作，我還沒準備好。就像吉力馬札羅山的嚮導在攀登時給你的建議，用登山杖撐著、用登山杖撐著。慢慢地，慢慢地。

從前我對生活和工作的熱情也受到了嚴重打擊。現在我幾乎感覺不到生活中有任何事情是很重要的，當然這與癡迷於做某件事的心態正好相反，所以我只能繼續前進。

在路上我開始稱自己為「孤魂騎士」，因為我感到與周圍所有的正常生活如此疏遠和隔離，我身上帶著這麼多的「幽靈」（放在我的「行囊」中），也經常在古早的幽靈留下的像「蒸汽般的軌跡」中旅行，我探訪的風景讓人想起傑克·倫敦、海明威、路易斯和克拉克、拓荒者、勘探者（甚至一些「鬼城」，這可以作為一個深刻的隱喻）、驛馬快信的信差、摩門教徒[8]、拉科塔人[9]、阿帕契人[10]、阿茲特克人[11]，以及所有逝去的靈魂。

我拍攝了一系列的「孤魂騎士」照片。我會在一條空曠的道路中間停下，把摩托車立直停

8 摩門教是數個文化相近的後期聖徒運動宗派的合稱，其中最大的宗派自稱耶穌基督後期聖徒教會。
9 拉科塔族是一個美國原住民族群，為大平原印地安人蘇族的三大族群之一，又稱為梯頓蘇族。目前主要居住在南、北達科他州。
10 阿帕契族是數個文化上有關連的大平原原住民部族的總稱，在歷史上相當有勢力，與白人抗爭達數世紀，也是最後一個向美國政府投降的部落。
11 阿茲特克是十四至十六世紀存在於墨西哥的古代文明，主要分布在墨西哥中部和南部。

好，讓它看起來正在騎行，然後往回跑，從後面拍一張摩托車、向遠方消失的公路和周圍風景的照片。一旦我有了這個想法，它就成了我的拍照「手法」。我在大盆地的山艾樹叢沙漠、莫哈韋的木焦油灌木沙漠、紀念碑谷的巨大岩石、亞利桑那州和下加州的仙人掌沙漠，甚至是在穿過中美洲雨林的泥濘道路上，拍攝了一系列這樣很棒的照片。

很久以前，蓋迪告訴我，他正在與你合作製作一張現場專輯的案子，但我既沒有聽到音樂也沒有看到包裝的設計。這是另一個讓我感到嚴重分裂的領域，因為所有這類工作都來自過去的我，而我感到與「樂團裡的那個傢伙」特別疏遠（這裡是有點嚴重的人格分裂；我也許可以做一個「女巫」，把一個人分身成許多人。酷！）。

但每當我聽匆促樂團的音樂，甚至看我的教學影片時，那感覺起來就不像是我。很難解釋，但更難忍受，所以我遠離了這個領域。事實上，一般來說，音樂對我而言是很奇妙的存在。我很難想像生活中沒有某種音樂，但我必須小心其情緒力量。你應該記得在藝術史上，亞里斯多德將藝術的目的定義為宣洩，即情感的間接觸發和釋放。不過我不需要那些希臘的東西；我一直有很多情緒被觸發和釋放，而且不是間接的。

此外，如果你認為音樂是「生命中的配樂」，那麼也許你會明白這些日子是我不想要想起的那種音樂（這是一部糟糕的電影，兄弟，至少結局是，即使配樂很好聽）。而且我對探索新的音樂不再感興趣，也不再追隨「流行」，而且不聽廣播了。

所以我一直聽偏向中性的音樂，比如辛納屈，多半是他「搖擺」的音樂而不是悲傷的歌曲，還有很多八〇年代的音樂：我可以聽來當成娛樂，沒有那些該死的宣洩的東西。

而現在布魯特斯也「離開」了。媽的（我最近最喜歡的詞）！我活該在沒有女兒、妻子、狗，如今連最好的朋友都沒有的情況下繼續生活下去。這是哪一種測試？又是誰幫我報名參加的？

好吧，我只能靠「擲骰子」來決定我的命運，而不是用「為什麼」和「公平」的問題來折磨自己。它發生了就是發生了；我在這裡是因為我在這裡，面對一手爛牌我只能盡力而為了。

除此之外，我目前的表現稱得上「盡善盡美」。我希望你也是如此。

你飽受打擊的朋友

尼爾

〈致門德爾森．喬的信〉

一九九九年二月二十六日

魁北克．聖布魯托湖

親愛的喬：

首先，我衷心地說聲「謝謝你」。這是這麼長一段時間以來，身邊朋友為我做的最貼心的事之一。我收到你寄來的（顏料、畫筆和畫板）包裹的那天，剛好是我心情很糟的日子，這讓你的禮物更加美麗閃亮。

我還沒開始作畫，但我注意到，僅僅是畫畫這個想法就已經影響了我的思考模式。例如，我發現自己用不同的眼光看我屋裡的畫——不只是欣賞它們的效果，也思考它們是如何完成的。

我一直很喜歡你的一幅冬季風景畫（在一個有冰釣小屋的結冰湖面上方，掛著一輪黃色滿月），我總喜歡「神遊」其中，但有一天我發現自己想著雪中那些巧妙的陰影：「嗯，我要如何運用顏料和畫筆才能獲得這種效果……」

或是，坐在客廳裡看著我的杜卡迪摩托車，看著光線在摩托車曲線上映照出不同色調的紅色，思考著我要如何混合顏料來捕捉那純粹的紅色而不是它的輪廓。這些都是「大膽」的想法，你可以看到你的禮物已經促進我的大腦做有趣的鍛煉。讓我們看看事情會怎麼發展。

對我來說，這星期的危機就是「春日狂熱」的反撲：冰雪融化一定會發生，這是我所害怕的。雖然仍然有很多積雪，上星期我每天都還能在完美的雪況下越野滑雪，但這星期已經明顯感覺到白天越來越長，陽光越來越強，而雪很快就會沒了。雨水、爛泥和陰霾就在地平線的盡頭，而我內心的小孩不想在那樣的情況下出去玩。

在整個一、二月我已經找到一種可容忍的方式度過白天和黑夜，正如我之前向你們說過的，但是現在是開始考慮新替代方案的時候了。可以肯定的是我會試著用顏料畫畫，這是其一，而且如果我需要找到一個移動的方法，我的GS摩托車始終都在墨西哥城。

我最近在寫給布魯特斯的信中提到，從療癒之旅回來後，我不太想念旅行，但我確實想念**騎車**。即使我去村子裡的郵局或雜貨店，我也希望能騎摩托車去。這個月早些時候因為雜務、醫療和牙齒的原因，我很快去了多倫多一趟，如果能夠用兩輪完成這趟旅程我會很享受。同樣地，任何拜訪朋友或赴家人的邀請也是如此：「等到適合騎摩托車的季節再去吧。」（在此地可能晚至五月，因為冬天過後會在馬路上留下沙子、礫石和破損的路面）。

蓋迪最近給了我一本書，叫做《完美的車》[12]（關於摩托車是什麼），作者是梅麗莎．霍爾

12 《完美的車》是一本講述機車細節、歷史等等的書。

布魯克・皮爾森[13]，我向你強烈推薦這本書。這位女士是一位優秀的作家，也是一位熱衷的摩托車騎士（摩托古茲[14]的各種車型），我最近一直在開玩笑說我可能要娶她——如果她有錢。

她生動的文筆寫下了摩托車的浪漫，與我對人類對**移動**的自然渴望有著同樣的連結。「我們用週期性的動作讓嬰兒靜下來；我們也透過移動使自己安靜下來。」

很明顯地，這位女士理解我內在的小孩……。

有趣的是你提到了湖面上的冰，那也是我一直非常謹慎的事情，我從不喜歡獨自穿越冰凍的水面，即使知道當時湖面是安全的（就像現在，幾個月來天氣都很寒冷，冰層有幾十公分厚）。有時我也會和某個人一起出去，穿著雪鞋或滑雪板，但我會讓他們走到離湖邊十二到十五公尺的地方，而且也帶著滑雪杖以防萬一。

嗯，我實在討厭猜測冰層有多厚，尤其是在這個季節的初期，所以就在上星期我買了一個冰鑽，就像冰上漁民用的那種，這樣我就可以自己鑽下去看看。我還沒有試用過這個冰鑽，不過到處探鑽應該會很有趣。

除此之外，我會抓住這完美冬季的最後這些日子，試著好好享受，同時我也知道它們會為我帶來對明年冬天的盼望——而這對現在的我來說相當重要。有些時候我不覺得自己有什麼可期待的（或者該說我想要去期待的），所以要是我能想到明年夏天要新闢小徑，或者明年冬天要在這些小徑上滑雪和雪地健行，那麼，這對我來說是好事。

我那些長著羽毛的小朋友們也能為我分攤一些心思，我會餵牠們，現在我在廚房窗外有三個不同種類的餵鳥器，提供混合的種子、葵花籽和一個油脂球[15]。到目前為止我只吸引了幾隻山雀，但牠們已經夠可愛了，而且這裡有冠藍鴉和很多啄木鳥，牠們應該會收到「免費食物」的訊息，加上即將開始的春季遷徙會帶來新的「旅客」。

你曾聽過有人這樣悲嘆春天的到來嗎？嗯，這當然是我自身情況的問題。我現在的人生已經有了一種脆弱的平衡，而季節的變化足以打亂這種平衡。此外，我認為冬天的情緒在某些方面正適合我內在的小孩：白色風景的淒涼和冷峻、休眠的樹林以及我的房子——我的避難所——被高高的雪堆包圍和保護的樣子。現在我作為一個「冬天的靈魂」，或多或少感到很舒服，真的無法想像成為一個「春天的靈魂」的樣子。

我最近在某個地方讀到，山雀可能被認為是典型的加拿大鳥類，因為即使在最嚴酷的冬天，牠們仍然很歡樂，嘰嘰喳喳的很活躍。山雀也是冬天的靈魂。

然而牠們也必須跟隨著季節變化——適應——這就是我最近的遊戲名稱。適應或滅亡。因此，我將小心翼翼地引導我的小山雀靈魂進入春天這個嚴肅的新世界。

13 梅麗莎．霍爾布魯克．皮爾森是非小說類和散文作家。
14 摩托古茲是義大利的摩托車製造商，也是連續生產摩托車的歐洲最古老的製造商。
15 油脂球由動物或植物的油脂製成，混合了種子、堅果和昆蟲，提供鳥類必需的營養和脂肪。

我記得你曾經描述過你完成一幅風景畫的順序，從「先有什麼」開始，我發現我自己建構世界的過程必須是從土地開始。我最先開始欣賞的是風景、公路和野生動物，當然它們也是我開始建立一個世界所需要的元素——從地面開始。擺在我面前的任務相當艱鉅：建立一個世界、一個人和一種生活。

好吧，整件事情都很艱難。

喬，再次感謝你體貼的禮物，它已經帶給我「一些可思考的美好事物」。這在我最近有如雲霄飛車的生活中是相當珍貴的東西。

上星期有幾天我能感覺當下的美好；但這星期我有好幾天對每件事都感覺很糟。在美好的日子，我確實因為自己是否太容易「走過悲傷」而感到一股內疚，但沒必要自尋煩惱——因為我很快又崩潰了。我想，這些也是我必須適應的週期，而在這反覆的日子裡，狗給了我力量！

（或者說是山雀，隨便啦。）

你的朋友

尼爾

〔致布魯特斯的信〕冬天的小鳥

一九九九年三月一日
魁北克．聖布魯托湖

嘿，開車的快感！

新的一天，新的一星期，新的一個月，幾乎也是一個新的季節。我，對這些都不太開心，這星期我遭受「春日狂熱」的嚴重攻擊。我感覺到變化的到來，這讓我感到寒冷與恐懼。

真是該死，我才剛對作為一個冬天的靈魂有些了解與信心！我開始意識到，雪中的活動不僅對我和我內在的小孩有好處，它也像周圍的世界一樣無處不在而且必要——樸素並充滿光亮的風景（當你以這樣的方式來想的時候，對視覺皮層來說，夏天實際上比冬天更暗）。在所有這些方面，冬季適合我的心情，我也喜歡那種封閉的感覺，我的避難所被藏在厚雪和高高的雪堆後面。舒服，我喜歡。

當然，這還沒有結束，因為雪還很厚，大地還深深感受著冬天的氣息，但上星期開始出現了變化的最初徵候。白天變長了，陽光更強了，因此，即使溫度只比冰點高一、兩度，但每樣東西都開始融化。融化的雪水滴落在屋簷下，車道上積了小水灘，並在簷槽中汩汩流淌。

昨天是一個特別陰沉的雨霰天，儘管到了晚上變成了下雪，到今天早上也積了幾公分的雪好好地「刷新」了景觀。不然之前的樹都光禿禿的，路也恢復成褐色，雪堆上的麻點就像我們在哥倫比亞冰原[16]上冒著雨走過的阿薩巴斯卡冰川一樣。

然而……我很高興地向你報告，我的餵鳥站已經小有成就，至少對山雀來說是如此，而且前幾天我還看到了幾隻朱雀。隨著遷徙季節接近，我肯定會有更多的「外來客」經過。從我的廚房窗戶看這些小鳥真好，感覺在那有一些生機。

摘自《加拿大鳥類大全》：

> 誰見過垂頭喪氣的山雀？即使在隆冬最灰暗的日子裡，當溫度計保持在零度以下，大雪厚厚地覆蓋大地的時候，山雀是歡快和善良的化身。

說得對。所以現在我的靈魂是一隻山雀（雖然我不知道什麼是「歡快和善良的化身」，但我會在這方面努力的）。問題是，知更鳥[17]要來了，我真的無法把我的小山雀想像成一個「春天的靈魂」。因此，過去這一星期對我來說是困難的一週，算是「過渡期」吧，我想我可以姑且如此稱之，給它上點最好的脂粉，但它感覺更像是……哦，可以說是「悲慘的」。這個可悲的小問題一直浮現在我的腦海裡：「我該怎麼辦呢？」

還不知道，但我正在想……

這個星期我打算把我的《孤魂騎士》日記打字出來，這可能是我在目前有限的精神資源下可以進行的「工作」。不是**寫作**，只是打字（正如楚門．柯波帝對傑克．凱魯亞克的評價）。當然，在接下來的一、兩個月裡，當積雪變成爛泥時，我面臨的主要問題是：我要怎麼帶著我內在的小孩出去兜風呢？

所以這星期我也在努力的督促自己去和在墨西哥城的朋友取得聯繫，請他們儘快把我那輛可憐的老GS回復到可騎行的狀態。把我的降落傘準備好，以防萬一我不得不跳傘。我目前沒有任何計畫，甚至沒有任何特別的意願再去閒逛，但我想我必須考慮這種可能性。

幾星期前馬克．里布林來訪時，他帶了一本凱斯．穆恩[18]的傳記給我，他是我青少年時代的英雄，上星期我好好地讀了這本書。他的人生和時代讓我回想起很多自己在六、七〇年代的日子：參加樂隊、去看我的第一場「誰人樂團」音樂會、住在倫敦，所有這些事。不過，這本書是這傢伙的真實生活而且並不是那麼美好。越來越多的時候魂不守舍，整天無所事事、出入健康農場、康復中心，甚至精神病院，隨時會破產，總是把事情搞砸讓朋友失望難堪而不是讓他們開

16 哥倫比亞冰原位於加拿大洛磯山脈，橫跨北美洲大陸分水嶺。
17 知更鳥飛來就預告春天來臨了。
18 凱思．穆恩是英國搖滾樂團誰人樂團的鼓手，以其獨特的風格和古怪的行徑而聞名。

心，沒有安全感、不開心，而且經常是可悲的。他在三十歲之前就幾乎前途無望，三十二歲就死了。在這一個星期的生存危機中與我自己的人生相對照，這是一個值得反思的人生。但事情就是這樣發生了……

〔之後發生了一連串的的災難：家人的健康危機、一大筆稅單、布魯特斯的法律和財務困難、化糞池問題，以及一股廣泛的存在性的憂傷。〕

這一切只有一個字可以形容，而且沒有必要把它說出來。但我還是要說。幹！

好了，這樣就好多了。我明白到所有這些「傾吐」可能會耗損你無限的彈性和好心情，對此我很抱歉（我認為你是這裡真正的山雀，「歡快和善良的化身」。是的，那就是你）。不管怎麼說，很抱歉把這些黑暗的東西塞給你。事情就這樣發生了。

你不要因為我決定「發洩」而過度反應。它可能對我有好處，而且希望它也不會對你造成任何傷害。我想你應該和我有相同的感受，我自己的麻煩已經夠多了，**其他人**的麻煩不會對我造成太大的打擊。

好吧，你的麻煩會讓我打擊很大，但那只是因為就像比爾．克林頓說的：「我感受到你的痛苦。」[19]但你不要去感受我的，否則我會殺了你。

明白嗎？不要過問我的痛苦，兄弟！

從好的方面看……前一星期我已度過了一段美好的日子，每天彷彿我是雪王，在燦爛陽光和新雪的完美條件下滑雪，在維京步道上進行史詩般的環繞至少有二十五公里，而且超過四小時，回來時一瘸一拐、筋疲力盡但充滿勝利的喜悅。這一切都很好，但那是「過去的好日子」。那只是在隧道之間的一點光亮，因為黑暗再次排山倒海襲來。

昨天我本打算刮掉我的鬍子以宣示改變和革新，但我決定必須把鬍子留到布萊德和麗塔到來時再刮——我不能剝奪她對這世界上最愚蠢的鬍子表達蔑視的機會（我甚至從去年七月就沒有修過鬍子，所以如果你想像鮑威爾少校留山羊鬍子的樣子，你就會知道那是什麼樣子。很醜陋。我的頭髮也是一樣，但我打算暫時不理會它；經過電擊治療後看起來像一個被認證的瘋子真是太好了！）。

所以我希望你的情況和我差不多（沒有比較好也沒有比較差），這樣我們就可以一起痛苦了。每當我開始想：「天啊，我是全世界最大的失敗者。」我就會再想一次，然後說：「不，我不是——我知道有人比我更失敗！」

然後我就感覺好多了。

希望你也是如此。

你的小山雀

19 一九九二年，美國總統候選人比爾．克林頓對一位質問他的社會運動者說了一句著名的話：「我感受到你的痛苦。」這句話很快流行起來，成為表達同情的陳詞濫調。

〈致布魯特斯的信〉雪是我的上帝

一九九九年三月四日

魁北克·聖布魯托湖

你好，膽小的小男孩：

你今天好嗎？今天這裡的天氣陰暗潮濕，下了雨，還有濕漉漉的雪，看起來就像你通宵達旦沒睡後的臉一樣灰濛濛的。昨天我們又下了大約二十五公分的新雪，以你能想像的最厚、最重的方式降落。雪花像一片厚重的窗簾一樣整個倒下來，當我滑雪時（實際上是蹣跚而行，因為雪道上的雪很深而且沒有路跡），我周圍的景象似乎很不真實。

我從頭到腳被冰雪覆蓋，世界上最愚蠢的鬍子被壓得很重，我可以像鐘擺一樣搖晃它（我當然這樣做了，感覺很酷！）。當我回到車上時，儘管我只離開了一個半小時，整輛車已經被埋在十公分的新雪下。

雪穩定地一直下到晚上，然後一道暖鋒從你住的方向過來，溫度升得更高，接著又持續下整晚的雨。現在的情況差不多就是這樣，雖然氣壓計顯現的數字是我見過的最低值（我用我的簽字筆做了一個記號來紀念這一事件），而且外面很黑。東部和東北部的風也很不穩定，這可不是什麼好事。加拿大廣播公司的預報說，今天晚些時候來自西部的寒流會帶來降雪，並給明天帶來好天氣。阿門。

這讓我的小山雀靈魂更容易忍受這樣陰鬱的一天，畢竟我昨天滑雪滑得很好，今天早上的超低氣壓讓我感到愉快，雖然今天我像掃雪機一樣在雪中走了十公里的路，身體又僵硬又痠痛。

總之，這隻小山雀該開始他的一天了，也許還可以把這封信寄出去。雖然我星期一剛寄過一封信給你，但我感覺這封比較歡樂些。我媽媽昨晚打電話來問我是否得到了她「祝福」的暴風雪；前幾天她和我談話後，她認為我需要的是一場大的暴風雪，所以她用母親的力量來祈求它。她是對的。儘管這裡的早晨很陰暗，但我知道還會再下雪，而且是在星期六，所以沒問題。媽，妳太棒了！

前幾天晚上，我收到連恩的傳真，把我腦子裡的那團腦漿攪得很厲害。那封傳真的本意很單純：他只是說他與蓋迪和艾力克斯碰面討論如何在沒有收入的情況下削減我們的集體開支，還談到了倉庫裡的所有設備，以及如何處理這些設備。所以我想可憐的連恩是被派來問我對這個「簡單」問題的想法，這當然會引發一大堆其他問題，而對一個問題的答案必須包含所有其他問題的答案。天啊！

他一定知道他要問我什麼，還有那份傳真讓我驚嚇的程度，有好幾天我甚至沒有進辦公室，這樣就不用看我桌上的傳真。

以我現在的狀態還得思考這樣的決定，已經夠糟糕了，但我知道如果我給出的「正確」答案會讓那麼多人開心（而且我說的不是陌生人），那我的感覺鐵定更糟了。

因此你可能會說，這是一個具有一定「分量」的問題。

然而事實是我已經十八個月沒有碰過鼓棒了，也不想碰；事實上，當我進入暖爐室時，我甚至會將眼光避開不去看放在裡面的鼓。打鼓曾是我以前整個生活的核心所在，也許正因為如此，它現在仍然是離我的「興趣」最遠的地方。對我來說，就連打鼓這個抽象的概念都是我想都不願想的，而且我之前告訴過你，我覺得自己和「那個傢伙」的距離很遙遠。所以現在我已經能夠跟隨明智的做法：完全忽略這個問題。

事實上，昨天我在滑雪的時候，就在思考要我重新回去工作的所有「條件」。「只要布魯特斯能再次和我一起騎車，我就去巡迴演出，所以你必須把他從監獄裡弄出來，並且幫他弄到一張綠卡。」

嗯，我不知道是否有人有那樣的權勢。但是，就像《太陽依舊升起》中那句美麗的結尾：「這麼想想不也很好嗎？」

無論如何，我不再繼續去想這個問題（因為現在對我來說確實是不可想像的），我會試著找到一種方法讓大家知道我沒有在想這個問題（真的很難）。

所以告訴我，我被囚禁的小山雀，現在你是否覺得你能夠理解瑪雅·安傑洛的書名《我知道為什麼籠中鳥高歌》[20]？

繼續鳴叫吧！

〈致紐澤西州的自行車友蓋依·伯吉爾的信〉

一九九九年三月二十四日

魁北克·聖布魯托湖

親愛的蓋依：

整個冬天，訪客很有「節奏」地到來，基本上是我自己計畫每一、兩個星期由親戚或朋友輪流拜訪。對於這些來自多倫多或溫哥華或紐約想探索「真正的森林」的訪客，我一直是雪地健行活動的忠實鼓吹者。任何人都可以輕易地學會（「你會走路就能學會」之類的），這可以讓他們出門走進森林，欣賞「偉大的白色寂靜」之美。

20 瑪雅，安傑洛為美國著名的作家與詩人，《我知道為什麼籠中鳥高歌》為出版於一九六九年的自傳第一部（原書有七卷），描述其幼年生活。

上週賈姬的哥哥史蒂芬來了（就是那個和我們一起在巴貝多照顧賈姬的人，他在貝里斯和我見面，一起旅行以度過異教徒冬至祭[21]的黑暗日子）。作為另一個被我們最近共同經歷的悲劇所傷害的靈魂，他和我一樣，能夠在這種活動和環境的結合中找到「避難所」。我們大步穿過樹林、越過結冰的湖泊來到環繞灌木的偏遠地區，這裡我以前也從未探索過。而身為一個半退休的潛水員和全能的大自然愛好者，史蒂芬也接受了我最近對追蹤動物的興趣，試著識別和解釋「幽靈動物」在雪中留下的痕跡。豪豬、麋鹿、鹿、兔子、白靴兔[22]、松鼠、狐狸、老鼠、黃鼠狼、松雞以及數量驚人的水獺足跡都被發現與確認，但仍有一些神祕不知名的。一些大型犬科動物的足跡量出來可能是東部郊狼或灰狼，但當地人似乎不知道這裡有郊狼，雖然前些年曾發現狼的蹤跡，但被無情地誘捕和毒殺（獵鹿人所為），甚至這個地區已經有更多人類居住，似乎不太可能還有狼的存在。野外指南將這一地區列為郊狼和狼的活動範圍，所以我將這兩者列為「可能」。但在我有更好的證據之前，我不願意說：「這裡有狼。」研究仍在繼續……

我精心設計的餵鳥器也是一個持續的娛樂來源，頂部的油脂球上有啄木鳥和茶腹鳾，山雀和芬雀正在吃餵食器中間的種子，而金翅鳥、黃雀和燈芯草鵐則在地上。即使在晚上，也經常有飛鼠從鄰近的樹上俯衝下來拜訪我，而老鼠則從牠們的雪地隧道中飛快地進出，撿拾殘留的食物。

這就是我在這裡的生活形態。很快就會發生一些季節性變化，但我會盡所能地「適應」。這需要很大的意志，我得承認，但我同樣高興的是，至少我可以全心投入其中。佛洛伊德所說的

「練習悲傷」是每個哀傷者都必須經歷的，當然有可能會有其他工作分散自己的注意力，不管是不是自願的，這只意味練習悲傷的工作還沒完成。

最好你能只專注於手頭的事情，盡可能地做好你必須做的工作，偶爾找一些有療癒性的事情來轉移注意力，比如移動，這也會帶來其他好處：健身、刺激、暫時分心、有某些事能計畫，甚至有些小事可以期盼——這一點很重要——期盼某些好事發生。我嘛，現在我期待著夏天，期待著騎自行車、騎摩托車、游泳、划船和開闢步道——這讓我期待著明年冬天，那時我就可以在這些步道上雪地健行和滑雪。這些都算不上是什麼好的人生，但我現在必須這樣做。

也許隨著時間的推移，我將變得更加「認真」，也或許不會。無論如何，這與練習悲傷無關，也與「照顧和撫育一個內在的小孩」無關。

你的朋友

尼爾

21 又稱為「耶魯節」，是古老的冬日慶典，於每年的冬至舉行。是古代日耳曼民族原本慶祝的宗教節日，在接受基督教化後改為慶祝聖誕節，因此耶魯節對於他們來說相當於是聖誕節的前身。

22 白靴兔，是北美洲的一種野兔，由於牠們的後腳很大，故被命名為「白靴」。

〈致萊斯利．喬伊斯的信〉

一九九九年三月三十日
魁北克．聖布魯托湖

親愛的萊斯利：

真不幸，在過去的幾天裡，雪上運動的季節受到了嚴重的打擊，因為每天都是「十幾度」的天氣，陽光明媚，當你站在外面時，你聽到的全是水的交響樂，從屋頂上滴下的水，在簷槽中汩汩流淌，然後飛濺到地面上的冰坑。

現在這裡的泥濘季節來了，這是我一直害怕的時節。我對「物理治療」的需求本來可以通過騎自行車、甚至騎摩托車來滿足，但在接下來一個月左右，這裡的道路會是亂糟糟的沙子、礫石、冰、泥和流水。划船也許可以，但湖面上那幾十公分的冰也需要幾星期的時間才能融化。至於游泳……嗯，那也需要一段時間。

凌波舞[23]的季節到來了。

「你能

到多低的地方……」

嗯，我希望不會太遠。如果我需要跳傘的話，「降落傘」已經準備好了。幾個星期前我在風裡嗅到了變化（更像是從我臉上的陽光中感受到的變化），於是聯繫了墨西哥城的ＢＭＷ經銷商，請他在四月中旬左右把我的摩托車整理好。

我現在沒有什麼特別想去遊蕩的願望，但是飛到墨西哥騎摩托車回來（當然要經過一條風景優美的蜿蜒路線），然後在六月某一天回到這裡為夏季運動做好準備，可能不錯。這樣的計畫也許能陪伴我到夏天結束，無論如何，這樣一定行得通的。

我有沒有提到過一個叫大衛．詹姆斯．鄧肯[24]的美國作家？我可能提過，因為對我來說，他似乎與你是天生的同類。儘管他的「歌」是關於太平洋西北地區的，和你一樣，他不僅設法表現出對這個地方的愛，也表現出對他角色人物的愛，他可以挖掘他們的內心、他們的命運而不使用太多的「引導」。就像他走得很深入，又不至於太「沉重」。

我之前讀過《大河之戀》這本書，最近我又讀了《Ｋ家兄弟》，這本是我能想到的六〇年代最好的小說之一，包含了棒球、佛教、毒品、越南、宗教，當然還有性和愛。他寫得很好。

23 凌波舞源自加勒比海，舞者向後彎腰鑽過逐次降低的橫杆，其後衍生出著名的〈凌波舞曲〉，「你能到多低的地方……」為歌詞中的一句。但凌波的另一解為「靈薄獄」，出自猶太教，指「地獄的邊緣」。在此作者一語雙關。

24 大衛．詹姆斯．鄧肯是美國小說家和散文家，以《Ｋ家兄弟》、《大河之戀》聞名。

然而，我個人決定要禁讀任何以棒球或第一次世界大戰為背景的小說。我知道棒球對任何主題來說都是一個很好且通俗的背景，而第一次世界大戰有一個浪漫的距離和悲壯青春的氛圍，但已經夠了。

明白了嗎，現代小說家們？

好吧，很高興我能把這句話從我那瘦弱的胸膛說出來了（對我來說，發洩我的憤怒是很重要。每個人都這麼說）。

最近讓我享受到閱讀樂趣的是杭特．湯普森的《地獄天使》[25]，我認為他是一個被低估的作家，他至少是他那一代人中的凱魯亞克。我只讀過這本書和《賭城風情畫》[26]，但在這兩本書中他都能講述一個離譜的故事，同時又能超越它，提供真正真實和美麗的時刻。我想說他是真正的作家。在我看來，由於他成為一個如此聳人聽聞的人物，使他作家的身分被低估了。

而且他對地獄天使的洞察力驚人的敏銳——他們代表的並不像其他大眾媒體所堅稱的是某種古老事物的終結，例如「最後的亡命之徒」或「騎著鐵馬的牛仔」，而是代表一種新的「不文明的不服從」的開始，這種反抗一直延續到今天。

湯普森的書寫於一九六六年，當時嬉皮人士剛接下披頭族的棒子，種族騷亂席捲美國，我認為從現在看來他是正確的，而且具有驚人的先天洞察力。地獄天使們是龐克、黑幫、所有其他仍然存在的摩托車幫的先驅，甚至是在今天市場行銷中取得驚人成功的中年哈雷騎士的先鋒。

這些現代的行政高層、頭髮一縷灰白的愛家男人，是看著《生活》雜誌上狂野派對和某個地獄天使成員葬禮隊伍的摩托車隊畫報，或《時代》雜誌上某位機車騎士生活中的權力、暴力、速度和性的文章長大的，嘿——他們仍然「認為」自己是個叛逆者，或者至少認同這個形象。

也許在某種程度上，今天的右翼極端分子和民兵，部分是來自三K黨的靈感，部分是受到地獄天使的啟發。重要的是，在六〇年代中期，地獄天使會去柏克萊毆打和平抗議者。而且，他們說他們使用納粹符號只是為了激怒「異性戀者」，但不難從中讀出更多的弦外之音。

現在輪到我穿著橡膠鞋在泥濘的路上走一走了。這不算什麼運動，但至少這可以讓我在戶外待一段時間。正如我媽媽每次送我出門時常說的：「只要出去走走——就會把臭味吹走！」

稍後再聊

尼爾

25 《地獄天使》於一九六七年出版。地獄天使是一個被美國司法部指控為有許多犯罪活動的機車幫會。本書以近距離和毫不妥協的眼光看待地獄天使而受到廣泛讚譽。

26 《賭城風情畫》描寫以毒品、賭城、人性與各種超現實編織出的美國夢大哉問，一九九八年改編成同名電影。

〔給馬丁·戴勒的信〕

他是我多年的朋友和鼓手夥伴，在我遇到困境初期給予我很大的幫助。

一九九九年三月三十一日
魁北克·聖布魯托湖

親愛的馬丁：

週末的時候，也許只是想改變一下，我穿著雪鞋在樹林裡行走，仔細探查了這個地區周圍。我也開始注意觀察雪地上的動物足跡，回家後坐在火爐前，手拿麥卡倫酒研讀野外指南。最近我一直隨身攜帶著捲尺，以便測量觀察動物腳印的大小、步幅和足跡的寬度——所有「追蹤者」必須知道的資訊。明年，我將擁有自己的陷阱線[27]……

然而，現在是我的「凌波舞」季節，我不確定會發生什麼事。雖然我早上在書桌前待了幾個小時，但我只是寫信或發傳真，或處理必要的事務，沒有動力展開「正式的工作」。我甚至還沒開始把旅途中的筆記打出來，而且如果重讀我「以前」做的東西，我只會更沒興趣。早在一九九七年八月，我已經完成了一本關於我和布魯特斯在「回聲測試」巡演中的冒險經歷的書，但現在——我完全不在意。

我已經很清楚，以前在我的生命中最重要的東西，現在是離我最遠的。這指的是打鼓和寫作這兩件事，不論是歌詞還是「嚴肅」的散文。在把我的某種新生活重新拼起來的「尋寶遊戲」中，我已經能夠從以前感到熱情的嗜好中，挑選一些比較邊緣的喜好並再次融入，例如，閱讀、騎摩托車、觀鳥和越野滑雪，但我的思想、我的靈魂，根本就對打鼓或寫作的想法避之唯恐不及。在這一點上，缺乏「創作衝動」既不是一件好事也不是一件壞事，因為無論如何這肯定是一種奢侈，與我目前的生存使命無關。

隨著時間推移，人們可能會清楚的意識到，「衝動」、「靈魂」——無論你怎麼稱呼那個「中心區域」——只是暫時關閉進行裝修。有一天，我們會盛大的重新開幕，並準備再次投入工作。另一方面，也有可能這些東西的源頭已經被打擊到面目全非。

無論哪種情況，除了努力活下去，我什麼也做不了；因為如果時間應該負起療傷的工作，我就得讓它經過，而且盡可能地溫柔。

27 在毛皮貿易中，陷阱線是捕獵者為其獵物設置陷阱的路線。傳統上，捕獵者習慣性地沿著路線移動以設置和檢查陷阱，從而熟練穿越偏遠地形，並成為當地地理專家。

本著這種精神，我試圖盡可能地延長這個滑雪季，這把我推進了為雪板打蠟的新領域。我甚至試過一次滑雪蠟[28]，但那是一個黏稠的噩夢。在我放棄並轉身準備回家時，它似乎才開始起作用……

然而，當氣溫在零度左右時，我有過幾天很好的滑雪日，特別是在多雲的時候。到了三月，太陽是那麼強烈，不論溫度幾度，都會影響到雪況，在陽光下又熱又滑，在陰涼處則是又冷又「粗糙」。但我確實在煉金術的領域擴展了知識。為什麼？因為今天我真的在滑雪板上重新塗上了一層松焦油，用火炬和那些有男子氣慨的工具燒它，然後塗上幾層滑雪蠟——再用電熨斗把它熨平。

這只是我作為「復仇的單身漢」的另一個反抗行為。我當然不會用電熨斗來燙衣服，那麼，還有什麼比拿它來融化滑雪蠟更好的用途呢？我認為，沒有。

我還喜歡在客廳裡騎著摩托車對一些習俗嗤之以鼻，在餐桌上戴著牛仔帽，一邊看賽車娛樂台的「納斯卡賽車情報」[29]，然後把所有用過的盤子堆放在廚房的流理檯直到隔天早上（我不介意在隔天早上洗碗，眼皮半張地看著餵食器旁的鳥兒；但晚餐後不坐在火爐前放鬆一下似乎很蠢）。

我還透過留著全世界上最愚蠢的鬍子來彰顯我的反叛精神——從去年七月起就沒有修過的山羊鬍子，最後連我自己都覺得太蠢了。幾星期前布拉德和麗塔來的時候，她逮到機會告訴我「你看起來像個摩門教徒」，我知道它已經完成了讓所有女人都討厭的職責，我也能把它剃掉了。

現在我要讓我的頭髮留長，但只要到能維持「一早被雷打到的樣子」的長度即可。當然，一旦長的太長又會引起女孩的喜歡，那是絕對不行的。

我希望你和你的家人一切都安好，也許我們可以再找個時間聚聚，一起滑雪。

暫時再見

尼爾

28 滑雪蠟是一種施用於滑雪板底部的材料，以提高其在各種雪況下的摩擦係數性能。

29 納斯卡賽車情報是美國全國運動汽車競賽協會舉辦的賽車運動。

〈給馬克・里布林的信〉

一位作家朋友，住在紐約州北部的鄉間，過著與世隔絕的生活。

埃爾伍德營（此為註冊商標）
專為照顧和撫育內在的小孩
一九九九年四月五日
魁北克・聖布魯托湖

萬歲，寬宏大量的馬克：

不久前你從中央市場（多麼古怪啊）發來的傳真，由於過時的科技，所有的頁面都有部分重疊，因此每一頁的最後一段都不見了。天啊——我們是不是在簡單的交流中遇到了麻煩？

我想這是時代之歌，或者說時代精神。

嘿——我以前認為我是西班牙語說的「幻影旅人」、法語說的「孤魂騎士」，所以我現在想到在德語（你的祖先），我是「精神騎士」。如果能成為「時代精神騎士」就更酷了，但我不認為我可以勝任。

總之，我想讓你知道那個傳真事故（我們科學家稱之為「搞砸了」），你是否可以把原稿郵寄給我，這樣我就可以完整的讀到這封看起來很棒的信。我很高興你喜歡教學影片《混蛋進行中》，而且沒錯，我為它感到驕傲。「那個傢伙」做了一項了不起的工作，正如你所指出的，他真的很努力。

這裡，冬天正漸漸地讓位給春天，儘管是不情願的（在我看來是這樣，雖然是個典型的感情誤置[30]），因為即使溫度一個多星期以來都維持在零度以上，樹林裡和湖面上仍然有十幾公分厚的積雪。由於雪有那麼多，尤其是在三月，這次解凍就像是要融化一條冰川一樣。想到這裡，路邊的雪堆髒兮兮的看起來就像冰川上的冰磧，而湖水也是皺巴巴的，像古代冰原的表面。

對我來說，這確實是一個史詩般的冬天。我一直在越野滑雪，直到三月的最後一個星期，而雪鞋的季節仍未結束；我打算今天晚些時候到馬路對面的「百畝樹林」，因為今天陽光透亮，氣候溫和。還有一些不錯的下坡滑雪可以嘗試，我打算明天去試試（花了一整個星期找我的泰勒馬克[31]雪靴之後）。

總的來說，同樣的咒語繼續適用：保持前進。

30 感情誤置，是批判性思考中的一種非形式謬誤，指某人認為無生命的物體具有和人類一樣的感覺、感受與思想。

隨著季節的變化，這個需求讓我有一些焦慮，因為現在是泥濘的季節，緊接著是黑蠅的季節，我一直擔心在接下來的一個月左右我要怎麼從事戶外活動。騎自行車也許是可行的，雖然稱不上吸引人，因為道路上到處都是泥巴和殘餘的沙石、料峭的春雨，以及上述的黑蠅，它們往往會在你的頭上聚集成令人抓狂的雲，尤其是在你慢慢騎上坡的時候。

因此，隨著這個「艱困時期」的到來，我經歷了一個有趣的現象，即觀察我的大腦在兩個不同的層面上運作，而且它們的目的往往是相互矛盾的。我的一部分——有意識的部分——正在欣賞這裡的日常生活，觀察自然和天氣，根本不想去任何地方。

與此同時，我所謂的大腦的另一部分正忙著與墨西哥城的BMW經銷商聯繫，把摩托車整理好，好讓我隨時可以上路；列出我出發前的待辦事項清單，甚至開始如往常的行前準備一樣，在臥室裡闢個「集中區」（找出一個角落，在出發前的一兩個星期裡，想到什麼就先集中在那裡。這是一個很好的系統——有足夠時間想起每樣東西，並「過濾」掉不需要的東西）。

但奇怪的是，我甚至不知道我的榮格大腦、佛洛伊德大腦還是什麼腦到底在做什麼。它要帶我去哪裡？什麼時候去？我可以誠實地告訴你，從我的世俗腦、普通腦、愚蠢腦的部分來看，我不知道。

昨天我在翻找我的「孤魂騎士」地圖盒，發現自己把東西全拿出來放在一邊：墨西哥的《孤獨星球》指南，但沒有下加州的部分；有西部各州和各省地圖，但少了東部的——儘管據我所知，我仍然在考慮搭乘從猶加敦到佛羅里達的渡輪。但你明白我的意思了嗎？這裡面有一些決定是現在的這個「我」沒有參與的！

不用說，我有點被這個過程搞糊塗了。

另一則新聞：最近我一直在與附近的松鼠進行一場最愉快的戰爭（「一場最愉快的戰爭」，不錯的標題，對吧？），牠們不斷從屋牆跳到我的餵鳥器上，然後厚顏無恥地掛在那裡，一邊把我最好的葵花籽塞滿整張臉。我先試著向牠扔雪球，但作為一個投手我實在不是大聯盟的料。賈姬的妹妹黛比來好幾天了，她建議我用水槍，這建議就像卡通裡每當有好點子時就會出現的燈泡一樣。

我在暖爐室裡挖寶，找到了我舊的玩具弓和一把水槍，狩獵開始了。它演變成一個類似電影《瘋狂高爾夫》[32]的場景，我扮演比爾．墨瑞的角色，從窗戶偷窺，帶著我的「武器」四處悄悄追蹤，然後推開廚房的窗戶發射幾發子彈。

「哈哈，松鼠——我射中你的屁股了！」

---

31 泰勒馬克是挪威東南方的一個地區名稱，當地人桑德爾．諾海姆（一八二五－一八九七）是現代滑雪運動的先驅，發明了泰勒馬克滑雪（一種結合高山和越野滑雪的技術），就是運用了不固定腳跟的滑雪靴，使得在滑雪的過程中腳跟可以提起來，幫助剎車轉彎與平衡，進而可以產生靈活的滑雪衝刺動作與優美的身體線條。

32 《瘋狂高爾夫》是一部一九八〇年的美國體育題材喜劇電影。

水槍是最有效的反擊武器，但玩具弓更有趣。另一天早上我看著自己大笑起來，就像其他人會有的反應一樣：一個頭戴牛仔帽、身穿伐木工人襯衫的瘋子從廚房的窗子探身出去，以過激的偏見發射亮黃色的玩具箭。

有任務在身真好，有笑聲真好。

事實上，我現在就看到牠在外面，十二點整，在無人區的樹林裡穿梭，顯然是在進行攻擊前的偵察。是時候去保護邊疆安全了。

天啊，有時候我真的不得不懷疑自己。我剛剛從樓上的窗戶往外偷看，看到松鼠掛在我的餵食器上。我立即跑下三層樓，從廚房裡抓起水槍（這次沒時間去搞什麼箭了），穿著T袖、牛仔褲和拖鞋飛快地跑到雪地裡，開始瘋狂地射擊。

我想我「瘋了」……

然而，這確實讓我樂此不疲。除了觀鳥、追蹤動物、寫信和看賽車頻道之外，保護餵鳥器的食物不被松鼠吃掉是少數既無害（甚至對松鼠）又能轉移注意力的活動之一。轉移注意力也是好事。

就在今天早上太陽剛升起時，我站在廚房的窗戶前（黎明時分的松鼠行動巡邏），看到一隻體型不錯的狐狸（一種紅灰色的混種狐狸）慢慢跑過樹林的邊緣，正好穿過我的視線，讓我可以好好看個幾秒鐘。雪在一夜之間被嚴寒凍住了，這隻狐狸在雪地上移動得如此輕巧，後來我連牠的足跡都找不到。

這是展開我一天的美好風景。

我沒有聽說過《異教日經》[33]，不過聽起來是一個很好的生活參考。如果你能幫我寄一本來，我會很期待。順便提一下，用哪個名字寄東西到這裡都沒問題的，因為郵局信箱匿名也能收到。他們知道我是尼爾．佩爾特，也知道我是約翰．埃爾伍德．泰勒——好吧，我不認為他們真的知道誰是約翰．埃爾伍德。但是，連我自己也不知道。

我想今天就到這裡吧，從瓦爾登湖到另一個湖，從亨利．梭羅到另一個作家（你真的要住在沒有自來水的地方？）。雖然我一直聽到梭羅大肆宣揚的自給自足生活其實包括定期去愛墨生家吃飯、洗衣服，以及和愛默生夫人一起「暢快一下」。

嗯，這聽起來不錯。如果再加上一些其他鄉間必需品，如單一麥芽威士忌和草藥，我也可以住在池塘邊。畢竟除了划船和游泳，誰還需要水呀。好吧，還需要製冰……

不幸的是，我想我不會在我的池塘邊待太久。我的小腦袋裡的那個祕密戰略家似乎認為旅行會「拓寬」我的心胸或什麼的，而且顯然準備把我踢到寒冷、殘酷的陌生人世界和他們橫衝直撞的交通裡。好吧，我還能做什麼呢？最好就是依照指示行事。

33 異教儀式和慶是西方世界許多傳統節日的根源。《異教日經》包含幾個世紀以來與一年四季變化相關的異教儀式和慶典活動的相關信息。

無論如何，希望你和你的工作進展順利，也許在今年你會完成你的一本書？

你的朋友
尼爾

〈致最近來訪的史蒂芬的信〉

一九九九年四月九日
魁北克．聖布魯托湖

來自埃爾伍德營的問候，這是一個一年四季營運、全方位的療養地，專門採用由我們的創始人約翰．埃爾伍德．泰勒開創的有氧哀傷療法技巧。我們提供戶外活動和大自然觀察活動直到把你累趴，然後是由埃爾伍德主廚準備的營養美味的餐點，還有免費的酒精飲料。夜間的娛樂活動包括主人的幻燈片，以及加拿大廣播公司或賽車娛樂台播放的任何節目。

最近的客戶評價：

「我們一定得在雨中進行雪地健行嗎？」

「麝鼠吃起來就是這個味道嗎？」

「你什麼時候才會把衛星天線修好？」

「我現在可以回家了嗎？」

〔致布魯特斯的信〕冬末的瘋子

一九九九年四月十五日

魁北克．聖布魯托湖

你好，碎石先生[34]：

嘿，這個很有男子氣概的筆名很適合你，對吧？我在本地一個採石場和礫石坑前的牌子上看到它，立刻想到了你——「被砸碎的石頭」。

最近還有另一件事讓我想到了你。記憶中你上次來訪時（很久以前的夏天），你幫我帶了一

34 原文：Pierre Concassée。

本精裝本的《冷山》。我更早之前已經在報紙上讀到那本書的評論了（我想是在英國的時候），感覺這會是我喜歡的書。但從英國離開時當然不想攜帶任何精裝書。

因此，直到這星期我才終於有機會讀它，這是一本好書。真的很好。我越想越覺得作者在這本書中的成就實在令人印象深刻，包括在歷史、民間智慧、人物刻畫，尤其是——描繪風景如此出色。

我猜想你在把書給我之前已經讀過了，因為在整本書的不同地方都有被撕破的電影票的碎片。不管是新的還是舊的，在書裡看到這些東西總是很有趣。雖然這張票的時間不到一年，但仍然是一個小小的「時間膠囊」。把這些小碎片拼湊起來時，顯示了以下信息：「埃格林頓劇院，一九九八年七月十八日，三點三十分，《世界末日》[35]，六．五美元。」

對你來說，這有什麼故事嗎？

這個冬天，我一直在床邊放著便條紙和筆，但我根本沒有用過它們，直到上週我不得不寫下愛德華．艾比寫過的一個詞（在《黑太陽》[36]，那也是一本好書，我想你也注意到了）：「雨幡」。對於那些你看到在沙漠地區上空落下的雨，還來不及到達地面就蒸發了。用來形容迷人的景象，這真是一個可愛的詞。

在《冷山》中有兩個段落我覺得有必要貼上便條紙，今天我把它們抄了下來：

黑暗的聲音說的有些是事實。你可能會在痛苦和憤怒中迷失方向，以至於你無法找到回去的路。這種旅程沒有地圖或指南。英曼[37]的一部分知道這一點。但他也知道雪地裡有腳印，如果他再醒著一天，只要他能把一隻腳踩在另一隻腳前面，他就會跟著它們去任何地方。

你可以為失去的時間和當中造成的破壞而無休止地哀傷。為死者，也為迷失的自己。但是古人的智慧說，我們最好不要不停地哀傷。英曼說，那些老人們知道一些事，也有一些道理，因為你可以把你的心都傷透了，但最後你還是在原地。你所有的哀傷並未改變任何事。你所失去的不會再回到你身邊。它將永遠失去。你只剩下你的傷疤來標記虛空。你所能選擇的是繼續或不繼續。但如果你繼續，就是知道你帶著自己的傷疤。

35 《世界末日》是一九九八年上映的科幻災難片，講述了美國太空總署派遣鑽油工人（布魯斯．威利飾演）在撞擊地球的小行星上鑽井，並炸毀該小行星的故事。

36 《黑太陽》是愛德華．艾比於一九七一年創作的一部小說，講述了一個火警監視員愛上了一個女孩，當她在大峽谷國家公園神祕失踪時被冤枉的故事。

37 英曼是冷山小說的男主角，是一名在美國內戰即將結束時受傷的逃兵，他走了幾個月才回到他生命中的摯愛艾達．夢露身邊。

是的，好吧，我不需要那些自作聰明的作家告訴**我**，人生是如何的無知等等。他們之中沒有一個人比**我**更了解它。

昨晚我開始閱讀喬尼．比爾比的另一部作品《異教之歌》[38]，儘管到目前為止這是一個很好的故事，但那編輯實在該死。這本書裡的錯別字多到讓人震驚，從第一頁就開始了！如你所知，這些錯別字躍然紙上像一記耳光打在我臉上，讓我的大腦在憤怒和困惑中震動；不得不停下來弄清楚它到底要說什麼，這對任何讀者來說都是一種不便。隨著令人震驚的錯別字堆積如山，它使我感到非常震驚，幾乎想把書摔出房間。但我忍耐著。

我剛剛列了一個清單，準備訂購你提到的一些書，特別是《沙鄉年鑑》[39]，我已久仰其名，就在昨天晚上，我看史蒂芬為了我準備的《卡迪拉克沙漠》影片，作者馬克．雷斯納提到了那本書。

像你一樣，我不斷地碰到巴里．洛佩茲[40]的名字，在摩押的「偏遠之地」書店裡，有一整架名為「艾比與盟友」的書櫃，上面一堆他的書。我買了《沙漠筆記/河流筆記》，當我開始閱讀時，起初我很感興趣，因為他對沙漠、植物和動物的描述充滿詩意。

之後我意識到他所說的並不真實。我是說，從字面上看，為了達到詩意的效果，他改變和發明「自然的本質」。我確信他覺得自己有權這樣做是為了追求某種「更高的目標」——某種新的、重要的「神話創造」，我肯定他的崇拜者會這麼說。都充滿了「強大的圖像」、「幻象」

和「淒美的詩意」等等。但這是我一生中少數讓我厭惡到放棄的書之一，我差點把它扔進了垃圾桶。

這也說明了往往將那些明顯有相同喜好的人分開的隔閡：就像我在貝里斯對自然旅館的感受一樣。有一天晚上我看著周圍所有其他的客人，他們穿著Tilley Endurables[41]的服裝，看起來很休閒但又緊繃著臉，我對史蒂芬和雪莉說：「這是不是意味著我們也是生態旅遊者？」

雪莉說：「不可能！我們抽菸喝酒，而且常說髒話。」

說得對。這也是好事。

你可能聽過艾比常被那些自詡為環保人士的人認為是「可恥」的說法（「不可能，兄弟——他跟我們不是一夥的」），因為他喜歡追求女人、喝酒、抽雪茄、開槍，還會殺蛇（我在某處讀到他常常把啤酒罐從他的皮卡車扔到高速公路上，他解釋說：「因為那是一條高速公路。」）。

今天還有一件事讓我想起了你。如你所知，我一直在為現在要做什麼而煩惱；我真的是指**現在**。直到昨天，我已經三天沒有出門了（我覺得自己像個囚犯，哈哈），而且開始覺得有點……

38 《異教之歌》講述了喬尼．比爾比穿越印度和巴基斯坦的偏遠地區，進入飽受戰爭蹂躪的阿富汗。他想像自己坐在熊熊燃燒的火堆旁，聆聽異教首領的歌聲，開始體驗異教徒部落的古老生活方式，並在旅途中發現自我。

39 《沙鄉年鑑》是美國生態學家和環境保護主義者奧爾多．利奧波德所著，他在現代環境倫理的發展與荒野保育運動中有著相當的影響。

40 巴里．洛佩茲是美國作家。

41 成立於一九八〇年的加拿大公司，生產旅行用服裝與配件。

黑暗、沉重、頹廢。

今天我真的想踢踢我的懶屁股，開始打幾通電話，認真的做些整理工作，但首先我把我那下垂的屁股踢出了門，出去走了一段很遠的路。我身體其餘的部分也跟著去了，以便看著它（如你所知，這並不容易）。

附近裸露山脊上的雪越來越零散，岩層和棕色樹葉露出來了，但積雪所在的地方雪仍然很深。所以我又繞著聖埃爾伍德湖走了一圈，自從幾星期前我和黛比走過之後，我用汽車里程表量了一下，發現它的長度超過十公里。當時天氣晴朗，氣溫約為攝氏五度，但風是真正的「刮」起來了。即便如此，走了所有那些山坡，我還是成功地出了點汗，而且最重要的是我暫時「迷失了自己」（我無法**完全**擺脫自己，因為我一直在追趕自己）。

那是四月中旬的一個星期三下午，四周不見其他人影。只有兩、三輛車停在車道上，一個煙囪冒出了煙，還有人敲打的聲音。這次散步在誘導「大腦放空」方面起了很好的作用，但它沒有產生任何決定，也沒有整理出任何思緒。

下午晚些時候我開車去鎮上買花、雜貨和去郵局（只是為了顯示我還能做些事），使我想到你的是在經過村子的時候，一輛多用途卡車擋住了一條車道，因為他們正在修路。你猜怎麼了？他們有拿著信號旗的美女！（信號工人通常是女性，負責控制經過施工現場的交通流量。）

兄弟，我認識的其他人都不理解這種景象對我會造成什麼影響，但你知道沒有什麼比旗幟美女更能喚起對開闊道路的回憶，至少是我們騎過的那些路。我為這奇怪的念頭以及它在我心中喚起的一切而大聲笑了起來，我立即知道這是個徵兆。我該上路了。

當你讀到這封信時，我已經離開了。昨晚我打電話給洛杉磯的安德魯，要了南加州汽車俱樂部的電話，我在他們那裡買的保險一月一日就到期了，我要打電話辦理續保。他催我去他那裡和他一起「瘋狂」，他還取笑我說，戴夫．弗利的女朋友（顯然他們已經不再約會了）也希望我能回到那裡——那個說我是「帥哥」（我？）的女人。好吧，對於那些我一無所知，但我一直在考慮往那邊走；我不介意在棕櫚沙漠見見弗雷迪[42]（我的打鼓老師，他住在聖費南多谷），也許還有瑞奇一家（巴迪的遺孀瑪麗、女兒凱西和她的兒子尼克和丈夫史蒂夫，我在製作向巴迪．瑞奇致敬的唱片時與他們成為好朋友）。但我不認為在我到達那裡之前我會知道我要去哪裡。

去年秋天就是這樣，而且效果還不錯；路線和目的地的決定總是在當天變得很清楚，所以我將遵循這個自由放任的方法。

也許我只想盡快地回到**這裡**。

在我搭機離開之前還有一件要處理的事，多倫多的房子似乎已經售出了。鑑於家族房地產的詛咒，我一直忐忑不安直到交易完成（五月二十八日成交）才相信。當然這筆交易似乎不錯，也

42 弗雷迪．格魯伯是一位爵士鼓手，也是許多專業鼓手的老師。一九九四年，尼爾師從弗雷迪．格魯伯並與他結為摯友。

是一種解脫。在處理完賈姬給她家人的遺贈後，剩餘的錢至少可以幫我支付今年的稅款。哦，開心。

我只是很高興能把這一切全搞定，搞定，搞定。

而現在我走了，走了，走了，寶貝。該是我停止胡鬧的時候了，寫完這封信、打個電話，還有很多事要做。當然，我會在某個地方寫信給你，希望不久後我就會回到這裡——你知道在哪裡可以找到我！

待會兒見，恰米強克捲[43]

孤魂騎士

儘管我們活在艱難的時代
我們是那些必須努力的人
儘管我們知道時間有翅膀
我們是那些必須飛翔的人

〈每日榮光〉，一九九三年[44]

43 恰米強克捲是墨西哥菜，用玉米餅裝滿米飯、豆類、起司奶酪或肉然後油炸。

44 《平起平坐》專輯中曲目〈每日榮光〉的歌詞摘錄。原文：Though we live in trying times / We're the ones who have to try / Though we know that time has wings / We're the ones who have to fly。

第十一章

孤魂騎士回歸

太多的人在拉扯我的時間
太多的感覺
太多的事情在我的腦海裡
當我離開時，我不知道
我希望找到什麼
當我離開時，我不知道
我留下了什麼……

〈模擬小子〉[1]，一九八二年

1 《信號》專輯中曲目〈模擬小子〉的歌詞摘錄。原文：Too many hands on my time / Too many feelings / Too many things on my mind / When I leave I don't know / What I'm hoping to find / When I leave I don't know / What I'm leaving behind 。

作為四月中旬的逃亡計畫的第一部分，我的好友布拉德從他在聖凱瑟琳的家開車過來，在湖畔小屋裡陪我待了幾天。在所有的朋友中，我認識布拉德的時間最長——自童年開始算起——他和他的妻子麗塔一起陪伴我度過不幸的日子（多倫多、倫敦、巴貝多），除了布拉德，沒有人可以讓我如此自在地相處，也沒有人可以如此療癒我。我和布拉德一起騎車回到多倫多，他把我送到一家酒店，因為我在飛往墨西哥城之前需要處理一些事。

多倫多對我來說已經成為一個「鬼城」。賈姬、我和賽琳娜在那裡生活了近十五年，而我仍然不喜歡待在那裡。走在那些熟悉的街道上，我可能隨時會被突然跳出的記憶綁走。

在湖邊小屋這樣的一個能掌控的環境中，我已經學會了武裝自己來抵抗這些記憶。比方說，到處都有賈姬和賽琳娜的照片，這些照片已經成為生活的一部分，而且我也以某種方式適應或接受了。但即便如此，在這棟小屋裡我也會在不經意地瞥見某張照片時，感到穿過防備的刺痛。

因此，當我不得不在多倫多待上一段時間時——畢竟我大部分的「生活事務」都在那裡，我的醫生、牙醫、會計師、律師，還有我的許多朋友——我會穿著我的「盔甲」來到城裡，對去的每個地方、看的每個東西，以及可能讓自己有感覺的東西保持警惕。

我已經開始在我的內在小孩周圍形成一層薄薄的皮，並且有時可以引導我的思緒遠離某些方向，甚至主動防止自己感到悲傷或絕望。有時我可以做的到……但很難一直保持下去。

有時候當我開著車看到布朗學校——賽琳娜在那裡從幼稚園讀到六年級——我甚至可能覺得沒什

麼，但在另一天這可能會讓我崩潰。某些日子我可能會去墓園，想像她們兩人的墓碑完工後的樣子，但另一些日子光是想到要去墓園就令我難以忍受。

悲傷的循環對我來說仍然是「前進一步，後退一步」，儘管自夏天以來我衡量自己的進展可能是「前進一步，後退一步——但前進不到二公分」。我的內在小孩正小步小步地向前走。有時我似乎真的變得更強壯了一些，其他時候則多是自我感覺良好罷了。如果說我是在騙人，至少我沒有騙到自己。

我還注意到，我已經開始長出不同的「面具」來搭配這些盔甲。現在回想起來，這個過程早在八月分就開始了，當時我第一次出發去旅行。那時的我仍然感到如此地赤裸、脆弱和疏遠，所以我有必要找到一種應對世界的方式，一種我可以每天面對陌生人的「姿態」——比如在入住汽車旅館時正常的閒聊，或者在與一位友好的陌生人邂逅時。

我的第一個防衛角色是約翰．埃爾伍德．泰勒，這是我為申辦新的信用卡（還有我新的速八會員卡）所使用的假名，這個名字符合我對一個務實、堅毅、安靜有禮的角色的需求。作為一個旅行者，他獨來獨往，照顧好他的摩托車，閱讀地圖和路標，挑選合適的汽車旅館，給陌生人一個靦腆的微笑。

孤魂騎士是我性格中相當獨立的那個，是一個更浪漫、更善於反思的角色；是他讓我有了不斷流浪與不安分的衝動；他會對公路、風景和野生動物做出回應；也正是他在約翰．埃爾伍德為我們導航時，決定了要走哪一條路和風景。

我注意到隨著時間有更多這樣的「適應性人格」出現，在我的內心劇場上扮演必要的角色，他們都是真實的我（無論哪種性格）某些方面的放大，當我需要他們的保護時，我可以躲在後面。他們是我的幽靈保鏢。

然而，我一直認為自己是一個真實的存在，無論是沒有固定的形狀（還是多變的），都是由「曾是一個多麼愚蠢的人」的殘骸所構成的人。我正在學習面對這個世界的各種面貌，我開始對與人相處感到更加自在，不管他們可能戴著什麼樣的面具和盔甲。

驅使我離開多倫多的另一個因素是即將到來的賽琳娜生日，四月二十二日，我不想在多倫多度過這一天。我從關於悲傷和喪親的書中了解到的一件事是，最好在這些日子裡舉行一個「儀式」——找到一種方法以適當的方式紀念失去的人，而不是認為你可以順利度過如此沉重的日子。就像記憶一樣，如果你沒有找到一種方法來面對它們，它們就會擊垮你。

想到我在拉巴斯教堂裡的感受，我想這座位於墨西哥的古老大教堂可能適合作為賽琳娜追悼會的舉辦處。因此儘管我的餘生可能是雜亂無章的，我還是仔細制定了計畫，要在那一天之前趕到墨西哥城。

四月二十一日我搭上了往墨西哥城的夜班飛機，並再次開始用「致布魯特斯的信」記錄我的生活故事。

一九九九年四月二十六日
奇瓦瓦州．克雷爾
〔銅峽谷〕

烏鴉的鬼魂[2]！

這一切開始得很糟糕。大約在凌晨一點我來到墨西哥城的四季酒店，發現他們超額預訂，所以我被分流到萬豪酒店住了一晚上（雖然是免費的！）。第二天早上我允許他們在我面前鞠躬，特別是前台的那個可愛的莫妮卡。夥計，在那個地方有一些漂亮的女孩，我相信你一定記得（這並不是我們關心的事）。

在墨西哥的第一天是賽琳娜的生日，我對如何「紀念」這一天做了精心的計畫。一大早我走入位在索卡洛[3]的大教堂，買了兩根最大的蠟燭，並在紀念聖母瓜達盧佩[4]的聖殿前點燃。我在一群虔誠的老奶奶、遊客和建築工人之間坐了一會兒，，並且哭了一些（好吧，哭了很多）。

（我從《卡迪拉克沙漠》了解到，由於過度抽取地下水，大教堂每年都會下沉三十公分。似乎那個城市沒有機會了。我最近還了解到，每天有一千人搬進外圍的貧民窟。但相較去年，情況似乎有好一點——披索的匯率略有上升，是因為油價上漲的關係，這是我的朋友艾瑞克——他是

ＢＭＷ經銷商，也經營艾塔威士達車行——告訴我的，石油佔墨西哥出口總額的百分之六十）。

坐在那兒兩個小時看著蠟燭燃燒，回想了一些與賽琳娜有關的回憶，眼淚自然地湧出。然後在那天剩下的時間裡，我在時差（和悲傷）的夾擊下，在墨西哥城的街道上閒逛，然後吃了一頓豐盛的晚餐，就去睡覺了。

第二天，我又去了一趟墨西哥人類學博物館，看了看帕倫克[5]的展覽，然後去了聖安琪，看了看我的機車，那輛可憐、蒼老的幽靈旅者。她現在看起來真不錯！

所有的東西都被清理乾淨了，並且用一個新的前擋板和其他一些新的車頭零件進行了修復，被刮傷的擋風玻璃被擦得像新的一樣，他們甚至還重新給水箱上了漆。但不好的一面是，他們弄丟了我的備用小汽油桶（每次我想在這裡買一個新的，他們都會給我一個牛奶罐！），一個乘客踏板消失了，他們也忘了安裝油箱包的支架（注意到時已經太晚了——他們表示會寄給我），還有「騎行資訊顯示器」也沒有作用，沒有溫度計、油量表和時鐘。哦，好吧（這並不是我們關心的事）。

2 西班牙文 ¡El Cuervo Fantasma!

3 索卡洛是墨西哥城古城的中心廣場，又稱作憲法廣場。

4 瓜達露佩聖母是羅馬天主教為聖母瑪麗亞封的頭銜，指的是在墨西哥一幅聖母畫像顯靈中的聖母。此畫像保存在墨西哥城的瓜達露佩聖母聖殿。

5 帕倫克是七世紀馬雅文明全盛時期的代表性城邦，位於今墨西哥恰帕斯州境內的尤卡坦半島上。一九八七年，聯合國教科文組織將它列為世界文化遺產。

我在《洛杉磯時報》上看到一篇文章，關於墨西哥街道上滿滿的狗屎——顯然，它們已經風乾了，細屑被風吹到空中落在街頭的食物上（我可以告訴你什麼是我在墨西哥城不會吃的）。

我再次注意到城市裡有很多全副武裝的士兵，特別是在銀行外面——我看到一輛裝甲車停在一家銀行外面，周圍有大約十個拿著大槍的士兵。

這些種種讓我計畫在星期六上午離開墨西哥城。在四個月沒騎車之後，就讓我們從混亂的交通開始吧，而且剛開始的一、兩個小時內肯定會感覺很奇怪。第一天我向北走，騎了很長的一段收費公路到了聖路易斯波托西，然後抵達薩卡特卡斯[6]。

這次更容易地找到了金塔實酒店[7]（為什麼呢，因為他們在鎮上設置了一些路標提供幫助）。在第一天六百四十公里的騎行結束後，再一次感到這個地方的好，甚至餐廳裡是同一個服務員——那個有著駭人牙齒矯正器的傢伙，他追著我們到房間裡要我們簽帳帳單。不過他看起來更老了，不像我們。

第二天我終於走到了一些合宜的路，空曠的雙線道穿過乾燥的黃色鄉村，牧豆樹、仙人掌、木焦油灌木，還有一些高大的、跟約書亞樹長的很像的短葉絲蘭，一直延伸到遠山的薄霧中。我在潘喬別墅短暫地停留拍照，那是政府為潘喬．維拉[8]買下的莊園（我確定是為了讓他保持安靜），然後在向北八十公里的帕拉爾，維拉在那裡得到了「應有的懲罰」。一群受夠「農民大元帥」獨裁的市民（資產階級），在他的車裡將他射殺。今日，維拉在那裡有一個騎著馬的巨大雕像（雖然沒有薩卡特卡斯州的拉布法丘[9]的雕像那麼酷，我可以從金塔實酒店的房間裡看到它的剪影），而且顯然他當時駕駛的道奇旅行車在奇瓦瓦展出，上面布滿子彈孔。

說到槍和土匪，我今天不得不通過一些軍隊和警察駐守的路障，有一個穿T恤的警察認為他必須查看我的東西。夥計，我討厭這樣。那個人雖然會說英語，不過這並沒有什麼幫助——只會讓他在質問時更加堅持，而我在回答時更加「嘴硬」而已。真該讓你看看那個場景。

就在昨天晚上我讀完了《碧血金沙》[10]，這應該會讓我想起墨西哥是什麼樣子的！然後我開始讀《冷血》[11]（另一個愉快的故事），其中很早就提到了「寶藏」，那可是壞人們最喜歡的書之一。

總之，這又是相當漫長的一天——將近七百公里——但那時我已經回到了騎摩托車的老狀態，這是件好事，因為我已經為今天做好準備。我沒有想過要走這條路，但我的朋友艾瑞克告訴

---

6 聖路易斯波托西與薩卡特卡斯皆是墨西哥三十一個州之一。

7 金塔實酒店是一家由十九世紀鬥牛場改建而成的飯店。

8 潘喬．維拉，一九一〇年領導墨西哥農民起義的領袖，曾帶領農民義軍佔領墨西哥城，最後遇刺身亡。

9 拉布法丘是薩卡特卡斯的制高點，上有紀念墨西哥革命的墨西哥革命廣場，廣場上有三座雄偉的銅像，分別是革命軍領袖潘喬．維拉和另外兩位重要革命將領。

10 《碧血金沙》一九二七年崔芬所著小說，後改編成電影，講述兩個身無分文的美國人到墨西哥淘金的故事。

11 《冷血》是楚門．柯波帝於一九六六年出版的小說。描述發生在堪薩斯州農場主一家慘遭滅門的凶殺案，美國經典文學之一。

我，穿過銅峽谷的路是「整個墨西哥最好的摩托車道」。
我不可置信地問道：「比『惡魔的背脊』[12]那條還要更好？」
他笑著說，「比那更好。」
他並沒有說謊。
我們在一九九五年進行的那次騎行中所有的好——高聳的山巒、芬芳的松樹香、不可思議的美景、各種紅色和灰色令人驚嘆的岩石、曲折和可怕的陡坡——但幾乎沒有其他車，而且一路都是完美的柏油路面。最藍的天空，最新鮮的空氣，最甜美的氣味，最棒的騎行。我非常地想你（別以為你能跟得上我，再說，我可是用了很多弗雷迪．斯賓塞教的技巧，並善用我所有的輪胎！）。
然後是一段叉路，大約六十公里的泥土路通往峽谷底部的塔拉烏馬拉[13]印第安人的村莊。它結合了通往麥克的天空牧場的道路（由岩石、石頭、乾泥和鬆散的礫石組成的狹窄小路）和通往電報溪的道路（孤獨、蜿蜒、急轉彎，以及就在你身邊可怕的懸崖；千萬不要往下看！）中最可怕的元素，此外，它一直都很熱。在大約騎了三十公里，我在路中央的一個牌子前停了下來——「道路施工中」。這時我心想如果有一條墨西哥公路被封起來施工，那一定是非常糟的一條路，而且我已經夠悶熱又害怕，還滿身塵土，因此我選擇相信「謹慎總比冒險好」，轉身就走。後來我遇到了一群騎摩托車的旅行團，他們說他們已經走過了，情況「並沒有很糟」，但是……好吧，我會把剩下的部分留下來與你分享。

你也會喜歡這個小鎮的。大概有三千位居民，許多是塔拉烏馬拉原住民（長相英俊搭配紅銅般的膚色，類似於你看到的阿帕契人[14]的老照片），生活在二千三百公尺高的地方，混雜著鋸木廠、燒柴和許多小餐館的氣味。也有幾個像汽車旅館的像樣地方，因為它是往來銅峽谷鐵道的主要停靠站，也是公園的主要入口。在這裡還有很多事情可以做與觀賞，所以趕快來！

告訴你一件在艾塔威士達車行的趣事：當他們準備我的帳單時，我站在外面抽菸，當他們說準備好了，我問在裡面抽菸是否可以。

艾瑞克笑著說：「這裡是墨西哥——你可以在這裡的醫院裡吸菸！」

說得很對。

昨晚吃晚飯時，我有一個糟糕的時刻，當時餐廳的電視上正播放電影《火爆浪子》，那是賽琳娜最喜歡的電影之一，它很快就把我弄哭了。有人似乎讀懂了我的心思，很快就轉台。

然後今天早上，他們正在播放在科羅拉多州被殺的青少年的葬禮[15]，讓我再次傷心流淚。

12 惡魔的脊脊是墨西哥著名的一條摩托車路線，以杜蘭哥為起點延伸至西海岸的馬薩特蘭。
13 塔拉烏馬拉為北美最大的原住民群體之一。
14 阿帕契族是好幾個在美國大平原區居住的原住民部族的總稱。
15 指一九九九年四月二十發生在科羅拉多州科倫拜高中的槍擊案，造成兇手在內共十五名學生死亡。

假日酒店
德明．新墨西哥州

是的——就在州際公路上，從我的窗戶可以看到許多大型貨車，甚至偶爾有火車經過。天佑美國（我知道我是這樣想的，儘管你可能不是）！

我剛好讀到警察曾在亞利桑那州圍捕一群不法之徒後，給他們一張去德明的車票——那一定是個有趣的地方。

今天又是一次偉大的騎行，早上從塞拉山[16]地區的松林開始（穿著高領毛衣、加熱背心和握把），然後蜿蜒而下，穿過杜松和戲劇性的岩層來到寬闊可愛的木焦油灌木沙漠。遠遠望去有山，偶爾會經過牧場，還有一些灌溉的農田（現在當我看到這些，我不禁想，「這些水是從哪裡來的？它在傷害誰？」），以及驚人的沙塵暴，高達數百公尺，有時一次就有四、五個，然後是一些又長又直的路段，提醒我們為什麼我們喜歡沙漠騎行（是的，甚至有時還哼著歌）。

我路過一隻烏鴉，它正在攻擊一隻走鵑[17]，試圖偷走牠抓到的蛇，不久之後我直接騎進了一團密集的殺人蜂中（後來是有人跟我說我才知道），牠們像飛濺的碎石一樣砸向我，完全遮住了我的頭盔和車頭。我不得不靠邊停車清理面罩，才能看清前方的路。唉！

我很高興地跟你說，新墨西哥州哥倫布市的入境關口很輕鬆（你不知道吧？），等待遞交我的「臨時車輛進口許可證」的時間很短——我在墨西卡利的時候拿的那個。然後我不得不在哥倫布市的博物館停了下來（一樣是跟潘喬·維拉有關的主題，這是美國唯一一個被外國「軍隊」入侵的地方，不過顯然大元帥本人並沒有參加，只是煽動他的追隨者說：「讓我們去砍一些外國佬！」）。又是騎了七百公里的一天來到這裡（近來這似乎是一個神奇的數字）。我給自己倒了一大杯免稅的格蘭傑威士忌（在路途中買的），然後拿出美國西部地圖。

當然，現在的問題是「接下來呢？」好吧，我給住在棕櫚沙漠市的里奇一家打了電話，安排和他們見面，然後給那家不錯的壁爐山莊客棧打了通電話（我必須用你的名字才能訂到一個房間！）。因此我將在棕櫚泉待上幾天，然後也許會去好萊塢和安德魯以及那裡的其他外籍僑民廝混一陣子。現在我對前景有比較清晰的輪廓了，我可能會一路向北穿過山區和大盆地去拜訪丹尼一家人。那算是一種計畫，是在過去的一兩個小時裡形成的。

是的，對我來說，這絕對是現在要做的正確的事，我很高興我給了自己必要的一腳，讓我們重新出發再次上路。我知道你也是如此。

16 塞拉山是加州東部連綿的山巒地區，範圍包括優勝美地國家公園和太浩湖。

17 走鵑，字意為在路上賽跑者，亦稱灌叢雞。

一旦我在某個地方安頓下來夠長的時間（可能是洛杉磯），我會給你打電話，希望能和你談談。週四早上我確實從墨西哥城打了電話聯絡你，希望能在當晚或週五聽到你的消息，但一直沒有。我希望法庭的事情進展順利。這裡有很多事情需要你參與，有很多小妞也是。我也是。

這並不是我們關心的事。

孤魂騎士回歸

只是一個逃跑的藝術家
與黑夜賽跑
一個漂泊的隱士
奔向光明

〈**孤魂騎士**〉，**二〇〇二年**[18]

18 《蒸汽軌跡》專輯中曲目〈孤魂騎士〉的歌詞摘錄。原文：Just an escape artist / Racing against the night / A wandering hermit / Racing toward the light。

第十二章

春之狂熱

我們可以戴上浪漫的玫瑰
享受生活的樂趣
我們袖子上的心太溫柔
或者臉皮像賊一樣厚

〈十級風〉[1]，一九八七年

1　**《別開火》專輯中曲目〈十級風〉的歌詞摘錄的歌詞摘錄。原文：**We can wear the rose of romance / An air of joie de vivre / Too tender hearts upon our sleeves / Or skin as thick as thieves。

當我離開德明，沿著十號州際公路向西騎行，穿過新墨西哥州南部進入亞利桑那州時，我欣賞著沙漠夢境中的微妙變化，想著這是「沙漠中的春天」。在這樣一片嚴酷的土地上，所有的生命在展現其守衛能力時，通常採取保守方式，甚至像清教徒般的清苦，努力在其細胞中保存每一滴水分，同時盡量減少暴露在乾旱高溫下的表面。在索諾拉沙漠，春天裡有一個短暫的雨季，只需要幾場降雨就能帶出短暫又迫切的繁衍與萌芽，並不失克制地裝飾著沙漠。

纖細的金色假紫荊樹上開著一排排黃色的小花；福桂樹的細長手臂上鑲著鮮豔的紅色；許多小植物和灌木叢展示著它們不易察覺的珠寶，而牧豆樹、仙人掌和巨大的巨人柱仙人掌穿上了它們的全套綠色衣服。風不斷的從西邊猛烈地吹來，揚起了路邊的塵土，對我和我的摩托車而言這是「四分五裂」的風。逆風騎行已經有夠糟了，頭盔被風吹得歪七扭八，不斷地推著摩托車和我的身體，而當我想要把車騎偏一點避開強風的中心時，那就更糟糕了，每小時一百三十公里的騎速和六十公里的風速聯手起來對付我。

在土桑優秀的ＢＭＷ經銷商停留做了一次保養與檢查，然後繼續沿著州際八號公路向西行駛，繼續與那股惡毒、累人的風搏鬥。到了四點我已經準備開始找晚上的落腳處，並從州際公路上繞到了亞利桑那州的希拉本德——或該說它剩下來的殘蹟。

該鎮以希拉河（或該說它剩下來的殘蹟）命名，希拉河從鳳凰城向南蜿蜒而去，然後轉向西奔向非凡的科羅拉多河——或該說**它**剩下來的殘蹟——似乎只是因為這個鎮仍是馬里科帕縣[2]的一個行政區，所以不完全算得上是真正的「鬼城」，然而短小的街道上塵土飛揚，每隔幾小時就有貨運列車轟鳴而過。風和火車都沒有在希拉本德停留。

一個新的警察局和法院是唯一看起來有點繁榮的建築，儘管鎮上的人們似乎確實想挽救本地的衰落。路邊有幾處地方已經按照「省水花園」[3]的概念進行綠化，使用本地植物進行裝飾，但它們很快就被塵土和垃圾覆蓋，最近在露天購物中心的嘗試似乎失敗了，但洗衣店顯然生意興隆，半死不活的主幹道上有一家超市、錄影帶店和幾家汽車旅館和加油站，其中穿插著一家破舊的修車廠、一家木工廠（有點諷刺，數百公里內沒有任何的樹木）和一家廢棄的輪胎修理店，有點老墨西哥的味道。

高大的棕櫚樹在當地的一家貝斯特偉斯特旅館上空隨風飄蕩，這家旅館又稱為「太空時代旅館」，因為其主題而使得它有別於一般的汽車旅館：大廳裡有一幅外太空的壁畫，客房裡裝飾著鑲框的太空飛船照片，餐廳被稱為「外星邊界」，但最近被一場大火燒毀正在重建中。每當這種時候我會希望自己是一個更善於交際的記者，想採訪一下這個有此眼光的人，但現在我只想好好的體驗它——並從這裡給布魯特斯和我祖父寄一張明信片。

希拉河的礫石河床是乾枯的，即使在最近的雨後也是如此，因為它的水流被引入了一條混凝土運河，而這條運河是滿的。太空時代旅館櫃台的女孩告訴我，由於鳳凰城的原因，水是「臭的」，連釣魚都不准。這些工程非但沒有起到「防洪」的作用，反而建造者總是為他們的短視近利做辯護，但有一年運河氾濫成災，把為數不多的灌溉田地完全沖走。

第二天當我沿著索爾頓海的岸邊騎行時，一種更戲劇性、專橫的例子主導了我的騎行。這個地表的窪地以前被稱為「索爾頓水槽」，直到一九〇五年科羅拉多河溢出人工河岸淹沒整個地區。由於水質太鹹無法飲用或灌溉，這個新的內陸海很快就變成了另一種「水槽」，被帝王谷南邊和北部科切拉山谷的椰棗樹、果園和蔬菜農場的農業灌溉徑流所污染，直到它被稱為「索爾頓排水溝」。

四月二十九日

加州．希拉本德——棕櫚泉

十萬六千七百八十六（四百八十六公里）

凌晨四點醒來（太糟了），天氣涼爽，風不大（還不錯），免費歐式早餐（不好），騎車穿過州際八號公路到帝王谷，然後沿著索爾頓海（臭味薰鼻）北上。

在一個涼爽、陰沉的早晨，我繞道去探訪索爾頓城的殘破遺跡，該城曾計畫成為幾個建在海邊的

2 馬里科帕縣是美國亞利桑那州中西部的一個縣，縣治為鳳凰城（也是州府）。

3 省水花園是用生長緩慢、抗旱的植物來保持水質和減少修剪，減少或省去了用水灌溉需求。省水花園大多是用在乾旱地區，以幫助節約用水，但其原理可以用在任何地方。

度假和退休社區之一，本來可以提供暖和的沙漠氣候和周圍群山的壯麗風光——如果它們不是座落在「污水池」上的話。然後向西進入博雷戈山，再向北進入與聖哈辛托山相連的高原上，再向下回到科切拉山谷和棕櫚泉的度假和退休社區。這片真正的綠洲位於沙漠中最熱的地區之一，由於環境污染正面臨衰退。這個不斷擴張、一路從大教堂城、棕櫚沙漠市、蘭喬米拉、拉金塔、印第安威爾斯延伸到印第奧的郊區，正面臨著成為鳳凰城縮影的危險（唉！）。

沿著陡峭的公路進入「大棕櫚泉地區」後，我停下來打電話給凱茜．瑞奇[4]，詢問他們在蘭喬米拉的家怎麼走。到達後，映入眼簾的是入口處的人工瀑布，隨即一個保全人員幫我開了門讓我進入社區，然後騎著車穿過高牆之間修剪整齊的街道，以及圍繞兩個人工湖畔建造的低矮瓦房公寓。這麼多的水是沙漠中財富的象徵，毫無疑問，在炎熱的夏天當溫度可能連續幾天達到攝氏四十八度時，這些水在心理上是一種撫慰。我記得有一次在這樣的日子裡與凱茜通電話，當時她說：「我正生活在……地獄裡。」

當然，沒有什麼地方是完美的，但棕櫚泉地區無疑是美麗的，一大片綠色的棕櫚樹和高爾夫球場襯托著西邊陡峭的聖哈辛托山，面向山谷的印第奧丘和小聖貝納迪諾山，經年累月在充足陽光的沐浴下呈現出褐色和金色。召雨已經變成一種常態——孤魂騎士也設法給這片沙漠帶來了雨水，在那裡度過的三天時間裡，非比尋常的灰色天空中竟然下起了小陣雨。相較於帶給其他地區陰鬱不悅的感覺，沙漠中的雨有不同影響的效果，因為光線的減弱使得一向傲慢無情的太陽變得黯淡並帶來一種淡淡的憂鬱，因為知道這場雨是罕見的，是給予生命的雨。

再一次，就像呼出了一口憋了很久的氣，我將摩托車停好，休息了幾天，這次是停在壁爐山莊客棧，在一九九七年春天，布魯特斯和我在「回聲測試」巡演中期，在休息充電時的排練期間曾在那裡住過。舒適的小房間和小木屋坐落在棕櫚泉後街鬱鬱蔥蔥的花園裡，是我內在小孩的另一種綠洲。兔子在草坪上跳來跳去，知更鳥和鴿子在叫著，蜂鳥在花叢中飛舞，陡峭的山坡幾乎從後門處升起，我在「省水花園」的仙人掌之間看到一隻走鵑和一群鵪鶉，那天晚上我聽到土狼在滿月時的嗥叫聲。

在探望瑞奇一家的過程中，我又一次沉浸於在別人家裡的平靜輕鬆中。凱茜、史蒂夫和我分享了在曼哈頓錄製致敬專輯期間，在那瘋狂又刺激的幾週中支撐我們的那些蠢笑話；我和現年十五歲的尼克建立起了某種連結，就像我們第一次見面時一樣，當時他九歲，我們都要在紐約的巴迪．瑞奇紀念獎學金音樂會上表演。演出前兩小時我正緊張地敲打著我腿上的練習板，尼克出現在我的更衣室門口，睜大眼睛，驚慌失措地說：「我太緊張了——我能和你待在一起嗎？」我說：「我也很緊張，進來吧。」我們互相陪伴著，直到演出時間。幾週後凱茜告訴我，有一天她回到家告訴尼克她收到了我的信，他當時正低著頭在水溝裡抓青蛙，抬起頭說：「我愛尼爾——他可以來和我們一起住嗎？」

噢，糟了。

4 凱茜．瑞奇，美國歌手，是被譽為「世界上最偉大的鼓手」巴迪．瑞奇的女兒。

我對他也有同樣的感覺，我發現他正幫助填補我生活中的一個空白，一個聰明、時髦的孩子，可以和他一起粗暴地玩耍，就像我以前和賽琳娜一樣。我發現我體內仍有一個不成熟的少年，和尼克這樣的好孩子在一起既是一種煎熬也是一種安慰。我們一起參觀了沙漠生活博物館的戶外動物園和花園，因為那天的小雨，獵豹和山獅等難以捉摸的動物難得的從牠們陰涼的巢穴走出來，我們在山間步道上走了一會，一起舒適地聊天說笑。這對我的靈魂是有益的。

三天後我回到了洛杉磯，希望這會是另一次愉快的停留。安德魯再次決心讓我「擺脫自我」，於是帶我去位在日落大道盡頭寬闊的藍色太平洋之上的托潘加州立公園遠足，陪伴我的還有他的傑克羅素梗犬鮑伯。在回來的路上，安德魯抓住我的胳膊，指著一條橫在我們前面的響尾蛇，當我們都愣住時，看到鮑伯不知何時已經跑到蛇的另一邊了。因為擔心鮑伯可能會想去和蛇「玩」，我讓安德魯吸引鮑伯的注意力，而我則跺著腳並扔石頭，直到那條蛇隱入灌木叢中。

安德魯還幫我把社交行程排的滿滿的，晚上去參加加拿大僑民、麥特．史東（我們一致認為他是「榮譽加拿大人」，因為他來自科羅拉多州）和安德魯的室友威爾的聚會，威爾是一個聰明、來自舊金山善於表達的年輕人。我們在戴夫．弗利家的晚餐吃了很久，進行了餐桌論壇（雖然戴夫本人當時不在城裡，但其他幾個人都住在他的「加拿大人臨時收容所」）。再來就是嘉柏麗，在我上次訪問期間一直和戴夫約會的那個女孩，安德魯告訴我他們不再約會了，而她對我的態度似乎很熱情。

顯然，我的「悲劇之氣」又開始發作了，有一天晚上當我和安德魯在午夜過後準備離開戴夫家的聚會時（安德魯一早有個拍攝行程），嘉柏麗站在我面前說：「你可以不必離開。」她用一種心靈感應的射線直視著我的眼睛，彷彿有那麼幾秒鐘我完全被激發了，感到震驚（又激動），我咕噥了一句「把安德魯從他自己身上拯救出來」，便和他一起離開了（其實更像是「把我從自己身上拯救出來」）。

第二天下午我在好萊塢四處走走，辦了一些事情，去了郵局、銀行和日落大道上很棒的獨立書店「書湯」[5]。在回來的路上，我想到了嘉柏麗邀請我到她工作的餐廳去看看（像好萊塢的許多年輕人一樣，在等待試鏡電話時去餐廳打工）。她在餐廳當女招待，忙得不可開交，但當我在吧台前坐下時，她給了我一個大大的微笑和一個擁抱。我點了一碗豌豆湯、一杯可樂和一杯濃縮咖啡（經過那些漫長的夜晚，我顯然需要咖啡因），看了看我買的東西（納爾遜．艾格林[6]、喬瑟夫．康拉德[7]、T．C．博伊爾[8]、索爾．貝婁[9]、格雷安．葛林[10]，以及伊恩．弗拉澤[11]的《大平原》），並且趕上了我的日記進度。「這裡可能會很有趣，如果它不會殺了我的話……」

5 「書湯」是洛杉磯最為著名的書店之一，坐落在聞名的西好萊塢日落大道上，接待過無數知名的作家、音樂家、藝術家，也經常舉辦簽書活動。
6 納爾遜．艾格林，美國作家。一九四七年法國女作家西蒙．波娃訪美時認識了艾格林，兩人一見傾心，波娃形容他「如同拳擊手般粗率」。
7 喬瑟夫．康拉德是一位波蘭裔英國小說家，被認為是用英語寫作的最偉大的小說家之一。
8 T．C．博伊爾是美國小說家。
9 索爾．貝婁，美國作家，一九七六年諾貝爾文學獎、普立茲獎得主。
10 格雷安．葛林，英國小說家、劇作家、評論家。
11 伊恩．弗拉澤是美國作家，著有非小說類文學作品《大平原》和《西伯利亞旅行》，並為《紐約客》撰稿。

楚門．柯波帝曾經寫道，他相信任何一個愛別人、熱心追求的人，最終都會得到他們所愛，因為沒有人能夠抗拒如此深的愛。我想這是有道理的，而且在某種程度上，我發現很難抗拒一個顯然對我感興趣的人（一個有吸引力的女人）。或者說，我的內在的小孩已經決定是時候對這個想法做出回應了。在日記中我試圖發出理性的聲音：「這是『女孩熱』的輕微發作，要不斷告訴自己，不行、不行、不行。希望我聽得進去。因為除了麻煩，沒有別的。」

但這並沒有什麼用。

那天晚上我們一群人在拉哥俱樂部聚會，欣賞艾美．曼恩[12]（她曾在一九八七年演唱過匆促的歌曲〈時間靜止〉）和她的丈夫邁克爾．賓[13]的精彩表演。之後，在不可抗拒的嘉柏麗帶領下，我們從一個酒吧換到另一個酒吧。在乘坐計程車回家的路上，我們四個人擠在後座上，我無助地靠在她身上。一個笨拙的晚安吻，一半是友好地貼在臉頰上，一半是親吻著嘴唇，她喃喃地說：「不可以沒告訴我就離開洛杉磯。」這句話給我飽受煎熬的大腦帶來了很多意義。

我說我不會，但我還是不告而別了。我不僅沒告訴任何人，還決定不多留一天，第二天早上我帶著極度的宿醉，把行李扔上摩托車便匆匆地離開。

我無法處理那種混亂，還沒有準備好面對、甚至承認我原以為已經死去（也許是永遠）的感情，於是我決定離開那裡一段時間，試著「像一個理智的人」那樣思考這個問題。

因此，我騎車穿過好萊塢山來到聖費南多谷，在恩西諾[14]停下來拜訪弗雷迪．格魯伯——一個絕對值得介紹的人。弗雷迪是土生土長的紐約人，年輕時曾是四〇年代末爵士樂界的鼓壇神童，但他逃離了那個自我毀滅的場景，一路向西，經過芝加哥、拉斯維加斯，最終在洛杉磯定居，在下班後俱樂部[15]演奏，並發展出一個全新的職業，成為一位大師。他一直是巴迪·瑞奇最好的朋友，直到一九八七年巴迪去世（我經常聽到弗雷迪說，「我還是很想他」），並且與他那個時代的許多著名音樂家以及他的許多學生保持密切聯繫，這些人在今天都已成為傑出的音樂家。一般聽眾可能對他們的名字不熟悉，但每天都會在廣播中聽到他們的演奏。

身為一個終身單身漢，七十歲的弗雷迪充滿了活力和熱情，是一個「獨一無二的傻子」（巴迪曾這樣稱呼他，但一年後又說，「我改變主意了——你不是這樣的人！」）。在弗雷迪身邊可以聽到無數關於巴迪的故事，以及有關他自己有趣、甚至離譜的生活。弗雷迪的故事在四〇和五〇年代的哈林區和格林威治村或者六〇和七〇年代的好萊塢山莊，傳遍大街小巷，最後不可避免地被亂傳成像這樣：「在哈林區屋頂上那個年輕人後來成為了……麥爾坎·X[16]」、「那個在紐約搶走我女朋友的年

12 艾美·曼恩是美國創作型歌手。
13 邁克爾·賓是美國音樂家，歌手和作曲家。
14 恩西諾是加州洛杉磯市聖費南多谷地區的一個街區。
15 在北美，下班後俱樂部通常是專業音樂家和演藝人員在主要演出結束後的小型表演場所。
16 麥爾坎·X是非裔美國人民權運動者；擁護者多認同他以嚴厲用詞指責美國白人對待黑人的方式，反對者則認為他鼓吹種族主義與暴力，被視為美國最偉大與最有影響力的非裔美國人之一。

輕演員是……馬龍・白蘭度」，或者「在穆赫蘭大道[17]上傑克・尼克遜家游泳池旁的那個帶有英國口音的人是……史丹利・庫伯力克。」

我第一次見到弗雷迪是在一九九四年《為巴迪燃燒》[18]的專輯錄製期間時，當時我聽了史蒂夫・史密斯[19]的演奏——他一直都是個偉大的鼓手，突然間變成了一個怪物，如此有音樂感，技術如此優美——我問他：「你發生了什麼事？」他笑著說：「弗雷迪。」

於是我安排在那年晚些時候在紐約與弗雷迪見面，在那一週裡（以及接下來一年左右的日常練習），他指導我徹底重塑了我的打鼓方法（在打了三十年的鼓之後，這可不是一項小工程，但這一挑戰被證明是有益和有成效的）。因此，弗雷迪已經成為我生命中的關鍵人物之一——那些正是在你需要他們的時候出現的人，而且只在你準備好的時候出現。我把它稱為「機緣定律」，或者更簡單地說，在對的時間碰到對的人。

〈致布魯特斯的信〉

一九九九年五月六日

加州・恩西諾

日安，兄弟——

是的，我在弗雷迪這裡，在他的處所遊蕩著。兄弟，我怎麼樣才能把你融入這情景裡呢？這是聖費南多谷的一個安靜的郊區，整潔的街道上有修剪整齊的草坪，柏樹、松樹、檸檬和橘子樹對稱地排列著，小小的土地上擠滿了狹窄的平房，後院則是不大的游泳池。弗雷迪狹窄的平房就在其中一棟，車道上有一輛一九六〇年左右的褪色棕色漫遊者[20]雙門車（他已故母親的）和一輛一九七一年的火鳥[21]，也是褪了色的棕色，是一輛被遺忘、久未使用的車。在它們後面是一輛早期的英菲尼迪，黑色的敞篷改裝車，前面的街道上停著一輛七〇年代中期的道奇四門車，是每天使用的車。

對於房子內部的描述是比較困難的地方。小房間裡擺滿了五花八門從跳蚤市場買的小型家具，箱子靠牆堆放，桌子上整齊地堆放著文件和照片，一個古老的音響，一個用白色人造皮革裝飾的小酒吧，後面堆滿了袋子和箱子，裡面裝的滿滿的。衣櫃和掛衣架上的衣服可能可以追溯到

17 穆赫蘭大道是位在南加州聖塔莫尼卡山脈東部的一條街道和公路，這條路出現在大量電影、歌曲和小說中。

18 《為巴迪燃燒》是一九九四年尼爾為向巴迪．瑞奇致敬而製作的專輯。該專輯由各種搖滾和爵士鼓手的表演組成，所有這些表演都由巴迪．瑞奇大樂隊伴奏。

19 史蒂夫．史密斯是美國鼓手，以《旅行合唱團》的成員而聞名。

20 漫遊者為美國汽車公司於一九五七年推出的車款品。

21 火鳥是美國通用汽車旗下的龐蒂克品牌於一九六七至二〇〇二年間製造銷售的一款汽車。

五十年前，有個小房間裡塞滿了破舊的鼓，用墊子和毛巾裹著，還有小廚房，貼的是很久以前的明亮的黃色花朵壁紙，到處都是碗盤、鍋子，以及不用的電器、碎紙和一台迷你電視。數千本關於鼓和爵士樂的雜誌，放得屋子裡到處都是，除此之外沒有其他東西（沒有時事，沒有八卦，沒有美國的「生活方式」）。

你知道的，我**喜歡**這裡。在逃離了洛杉磯不知不覺的誘惑之後（一會兒會有更多關於這方面的內容），我騎車穿過月桂峽谷[22]，來到穆赫蘭大道（這地方因他而被賦予了新的意義，可以看出他在當地歷史上是一個多麼偉大的人物），一邊是朦朧的洛杉磯，另一邊是朦朧的山谷，在那些險峻而著名的致命彎道上享受到一些很棒的騎行。昨天下午我在這裡停了下來，只是想看看弗雷迪，可以的話一起喝杯咖啡，和他聊一會兒，然後繼續上路。

但現在我已經在後面悶熱的房間裡安頓下來，那裡有折疊床、米老鼠被子、箱子、鼓和爵士樂的雜誌、角落裡的一盞「三段」可調式立燈、一張破舊的鋁製折疊椅、一張電視桌（沒有電視）、一盞壞掉的床頭燈和一瓶麥卡倫酒——而我卻不想離開！這就是我的家。這是一個世外桃源，一個避難所，一個男人可以盡情享受的地方。雖然很明顯，弗雷迪「極端的單身主義」讓我相形見絀，但那樣也完全行得通，也許就像勒．柯比意[23]對房子的描述——「一台生活的機器」。就像老漫遊者或人造皮革酒吧一樣，它可能不完全是功能齊全的，然而，這有什麼關係呢？

就弗雷德而言，這沒什麼不對的。機器運轉正常。你不用櫥櫃裡的碗盤，那些自從他十四年前搬進來就一直堆在那裡，所以你就用放在瀝乾架上的那些碗盤就好。冰箱裡裝滿了不知道裝了什麼東西的白色塑料袋，但沒有冰。還有幾盒熟食，弗雷迪在半夜餓的時候可以把這些東西加熱吃。如果金色天鵝絨沙發上堆滿了洗衣袋和雜誌，弗雷迪就把它們移到一邊，用條紋毛巾（！）整齊地蓋在上面，然後就可以坐在上面伸展四肢。顯然，我的小房間裡的百葉窗已經十四年沒有打開過了——更別提窗戶了——但是，嘿，我把它們打開了！老道奇啟動了。游泳池乾淨了。院子裡長著檸檬。陽光燦爛。我不想離開。

瞧，我在洛杉磯那裡度過了一個非常混亂的時光。是的，如你所料，是和女人有關。兄弟。你還記得我告訴過你上次我在這裡遇到那個年輕的加拿大女孩嘉柏麗嗎？那時我甚至連想都沒有想過她（大約有一百萬個好理由），連一秒鐘都沒有，但後來安德魯告訴我，她不斷地談起我，說我是一個「帥哥」（以前從來沒有人這樣叫我！）。我臉紅了，並為此感到高興，特別是考慮到我現在對生存的不安全感，但我根本沒把這個想法當一回事。

22 月桂峽谷對於美國搖滾樂的貢獻可說是無所不在。六〇年代的的嬉皮和音樂家聚集在此，這裡的音樂風格逐漸從迷幻搖滾轉變為醇厚的民謠，再混合了七〇年代自由不羈的狂放精神，創作了諸如〈加州之夢〉和〈加州旅館〉等著名的神曲。

23 勒．柯比意，建築師、室內設計師、雕塑家、畫家，是二十世紀最重要的建築師之一，是功能主義建築的泰斗，被稱為「功能主義之父」，他認為要表現符合數學理性的和諧感才是建築的目的。他偏愛秩序，覺得住宅應該像機器一樣井井有條。

然而這一次，她讓我明白了。你知道——她用女人的那種眼神射向我（請回顧「不可以沒告訴我就離開洛杉磯」的那晚）。

所以，正如我們開始的那樣，我躲在弗雷迪的公寓裡，我的退路，我的藏身之處，我的避難所，希望在那裡我可以說服自己，不再想那個女孩。

再說一遍，「不行，不行，不行。」

你很了解我，知道在這種事情上不能「隨便」，而且我肯定不想擾亂她的生活——特別是考慮到我現在的狀態。

我是說，真的。

但當然，在這種想法和感覺的夾擊下，人是無能為力的，我只能努力振作起身體繼續向前。重新上路，騎行。對於這一切可能導致的後果，我還沒準備好面對，還差得遠呢——甚至連讓這想法在心裡停留兩分鐘都不行。一個人可以有多蠢？好吧，套用天才的話，「時間會證明一切，傻傑，時間會證明一切。」

我相信你能想像那個畫面。一個困惑和害怕的小小靈魂坐在弗雷迪的金絲絨沙發上。喝酒。弗雷迪去看牙醫和營養師了，否則我永遠不會有機會插話（即使是用手寫），但即使他在這裡，弗雷迪的獨特之處在於他對世界上的其他東西是如此該死的漠不關心。現在，這對我很有用。

他整天開著一台收音機，電台一直在播放著「美國最偉大的音樂」（此刻是從浴室傳來），幾乎不分年代和風格，他們也確實播放了很多不朽的歌曲，比如，〈走開小姑娘〉、〈瘋狂〉、〈奔放的旋律〉、〈我在熱戀中，那是不好的〉、〈我為你癡迷〉與〈你真的惹惱我了〉。

還有一首昨晚讓我感動的，獻給你和我：〈我們的日子將會到來〉。

現在他們正在演奏〈往日情懷〉。哦，兄弟，仔細聆聽，不管是為你還是為我，那不正是我們的寫照嗎？如今回憶都已摔成碎片。

一九九九年五月八日
加州・畢曉普

今天上午十點半左右，我給弗雷迪留了一張紙條，偷溜出他家，沿著「東加州」的三九五號公路前進——經過莫哈維、大派恩、隆派恩，再經過歐文斯湖到整個歐文斯谷地的中心地帶——畢曉普。同一條路一直朝北會穿過內華達州的雷諾、加州北部、俄勒岡州，直接進入華盛頓州。前幾天我在地圖上看到了大古力水壩（最大的水壩？），我可能會經過那裡（我還不確定要去哪裡，也許又是溫哥華）。

現在，主要的事情是：逃離加州！

特別是考慮到我目前存在的不安全感。

再見，愛情——

或至少是短暫的迷戀……

驚慌失措的孤魂騎士

我的內在小孩被這些完全出乎意料的——也是完全不需要的——感情打亂了，當我向北騎行時，我內心裡反覆思索。就某方面來說，這是再簡單不過的事：如果這個女孩對我感興趣，而我也對她感興趣，我應該直接約她出來看看事情會怎麼發展。但我的天性不會這麼隨便，對任何事情都是如此，而且我那可憐的大腦總是會篩選出許多複雜的問題，從試圖了解我感受的真正本質（這從來都不是件容易的事），到我忍不住問自己一個沉重的問題：賈姬和賽琳娜會怎麼想？

那天晚上我的日記把我的心境描述的很好：

依然覺得煎熬和困惑，但正朝著正確的方向前進——離開。怎樣都不能相信自己的狀態。努力想控制住自己的感情，但另外的一個我說「投降吧」——於是我轉身回去。

我怎麼會讓這一切發生呢？

在我大談特談單身生活之後。

我真是個傻瓜。

因此，現在我就是保持著繼續前進，希望時間和距離能幫助我重新找回我在洛杉磯第二次災難性逗留之前的「平衡」。我正在學習一種功課，關於我可以「控制」自己的感覺到何種程度，在這一過程中我接受了一個新的信念：「你不能告訴自己該如何去感受。」

很巧的，我碰到了只有在小說中才會出現或發掘的那種偶然性，當時我正在讀喬瑟夫．康拉德的《勝利》（由於傑克．倫敦身為書迷而寫給康拉德的一封讚揚信，我因此而開始閱讀這本書），我對於自己最近的經歷及其對我的影響與主角海斯特有許多雷同之處而感到震撼。在閱讀的時候，有幾次我讓自己放下書把其中一段話抄到我的日記裡，這些字句是如此奇妙地反映了我自己的狀態。

這麼多年過去了，他能去哪兒呢？地球上沒有一個屬於他生活的地方。這個事實——畢竟不是那麼遙遠——他是最近才意識到；因為是失敗讓一個人看透自己的內心，計算自己的資源。儘管他已經下定決心以隱士的方式從這個世界隱退，但在棄絕的當下降臨到他身上的孤獨感，他還是不理性的被影響了。這讓他感到痛心。沒有什麼比撕裂我們的智慧和感情的尖銳矛盾所帶來的衝擊更痛苦的了。

海斯特故意對自己說：我要漂泊了。

他並不是指智慧上、感情上或道德上。

他的意思是完全地、實實在在地漂流，身體和靈魂，就像在林間不動的樹木下，一片隨風飄盪而下的孤獨的葉子；漂流而不依附任何東西。

他對自己說：「這是我對生命的防禦。」他內心意識到，對於身為父親的兒子來說，是沒有其他選擇的餘地。

從內心深處，他帶著堅定的信念，徹底的成了一個迷失的流浪者，就像其他人在絕望時——有人藉著喝酒、惡習、從性格的某些弱點出發——所做的那樣。撇開事實不談，這一直是海斯特的生活，直到那個令人不安的夜晚。第二天當他看到那個叫阿爾瑪的女孩時，她給了他一個直率而溫柔的眼神，快如閃電，給他留下了深刻的印象，觸動了他的心。

〔致布魯特斯的信〕

一九九九年五月十一日

斯諾誇爾米瀑布·華盛頓州

嘿，宙斯。

這絕對是符合速克達人渣胃口的地方。俯瞰這個出現在《雙峰》[24]片頭的瀑布（根據黛比的《美國電視》一書，影集中很多場景都是在這一地區拍攝的，我們得看看這本書。例如，你知道《灰熊亞當斯》是在猶他州的卡納布拍攝的嗎？）。這是一家四星級酒店，有一家四星級餐廳——這就是我們倆現在所在的地方，剛吃完一份精緻的鮭魚濃湯，配上精緻的索諾瑪葡萄酒（在去年秋天訪問聖海倫娜之後，我們現在對這一點很挑剔。在那裡我們發現了頗為安靜的索諾瑪山谷——以及傑克·倫敦州立公園——比納帕一連串的酒莊更令人喜愛），現在等待主菜鱒魚（必須要嘗嘗；你能在菜單上看到這個幾次？），雖然還可以選擇鹿肉或羊排。

自從上一封信從加州的阿爾圖拉斯寄出後，今天又在被我們稱為美國最大公路之一的三九五號公路上，又過了超棒的一天。今天早上我騎車穿過華盛頓州東部無樹的草原和以中央樞軸灌溉[25]的農場，徹底享受了哥倫比亞盆地被低估的風景和空曠蜿蜒的道路，並在大古力水壩（真的很大）停留。

不過還是先讓我說說昨天的騎行情況：從阿爾圖拉斯到華盛頓州的康奈爾——一個小型的農

24 《雙峰》是一齣於一九九〇年首播的美國電視劇，由大衛·林區導演，講述了ＦＢＩ探員戴爾·庫柏調查女學生蘿拉·帕爾瑪的謀殺案的故事。

業鎮——共八百三十四公里，到那裡我已經累趴了，決定停下來。翻開我的日記筆記，它們可能會對這兩天的情況作一個很好的勾勒。底下就是：

五月九日
畢曉普——阿爾圖拉斯
十萬八千二百零八（六百二十公里）

在「披薩和義大利麵館」，吃的是特製千層面。天氣很好，陽光明媚，雖然很冷——一直都在海拔一千五百公尺左右，大部分時間都能看到白雪皚皚的山脈。不像是我從地圖上預期的——或說半預期——森林山脈，大多是山艾樹和杜松。。

餐館裡坐滿了過母親節的老夫婦，這既可愛又殘酷。人們認為阿爾圖拉斯除了這裡也沒有其他可去的地方。記得速八旅館的人將這裡描述為「一大粒」[26]餐廳。

今天早上給媽媽打了電話（兩年前，布魯特斯和我也在離這裡不遠的科靈加給我們的媽媽打了電話），但她沒有接電話。後來找到她了，也和黛比聊了一下。

在雷諾的演出：詹姆士．布朗[27]、路．洛爾斯[28]、英格伯[29]、韋恩．紐頓[30]。

阿爾圖拉斯試圖保持活力——它是莫多克縣的縣城，有法院、幾家汽車旅館和餐館、一家老旅館（這些地方都能住人嗎？）、零星的電影院、錄影帶出租店、雜貨店、酒類專賣店，以及幾家古董店。真的是個不錯的小地方，有公園、博物館（不幸關閉了）和看起來不錯的街道，許多老牆上的斑駁壁畫——越野滑雪者、騎自行車者、飛蠅釣者、通用汽車經銷商廣告牆上的二手車。總的來說，可能比十年前的狀況更好。

正在閱讀伊恩·弗拉澤的《大平原》一書——顯然跟我是志趣相投的人。

五月十日

阿爾圖拉斯——華盛頓州·康奈爾

十萬九千零四十二（八百三十四公里）

沿著三九五號公路前進，這真是一條偉大的美國公路。今天早上很冷：灌溉車輪下結了

25 中央樞軸灌溉是一種農作物灌溉方法，其中設備圍繞中央樞軸旋轉，並用灑水噴頭澆灌農作物。

26 原文 Eye-talian，通常是對義大利裔美國人的蔑稱。

27 詹姆士·布朗，美國靈魂樂歌手。

28 路·洛爾斯，美國歌手。

29 英格伯·漢普汀克，英國流行歌手。

30 韋恩·紐頓，美國歌手。

冰。中午看了溫度，攝氏六度。農田、牧場、山艾樹和杜松、鹼湖、沿著鵜湖一路延伸的懸崖地貌、一千五百公尺的霍格巴克峰山口[31]，然後都是山艾樹和裸露的岩層一路到俄勒岡州的瓦根泰爾。進入約翰迪周圍的松樹林，然後通過巴特爾山之後進入圓丘狀的草原，忽然間視野豁然開朗。之後到了華盛頓州的「三城」（位於哥倫比亞河和蛇河的匯流處）——由帕斯科、肯納威克和里奇蘭組成——中間穿越哥倫比亞河兩次，然後進入灌溉的農田區。

現在在「邁克傑的家庭餐館」吃晚飯，住在隔壁的汽車旅館，一個晚上三十美元，有很多卡車司機和建築業的小貨車。這是一趟有利思考的長途騎行。只有在哥倫比亞河附近的交通比較繁忙，其他地方都算平穩。

我們現在在酒吧裡，享受著馬爹利藍帶干邑白蘭地和濃縮咖啡，與過去幾天的速八汽車旅館和家庭餐館相比，這已經是很大的進步。

今天以這樣收場也是我應得的。在這整個漫長的旅程中（從去年八月在魁北克開始算起），包括在墨西哥和貝里斯四處穿梭遊蕩，我只有兩次出現嚴重的胃病，一次是在哥倫比亞省希望鎮那間名叫「家」的餐廳吃完晚餐後，另一次是今天早上在華盛頓州康奈爾的「邁克傑的家庭餐廳」吃完早餐後。今天，在寬闊的山艾樹叢和低矮的灌溉農田之間，沒有一點遮蔽物，我蹲在路邊的幾個乾草堆後面，一邊呻吟，一邊拉著肚子……

還有就是天氣。接下來的日記內容，寫著一些我不想忘記的事：

五月十一日

康奈爾——斯諾誇爾米瀑布

十萬九千五百八十八（五百四十六公里）

華盛頓州林德鎮——每年舉辦聯合收割機拆解撞車比賽的地方[32]！到處都是中央樞軸灌溉。

鳥：橘色的頭，黑白相間的翅膀（黃頭黑鸝）。

〔後來〕好了，在薩利希旅舍[33]這裡。在我看來似乎只有出現在《雙峰》中的瀑布有可看性，但它的確很酷。騎到大古力水壩，路況極佳也沒什麼車，是一趟很棒的騎行，甚至後來的騎行更棒：河崖、湖泊、蜿蜒的道路。不論是風景還是天氣，西北部最宜人的地方就屬這裡。

另外：給嘉柏麗打了電話。今天早上我的腦子裡浮現出這句話：「答案是肯定的。」我

31 霍格巴克峰是美國三九五號公路穿越俄勒岡州萊克縣的山口。

32 當聯合收割機太老舊不堪農用時，藉由「聯合收割機拆解撞車比賽」將其撞爛拆解，也達到娛樂的效果。

覺得自己像個傻乎乎的少年，從安德魯那裡知道了她的號碼，讓自己給她打電話，約好在溫哥華之後再去那裡。現在我在接下來的一週裡會越來越害怕。哦，好吧，光是想到她就已經讓我的生活充滿了活力。而現在，終於採取行動。

做得好。

我認為……

從大古力水壩給她打電話也很好，這樣就有一個值得記住的地方。

我希望……

不要在意這些疑慮和恐懼，相信內心的那個聲音就好。

不幸的是，從那裡開始，那天就開始走下坡。鬧肚子、壞天氣。九十號州際公路越來越冷，雨越下越大，卡車轟鳴而過，令人眼花撩亂又危險。對路上的冰也充滿恐懼。

再一次，騙過了死神，成功到達。

和黛比談過了，我跟她說正在往南走，可能會去洛杉磯跟我的「新朋友」見面，我要看情況如何發展再告訴她——希望她能理解。她也許是唯一一個可能會覺得奇怪的人，而我討厭這樣。

我們是彼此的羈絆。

五月十四
溫哥華

嘿，剃刀威利！

我回到你身邊了——在丹尼和珍妮特家中的小客房給你寫信。他們的屋內只有一間浴室，我一直告訴他們需要一個更大的地方，特別是當他們——也就是我的房東——不斷新增狗、嬰兒和各種東西時。但他們實在是太忙了。

總之，我儘量做到隨遇而安。我趴在地板上和馬克斯玩汽車，和珍妮特（嬌小的身軀、身懷六甲，但在工作和快走方面卻不遜色）一起帶著塔拉和巴利穿過樹林，和丹尼沿卡皮拉諾河徒步到克里夫蘭大壩（以溫哥華的第一個水務專員命名；不知道他是個什麼樣的人物？）。今天稍晚時丹尼提議去騎自行車，或在當地游泳池游泳，明天他則預定了划船，這樣我們就可以像去年九月一樣，在布勒內灣划船。置身於貨輪、大型鋼製浮標、海鳥，以及漂浮在水面上的海豹之間是很棒的一件事，周圍環繞著壯麗的景色，城市、史丹利公園、獅門大橋和山頂上覆蓋著白雪的青翠山脈。丹尼幫我把在這裡的時間排的滿滿的。

33 薩利希旅舍，位在斯諾誇爾米瀑布的一間酒店，號稱北美最受歡迎的蜜月度假酒店之一

今天早上我給你的「服務人員」留了話，我希望明天能收到你的消息。你寫給我的信在我抵達這裡時已經到了，感謝你對我說的一些關心的話，它們對我很重要，我的兄弟。

這封信就到此，我相信我們可以在「線上」聊聊最近發生的其他事件。

撐住，兄弟

孤魂騎士

除了布魯特斯，我唯一只對我母親吐露我的計畫。她比任何人都清楚我近兩年來所經歷的一切，而且她和賈姬也一直相當親密，所以我知道她的反應會很公正。我需要有人告訴我，我正在做的事情沒有錯，當我打電話告訴我媽，我要去溫哥華，然後回到洛杉磯，因為我「和一個女孩有約」，她為此欣喜若狂——為我向生活邁出這一大步而激動不已。這讓我對自己的輕率決定感覺好了一點。

到達溫哥華後我把整個故事告訴丹尼和珍妮特，他們的心情必然是複雜的，一部分是擔心，一部分是對我的「迷戀」感到好笑，但他們還是給予了支持。當我的摩托車在當地的ＢＭＷ門市進行維修時，丹尼帶我去添置了一些較「體面」的衣物，三天後我牽回摩托車，再次向南行駛——這次是走「快車道」，即州際公路，穿過華盛頓和俄勒岡州的風雨和寒冷。

第一天晚上在俄勒岡州的塞勒姆，我給黛比寫了封信，試圖把我所有的感受寫在信中，告訴她我在做什麼——我覺得我必須做什麼——然後傳真給她，請她在我到洛杉磯時打電話給我並且「揶揄我一下——這樣我就知道我們之間一切都沒事了」。

儘管我已經做出了重大的決定，回去看嘉柏麗，但對我而言，對於這個想法我還是沒能完全釋懷。我想像向永遠存在的「幽靈陪審團」——賈姬和賽琳娜——陳述情況時，如果我告訴賽琳娜我和一個迷人的選美皇后約會，她可能會說：「沒關係，老爸！」另一方面，賈姬可能一點都不會開心，但我可以想像她向賽琳娜翻白眼，用她那乾巴巴的方式說：「好吧，我想我們必須讓你父親享受他的樂趣……」

第二天我從俄勒岡州的塞勒姆到加州的史塔克頓，騎行了九百九十四公里，穿過俄勒岡州和加州邊界周圍的壯麗風景，經過白光閃閃的沙斯塔山峰和湛藍無垠的沙斯塔湖。那一天我從冷雨走到烈日，從北美黃杉到加州海岸櫟再到棕櫚樹。

那天晚上當我從一家卡羅餐廳走回到避無可避的貝斯特偉斯特飯店時，從州際公路下經過，注意到我第二天早上要走的那個入口匝道，看著「州際公路五號南向」的標誌，我感到一種奇怪的不信任感，並意識到這是我內心對生活中任何事物不信任的反映。我對未來沒有信心，甚至對第二天早上再次上高速公路也沒有信心。

當然，我還是上路了，面對又一個寒冷的早晨，晴空萬里，穿過中央山谷的灌溉農場和牧場，以及我所說的「那些灰褐色的、有皺紋的『沙皮』山丘」。海拔一千二百公尺的帝洪山口寒冷而朦朧，一路都是這樣，進入好萊塢，回到日落侯爵酒店。

前一天晚上我給我的大舅子史蒂芬打電話，告訴他「這個消息」。他很慎重的支持我，但又習慣性的擔憂。「我只擔心你會受傷。」

我在日記中寫道：「我也是，但是……你無法告訴自己該如何感受。」

不幸的是，黛比也無法忍住她的感受。她按照我所說打電話到飯店給我，我馬上知道她不會對我「笑」了。她顯然是在哭，聲音斷斷續續地說：「對於這件事，我無法接受。」哦，天哪。

她非常難過，抽泣著說：「我以為你現在對約會沒有任何興趣。」我開始感到內疚，還有懷疑的痛楚，我告訴她我也沒想過，但事情就這樣發生了——我為她感到不安而抱歉。我告訴她，我會在這週晚些時候給她打電話，希望那時她能有點「習慣」這個想法，又或者，也許這個「實驗」將會以失敗告終，到時這就不再是一個問題。

我本來就混亂的情緒被這次談話攪得更厲害了，那天晚些時候我站在浴室裡，突然被一種無助的哭泣所征服，哭的撕心裂肺——對於這一切。

但是，我以自己特有的、癡迷的方式投入這場新的冒險中，拋開謹慎，以一種緊張而堅定（不能說是絕望）的方式與那個女孩戀愛。租了一輛時髦的保時捷敞篷車，我先是陪同嘉柏麗與安德魯和他的朋友李奇進行了一次雙人約會，後來又回到我的酒店喝酒，在那裡我們徹夜暢談我們的生活和過去的心事。

作為一個二十多年來沒有做過任何可稱為「約會」的人，我很驚訝自己能如此順利地進入這個新角色，但我似乎再次為這項任務演化出一個新的「適應性角色」，一個新的面具（沒有盔甲，唉），叫做「埃爾伍德—好萊塢的派對男孩」。在那些令人振奮的日子裡，安德魯和我甚至開始討論一起在好萊塢山租房子，這樣我就可以有更多的時間在那裡度過，可以肯定的是，「曾是一個多麼愚蠢的我」鐵定會對這個想法嗤之以鼻。

但不知何故，現在似乎沒那麼瘋狂了——至少對埃爾伍德來說，他把自己打扮得漂漂亮亮，帶著嘉柏麗參觀新的蓋蒂博物館，在貝爾艾爾酒店[34]吃晚飯，還有幾次的購物行程，並在馬里布海邊的一家餐館吃晚飯，滿月透過棕櫚樹升起，然後在清涼、芬芳的夜晚將車頂放下，開著車回到好萊塢。我開著休旅車載著她和安德魯去死亡谷，以便他勘察一些攝影地點，還帶他們參觀了那裡最喜歡的一些地方。

一天下午嘉柏麗和我在威尼斯海濱的棕櫚樹下漫步，欣賞了由紀念品商店、路邊小販、算命師、街頭音樂家和路過的一些長相奇怪的人組成的超現實舞台（或真實的電影場景）。我對其中幾個塔羅牌占卜師感到好奇，雖然我一直是一個抱持理性與科學精神的懷疑論者，但我試圖對所有的可能性保持開放的態度（我想，憤世嫉俗者和懷疑論者的區別在於一個是不屑一顧，另一個只是懷疑），所以

34 貝爾艾爾酒店因其奢華和隱密性而受到當代權貴與好萊塢名流的親睞。傳奇女星奧黛麗赫本、葛麗絲凱莉、瑪麗蓮夢露都曾是它的賓客。

我覺得第一次算塔羅牌會很有趣。塔羅牌的圖形對我來說一直是浪漫和神祕的，我知道的幾個牌卡名字也很耐人尋味：高塔、懸吊者、戀人、愚人。

我從人行道上的算命師中選擇了一個沒有穿吉普賽服裝的人，一個身材瘦削、看起來很健康、大約六十歲的人，有一張飽經風霜的臉。當我坐在他身旁的折疊桌前時，他的表情平靜而專注（後來我了解到他是一名越戰老兵，是那種務實、樸實的人）。他那副破舊的牌卡攤在我們面前，牌面朝下，切成幾疊，用橡皮筋捆綁起來。他沒有問任何問題，也沒有試圖收集任何「資訊」，就把其中一疊展開讓我選擇五張。我以一種自己覺得是隨機的方式把它們拔了出來，放在桌子上，面朝上。

死亡、智慧、高塔、命運之輪、女祭司。

沉默了幾秒鐘後，他搖搖頭說：「這是最不尋常的。」然後向我解牌，這讓我很激動，我不得不請他幫我寫下來。

「在經歷了巨大的悲劇和磨難之後，你正試圖重建自己和你的生活。分離帶來的痛苦使你不快樂，你沉浸在過去的衝突中，帶著遺憾旅行。你從事某種表演藝術——演員、音樂家？——你的工作為你提供了豐富的資源，但隨著你往不同的方向前進，這種情況已經惡化了。現在你正在遠離家鄉的地方旅行，試圖開始一個新的週期，但你還沒有準備好。你需要更多的領悟。」

然後他讓我從下一疊牌中抽出五張，並繼續說。

「在經歷了一段艱難、不快樂和財務上的問題之後，你會發展一段新的關係，有了新的開始，還有一段富足的時間。這個人不僅會帶給你感情，而且還會幫助你梳理你的財務問題。她將成為你真正的伙伴。」

我聽的目瞪口呆、下巴都掉了下來，到現在還在掉。這段小小的解說從各方面來看都是如此真實，無論是當時還是現在，正如我當時所說，「它撼動了我的世界。」它遠遠超出了猜測或籠統的可能性，隨後的事件和未來的占卜只是加強了這種體驗，它給了我可反覆咀嚼的「實證」。

那次占卜後的幾天裡，我漫不經心地到處走。大腦的一部分徒勞地尋求一個合理的解釋，而另一部分則在努力尋找一種方法將這種理解融入我的世界觀。一個抱持理性與科學精神的懷疑論者如何在他富有秩序的人生觀中為這種占卜找到一個位置？（雖然我可以對死亡說同樣的話）。

至於埃爾伍德在浪漫方面的努力進展，一切似乎都非常順利，但嘉柏麗面對自己的感情卻沉默了。我無法判斷我們是否只是在一起玩玩還是開始了什麼關係。埃爾伍德很高興只是在扮演「浪漫的超級英雄」，但其餘的「我們」則有更嚴肅的擔憂。

我試圖在我的日記中澄清我的感受：

和嘉柏麗在一起，感覺和現實都變得很複雜。這個傻瓜一定陷的很深，但無法判斷這份感情是否是對等的。我的需求是相當可悲的絕望，但還是那句老話——你不能告訴自己該如何感受。毫無疑問，她是如此有「魅力」，我的內心很激動，焦躁不安，痛苦和狂喜交替出現。我不認為我現在有足夠的力量來面對這個問題，但同樣地，這跟選擇無關。用《我背後的風》[35]中人物葛蕾絲．貝利令人心碎的話來說：「別讓我再失去一次。」

這是一個危險的時刻，我對未來感到恐懼——這是過去十一個月又五天以來的第一次〔自賈姬去世後〕。我擔心如果這次進展的不好，可能真的會讓我再次陷入困境。儘管如此，我不會採取任何不同的做法，否則那將是一個更大的錯誤。

但是——別讓我再失去一次。

向內看
看向風暴的眼睛
向外看
看向大海和天空
環顧四周
在視覺和聲音中
向內看，向外看，環顧四周

〈十級風〉，一九八七年[36]

35 《我背後的風》是一九九六至二〇〇一年在加拿大CBC電視台播出的電視連續劇。

36 匆促樂團《別開火》輯中曲目〈十級風〉。原文：Look in / Look the storm in the eye Look out / To the sea and the sky Look around / At the sight and sound Look in look out look around。

第十三章

夏日狂歡

必須以愛的速度繼續前進
沒有什麼比愛的速度變化更快

《愛的速度》，一九九三年[1]

1　《平起平坐》專輯中曲目〈愛的速度〉的歌詞摘錄。原文：Got to keep on moving / At the speed of love / Nothing changes faster / Than the speed of love。

經過五天五夜的「極度浪漫」之後，有幾個跡象似乎在告訴我，是時候重新開始騎行了。嘉柏麗不得不回到她平時長時間的餐館工作，沒有多少時間陪我，而即將到來的六月也正召喚我回到湖畔的家。那裡現在是夏天，褪去了冬天酷寒的白，現在則披上了溫和的綠色，我渴望去那裡。嘉柏麗和我約定很快再見面，也許是在加拿大，也許是在舊金山，離洛杉磯搭飛機不遠。我們在日落侯爵酒店甜蜜地告別。

現在是我重整旗鼓的時候了，我試圖理清混亂的感情，我知道我需要的是一次漫長的跨國騎行。因此我沒有選擇以往的蜿蜒路線，而是在洛杉磯上了州際公路一路往前騎，我狂熱的思緒飛馳過加州、內華達州、猶他州、科羅拉多州、內布拉斯加州、愛荷華州、威斯康辛州、密西根上半島、安大略省，在短短五天內回到湖邊的房子。

再次回到那裡，心中興奮之情油然而生，急匆匆地繞著房子四周、樹林和湖邊奔走，試圖一次看完所有東西。基斯像往常一樣把這裡照顧得井井有條，花園也是一片精心打理的景象。總的來說，這與我四月中旬離開時的樣子截然不同，這反映了季節的變化，以及我的內在小孩在這段時間內經歷的變化。

在我那分裂的、多面的靈魂中，似乎也有了一個新成員；因為我突然喜歡上了「青少年流行音樂」，尤其是那些充滿愛意的歌曲，而且我還會因為週日晚上的電視影集《我背後的風》（當然是在加拿大廣播公司一個以三〇年代為背景的家庭劇，類似安大略版的《沃爾頓家族》[2]）中的快樂情節而流淚。若要最好地描述這個角色（這回與其說是「適應」，不如說是「發展」），應該是一個十四歲的女孩。我想，也許我的內在小孩已經成長為一個青春期的女孩，所以我以遠古女神之名叫她「蓋亞」。

在我習慣了夏天生活後，我希望再次為自己建立一個積極的常規生活，繼續我的療癒寫作，並到戶外從事療癒性的活動，並在過了幾星期的獨處之後，拜訪朋友與家人（是的，生活就是我的療癒方式）。我甚至敢暗暗希望可以開始重拾一些嚴肅的寫作工作，無論這意味著回頭完成我那寫了一半、關於匆促樂團巡迴之旅的書，還是繼續寫孤魂騎士的故事——到時候看看再說了。喬治．艾略特的《河畔磨坊》[3]中的一段話表達了我正在經歷的創傷後遺症，並給了我一條線索，提醒我仍處於艱難的時刻：

> 伴隨著災難最初帶來的衝期與動盪，會有些情緒一直持續著，就像急性疼痛通常是一種刺激，並產生一種興奮，這是一種短暫的力量。正是在隨後緩慢、變化的生活中——在悲傷變得陳舊，不再具有能與痛苦抗衡的情感強度的時候——在日復一日枯燥無味的重複中，煩惱成為沉悶的例行公事的時候——就在那時，絕望來臨了；就在那時，感受到了靈魂的強烈飢渴，眼睛和耳朵都在努力尋找一些屬於我們存在尚未知曉的祕密，能夠使滿足的天性繼續下去。

早先我在湖邊的房子剛安頓下來時，我寫信給我的朋友門德爾森．喬，告訴他所發生的一切。

一九九九年六月九日
魁北克．聖布魯托湖

日安，喬：

真不敢這相信距離我上次寫信給你已經這麼久了——根據我的紀錄，上次寫信給你是在二月下旬。然而，這些天當我意識到幾個月的時間就這樣悄悄的溜走時，心中是欣喜的。這意味著我的日子過得很充實，足以讓時間——這個被認可的療癒者——繼續其工作。

我剛剛從墨西哥城取回我的摩托車，騎行穿越墨西哥北部和美國西部，經過六週的時間，騎了一萬四千公里的路程回到家。其中大部分時間是在西海岸遊走，拜訪了一些在洛杉磯的加拿大的僑民朋友，以及我在溫哥華的弟弟和他的家人。上週，我決定是回家的時候了，於是從洛杉磯

32 《沃爾頓家族》是一部一九七〇年代播出的美國電視劇，講述在大蕭條和二戰期間，在維吉尼亞州一個農村家庭的故事。

33 《河畔磨坊》，喬治．艾略特的第二部長篇小說。

走「快速道路」回來。

你知道的，我更喜歡偏僻的小路，在西部空曠的兩線道柏油路面上的驚險刺激騎行，但漫長而嚴苛的旅程仍然有一些特別之處，即使是在州際公路上。在樂團巡演期間，布魯特斯和我有幾次跨國的馬拉松式騎行（四天從維吉尼亞到德州弗里斯科，五天從多倫多到洛杉磯），我們開始喜歡一路哼著歌，只在加油和上洗手間時停下來，用心靈點唱機把知道的每首歌都挖出來唱。當然，長途騎行會讓人變得僵硬和痠痛，可能還會又冷又濕，但這就是入場的代價。

這一次我進行了一次真正壯麗的穿越（可以用「五天五千公里」作為撼動人心的標題），只因為我只想來到這裡，只因為在「心靈之路」進行長途旅行的想法吸引了我。

穿過莫哈韋（加州貝克的「世界最高溫度計」溫度為攝氏三十八度），進入大盆地的高沙漠、內華達州和猶他州，以及全美最好的州際公路之一——七十號公路，蜿蜒穿過猶他州的巨大岩層和廣闊的藍天，然後爬升並越過科羅拉多州的落磯山脈。

科羅拉多州東部的天氣有點「惡毒」（儘管從未像太平洋西北地區那樣「惡劣」；對摩托車騎行的天氣，我發明了幾個新的氣象學分類），有雲、有風、偶爾有雨，但還不致於太壞。我避開了密西西比河以東人滿為患的大都會區，選擇騎車穿過內布拉斯加州、愛荷華州、威斯康辛州、密西根上半島，並在蘇聖瑪麗穿過我們國家的邊界，正好經過那個古老的競技場，我記得在很久以前我們曾在那裡一起表演過。（七〇年代中期，在安大略省北部的幾場演出，喬曾為匆促

做開場演出，觀眾們通常對他古怪的歌聲、吉他演奏和特別大聲的跺腳聲感到困惑。〕

然後通過邊境進入安大略省（過度布署的警力實在荒謬），經過薩德伯里、北灣和我們國家的首都，最後回到了我的車庫。自去年八月從這裡離開以後，我的BMW GS已經行駛了六○一○五公里，現在里程表顯示的數字為二七三二二，而且還繼續像個冠軍一樣運行。

儘管在這麼短的時間內走了這麼遠的路，但實際上這是一次非常安全的橫越之旅。相對於郊區的街道和蜿蜒的公路，以及突然出現的拖拉機和牛群，在州際公路上騎行就是英國人所說的「閒晃」。特別是在西部，那裡的交通量要小很多，經常有好幾天你可以無阻礙的環顧四周。即使在美國陣亡將士紀念日的週末行駛，那也是一條相當順暢的路線，時間比我預期的要少得多。我原先預估整個穿越行程大約需要了六到七天的時間，但一旦我進入了「心靈之路」，我就保持繼續騎車。

當然，單單地想要「飆車」不是辦法。這樣做，你只會惹上交警的關注，誰想要這些麻煩？我才不想要。西部各州的限速都是每小時一百一十到一百二十公里，所以你可以用一百三十公里左右的時速安全的騎乘，這已經夠快了，可以趕得上時間。然後我試著在我和周圍的車輛之間保持「兩秒鐘的緩衝」時間，並遠離他們的盲點（記住，無論如何，我對他們來說仍然是完全看不見的），然後繼續騎行——每次都只停在加油站或休息區/洗手間。就這樣，幾十公里過去了，幾天過去了。

因為諸多良好的因素，造成我不喜歡在晚上騎車（好吧，我不是不喜歡，但我不認為這是一件好主意）。其中一個很大的原因是，看不到風景的騎行當然沒有意義，但還有其他你看不到的東西，比如脫落的排氣管或路面上的卡車輪胎片。而且我不想因為太累而犯下任何可能的愚蠢的錯誤，所以我每天下午五點前就離開了公路，隔天一大早又上路。最後一天，當我接近家時，我走得更久——在十四個小時內走了一千三百公里，但即使如此，我還是在天黑前到達。

現在想想，當時這樣做是正確的：在季節交替的時候出發。日復一日，我一天天地往下「沉淪」一點，我需要做出改變，帶著我的內在小孩去兜風。

此外，這次從洛杉磯回家的大旅程中，從另一方面來說也很特別，因為現在彩虹的兩端都是金色——這一端是我美麗的房子，另一端是一個美麗的女孩。

你應該可以想像這在我的生活中帶來了多大的轉變。可以說，在你最近的信中曾建議我的旅行朝這個目標走，雖然我必須說我自己很少考慮這個問題。我只想在相對孤獨的環境中繼續生活，冬天和夏天做一個隱士，春天和秋天則做一個吉普賽人到處行走。這就是我對生活的小計畫，我當然無意與任何人發生關係。恰恰相反，我想把自己與這一切隔絕開來——「我不想接觸任何人，也沒有人能接觸我」。但正如我最近經常說的，「你不能告訴自己該如何去感受。」

從不浪漫的角度來看，確實某些電磁和生化信號產生交流了，一切都突然不同了。這真是太糟糕了。我目前的另一個信念是：「一個女人能造成多大的變化。」我只知道我節省了一大筆輪胎磨損費用，因為從加州到魁北克的一路上，我的車輪從未接觸過地面。

這就是我今天的小故事，喬，絕對比我最近的大多數故事要精彩得多，而且這只是表明了——嗯，某些事情。當然，總是有黑暗的一面，現在我有時發現自己被完全不同順序的懷疑、不安、恐懼和內疚所折磨，但還是那句話——你不能告訴自己如何去感受。

另一個來自法國的格言很符合目前對各方面生活的態度：「這樣的麻煩是值得的。」[4]

這也說明了……某些事情。否則，我正試圖讓自己為夏季活動做好準備——我現在已經每天出去划船了，而且想去騎自行車——還想做一些其他的事，我不知道，也許是多方面的嘗試？

沒有什麼比浪漫更能讓一個人因為興奮而想去「做某些事」（可能只是「炫耀」的一種變體），我們將會看到這個念頭會產生什麼結果——如果有的話。現在我只是很高興有這些新的火花照亮我的內在小孩。

愛情是不是很偉大？

有時候它是……

尼爾

4 原文 Ça vaut la peine。

〈致布魯特斯的信〉夏天的小鳥

一九九九年六月十一日

魁北克．聖布魯托湖

嗨，德國香腸！

在初夏的明亮金色晨光裡向你問好，無暇的藍天，湖面上波光粼粼，四周綠樹成蔭，即使是在上午九點半，天氣也來到了舒適但不常有的攝氏二十四度。

從東南來的微風輕拂，氣壓穩定，濕度為百分之八十，看起來我們正處在一個相當穩定的高氣壓的影響下。在經歷了有些陰鬱的一週後，包括外在和內在（也就是我），這種變化是值得歡迎的。

逐漸進入夏天的狀態，今天早上我在太陽照亮樹木之前就起床了，榨果汁，煮咖啡，然後站在廚房的窗戶前，在我的餵食站看鳥，同時把幾個碗洗好。為了不打擾客人（史蒂芬和雪莉在屋裡；黛比和魯迪在客房那邊），我一邊做早上的清理工作，一邊小聲地播放著辛納屈。

根據「單身漢規則」，晚餐後不能馬上清理廚房，而是要留到第二天早上再收拾，這產生了意想不到的效果，即最早起床的人要面對這個任務。然而那個人就是我。可是我相信你可以想像，在一個像這樣美麗的景色中，這個任務並不會那麼令人不快。

昨天早上我看到了一個美妙的小插曲：一隻鮮黃色的金翅雀棲息在一隻鮮紅色的家雀對面，而一隻紅寶石色的蜂鳥就在窗外啜飲著花蜜。即使在夏天，埃爾伍德大廚的「鳥腦咖啡館」[5]在這一帶可是非常受歡迎，我可以看到很多鳥，要不是這個餵鳥器，這些鳥一飛而過，很容易被忽視。

我慢慢地適應了這個最新的季節變化，試圖找到活動的模式和「心態」，這將使我度過這些日日夜夜。在回來的第一個星期，我一直感覺與這裡的一切都不同調，包括環境。似乎我仍然相當困惑和迷失方向，從裡到外，我很難集中精力，甚至對必要的活動也沒有動力參與。基本上我的內心被攪亂了。就像，一種煩躁的不安。

我大部分時間都出去划船，但往往沒能「臣服於它」或其他什麼，因此沒能進入意想中可愛的恍惚狀態，而這種狀態是讓所有活動對我內在小孩非常有價值的東西。我似乎在拖著那些船槳，然後一股焦慮、沮喪的情緒從腳底升上來——我甚至是憤怒地拍打水面！

5 作者將設置在湖畔小屋的鳥類餵食站取名為「鳥腦咖啡館」。

對於自己有點難以安定下來，我並不感到驚訝。我又有了那種「被捲入風暴」的感覺，這麼多的情緒在我身上呼嘯而過，其中一些是大的情緒，我可憐的大腦甚至跟不上，更不用說對這一切的理解。然而這個不健全的小器官一直在努力，像原始的計算機一樣運轉著，不斷地試圖解決不可能的問題，做出不可能的決定。這就是我。

每年的這個時候也很艱難，因為六月是我這一年中另一個「被詛咒」的月分。我現在想到，整個季節都被詛咒了（殘酷的夏天），因為七月和八月也會帶來各自「厄運和憂鬱」的日子。喔，老兄。

生日並不是那麼糟糕，因為至少你還可以慶祝。而是其他的日子，也就是我所說的「最長的一日」，那才是真正艱難的。

我一直希望下一次（六月二十日，賈姬去世的週年紀念日）能以位在歡樂山的紀念館完工為「標誌」，但這個項目遭受了一個又一個的挫折（沒有人的錯，真的，也許是我的錯，因為催促不夠頻繁），導致工程不可能按時完工，所以這很讓人沮喪。

週三我將開車到多倫多（不情願地）去處理一些醫療、牙科、工作和社會責任，我原計畫在週日、也就是可怕的二十號在紀念館度過，並在當晚飛往舊金山（我知道那是某種醜陋的諷刺，但結果就是這樣）。所以現在我不知道那天我能做什麼，這不是件好事。

昨天黛比和我在整理賽琳娜的一些東西，把她收藏的鑰匙圈和酒杯（你和我在旅行中撿了多少個！）放在賽琳娜紀念圖書館裡。一開始還不錯，我們談論著賽琳娜並對著一些事情大笑，但後來隨著黛比打開更多的箱子，我看到越來越多她的不同的「紀念品」——毛絨玩具和她房間裡的小東西——事情開始變得非常糟糕。我跑下樓去坐在廚房的桌子前，無法控制地哭泣，持續了很長的時間。

我給自己倒了一兩杯麥卡倫酒，並把我所有最悲傷的歌曲放得非常響亮（試圖讓自己「沉湎」其中），但我根本無法停止哭泣，啜泣了大約兩個小時。最後我躺下了，昏睡了一會兒，等醒來時已經筋疲力盡，但也更平靜了。這種情況以前也發生過，幾週前在洛杉磯，有一天下午我獨自一人，它就這樣席捲了我，像一股赤裸裸的悲傷。好吧，如果我時常受到這樣的折磨也不奇怪，我不敢想像。

六月十三日，星期日

隔天又隔天……

現在我的客人都走了，這是一個炎熱的下午，我現在正沉浸在平靜和赤裸的狀態中（「你不要看我！」）。從昨天早上開始，我很高興地告訴你，藉著簡單的縱身一躍，這裡的世界已經有了溫和的變化，我開始游泳了。現在湖水以一種更真實的方式——一種更感性的方式——成為我世界的一部分。它帶來了多麼大的變化。雖然以往我很少在這個時候來這裡，但我想現在還不完全是游泳的季節。但顯然地，在我離開的幾個星期裡，這裡的天氣很熱，所以這裡的湖水也受到全球暖化的影響。不過，我喜歡。

我猶豫了一會兒才鼓起勇氣，但一旦我跳進水裡就好了。我沿著岸邊游，一直游到我仍然認為那是你的小碼頭的地方，然後再折返，做了一個初步的「下水」測試，這一年來（我現在意識到）幾乎沒有游泳，除了在科爾特茲海的洛雷托有過幾次短暫的潛水。但馬上，進入那種長距離的、每次呼吸配三次划水的節奏，對舒緩我的大腦真的很有好處。比划船更好，不知為什麼，更像越野滑雪帶來的恍惚感。不知道為什麼，但似乎是這樣的。對恍惚狀態的研究將繼續進行。

昨晚我告訴史蒂芬和雪莉，你是「這片土地的發現者」，如此你會記得這水在你嘴唇上的味道有多好，在你皮膚上的感覺有多好。當我沿著河岸游泳時，我不禁想起〈很久以前〉（也是我目前最喜歡的辛納屈悲傷歌曲之一）的另一個夏天，我記得沿著岸邊游到你家碼頭前的岩石上，喊著「伊——啊——基」[6]，並跟你討論填字遊戲的線索之類的，再游回來。

但是，夠了。我已經受夠了一個悲傷的週末，謝謝你。

今天又是另一個完美無瑕的早晨，我早早出門，繞著整個六島[7]騎了一圈，這條路線我稱之為「一整圈」。在史蒂芬和雪莉開車去機場後，黛比（她和我之間的關係好些了，但跟以前不太一樣）和小魯迪也回家了，我在椅子上安靜地打了一會兒盹，然後來到碼頭，脫掉衣服，從另一個方向游到岸邊，然後在一個完美、無意識的恍惚狀態中回來。

自從我開始寫這封信以來，一點陽光、一點水和一點運動的結合已經創造了奇蹟。我感覺好多了。我打賭我看起來也好多了。如果這對像我這樣的悲劇磁鐵來說是可能的話。

或者至少，像埃爾伍德那樣。你看，在我不斷分裂的人格中（現在已超越了精神分裂症，來到了三重、四重人格，然後進入多重分裂），現在有幾個不同的人格正在某種程度上……合作……成為我生活的老闆。作為所有人中最正直的傢伙，埃爾伍德已經脫穎而出，在所有人格中代表好萊塢性格的一面——浪漫的超級英雄。

6 「伊—啊—基」為一九五四年美國哥倫比亞廣播公司播出的《靈犬萊西》電視劇中，主角小男孩與他的同伴以此呼聲讓同伴知道自己的所在位置。成長於五〇年代的孩子相繼模仿此呼聲，蔚為風潮。

7 六島是分布在五大湖區加拿大境內六座小島，分別是馬尼圖林島、沃爾夫島、佩里島、多倫多群島、蚱蜢島、聖約瑟夫島。

他不像過去那個打鼓的老傢伙，那個有著沒人能念出的奇怪名字的人。而且可以肯定的是，無論過去那個老傢伙可能在我身上殘留些什麼，埃爾伍德一點都不像他。甚至埃爾伍德與約翰·埃爾伍德·泰勒（總是憂鬱，始終都是）或大廚埃爾伍德完全不同，也不像傳說中的孤魂騎士，當然也不是小蓋亞——那個對流行歌曲哭哭啼啼、多愁善感的青春期女孩。

雖然不得不說，當埃爾伍德達到他最崇高的境界時，說埃爾伍德體現了這一切也並不誇張。套句惠特曼的名言：「我包羅萬象，我之中有無數的我。」[8]

從更實際的角度來看，我只是希望我個人的萬用手冊能夠容納我內在的「成千上萬的演員」日益增加的活動。當我只是約翰·埃爾伍德·泰勒、廚師埃爾伍德和孤魂騎士這些人的一部分時，那還好，可是，一旦把浪漫的超級英雄埃爾伍德加入到情節中，就有點令人緊張了。

我是說真的！首先，當埃爾伍德把我們都帶回到洛杉磯，我們不得不打斷孤魂騎士的旅行，這樣他才可以像個花花公子般把自己打扮得花枝招展，用老派的方式向一些年輕漂亮的姑娘求愛。現在這位疲憊不堪的孤魂騎士剛剛回到車庫，試圖想放鬆地過個夏天（與約翰·埃爾伍德在吊床上閒晃），但我們浪漫的超級英雄決定掉頭，帶所有人一起飛回到舊金山，再次打扮並吟唱著浪漫的西班牙民謠。

你看到了問題所在了吧。好吧，如果說在我們這個顛覆性的世界裡我學到了一件事，那就是嘗試駕馭這個叫做「生活」的瘋狂雲霄飛車是徒勞無功的，所以你最好還是堅持下去。

說到鼓舞人心的著作，我附上喬瑟夫．康拉德的《勝利》中的幾段語錄，幾週前當我一路經由阿爾圖拉斯、大古力水壩、斯諾克米瀑布、溫哥華，然後再折返回到洛杉磯的途中一直在讀這本書，幫助我度過內心的危機。我想你會看出其中的關連性，它們之間沒有因果關係，純粹是巧合。

我希望你在那裡過得不錯。做個好孩子，盡快給我們打個電話，好嗎？（我們都很想聽到你的消息！）當我們從西岸回來時——可能是二十五日或二十六日。要乖喔。

現在，讓我們祈求救贖，兄弟。

來自「所有的我」獻給「全部的你」……

所以……我們之中的浪漫超級英雄，埃爾伍德，搭了便車又去了多倫多，處理了一些事務，與艾力克斯和他的妻子夏琳，以及蓋迪和他的妻子南希共進晚餐（毫無疑問，埃爾伍德的浪漫故事讓他們都很興奮），去墓園看看，傷心流淚了幾個小時，然後飛往舊金山去見嘉柏麗。

埃爾伍德再一次竭盡全力給人留下深刻的印象，在諾布山訂了一間豪華的酒店套房，俯瞰著美麗的城市和舊金山灣，帶她在城裡自駕旅遊，乘船去惡魔島，觀看音樂劇《吉屋出租》[9]的演出，並聽

8　原文：I am large, I contain multitudes。

了一整晚交響樂團演奏的史特拉汶斯基，但似乎沒有什麼效果。也許他的態度太強硬了，在他嚴肅的意圖和現在似乎是《女孩只想玩樂》[10]這首歌化身的一個年輕女人之間產生不可避免的衝突；又或者是他不斷的嘆息和偶爾的眼淚（或者是時候考慮我們的「機緣定律」的反面——也許她只是在錯誤的時間遇到的錯誤的人）。無論如何，她對他的態度變得莫名其妙地「冷淡」，四天後，他飛回了蒙特婁，沮喪而迷茫。

現在我們該怎麼做？如果生活是一首辛納屈的歌，當你遇到「女人的麻煩」時，你只需要好好地喝上一杯。所以我又再一次「暫時的逃避」，狂歡了幾天（在賽琳娜的青少年時期，我曾經試圖用這樣的格言來指導她：「一切都要適度，偶爾可以過量。」她回答說：「好吧，爸爸——我想我可以接受這說法。」我說：「女兒，我一路以來都是這樣！」）。

我出現了嚴重的宿醉，而且正如有時候似乎會發生的那樣——我有了全新的清晰前景。很明顯，現在是採取激進行動和孤注一擲的時候了，我還有一個最後的避難所可以探索——打鼓。在過去，我總是發現打鼓也許是最終的逃避，一種引人入勝、鼓舞人心的恍惚狀態，總是讓我忘記世界上的其他一切，我決定是時候嘗試一下了。

我不想給自己施加任何壓力，也不想給我的樂團「夥伴」任何虛假的希望，我祕密地在附近的一個錄音室訂了一個房間（這些年來我和匆促樂團經常在那裡工作，可以回溯到一九七九年，那是我第一次進入這個在我生命中如此重要的領域），透過辦公室的希拉（她總是能替我保守祕密）和錄音室經理娜塔莉進行安排，她在她的工作紀錄中把我列為「約翰．泰勒計畫」。

基斯去多倫多探望家人了，所以我的朋友崔弗幫我把我的黃色格雷奇鼓[11]運到了工作室，這些鼓一直堆放在暖爐房裡，旁邊是被忽視的小練習包。我開始每天去那裡玩幾個小時，只是漫無目的地玩各種模式，看看它們會把我帶到哪裡。自從「回聲測試」巡演的最後一場演出後，我已經整整兩年沒有打鼓了，但畢竟打了三十多年的鼓，手感很快就回來了。

令我驚訝的是在音樂上發生的變化。我很快意識到在我隨機演奏的模式和節奏中，出現了一個更大的「主題」——我在「講述我的故事」。不是用旋律或歌詞的方式，而是在我演出到某個段落時，心中浮現「這就是那個部分」。

我曾經把藝術的基本性質定義為「講故事」，而我從來沒有覺得有什麼比這更真實。我演奏了我的故事中的憤怒、沮喪、悲傷，甚至是旅行的部分，高速公路的節奏，壯麗的風景，情緒的變化起伏，而出現的敘事組曲就像講述故事時的汗水和努力一樣讓人感到淨化和充滿活力。

在慣常給布魯斯特的信中，我也繼續以更常見的口頭形式講述我的故事。

9 《吉屋出租》是百老匯的音樂劇。這齣音樂劇紀錄了一群紐約客一整年的生活，看他們如何在人際關係、失去、生命的意義、住所、以及愛滋病之間奮戰。

10 《女孩只想玩樂》是美國女歌手辛蒂．羅波在一九八三年發行的單曲。

11 格雷奇是美國一家製造樂器的公司，於一八八三年由德國移民弗里德里希．格雷奇在紐約布魯克林成立，製造的樂器享譽全球。

〔致布魯特斯的信〕雨中囈語

一九九九年七月六日

魁北克．聖布魯托湖

嘿，疲倦的小麻雀！

今天是一個黑暗陰鬱的早晨，下了幾場大雨。你還不知道嗎？這正是我的感覺——黑暗、陰沉和沉重。

所以我就把氣出在你身上了！（這不就朋友的用處嗎？）

湖面上泛起了層層灰色的霧，同樣的，我的內在小孩也蒙上一層灰霧。今天慣常的狼嚎聲在逐漸低沉的哀鳴中旋即消失。這是個混亂的時代，哦，我的兄弟，是的，我的大腦被深深地困擾著。生命的奧祕，女人的奧祕，特別是，悲傷的奧祕。最近我意識到，我還遠遠沒有結束這一切。不是說我應該如此，但有時我也會欺騙自己一陣子。

早在英國，當我閱讀所有這些「悲傷療癒的書」時，我發現其中的一些說法在當時我很難接受也難以置信，因為我還沒到那一步。後來我經歷了那個階段，發現這些書所代表的人類經驗的累積是相當真實的。其中一個令人無法接受的說法是「第二年更糟糕」的概念，在第一年裡我一直無法想像這可能是真的。現在我開始明白了。

這很難描述，也許還為時過早，因為我這週才開始思考這個問題（因為第二年開始了，如果你知道我的意思），但似乎在這一點上，極度的悲傷開始轉化為一種不那麼活躍、不那麼情緒化的狀態，變成一種空虛的感覺，一種沒有方向感的日常萎靡。我發現這在某種程度上更難面對。或者說想要弄清楚該怎麼做。

一如往日，我很難有動力去做任何事情，去關心任何事情，去繼續面對每天的挫折和煩惱——而且更難不喝酒。最近要堅持到雞尾酒時間[12]幾乎是一種煎熬，還要保持晚餐只喝幾杯威士忌和一杯葡萄酒的「最低飲食限度」。

因為我現在對生活不太關心，似乎我很快就會變得麻木。如果我不喜歡現在的生活，那麼我要擺脫它。

所以很公平，在一段時間內喝酒幫助我度過一個特別困難的時期，就像去年年初那樣，然後停止。但我不想發現自己墮落到可悲又腐朽的酒鬼生活。就一個人可以「選擇」過什麼樣的生活而言（我們對「自由意志」的評價不高，不是嗎？），有些未來是我連想都不敢想的，其中一個

12 雞尾酒時間是指下班後、晚餐前飲用雞尾酒以放鬆身心並激發食慾。

當然就是成為任何版本的酒鬼，尤其最糟糕的是，成為正在戒酒的那種。

因此，我對這種情況保持著嚴厲和警惕的態度，我真的不認為我會讓它失控。儘管如此，我甚至討厭要去擔心這個問題，你知道嗎？（不，實際上你不知道！我其實**希望**能夠擔心自己成為一個酒鬼！）

總之，讓我們來談談天氣，好嗎？

前天晚上，我在凌晨兩點被雷聲、風聲和雨聲驚醒，然後熬夜觀看了一場最令人吃驚的閃電風暴。閃電來得如此之快，不斷地照亮我房子周圍的路，我跑上跑下地關窗戶，然後就躺在床上看著湖面上的表演——持續不斷讓視網膜灼熱的閃電，以及遠方快速的閃光，還有天空中忽然爆開細小如蜘蛛網的雷電，有時數個電光火石同時爆炸——讓我想起上週從飛機上俯瞰蒙特婁的夜景，看到了慶祝聖讓巴蒂斯特日[13]的煙火。

從想像力上講，我想到了第一次世界大戰的大砲、海上的戰鬥、披頭四演唱會上的閃光燈、煙花，諸如此類的東西。但錄音室裡的娜塔莉說得最好（配上法裔加拿大人的口音）：「這就像是一個……迪斯可舞廳！」

據昨晚的電視台新聞報導，這場風暴的強風和電擊在該地區造成了大量的破壞，洛朗山脈的部分地區仍然沒有電力，儘管我家的電燈只閃爍了幾次。昨天早上當我騎車到拉瓦勒再返回時，確實看到了很多倒下的殘枝敗葉。

關於其他類型的「天氣」，我有向你提到舊金山的天氣似乎有點「冷淡」，我回家後有點……失望。好吧，很失望。我仍然每隔幾天給她打電話，但我感覺到了某種克制。你永遠不知道女人是怎麼了，是不是？

談論天氣的同時，還有我對未來「安全」的擔憂。希拉剛剛寄給我一疊支票要我簽名，還附了一張便條紙寫著：「我可能現在就需要它們，因為你是一名闊佬。」我目前的生活費大約是我收入的六倍（也就是埃爾伍德那個傢伙的生活費，無論如何，我無法控制那個傢伙！）。看來，處理所有這些壞運氣和悲劇不僅不愉快，而且還很昂貴（在倫敦和巴貝多的長期逗留，再加上我放棄對一個越來越有「創意」的股票經紀人的投資），在過去幾年裡我的「儲備金」受到了沉重的打擊。啊，我沒想到還得擔心這個問題。你知道的，我的油箱包裡還放了一些長了真菌的墨西哥松露，而且總是有要花錢的事（以及「花錢」的原則）。因此，只要別活得太久，應該就沒事……

或者——我回去工作。然而在我看來，這個想法顯然還是把我的內在小孩嚇得不輕。誠然，我在錄音室的打鼓探索進展順利，並證實了我不僅在技術上仍有能力演奏，而且我仍然可以透過樂器進行交流。

13 在加拿大魁北克省，每年六月二十四日是聖讓巴蒂斯特日，是為了紀念耶穌在約旦河受洗，魁北克政府機構和民眾會安排各種各樣的慶祝活動。

這種「敘事」方法在音樂上也給我帶來了一些有趣的地方，只要每天這樣做——有地方可去，有事情可做——對現在的我來說就很好。只要獨自出遊和一場暢快淋漓的流汗就「值得」了，即使是現在我仍然覺得還沒有準備好與其他人一起投入到一個大的「專案」裡。我想區別在於我可能已經準備好打鼓，但我還沒有準備好工作。所以我會再休息一段時間。

我一直認為，如果我以前的任何熱情要恢復的話，那麼寫作自然會是第一個——一種我可以輕輕地讓自己沉浸其中、孤獨又平靜的活動。我當然也有一些故事要講。然而我仍然覺得自己離完成一個大型的寫作計畫該有的力量和紀律還很遙遠，但起碼我知道，如果我願意或者需要的話，我可以打鼓。

「在路上賺點油錢。」引用樂團經理雷的話。你知道他說的是巡迴演出，但忘了這一點吧，我現在肯定無法想像把自己推入那個馬戲團。我沒有那個力氣，也沒有那個耐心。

但是，現在，我仍然在祕密地從事打鼓的活動，不確定我真正想用它做什麼。如果有的話，那會是什麼時候？

對我來說，現在做出如此巨大的時間承諾是另一個很大的考慮——同意去某個地方並一直工作到今年秋天，或今年冬天，或明年春天。孤魂騎士對此會怎麼說？也就是說約翰．埃爾伍德會如何看待此事？

這兩個人已經感到有點坐立不安了，並在遊說我們去旅行。就在昨天，當我們騎著摩托車穿過拉許特外的農業區時，提醒著我們騎車是多麼美好的一件事，如果我們收拾好行李，一路狂奔到聖皮埃爾港，或愛達荷州的雙瀑市，或猶他州的摩押，那該多好啊。這些人還向我們其他人保證，旅行對我們現在的精神狀態會好得多，也有助於控制飲酒和吸菸。

那麼，我應該怎麼告訴這些人呢？你可以想像埃爾伍德對於躲在多倫多某個錄音室裡四、五個月的想法會有什麼反應；這根本不是他的風格。而蓋亞是一個十四歲的女孩——她在乎什麼？

所以我們現在進退兩難，擁有幾個難題、一些謎團（有你這樣的朋友，誰需要謎團？）、模稜兩可、數個矛盾與相當大的困惑。

生活是不是很美好？不是今晚，親愛的——我覺得傷心。

去年五月我在洛杉磯的威尼斯海灘體驗了準確到令人難以置信的塔羅牌占卜後，我已經學會了為自己做簡單的占卜（透過那些「白癡指南」的書）。昨晚我做了三張塔羅牌占卜，擺出了愚人牌、聖杯六逆位牌和權杖九逆位牌。以下是我對前兩張牌簡單的解釋。

「你正試圖開始新的冒險，探索新的道路，以勇敢和無憂無慮的方式將自己投入到未來，但你還沒有準備好。你的情緒仍然陷在過去，帶著懷舊的感覺，你必須讓自己擺脫它，才能繼續前進。」

而這裡是書中對最後一張牌的解釋：

權杖九逆位牌仍然有保護和幫助他人的願望，但這個人幾乎不能照顧自己。大多數時候，權杖九逆位牌表示缺乏看穿事物的耐力和體力。你在精神上或肉體上已經被打倒了，你的健康狀況不夠好到可以堅持完成未來的艱鉅任務。

你需要休息和休養，而不是再出去打仗。你還沒有準備好，需要在做下一步行動之前檢查一下。你可能很脆弱，虛弱到無法戰鬥，或者只是單純的精疲力竭。有時候在你覺得被他人辜負或擔心某些事情的時候，這張牌就會出現。權杖九逆位牌表示，在採取下一步行動之前，最好重新振作並讓自己平靜下來。

就讓塔羅牌幫我說話吧，不僅是關於我錯誤的浪漫經歷，也涉及我對打鼓的實驗。

不管怎麼說，我的手指頭今天已經說得夠多了，我希望這封信不會太「沉重」。你不要為我擔心，現在我有足夠的事情要做，既要擔心你又要擔心我，我可不想要再擔心你會擔心我。明白了嗎？

希望如此。

未來的日子會更好，對吧？

對……

〈致布魯特斯的信〉小小的黑雲

一九九九年七月二十二日
魁北克．聖布魯托湖

嗨，臭鼻屎。

在這裡嘗試一種新的方法：在這個完美的夏日早晨，拿著我的筆電坐在廚房桌子前。我有點想向你「發洩」一下，但今天早晨太棒了，我不能把自己關在辦公室裡，所以我想試試這個。一個更美好的場景。蜂鳥反覆拜訪窗外的餵食器，幾隻明亮的金翅鳥在埃爾伍德大廚的鳥腦咖啡館周圍飛來飛去，灑水器在噴水，昆蟲在嗡嗡作響，洗碗機在安靜地轉動著。

像你一樣，我六點半就已經起床了。榨完果汁後，我打開廚櫃底下的垃圾桶，低頭看見了一雙烏溜溜的眼睛：一隻活潑但有點髒兮兮的小老鼠。我不知道該拿牠怎麼辦，於是我把垃圾桶搬到外面，把它翻過來，讓這隻小老鼠跑掉了。

我檢查了車庫旁邊的堆肥桶，滿意地看到浣熊沒能越過我昨天放在上面的煤渣塊——之前這些討厭的動物竟然有辦法把我放在上面的兩塊像麵包一樣大小的石頭給移開。我還滿意地注意到，那些蒙面土匪試圖衝撞埃爾伍德大廚的鳥腦咖啡館，但沒有成功（牠們似乎對葵花籽很著迷，而且很輕鬆地攻破了我之前做的松鼠防禦措施，爬上去敲打餵食器，直到所有的葵花籽都撒了出來，但是我認為我現在已經打敗了牠們）。

然後我走到碼頭，划了一圈，穿過靜止的湖面。在薩米礁岩的岸邊，我終於發現了鄰居查爾斯那天晚上告訴我的潛鳥的巢穴。他整個夏天都在關注潛鳥，他告訴我在哪裡可以找到有兩個蛋的鳥巢，但他警告我，如果周圍有烏鴉，不要太靠近它，因為我可能會把父母嚇跑（牠們輪流看守著鳥巢），給那些討厭的烏鴉一個偷襲鳥蛋的機會。

可能是真的，昨天我划船過去看了看，但當我看到一對烏鴉像哈克與傑克[14]一樣潛伏在松樹上時我就離開了。今天早上我帶著我的雙筒望遠鏡靜靜地沿著賽琳娜島的岸邊漂流，在薩米礁岩上的岩石和樹木之間來回搜尋。經過一番尋找，終於發現正在孵蛋身上有黑白相間方格狀圖案的親鳥（牠們一離水後看起來非常巨大），並辨識出牠那邪惡的紅眼睛——看起來有如惡魔般和原始。

在享用過炒蛋和烤麵包的早餐後（黛比給我帶來的新的蔓虎刺莓和蘋果醬），我發現自己又陷入了「懸而未決」的困境（像是「好吧——那現在怎麼辦？」），於是決定嘗試這項新的活動——在不同的地方寫信。這讓我有了改變，也許我會感覺更好些。用洛杉磯的話說，我最近的心情可以這樣表達：「我很不開心。」

這週比上週好一點（按「痛苦程度」來說），但最近我發現，以一種半途而廢的健康方式度過每一天需要付出這麼多該死的努力。為了讓自己振作起來，我每天都出去划船，過去兩天我把屁股踢出門外，繞著聖艾伍德湖騎自行車，這是一次很好的山地十公里的訓練騎行——雖然我不知道訓練什麼。也許我會決定更進一步（或者強迫自己去做）。

這一切都與意志力有關，不是嗎？

對你來說，在某種程度上也一定是這樣的。如果沒有相當持續的意志力，你肯定無法「經受」你目前的情況。而且你知道，這確實變得令人厭倦。

但同樣地，「選擇」很有限，所以我們所能做的就是努力熬過這些日日夜夜。白天做一些這樣的運動使自己疲憊不堪，似乎也能讓我在下午的時候在吊床上放鬆一下，看一會兒書，甚至還會打瞌睡——有時睡到都錯過了雞尾酒時間。可以說，事情都在掌控之下。但還是那句話，這需要很大的努力。

〔後來〕

這是個詭異的夜晚。月亮剛過半圓，高高在上，明亮地矗立在飄過的雲層中（那是永不褪流行的「幽靈船」效果），而遠處的北方和東方，閃電在厚重的雲層後方閃爍著。

14 哈克與傑克是一部美國卡通，主角是兩隻烏鴉。

一九九九年七月二十三日

又是一天的開始。我騎著摩托車進入聖索沃爾[15]，在雜貨店停了一下，買了橘子、咖啡和麵包，此時我注意到今天更熱了。我穿的是普通的皮衣，本來是可以穿Vansons夏季皮衣的；可能我會在騎去多倫多的時候穿，因為天氣預報說氣溫會上升。

昨晚和「那個女人」聊天時，得知她八月大部分時間都會在安大略，因為她在那裡拍攝一部獨立電影，她擔任主角。希望到時我們有機會聚在一起，然後……看看情況如何。她心裡似乎已經準備好了。總之，以一個普通男人的直覺而言。

上週我寫信給丹·哈德森（一位從事藝術家的朋友，在旅程的早期我曾到亞伯達省拜訪過他），他最近與他的長期伴侶蘿莉分手了，並提出了這樣的看法：「『男人被女人迷惑』已不是頭條新聞了。」

除此以外，這裡的生活是枯燥的而且常常相當煩人。我大部分時間都脾氣惡劣，有時對時間流逝的緩慢而感到厭倦，也同樣憎恨生活在沒有我的情況下繼續前進的感覺——當然，我最需要的就是時間的流逝（你也知道這些事情，不是嗎？）。但這是一個舊有的循環：當你情緒低落時，其他小麻煩就會讓你情緒更差。看到我可以做或應該做的事情卻沒有去做，在強迫安排的活動之間不安地拉扯著，經常對自己咒罵和咆哮，對來拜訪的客人也沒有多花時間陪伴他們。當然他們會理解的，而且可以自娛自樂，但我希望我可以把自己從這種狀態中擺脫出來。我已經厭倦了如此這般的不開心。

我一直在安排一些直到下個月底之前的暫定旅行計畫（或者至少想像一下一些我可能可以安排的暫定旅行計畫）。我可以像我們以前一樣搭乘諾迪克快船到拉布拉多地區，只要感覺還不錯，再繞著紐芬蘭島逛逛，然後穿過新斯科細亞，與萊斯利．喬伊斯和威廉姆斯夫婦待上一陣子，之後便搭渡輪去緬因州，這樣一來我會在紐約停留一段時間，九月分能在那兒待上一個星期左右還挺不錯的。然而，我很難放棄騎車繞過加斯佩作為替代計畫，然後再穿過阿第倫達克山脈到紐約。然後，我也許——「向西走」。我不知道。

一九九九年七月二十四日

這是一個下著雨的週末早晨，我奇妙地感覺好多了。儘管我花了很大的力氣才熬過這一週，但我已經達成了我設法完成的目標——每天出去參加兩項「活動」（最後兩天回到沿著岸邊長

15 位於蒙特婁以北約六十公里處。

游，加上騎自行車或划船），而且設法有節制地喝酒和抽菸。這就是一個星期的目標，儘管都是些小事。

下週我將去多倫多處理一些工作事務，週末則是參加「前座沙龍俱樂部」（這是我們為巡演巴士的「吸菸區」取的名字，成員包括艾力克斯、連恩和安德魯）的聚會，屆時可能不會有太多「健康的生活」，但鐵定會有一些笑聲，那不是什麼壞事。

然後，在布拉德和麗塔在八月第二週來訪之前，我有幾天的空檔時間。在那之後我沒跟其他人有約，我也不想約。招待客人是一種複雜的體驗，可以轉移注意力，但很耗費心神；很愉悅，也很混亂；雖然不那麼孤獨，但……好吧，至少不那麼孤獨。

如果「那個女人」要在八月來加拿大，我想那時我要有空才行，而且想到去年我是在八月二十日開始旅行，對今年而言那可能也是一個很好的日子。

我突然想到，現在唯一讓我有點興奮想做的兩件事是求愛和騎摩托車。但是，這仍然是兩件事！

再一次，這封信又攪亂了一池春水，讓我們的情緒騷動不安。還好在這下雨的週六早晨，心情處於較愉悅的狀況，是結束這封信的好時機，如此一來我就可以在我騎車前往大城市以及在所有其他瘋狂事件開始之前把信寄出去。

同時，讓我們思考一下下面這句馬賽人的諺語：

「沒有永遠爬不完的山。」
也許這句來自斯瓦希里語的諺語更值得深思：
「別在黑暗中上廁所，否則魔鬼會給你一巴掌。」

想想看吧，孩子……

尼爾

〔同事蓋迪生日時——也是我加入匆促樂團的週年紀念日——我寫給他的信。在過去的幾年裡，我們樂團總像「學校老師」一樣，在秋天、冬天和春天進行錄音和巡演，然後整個夏天都在家裡。雖然「在工作」時，我們總是親密的好夥伴，但在休息時間我們往往不怎麼見面，所以我每年在仲夏寫給蓋迪的生日信，往往也是一封更新個人近況和敘舊的信。這就是那年我寫給他的信……〕

一九九九年七月二十九日

魁北克．聖布魯托湖

真的能這樣嗎？

顯然是的。

是的，根據我的日曆，現在又到了一年一度的全民歌唱、全民跳舞、生日問候和夏季更新的時候了，為你獻上來自溫和宜人的聖布魯托湖的直播。

我昨天深夜才回到這裡，在多倫多短暫停留了一天處理了一些醫療事務，然後進行了兩整天布魯特斯風格的「遠離塵囂」摩托車之旅。

昨天早上我早早地準備從四季酒店出發，去我父母家吃早餐，但當我到停車場取車時，發現後輪胎沒氣了。沒辦法，我拿出了修理工具，發現輪胎上刺了一根大釘子，把它取了下來，然後補了這個破洞，就像之前在不同的異國情調的地方做過的那樣。

在這裡，一個真正的酒店顯示了它的服務精神：飯店人員非但沒有因為我——一個穿著皮衣的「速克達人渣」坐在地上修理一輛骯髒的摩托車——降低了他們大門的格調而投來不屑的眼光，行李員還幫我去拿了飯店的電動壓縮機來幫我的輪胎打氣，門衛也給我拿了一瓶依雲礦泉水和一條毛巾——因為昨天早上七點，城裡已經是酷熱難耐。

所以對於一個糟糕的情況來說，這已經很不錯了。

修好車後我向北出發，但當我到達我父母的住處時，我發現輪胎仍然在漏氣。不知道還能做什麼的情況下，我插上了一個更大的塞子堵住那個洞，然後向亨茨維爾出發了。我本來打算走阿岡昆公園的路線穿越安大略省回家，因為今年夏天每次我必須騎車去多倫多時，都會選擇不同的路線，而那是剩下的最後一條路線。另外，今天的天氣很好，很適合騎這條路。

當我到達亨茨維爾時，輪胎還是很快就漏氣了，所以在我進入安大略省的腹地之前（下一站是巴里灣），我在十一號公路上的湯普森輪胎店停了下來，這是上一個加油站人員向我推薦的。我一眼就看出他們主要是賣卡車和拖拉機輪胎，當我問那個人（就叫他「鮑伯」吧）時，他告訴我他對摩托車輪胎一無所知。但他並沒有就此送客，而是同意如果我把車輪拆下來讓他瞧瞧，他可以嘗試修修看。但他很快就確定，釘子已經穿過了輪胎的側壁，而且是無法修復的。

幾個小時以來我一直有點緊張，因為我知道我的輪胎正在漏氣，但現在我真的很擔心，因為我很確定我的輪胎是一個不尋常的尺寸。果然，鮑伯打電話給所有的摩托車店甚至遠至巴里的供應商，他都一無所獲。

與此同時，我正試圖決定是否應該用卡車把摩托車運到多倫多，或者讓他們用巴士把新輪胎送過來，並試圖考慮在那裡再困一天的現實，而且可能在我父母那裡過夜。我最近一直很煩躁，不認為自己想這麼做。

此時一位女店員告訴我不妨試試一個她騎摩托車的哥哥買二手零件的地方。令人難以置信的是，老闆（約翰．史密斯）傳來消息——顯然他曾經訂過一個輪胎但搞錯了數字，最後送來了一個「怪胎」——卻正是我需要的尺寸。鮑伯讓我開著他的車去看看，如果適合我，他會幫我安裝。

當他把鑰匙遞給我時，他指著窗外一輛布滿灰塵的黑色轎車說：「只是要提醒你，裡面很亂，因為我沒清理——而且不要搖下駕駛座這邊的窗戶，否則它會脫落。」

於是我就去了。看起來約翰．史密斯很高興能擺脫那個輪胎，就和我很高興能得到它一樣——它是一個廉價的輪胎品牌，但它肯定能讓我回到家。而它確實做到了。當一切都弄好後，已經下午四點過後，而且我還有很長的路要走，但這仍然是一個美麗的日子，一個美麗的旅程，有湖泊、小屋、松樹、丘陵和農場。

穿過渥太華谷，我欣賞到了世界上最長的日落，在晴朗的天空中緩緩下沉，在路邊的堤壩上勾勒出我和我的摩托車移動的影子。直到我過了河進入魁北克省，回到熟悉的道路上，暮色才漸漸暗淡下來，這樣一來我就不必在黑暗中騎超過半小時的車。

摩托車停在車庫裡，我在廚房的桌子前享受著我那杯得來不易的麥卡倫酒，不覺莞爾地想著：「你知道的，今天真是一場冒險。」

確實如此——好的和壞的都有。當然，在許多方面，它可能會更糟糕，然而在很大程度上這些糟糕卻被「陌生人的善意」給避免了。在這一天結束時，我對世界和生命的感覺好了一些——因為在結束漫長而危險的一天後，我也不得不對腦海偶爾浮現的這個想法發出會心一笑——「我又騙過了死亡。」

（儘管我一直知道，我從來沒有成功過……）

今天我開著我的奧迪車去了郵局，並在雜貨店買了些東西，今天的冒險這樣就夠了。總的來說，最近我的心情一直很起伏。昨天我想到了「溜溜球」的比喻，雖然我來來去去一直在動，其實並沒有真正去哪裡。可是有時我確實感覺到我用指尖抓住了什麼。我想，是生命吧。

在倫敦的時候，當我閱讀所有悲傷的書籍時，我被一句話打動了——「第二年更糟糕」。啊，在當時這似乎是無法想像的，於是我乾脆地拒絕了它。但現在我在這裡，處於「兩個」第二年的中間（另一個是在服刑……），真的很艱難。似乎那種淒涼的悲傷和情緒的湧現已經開始一點點地消散，但卻留下無比的空虛。

這是我上週寫信給（一位長期與海洛因毒癮奮戰的前員工，在「戒毒」六年後，卻在回聲測試巡演期間又吸毒）的內容，當時我試圖告訴他，他不必為他在上次巡演中的所作所為感到內疚和羞恥，我寫道，我對他的困境的反應是，第一，「他媽可憐的傢伙」，第二，「我也可能變成那樣」。

如果第一年是悲傷的一年，那麼第二年就是空虛的一年。不知何故，它更難處理，更難解決，更容易就把你擊倒，毫無疑問，我已經因為試圖讓自己「保持完整」這麼久而感到精疲力盡了。正如你所知道的，任何一種需要太多意志的日常存在——無論是做某事，還是不做某事——都會讓你疲憊不堪，並在你懦弱的時候「抓住」你。

雖然我肯定還在戰鬥。一個多月前我從舊金山回來，對「女人的偉大奧祕」感到困惑和迷茫，但我仍以一種健康的方式回應了這種困惑，便是去打我的鼓。

在這一過程中，其他問題也得到了解答。我意識到雖然我可能已經準備好再次打鼓，但我還沒有準備好再次工作。無論如何，還沒有。所以我把鼓放下了一段時間，但我知道那股力量還在，而且如果我願意的話，我還是可以做的到。

知道這一點很好，但不知為什麼，我清楚地知道，我還沒有準備好做出承諾，進行合作，承擔一個嚴肅的「專案」。這也是我在寫作方面面臨的界限——幾乎每天我都會坐下來給某人寫信，通常是寫給現在「監禁之家」的前騎行夥伴，或是給已經很久沒有聯繫但仍然希望出現在我生活中的人。在過去的幾個月裡我已經寫了幾百頁這樣的信，它們就像日記或懺悔文一樣對我起著作用（上週我收到了馬克．里布林的電話留言，評論說他剛剛收到的信「十分接近文學，我的朋友」）。所以同樣的界限也適用——我已經準備好玩「文字遊戲」，而不是做「文字工作」。

當然，這很公平。正在取得進展，但它不會很快，也不會很容易。需要的是時間、時間、時間……

在這一時刻，也是我們的二十五週年紀念日，我只是想讓你知道我在這些方面的「情況」。

這個夏天剩下的時間對我來說仍然有點模糊。一段時間以來我一直很想再去當「孤魂騎士」，因為事實證明那絕對是最好的療癒方法，但我想推遲到八月下旬再出發，就像去年那樣，以避開夏天的人群和炎熱的天氣。我想首先向東走，實際上是想重複當年第一次與布魯特斯一起的摩托車之旅，那次我們騎到了聖勞倫斯河北岸的「路的盡頭」。然後乘船到拉布拉多繞著紐芬蘭和新斯科細亞四處逛逛。我在哈利法克斯地區有幾個朋友，所以我可能會在那裡待上幾天或一個星期。

從新斯科細亞到緬因州有一艘渡輪，這將是一次很好的乘船旅行，並讓我在紐約待上一段時間，這樣一來九月會過的很愉快。

然後，我想繼續向西走，看看我上次錯過的加拿大和美國的任何地方，並重訪幾個我喜歡的地方——像國家公園，還有一些偉大的小鎮像猶他州的摩押、加州的聖海倫娜，也許還會回到下加州和墨西哥的其他地方去。我們等著瞧。

這基本上就是我的故事（藝術可能是「講故事」，但當然這並不意味著講故事就一定是藝術！）。儘管如此，我還是堅持了下來，這些天我的基本生活哲學是我從我們從前的「貝立茲學校」那兒學到的一句法文（在幾次巡演中，蓋迪、艾力克斯和我都會在演出前上法語課，貝立茲會派老師到我們所在城市教我們）——「麻煩是值得的！」（Ca vaut la peine）有趣的是，peine也可翻成「悲傷」，有些時候，我內心幾乎可以接受這樣一個概念：為了真正了解她們的喜悅，失去賽琳娜和賈姬賈姬的悲傷是值得的。

幾乎……

我最近最喜歡的另一句格言來自斯瓦希里語：

「鬣狗說，『我並不幸運，但我總是在行動』」。

鬣狗，就是我。

我希望你和你的家人一切都好，並且你會有一個美好的一天。如果你想的話，請給我寫信，如果有機會，我會安排另一趟旅程去見你，到時我們再聚。

祝福你，我的朋友，我期待著早日見到你與你聊天。

尼爾

〔給大舅子史蒂芬的信〕

一九九九年八月五—六日

魁北克．聖布魯托湖

你好啊，兄弟。

好久沒連絡了，嗯？

我是說你，不是說我。好吧，好吧，你也有一段時間沒有我的消息了，但那不是我現在要說的事。我要說的是你，小夥子！

好了，關於你的事就到此為止。至於我呢？

好吧，從天氣開始（從邏輯上講），這是一個壯觀的夜晚，東邊出現巨大的灰色雲層，但未完全遮住上面明亮的藍天，西邊有紫色的落日，映照出湖面上有三隻潛鳥的剪影，明亮的天光柔和地反射在湖面上，書房裡正播放著瑪丹娜的《光芒萬丈》，我坐在這裡給你寫信。

我知道你最近一直暴露在尼亞加拉半島[16]的有毒氣氛中，我肯定這是你最近沉默的部分原因。我只能懇求有同樣讓你「分心」的事，例如上週末我安排了「前座沙龍俱樂部」成員的聚會，出席的有艾力克斯、連恩和安德魯（以「私人助理」身分參加過兩次巡迴演出，同時也是我們長期的攝影師）。正如你可能想像的那樣，我們吃了很多美味的食物，一起大笑，並且在很多其他方面也過度地放縱了自己。

我剛剛走到陽台上再看了一眼，現在東方的天空是粉紅色和灰色，平靜的湖面呈現鋼鐵般的

16 尼亞加拉半島位於加拿大安大略省南部，南北分別瀕臨伊利湖北岸和安大略湖南岸，東面隔尼亞加拉河與美國紐約州對望。

紫紅色，低沉的霧氣悄悄地從「豪豬公路」〔史蒂芬和我在雪地上發現一條豪豬走過的足跡而開闢出來的雪鞋小徑〕上升起，逐漸瀰漫整個湖面。還不錯。

總之，在週日布拉德和麗塔到達之前，我還有幾天時間自己待著。他們會一直待到星期五，這是我這個夏天最後一次的「預約」，之後就會「季節性關閉」諸如此類的。在那之後沒有確定的計畫，但有各種的……可能性。

自從上個月的音樂實驗之後，我清楚地知道我還不夠強大到考慮與其他人一起投入一個「專案」，對一個需要我投入大量時間的工作，我也還沒準備好做出承諾。在內心深處，我們都同意這一點：約翰．埃爾伍德想繼續做一個憂鬱的獨行俠；孤魂騎士仍然聽到遠方道路的召喚；至於埃爾伍德……好吧，埃爾伍德想在好萊塢上買一棟房子，做一個跨國的花花公子，至少在他把我們的錢都花光之前……孤魂騎士肯定在為另一次的旅程而騷動，他想越快越好，而老好人約翰．埃爾伍德．泰勒也會很高興再次成為那個孤獨、憂鬱的陌生人，從一個城鎮漂流到另一個城鎮（蓋亞並不介意；她可以在任何地方噘著嘴和「男孩樂團」一起唱歌）。

就在今天，我給哈利法克斯的泰瑞．威廉斯發了傳真，讓他知道我考慮在八月底或九月初的某個時候前往那裡。後來和他通了電話，他似乎認為這還不夠具體，但他不明白這些日子以來我們的工作方式。

如果我在去新斯科細亞之前繞道紐芬蘭，從那裡有渡輪到緬因州，這樣可以讓我很輕鬆地前往紐約，在九月分時在那裡待上一週——這會給我注入一劑文化強心針。我最近也給當地的朋友發了信息，他們也敦促我讓他們知道確切的時間。天啊，我不知道……也許某個時候吧！

無論如何，趁著天氣還不錯，我將再次前往西部，而且可能或多或少地遵循我去年秋天的模式向南漂移，也許有機會前往美國西部一些我上次錯過的地方。

否則，最近我覺得自己就像是一個溜溜球：來來去去了一會兒，但沒有真正去到任何地方，還在我的指尖上掛著……

奇怪的是，當我回顧去年冬天的時候，似乎那是一個相對和平與平衡的季節！當然，那時候感覺並不是這樣，但現在看來確是如此。這是一個艱難的夏天——試圖在一個巨大的悲傷空虛中發揮作用——而且還沒有結束。但從某種意義上說我們已經「度過了難關」，儘管這個夏天並不是我所希望的那樣（我曾幻想著我的練習和創造性工作會進入一個美妙的常軌），但至少我可以看到終點就在眼前。我想，終點就是「路」。

好吧，這仍然是最有效的方法，所以我會採納它。我很高興能有這樣的選擇，至少在這些日子裡沒有別的東西足夠吸引人，或足夠令人信服能讓我繼續前進。我似乎只是勉強度日，寫幾封信，做一些家務和瑣事，給自己煮一頓像樣的晚餐，而且避免喝太多酒（除了在前座沙龍俱樂部重聚期間）。

同時，我也取得了一些「小勝利」。今天我給我的侄女漢娜寄了一封漂亮的信，以回覆她寫給我的一封信，並給我在棕櫚泉的十六歲的朋友尼克寄了一份我的教學影片，他是一個有抱負的鼓手也是巴迪．瑞奇的孫子。透過這些微小的方式，我讓自己覺得我在這一天在這個世界上留下了一些痕跡。

我為自己設定的小挑戰：也許開車進城買些新鮮的花，裝滿餵鳥器，去划船或騎車，清理廚房，洗些衣服等等；正是這樣，我取得了一些小小的、可實現的勝利。

一個不斷計算微小的挑戰和小勝利的生活。我想這並不壞，而且可能很多好人都是這樣度過他們的日子。也許他們也希望這些小小的勝利能有更高一點的要求，甚至更多的回報，但一個人要用他所擁有的東西去做到最好，不是嗎？

我確實希望我有點「什麼」（譬如興趣、動力、野心）來考慮一個更冒險的旅行，比如去南非、歐洲或澳大利亞，但這需要很多計畫，而且在那樣的地方我或多或少會被綁死在一個行程中，或者必須要在很早以前就開始計畫。如此一來我就不能隨心所欲地從貝斯特偉斯特飯店到速八飯店再到鵜鶘礁海灘俱樂部（我們在貝里斯住過的一處迷人古怪的地方）到處亂跑。現在，我想我更喜歡那種不用動腦的自由。

啊，是的，不用傷腦筋的自由。我想這是我這些日子以來更喜歡的精神狀態，無論我是在這裡當個「隱士」，還是做個在美洲各地遊蕩的「吉普賽人」。也許「今日事今日畢」這樣就夠了，但我仍然願意為一些熱情、一些動力付出代價。但是和其他一些珍貴的商品一樣，你買不到那些東西。

無論如何，這些都是我今天的愉快想法，或者更確切地說，是昨天晚上和今天早上，因為現在是「明天」了，又是一個涼爽多雲的日子，湖面如此平靜，潛鳥在森林的倒影中留下銀色的漣漪。

讓我知道你過的如何，好嗎？

尼爾

〈致布魯特斯的信〉世界上最大的溜溜球

一九九九年八月十四日

魁北克．聖布魯托湖

嘿，蠢蛋。

很難相信自從我上次給你寫了一封煩人的信後，三個星期已經過去了，但至少我們上週在電話裡談得很愉快。現在我們又有了所有的笑聲和好心情，當然是時候寫另一封討厭的信了。你不高興嗎？

我知道我是……

最近我們在埃爾伍德之家的日子大多是涼爽和多雲的，昨天一整天還下了不少雨，但我談不上有在非常注意天氣。我想，我對「內在天氣」太在意了。再一次，我剛剛度過了這些日日夜夜，仍然感覺到那種溜溜球效應：雖然來來去去，但哪兒都沒去，只停留在指尖上。還說了很多髒話。

是的，我在埃爾伍德之家又度過了艱難的一週。

當然，特別是那最黑暗的日子，十號（賽琳娜去世兩週年）。我不知道那天會發生什麼，但我知道那不會是好事。我想我已經為最壞的情況做了準備，從早上開始喝血腥瑪麗和安定劑然後繼續下去，但就像兩年前這一切的開始一樣，沒有什麼真正的幫助。

（那天晚些時候，布拉德說：「你知道，有時酒和毒品是不夠的。」我不得不抗議：「嘿，兄弟，它們已經盡力了！」）

無論如何，我肯定很高興布拉德和麗塔在這裡陪我，因為沒有人比他們更堅強或更善解人意。

幾週前，黛比和我把賽琳娜的床架（從多倫多運來、有頂篷的金漆鍛鐵傑作）架在這裡和路易家之間的樹林裡，它優雅的結構完美搭配著黛比的瓷磚野餐桌，那張桌子已經在那裡了，而且在樹林中看起來非常酷。

我一直沒有回到那裡，直到這個星期，當我向布拉德和麗塔展示這個地方時，當我看到整個場景是如此的完美時，我才意識到這裡可能是一個比哪裡都好的「追悼會」環境。

那天下午晚些時候我叫基斯放下他在花園裡的工作來加入我們，我們拿了一瓶香檳（搭配合適的杯子），一些煙燻鮭魚、肉醬和餅乾，還有麗塔從花園裡採集的花朵，點燃了三芯蠟燭，在樹林中那個優雅的小涼亭裡坐了一會兒，隱約還能從樹間看到湖水。為公主乾杯。

過了一會兒，我沿著小路走到湖邊，當我回來的時候，我不得不停下來欣賞眼前的超現實畫面，宛如費里尼的電影場景——金漆鍛鐵床架罩住了桌子、杯子和食物、蠟燭和鮮花，還有布拉德、麗塔和基斯——全都在樹林之間。

後來回到家裡，我坐在廚房的桌子上（面前擺著一杯麥卡倫酒「盡其所能」），而布拉德和麗塔在忙著做晚飯。雖然這些天我在廚房裡通常很有用，但我已經宣布了「我不會什麼都不做」，他們當然明白。所以我就坐在那裡喝著酒，播放著一些音樂，突然間我的情緒就潰堤了。記憶在流淌，淚水在流淌，一直不停地繼續。

一切都讓我哭了——我看的、聽的、想的一切。我播放的每一首歌，不管是快樂的還是悲傷的，餵食器旁的每一隻漂亮的小鳥、樹、花、湖，每一個記憶。一切都很黑暗，因為賽琳娜不在那裡。像往常一樣，在這股情緒的洪流中我試圖弄清楚，最後終於找到了所有這些悲傷和回憶的根源都來自一個感覺上——內在那個小小的聲音再一次清晰地說出一句話：「我非常想念她。」

其他人有時會把這句話說給我聽，告訴我他們想念賈姬或賽琳娜，但我也不能說什麼（比如「你想念她們嗎？」）。即使是黛比和我也從未大聲說過這樣的話，因為那似乎過於張揚。但是，那樣的思念是完全真實的啊！

而且它一直都是真實的，不僅僅是當我停下來哭泣的時候。我想過了一段時間你會學會假裝把它從腦海中抹去。暫時是這樣。但是一想到那段可怕的時間已經過去整整兩年了，以及再想到那之後所有可怕的時光，肯定不會覺得有什麼成就感。事實上，這反而讓我有點難過……

但是，我至少有一個美好的一天要告訴你：

週四，也就是前天，我終於組成了一個「工作團隊」，花了一整天的時間砍柴。那至少對我的靈魂有好處。去年冬天我在這裡待了很長時間（四個月而不是像往常的三或四個星期），我幾乎燒掉了這裡的每一根木頭（並開始對車庫的壁板投以覬覦的目光）。

上個月我試圖組織一個工作小組，但榮恩和皮爾（本地的木工）整個季節都很忙。所以當我發現夏天已經快過去了，我仍然沒有一個屬於我自己的柴堆，實在是無法忍受。身為一個北方的森林人，沒準備好過冬的柴火，感覺真是糟透了（用洛杉磯的話說，「我完全好像還沒準備好。」）所以上週我乾脆向基斯宣布，我再也不能忍受了，這個星期四就是這一天，即使我們必須自己動手。

他腦海中浮現出我獨自拿著電鋸鋸樹，把樹砸在他頭上的畫面，一定增加了不少說服力。最後我們由皮爾帶領電鋸大隊（就是我），基斯和布拉德負責清理和搬運工作。我們只去找那些靠近道路的枯樹（但不要太靠近電線），並在現場砍伐和分割它們，而基斯和布拉德則用皮卡把它們運回來扔在車庫旁邊，之後再找時間劈開它們，甚至是在秋天當我不在的時候（你會明白，事關自尊，我必須在那裡分割而不是劈開它們。畢竟，成功的獵人不需要剝野獸的皮）。

一天結束時，皮爾估計我們在車庫旁疊了大約十五堆的木柴，其中大部分是好的楓木，所以無論如何，對於這個冬天我應該是已經做好準備。由於都是乾枯的木頭，我也不必再擔心風乾的問題，直接拿來燒就可以。

但我要告訴你，伐木工作很辛苦。在一天結束時，布拉德看著我（當他喝完另一瓶百威啤酒時），用他完美的倫敦腔說：「你看起來全身心投入，兄弟。」

是的，兄弟。我們都覺得很累，儘管我們沒有感覺到任何具體的疼痛，只是整體感覺從指尖到腳趾甲都很疲憊。晚飯後我在沙發上睡著了，昨天布拉德和麗塔離開後，我在床上躺了大半天。疲憊不堪。

但重要的是，我靈魂的一個基本需求得到了滿足：已經為即將到來的冬天收集了木柴，心裡的那塊石頭總算放下不再困擾著我。

我可以在最高的山峰上向世界喊出：「我不是一個完全的失敗者——我有柴火！」

現在，如果我能夠再拼湊出這樣的一天，讓一隊人馬到森林裡做一些清理小路的工作，我至少會完成一些我希望在今年夏天完成的事情。有一天我在給史蒂芬寫信時，談到了去年春天我對這個夏天的想像——敢於想像我將要做的所有好事：我將要得到的鍛煉，我將要開始的創造性工作，以及我將會感到多麼美好。

嗯……我有木柴！

此外，森林裡還有其他的麻煩：為什麼？自從四月的松鼠大混戰以來，這裡的祕密活動從未如此頻繁過。一場新的冷戰已經開始，我再次處於被圍困的狀態，徒勞地戰鬥，以擊退對埃爾伍德廚師的鳥腦咖啡館的夜間襲擊和掠奪。當然，這是我異想天開的反叛亂戰鬥，其實我指的是那些夜間襲擊的歹徒。那些蒙面土匪。

起初只有媽媽，但現在三個小傢伙已經大到可以爬上那個餵食器，而且牠們喜歡葵花籽。我告訴你：這些胖傢伙比松鼠（我已經與這些昔日的敵人和平共處，讓牠們挑揀散落地上的「殘羹剩飯」）要難對付得多。

但是，浣熊——令人難以置信！我試過在桿子上塗抹油脂，在防松鼠板上粘上大頭針，然後是地毯釘，再把塔巴斯科辣椒醬倒在上面（某人的建議，不記得是誰了），並在桿子上以不同間距安裝兩塊防松鼠板，甚至在凌晨三點聽到牠們在餵食器上亂竄時，我還從臥室窗戶向這些偷東西的混蛋們發出嘶吼。沒有什麼能阻止牠們。

現在……布拉德給了我一支可愛的小雷明頓點22步槍，他一直用它在他的地下室射擊罐頭之類的東西，看著這支槍不得不讓我興起某種想法（不是那種想法，你們這個傻瓜——你和布拉德一樣，比誰都更了解我——而是關於滅熊的想法）。可以肯定那是基斯的首選解決方案；他討厭那些傢伙以及吃花和撕毀草坪的土撥鼠。但是拋開道德和我的脆弱的感情不談，我想我是不會用這種方式打敗牠們。

我決心要比這些鼠輩更聰明（畢竟，我有柴火！）。

在昨晚的監視中我想出了一個新的計畫：為什麼不把桿子用幾股帶刺鐵絲包起來？我想這是可行的，而且看起來是最好的主意了——畢竟誰會想到牠們能爬上抹了油的桿子跟避開釘子呢？

真是討厭的傢伙。

如果帶刺鐵絲不起作用，那肯定要用地雷了……

總之，我想我現在所經歷的是去年四月的重演。我知道又到了該上路的時候了，因為我感覺很低落，似乎只有這樣做才有效。但是**因為**我感覺如此低落，我沒有動力開始做任何安排（也許我會找到一些東西來激勵我，就像上次在靠近庫雄湖的路上看到拿著信號旗的美女一樣）。

為什麼？即使是現在我也應該打起精神騎車去多倫多，因為我在星期一與厄爾醫生有約，還有其他進城時要處理的事情、要見的人等等的行程。但是到現在為止我就是不想做，甚至連酒店房間都沒有訂。就像……他媽的，厄爾醫生只是建議再做一次檢查，可能是胃鏡檢查，而這至少需要一個月的時間來安排，到那時候我反正也離開了，而且……好吧，它就是現在不值得花時間去做。我可以打電話取消它，然後我明天就不用去任何地方了，因為我覺得我真的不想去。

除非……我接到某位年輕女士的電話……

本週早些時候我收到了她的電話留言，說她在安大略省，沒有留下號碼，只說過幾天會再打來。不過還沒有打來，但是說實話，這整個情況對我的壓力一直在減少。我可能天生就很固執，但我並沒有真正去抵抗不可避免的事情或可以避免的事情。這對我來說還沒有結束，但我可以說，除非她那邊的「投入」很快發生變化，否則我將繼續逐步……冷卻……

你同意我的看法嗎？我相信你一定同意。

你知道嗎？這封信的結果並不像我原先擔心的那樣會令人沮喪。每次開始給你寫信時總像是個謎，因為我不知道會寫出什麼東西。然而每次要給你寫信總是令我感到愉快，因為我知道寫出什麼並不重要；無論我說什麼，你都會接受，甚至歡迎。

我對你也一樣，老兄。就像我之前說過的，在我們各自的處境上，我不認為我們真的會讓對方感覺更糟，所以我們可以讓感情隨意地流露出來，因為我知道我們的壞情緒也會接受它們。

心情很壞、即將離去的——

孤魂騎士

夏天很快就過去了
夜晚越來越冷
孩子們長大了
老朋友們越來越老了
經驗溜走了……

〈時間靜止〉，一九八七年[17]

17 《別開火》專輯中曲目〈時間靜止〉的歌詞摘錄。原文：Summer's going fast / Nights growing colder / Children growing up / Old friends growing older / Experience slips away ...

第十四章

東行記

你改變了我
你改變了我
你這個人，你的眼睛
秋天的樹林，冬天的天空
你讓我改變
你讓我改變
開闊的大海和城市的燈光
繁忙的街道和令人暈眩的高度
你呼喚著我
你呼喚著我

〈模擬小子〉，一九八二年[1]

1 《信號》專輯中曲目〈模擬小子〉的歌詞摘錄。原文：You move me / You move me / Your buildings and your eyes Autumn woods and winter skies You move me / You move me / Open sea and city lights Busy streets and dizzy heights / You call me / You call me。

八月二十九日，一個涼爽、晴朗、有風的早晨，孤魂騎士再次上路，這次是向東騎行。我花了這麼長時間才有動力再次旅行，陷入了與去年春天相同的陷阱——感覺如此低落，我知道是時候行動了，但卻無法讓自己振作起來。

沿著一些舒適的小路騎行，穿過魁北克省中部的農業區後，我騎上了高速公路，過了魁北克市一段距離後，我注意到省政府貼出了一些標語稱魁北克市為「國家首都」[2]。顯然，這是分離主義勢力故意挑釁的舉動，其唯一的目的——就像許多政治運動一樣——似乎是在惹惱人們。

由於原來那台ＧＳ還在等待一些零件進行最後的維修工作，我在這次旅行中騎了一輛不同的摩托車，是一輛更時尚、更有力的ＢＭＷ，名為K1200RS（是我紅色車中的第四輛也是最新的）。由於行李空間有限，我沒有帶露營裝備，除此之外我裝備齊全，只帶了一小桶備用汽油——對這輛摩托車而言更需要，因為它的燃料容量更小而且是更耗油的四缸引擎。

這次仍然像以前一樣，沒有很明確嚴謹的計畫，只是彷彿覺得想重訪紐芬蘭，我也通知了新斯科細亞省哈利法克斯的一些朋友，告知我將在不久的某個時候來拜訪他們。

一週後，經過了連續六天在腦海中給布魯特斯寫信後，終於可以把它寫在紙上。「斯諾里」這個名字指的是第一個出生在北美洲大陸的歐洲人[3]——一個誕生在現在是紐芬蘭省蘭塞奧茲牧草地的維

2 加拿大的首都為渥太華。

京女孩。早在一九九五年九月，布魯特斯和我在我們第一次摩托車旅行中就了解了這一切。

那次旅行，賈姬和喬治亞也加入了我們的行列，她們飛到哈利法克斯，租了一輛車跟著我們在新斯科細亞省的卡博特小徑上走了幾天，風景秀麗。所以，在這裡我也碰到了一些幽靈般的記憶。

一九九九年九月四日
拉布拉多・蘭斯克萊爾　北極光旅館

嗨，斯諾里！

不用說，我希望此刻你在這裡，但我還是要說——我想你，兄弟！而且不用懷疑，你也希望自己此刻是在這裡，或者「任何地方都行，只要不是那裡」，對吧？在過去的六天裡，我一直在腦子裡想著要寫給你的事情，我想是時候把這些想法寫在紙上了。有太多事情要告訴你了，我幾乎不知道從哪裡開始，所以我想就從頭開始吧。那是上週日八月二十九日，我在早上七點左右上路，騎到拉許特，然後沿著一五八號公路向東到貝爾蒂埃鎮，在高速公路上穿過魁北克市到薩格奈河，乘坐擁擠的渡輪過河到泰道沙克，沿著小路經過拜聖保羅（此時這裡正在舉行大型自行車比賽，也很繁忙），再轉向東一邊走一邊查看渡輪時間（過河到聖勞倫斯河的南岸）。

從萊塞斯庫明到特魯瓦皮斯托勒的船還有好幾個小時，但從福里斯特維爾到里莫斯基的船隻只要等兩個小時，所以我決定在此等待，而不是去趕五點三十分左右從科莫灣到馬塔納的船。這是個好主意，因為這艘船標榜為「魁北克最快的渡輪」，船上可吸菸，只要花五十五分鐘就能到對岸，船尾還會噴出兩道像公雞尾巴的水柱。抵達時已經五點了，所以我投宿在里莫斯基的總督酒店，就在河邊——那裡已經有了海的味道。

第二天我繼續繞著加斯佩走，早晨涼爽而多雲，天氣逐漸放晴，但始終不暖和。北邊的風景如畫，正如我記憶中的上一次旅行一樣，但人口更多了，一到城鎮和村莊我不得不放慢速度，小心超越汽車、卡車和房車的車隊。日行七百公里的路程使我有機會好好逛逛新布倫瑞克省的坎貝爾頓這一帶，途中在佛里昂暫停歇息，欣賞附近的燈塔（顯然是加拿大最高的燈塔），當然還有佩爾塞那有個大洞的巨岩。儘管很想在那多做停留但還是繼續前進，因為我已經訂好了二號從北雪梨到巴斯克港的渡輪，而且不知為什麼，我以為八月只有三十天。

這一次我從這種典型的「速克達人渣」的誤判得到了好處，因為當我第二天早上打開氣象頻道看到是三十一日時，我馬上知道我必須做什麼：穿過新的聯邦大橋到愛德華王子島。用你多年前給我的那本書裡的話說（碰巧是關於拉布拉多的）：「我就這麼做了。」

（還有，你相信嗎？坎貝爾頓的豪生酒店竟然客滿：這是我六個月來、騎了六萬公里的旅行

3 據考古學家研究，斯諾里可能誕生於西元一〇〇四至一〇一三年之間。

中唯一一次遇到這種情況——只有一個例外是洛杉磯的日落侯爵酒店，但當時正好有「書展」或什麼的。幸運的是，坎貝爾頓有一家新開的舒適酒店，有可能更好，甚至可能包括隔壁平庸的中國餐館。）

（那家餐廳裡播放了什麼音樂呢？〈童言無忌〉、〈信〉、〈時不我與〉、〈午夜告白〉、〈衝勁〉、〈怪異〉、〈有點麻煩〉、〈狂風〉、〈鑽戒〉——有些會持續在你的安全帽裡繚繞一陣子。）

新布倫瑞克的天氣非常好，陽光明媚，晴朗涼爽，還有這座長橋：確切地說，有十二點九公里長，從那裡，我在愛德華王子島東部繞了一圈，經過了所有的農場和民宿（通常都是農場兼民宿）。我的日記對我們之前的印象做了一個總結：「很漂亮但不會特別令人感到興奮。」儘管我的確住在一個很棒的地方，一個高爾夫度假區的河濱酒店，有舒適的小木屋和一個好的餐廳，在布魯德內爾。

我開始讀索爾．貝婁的《赫索格》[4]已經有幾個月了，因為總有一些其他事耽擱著，在那裡我終於讀完了這本書。這「絕對是一本好書——與《雨王亨德森》[5]如此不同。更深入、更廣泛。」這次旅行中我已經讀了很多書，包括傑克．倫敦的第一本育空故事集《狼之子》；十九世紀杰羅姆創作的喜劇《三人同舟》[6]；我在週日晚上看的電視影集《我背後的風》（其多愁善感的純真吸引了我十四歲女孩的一面！）——改編自馬克斯．布萊斯維特[7]的原著小說；還有我在前往紐芬蘭島的渡輪上看到的《馴鹿之夜》[8]，講述了一九四二年一艘德國潛艇用魚雷攻擊名為「馴鹿」的渡輪。現在我只剩下一本書，華勒斯．史達格納的《狼柳》[9]，之後我可能要真正讀一讀《白鯨記》，這本書我已經「預備」了六個月——以防萬一我因為故障或其他原因被困在某個地方。我今天突然想到，去年這個時候我在阿拉斯加，大概是你在北美的道路上所能到達的最遠的地方。而在那之前的一年，我還在英國。唉。

第二天早上　蘭斯克萊爾

在七天近乎奇蹟般的好天氣之後，晚上下起了雨，今天是帶著灰色的陰天。我只是在這裡等著搭渡輪，想去洛基港，也許明天會在格羅斯莫恩（國家公園）健行。

所以……從布魯德內爾坐渡輪到皮克圖，再前往布雷頓角島，繞過卡博特小徑，就像我們四

4 索爾．貝婁，美國作家，也是一九七六年諾貝爾文學獎得主。《赫索格》是索爾．貝婁最暢銷的一部小說。
5 《雨王亨德森》是索爾．貝婁的一部小說，出版於一九五九年。這本書融合了哲學語言和喜劇歷險，使其成為他最受人歡迎的作品之一。
6 《三人同舟》一八八九年出版，講述一段為期兩週、在泰晤士河上划船度假，從金斯敦到牛津，再返回金斯敦的幽默故事。
7 馬克斯．布萊斯維特是加拿大小說家和非小說類作家。
8 《馴鹿之夜》講述一九四二年德國潛艇將一艘前往紐芬蘭島的渡輪擊沉時，船上所有陌生人形成命運共同體的故事。
9 《狼柳》是華勒斯．史達格納獲得普立茲獎的經典作品，講述了一個人在中年時前往偏遠農村的童年家園的朝聖之旅。

個人在九五年時做的那樣。同樣，天氣很好，也同樣，有太多其他人。

然而，那真的是一次壯觀的騎行，儘管我和我的K12摩托車磨合的狀況還不是很理想，偶而會陷入一些令人緊張的時刻。這當然不是動力的問題（好吧，我喜歡把加油把手轉到很大聲），儘管車子又重又長，不過還是能很靈活的操縱，雖然有幾次腳踏擦到了地面，但是當你俯身過彎的時候，在較低的檔位以高速行駛時，很難得到平穩的油門控制，而且似乎無法像GS一樣，讓我在加速和俯身過彎時達到完美的平衡。

日記中寫道：

> 曾想在凱爾特小屋[10]停下來，但……我不需要回憶，但我確實需要些合成機油和一杯真正的威士忌，不過可能在短時間內都找不到。我也曾想過改變計畫，去哈利法克斯換輪胎，但今天它們看起來情況還可以，所以希望它們能讓我四處轉轉，然後再帶我回到這裡。
>
> 令人驚訝的是，我對過去那些騎行的記憶是如此之深，尤其是今天在卡博特小徑附近，更是讓人心酸。其實，最好不要去想它——因為可能會比它最初出現時，有更深刻的感受。

因此，我及時趕到了雪梨（新斯科細亞）買了油和威士忌，住在那裡漂亮的三角洲旅館，然後在第二天早上——又是一個閃閃發亮的日子，而且一天比一天溫暖——趕上了「馴鹿」號。當我從渡輪上下來時大約是下午六點，我曾想過留在巴斯克港，但我感覺到身體裡的「另一個我」（可能是孤魂騎士本人）蠢蠢欲動，於是決定戴上耳塞繼續前進。

果然，騎行的感覺太好了，一旦擺脫了從渡輪下來的交通，這就是一次可愛的快速騎行。曾有一次時速達到了二百二十公里，還有幾次達到了二百公里；如果道路狀況良好，看起來時速二百五十公里應該是很容易達到的。燦爛的天氣，雲杉連綿起伏的鄉間，快速的轉彎——我猜這輛摩托車的用途就是……快速旅行。

直到第二天早上，當我騎上加拿大橫貫公路離開斯蒂芬維爾時，一輛警車出現在我的後視鏡中，亮起了警示燈，警笛大作。媽的——速限一百公里，而我的速度是一百三十六，他給我測了速——並開了一張罰單。混蛋！現在我漂亮的乾淨紀錄可能會被記點給玷污了，而且每當我在加拿大旅行時，我都要擔心這個問題，而且兩年內都是如此。去死吧，去死吧，去死吧！

但是在沿著維京小徑[11]向大北半島[12]前進時（現在騎車很小心，唉），經過了「那個女人」的家鄉，我騎車繞過幾條街道，在碼頭上停了下來抽一根菸向她致意了一下——無論她在哪裡，無論她的想法和感受是什麼（也許她對我的「工作」已經完成了，如果是這樣的話，阿門）。

明天再來找你，我保證……

10 凱爾特小屋是位於布雷頓角島東北海岸的一家歷史悠久的頂級度假酒店。

後來我回顧了那個場景。我站在小漁村的碼頭上，這個小漁村像藤壺一樣依附在那片嚴酷、貧瘠的海岸上，環顧四周，看著一排排樸素的小房子，岸邊零星安放漁具的棚屋，以及港口裡那些被礁岩劃傷的漁船。我的腦海中浮現出在那種環境下長大的小女孩，將她與我在好萊塢遇到的那個雄心勃勃、堅韌不拔的年輕女子相比較。

從那個漁村到日落大道，無論如何都是一條漫長的路，但是，無論好壞，她已經走過了這段旅程。當提到我自己的性格時，我很高興地說：「我的生活造就了我。」她也是如此。對於一個如此年輕的人來說，她經歷了很多。

我在捕龍蝦的陷阱和防波堤的混凝土塊之間抽了一支菸，在不知不覺中，我開始了解到現實。她不再是「來自那裡」，她不是我想像中的那個人，而我也擺脫了愚蠢的幻想。從那一刻起，我開始意識到，我已經完全擺脫了她。

一九九九年九月五日
洛基港．海景汽車旅館

我回來了，太空人史皮夫[13]——

（正如我在很久以前的那次旅行中對你的稱呼，因為你戴著非常酷的太陽鏡，而且每到一個地方總是忘了帶走）。昨天騎車離開聖安東尼，我一想到那次旅行中我們那些愚蠢的「星際通訊器」就想笑，記得當早上我們要騎車去鵝灣時，你說：「我今天感覺不舒服。」

我這次從聖巴貝到聖安東尼的旅程與那天沒有什麼不同：風像魔鬼一樣地刮著，而且又很冷。到飯店後查看了氣象頻道得知當時氣溫為攝氏八度，風速為每小時四十到五十公里，在你站著不動的情況下，體感溫度為零下一度。

我住在同一個文蘭汽車旅館（歲月不饒人，儘管它正在進行翻新），第二天晚上我本來想住在紅灣——位在拉布拉多那一邊——但四個小木屋全滿了，我甚至想過退而求其次地在兩家民宿中挑一家住，但沒有。在全新的遊客中心走了一圈後，我沿著那條很棒的路回到了蘭斯克萊爾（我想那天早上我們可能是太冷了，而沒能體會到那是一條多麼棒的路）。

我注意到海峽兩岸的許多房子看起來都很新：各式各樣預先設計製造的明亮牆板，加上許多別出心裁的裝飾——像是花園小矮人、車籃裡裝滿了花的舊單車（也有人把花放在廢棄不用的發

11 維京小徑是坐落在大北半島、全長五百餘公里的景觀公路而非步道。因徑內有被聯合國列為世界遺產的維京人遺址「蘭塞奧茲牧草地」而得名。

12 大北半島是加拿大紐芬蘭島最大、最長的半島，長約二百七十公里，最寬處九十公里，面積一七四八三平方公里。

13 太空人史皮夫出自美國卡通漫畫家比爾．華特生所繪製的連環漫畫《凱文與虎伯》，其中小男孩凱文幻想自己是一位太空探險家，經常與外星人進行戰鬥。

動機、木製拖車、雪橇和手推車上〉、旗子，還有長椅上擺著兩個一黑一白的石膏小男孩。

還有幾所已經廢棄的學校，其中一所被改建為「老人的家」：既諷刺又反應現實。〔因為紐芬蘭的許多年輕人為了尋找工作而離開，在其他地方養家糊口，所以這裡只剩下老人了。〕

明天，我打算嘗試爬上格羅斯莫恩，然後可能會去福戈島，從那裡進入聖約翰斯待上兩天。我看看是否能在阿根廷渡輪上訂到個艙位，如果不能，那我可能就騎車回到巴斯克港。

然後是哈利法克斯——和……？我不知道，但到時候就知道了。

我想明天把這封信寄出去，我可能有機會在你收到這封信之前，在聖約翰斯和你聊聊，所以這封信就到此為止了。

即將離開下東部[14]往南的——

船長

一九九九年九月七日

福戈島．汽車旅館

喲，布魯茲[15]！

〔在信中使用的所有稱呼都是鮮為人知的紐芬蘭食物。〕

我當然知道昨晚剛從洛基港給你寄了一封信，但天啊！我還能從這種地方給誰寫信？畢竟，五年前我們不是打算從洛基港騎到福戈島嗎？直到我們終於意識到你已經離開了，而且把一切都搞砸了（一次又一次）。

我從洛基港沿著維京小徑舒服地騎了一圈，我開始思考華勒斯．史達格納，他描述了他童年的折磨，然後成長為一個偉大的作家（《狼柳》就是這樣的一本好書），然而……現在他死了。你知道，現實影響了我對任何人做「善事」並實現「永生」的想法。像是，那樣做有什麼好處？反正你已經死了。

我想這就是憤世嫉俗吧——就像保羅．索魯[16]對憤世嫉俗者的定義是：一個失望的理想主義者。好吧，那就是我。

在我思考所有這些沉重的東西時，「隱形人」〔蓋亞最喜歡的男孩樂團「98度」的歌曲〕正在我的腦海中播放（一個小腦袋有時能同時處理這麼多事，真令人吃驚），我馳騁在那條偉大的路上，迷失在這一切之中。

14 下東部是加拿大大西洋地區濱海省分的另一種說法。
15 布魯茲是紐芬蘭的一種混合鹹鱈魚和泡過肉湯或牛奶的麵包的傳統食物。

這就是成為孤魂騎士的理由。

所以當我發現自己中午十二點時就已在聖母交叉口，除了「繞一圈」〔出自紐芬蘭的一首民謠〈我是那個男孩〉[17]，歌詞中有一句，「福戈島、特維林蓋特、莫頓港，繞一圈」〕，我還能做什麼呢？於是我就出發了，向北到特維林蓋特，把摩托車停在共濟會教堂（建於一九〇六年）前拍了一張照片，然後轉身前往莫頓港，在博物館前拍了一張照片，然後飛奔到再會港，趕上了前往福戈島的渡輪（「再會福戈」，很酷）。

當然，這時開始下起了大雨，我們在看起來很孤獨的改變島短暫停留，然後向福戈島駛去。今早出發前，我查看了紐芬蘭旅遊指南中的住宿信息，決定選擇「安靜火砲旅館」或跟它名字一樣安靜的地方。等著瞧吧……

雨中的安靜火砲旅館在渡口旁邊，就像一個雜草叢生的軍營，有餐廳和「會客室」，所以我繼續向福戈鎮騎行，想像著這個沿著港口的古樸的新英格蘭風格村莊有一個可愛的小汽車旅館（哈！），也許還有一個可以瀏覽的書店。

結果看到了佇立在雨中的福戈島汽車旅館（位在通往「喬巴特胳臂」的道路交叉口），前不著村後不著店，看起來……同樣不受人喜歡。在傾盆大雨中凍得瑟瑟發抖，我打開霧燈，繼續向鎮上騎行。

也許換做別的日子這個小鎮可能是相當美麗的，有幾座維多利亞式的老房子和三座教堂，擠在一個半月形的海灣周圍，那裡意外地樹木繁盛，長滿了雲杉、香杉和落葉松，卻止步於暴露在強風和鹽霧吹拂的荒蕪岬角。我有沒有提到當時正在下雨?下很大。

所以，我繞著小鎮轉了一圈，在郵局前拍了一張照片，完成了「繞一圈」的套裝行程，然後收起我的幻想，回到了喬巴特胳臂的十字路口，還有這個地方。

事實證明，這裡地方乾淨、人員友善、東西便宜（至少是合理的，五十五美元一晚），吃了一頓蠻像樣的晚餐，「自製」火雞蔬菜湯（嗯，我敢說他們在廚房裡開了罐頭！）和鯰魚配馬鈴薯泥，還有一杯美味的白葡萄酒。

說到吃飯，我忘了告訴你，我又去了聖安東尼的燈塔員咖啡館，仍然是很棒的地方。在遠處白皚皚的海面上，幾座冰山飄過，我大快朵頤地吃著海鮮湯和清蒸雪蟹。上次和你在一起的時候，我第一次嘗到了烤蘋果百匯；這次我吃到了蔓虎刺莓；第二天晚上在蘭斯克萊爾吃到了蔓虎刺莓和冰淇淋，最後兩個晚上在洛基港吃到了蔓虎刺莓派。我都很喜歡。

我還想告訴你在蘭斯克萊爾的「漁夫拼盤」，有蝦、鮭魚、比目魚、煙燻柳葉魚、干貝和鱈魚舌[18]（有點軟爛）。

16 保羅．索魯，美國旅行作家和小說家。

17 I'se The B'y是紐芬蘭的地方英語方言，翻成正式英語是I'm the Boy。

但我最難忘的回憶是在格羅斯莫恩遊客中心。我不知道你是否還記得，但我永遠不會忘記那天走回摩托車上，告訴你我感覺有多麼好、多麼快樂，有多麼充實、簡單的生活，多麼有存在感和完整。啊，我們還會有這種感覺嗎？

可能很長一段時間不會再有了。

總之，昨天我爬到了格羅斯莫恩的山頂。至少，我在上面拍了一張照片。一路上都在下雨，而且大霧彌漫，我只能看到周圍十五公尺以內的地方，但這仍然是一次很好的徒步旅行，也因為沒有被美妙的風景「分心」，我在四個半小時內完成了十六公里的攀登，而根據導覽手冊上的介紹，這趟行程至少要花七到八個小時。

然後我回到遊客中心看了一場幻燈片簡介，裡面有我想看的所有東西，並把我濕漉漉泥濘的衣服拿到洛基港的自助洗衣店去洗，然後在「漁人靠岸」餐廳點了炸鱈魚當晚餐。

現在，我到了福戈，天已經黑了，大雨還持續的下著，儘管空氣聞起來確實很棒。為什麼大西洋沿岸似乎總是比太平洋沿岸聞起來更有「海洋氣息」、更濃郁、更芬芳、更鹹、更有「出海口」的味道？是潮汐的緣故嗎？還是海洋生物的關係？

總之，渡輪航班時間是在明天早上七點，所以我得在五點半起床並前往聖約翰斯。有幾條不同的風景路線可以選擇，到時候再依天氣狀況決定，然後我想我會再與你連絡。

回頭見了……

一九九九年九月八日
聖約翰斯．紐芬蘭酒店

嘿，鹹豬油渣！[19]

滂沱大雨下了大半夜，終於在多雲的黎明前放晴了，當時我正將行李裝上車，準備騎往渡輪口。我繞了很遠的路，穿過馬斯格雷夫港和韋斯利維爾，這是一次很愉快的騎行，大部分時間都是沿著大海，太陽偶爾從不同高度的三層雲層中探出頭來。

直到我到了甘博，即將上橫貫公路時才找到適合吃早餐的地方，因此在渡輪上我只能吃些咖啡和鬆餅。接下來的路程相當漂亮，雖然天氣有點……變化無常。先是寒冷，過一會又變暖和，時而下著小雨，接著又是晴天，就在我掙扎著脫下雨具的時候，又來一陣滂沱大雨，我不得不再一次躲到高架橋下換裝。

我在一點左右來到聖約翰斯，所以我騎到了斯必爾角〔北美最東端〕。天啊，我真不敢相

18 鱈魚舌是鱈魚舌頭下面那塊將舌頭和下顎連接在一起且肉質肥厚的三角形肌肉，形成一個Y字形。

19 鹹豬油渣是加拿大紐芬蘭省的傳統菜餚，由酥脆、油炸、一口大小的肥豬肉加鹹豬皮組成。

信，幾年前我就這麼輕快地騎著自行車到這裡；那是一個非常陡的坡。

我剛剛和洛杉磯的安德魯通了電話，他告訴我「那個女人」最近一直想找我，她已經回到了洛杉磯，要安德魯把她的新電話號碼給我。好吧，我們再看看。他還發了一張他一直跟我提到的攝影助理的拍立得照片，她年輕、漂亮、聰明，而且「非常想見見你」。是的，對老埃爾伍德來說，這是一場不間斷的美女狂歡……

〔後來〕現在我在酒店的卡博特俱樂部餐廳，可以看到港口和狹灣的景色，天黑時海岸亮了起來，倒映在靜止的水面上。而且，哦，老兄——如果告訴你我剛剛吃過的那頓飯，對你很不公平，但我只能說，到目前為止在我所去過的所有地方，以及我為來到這裡所經歷的一切之後，「這一切都值得了」。

你會同意對吧？

明天我有很多「雜事和補給」之類的事情要做，像是去郵局、書店（買一些新書來讀，雖然我剛買了雷．蓋伊[20]的新書），預訂去新斯科細亞的渡船（星期六最後一班阿根廷渡輪沒有艙位，所以看來要回到位在島另一邊的巴斯克港了），找出我那張該死的超速罰單，確定金額，把它給付掉，以及到藥店等等諸如之類的事。

剛才我在鎮上快速走了一圈，外面很暖和，偶爾有稀稀落落的雨滴，即使在這個星期三晚上，街道上也可以感覺到人氣。很樂於見到此——即使我不屬於其中的一部分。

當我走下法院的台階時，我不得不苦笑，想起你的「自殺未遂」的故事，以及你可憐、不幸的獄友——當你逃出監獄時，你打算帶上他（這是布魯特斯虛度青春的諸多搞笑故事中的一個，說他年輕時不務正業，當時他……嗯，我最好讓他哪天自己親自來講這個故事）。

老兄，你仍然在我最喜歡的人中排第一，即使你看似不在這裡，但又是那麼實際的在我身邊。你說是嗎？

這封信就到此結束，打算明天把它寄出去。泰瑞．威廉斯告訴我他那裡有一封你寄給我的信，所以我到他那裡之後，會再寫信給你。或者，在那之前就寫給你。

你對我感到厭煩了嗎，我的小雲莓？

你最忠實的鱈魚舌

我在聖約翰花了一天時間處理一些事情，比如去郵局，預訂從紐芬蘭到新斯科細亞的渡輪，在舊書店逛逛買書，參觀博物館，以及打電話詢問我的超速罰單（得知身為一個「外國人」，我只需要支付七十五美元的罰款，也沒扣分，讓我鬆了一口氣）。

20 雷．蓋伊是一位紐芬蘭記者和幽默散文家，以在報章雜誌發表諷刺性專欄而聞名。

現在我較有把握預測我到達哈利法克斯的時間了，我給泰瑞．威廉斯打電話，讓他知道這件事。由於我打的是他的手機，當電話被接聽時，我說（模仿電台主持人的口吻）：「聖約翰斯棒極了！」一個陌生的聲音說：「我確定是……我去叫我爸來聽。」

那是泰瑞十八歲的兒子亞倫，他的敏捷反應讓我笑了出來。聰明的孩子。

我的朋友安德魯一直不遺餘力地在努力照顧我（甚至從洛杉磯遠道而來）。他要我打電話給他在那裡一起工作的一位朋友——來自大大海樂團的艾倫．道爾[21]——的妻子。。當晚艾倫和他的妻子喬安妮、他的弟弟伯尼和弟媳麗莎一起和我在一家義大利餐廳吃晚飯，和大多數紐芬蘭人一樣，對他們最好的形容就是「可愛的人」。

然後再長途跋涉穿越紐芬蘭，這次我決定一直走加拿大橫貫公路，在漫長而開闊的公路上我想再一次放任K12奔馳，直到我收到另一張罰單，跟我才剛付完罰款的那張罰單是在同一路段上。然而這一次我知道罰款不多，也就沒那麼在意了。

搭乘渡輪前往新斯科細亞省總是讓人愉悅，這次一樣在平順的旅程中到達雪梨後，我騎車前往哈利法克斯，將我的摩托車停在泰瑞停滿英國MG車的車庫裡。我二十初頭就在安大略的聖凱瑟琳認識了泰瑞，當時我們都開著MG的跑車，他是當地電台的一名DJ。雖然現在不再是「躲在麥克風後面的人」，但泰瑞仍然從事廣播事業，他和他的家人從聖凱瑟琳到漢密爾頓，到金斯敦，到哈利法克斯，到薩德伯里，到溫尼伯，到多倫多，然後再次回到哈利法克斯。幸運的是，他們都喜歡那裡。

我認識泰瑞的妻子克莉絲汀的時間幾乎和泰瑞一樣久；她是一個活潑、精力充沛的女人，和泰瑞一樣熱情洋溢、充滿幽默感。亞倫很聰明也很有禮貌（特別是對於一個十八歲的孩子來說），他的哥哥查克是這個家庭的另一個寶。他出生時患有唐氏症，性格溫順且喜歡與人親近。由於他和我是家裡起的最早的人，我們經常一起坐在早餐桌上，在舒適、友好的沉默中分享著早餐麥片。在這樣的幾個早晨之後，有一天他說：「尼爾，我今天在學校一整天都會想你。」這句話讓我的心都融了。

九月十二日，我偷偷渡過了我的四十七歲生日，直到第二天才告訴威廉姆斯夫婦，為了平息他們的驚愕，我解釋說我不想驚動他們，我用自己的方式慶祝（買了兩盒我最喜歡的綜合夾心巧克力糖果，一邊配著威士忌吃，一邊看書，這是我喜歡的派對）。不過他們可是不買單，第二天晚上他們買了個蛋糕，還幫我唱了生日快樂歌。

那天我收到了另一份禮物——一個來自安德魯的聯邦快遞信封，裡面附了兩張一直在幫他工作的攝影助理嘉莉的拍立得照片。就在我離開家之前，他就已告訴我關於她的事，並且希望我能馬上到洛杉磯去見她。但是，由於剛剛結束了一次不愉快的戀愛經歷，我對探索另一次戀愛沒有多大興趣，所以我只是告訴他等我到了那裡「我們再看看」（不過，拍立得照片裡的她確實很漂亮，長長的黑髮，苗條的身材，性感的微笑）。

21　大大海樂團是來自加拿大紐芬蘭和拉布拉多民謠搖滾樂隊，以對傳統的紐芬蘭民謠進行充滿活力的搖滾演繹而聞名，艾倫．道爾是主唱。

我的K12進了當地的維修廠，換了新輪胎，並進行了一萬公里的檢查保養，泰瑞開車載我去做些補給採買跟辦些雜事——包括買了一雙新的樂步鞋作為我徒步旅行和晚餐的兩用鞋，因為對於後者，我的舊鞋已經開始變得相當不體面了（我曾經讀到過，餐廳服務生會根據鞋子對客人評頭論足）。我還預訂了從新斯科細亞省雅茅斯到緬因州波特蘭的渡輪。我決定繼續前往紐約市，然後騎車回家換摩托車，再繼續向西騎行。公路仍然是孤魂騎士最好的去處。

與威廉姆斯夫婦愉快的相處了幾天後，我離開了他們家，騎著剛清洗和維修過的K12進入哈利法克斯市中心，到萊斯利．喬伊斯任教的大學去找他（他是位多產的作家、詩人、教師、出版商、電視記者——他是一位勤奮的作家）。當天下午，我騎車去了他在勞倫斯敦海灘的家（他幾乎每天都在那裡衝浪——他曾經是加拿大的衝浪冠軍），見到了他的妻子特麗，並參觀了他們那棟有兩百年歷史的農舍，萊斯利還在上面加蓋了一些令人印象深刻的設施。他是一位文藝復興時期的衝浪詩人。

他們的客房是後院裡的一個小型拖車式房屋，在享用過豐盛的晚餐、美妙的音樂以及與萊斯利的談話之後（他對我與書的「特別關係」做了一個有趣的評論——「你把它們帶入你的生活」），在大雨敲擊著鐵皮屋頂聲中，我享受當個「拖車廢物」[22]度過了一晚。

隔天一早，我踏上了前往雅茅斯渡口的短途旅程，然後開始給布魯特斯寫信。

一九九九年九月十七日
新斯科細亞・雅茅斯

嘿，大格洛克納山[23]——

是的，弗洛伊德（颶風）已經決定我應該在這個鎮上待上一段時間。由於風浪太大，我的渡輪被取消了（如果你問我怎麼想，我覺得他們是一群懦夫！），所以我一直在外面找房子，看看有哪些工作，並詢問二手皮卡車的價錢。

即使以約翰・埃爾伍德的嚴格標準來衡量，這也是一個很不錯的小鎮（他是我們當中處理這方面事情的人；孤魂騎士只負責騎車，埃爾伍德大廚只會做飯，埃爾伍德本人只會開派對，而十四歲的蓋亞只對青少年音樂和愛情有興趣）。我們有像樣的旅館（貝斯特偉斯特「美人魚」酒店）、餐廳（凱莉船長）、博物館（正如你所預料的，主要是有關航海方面的東西，蓋亞被一張照片感動得淚流滿面，那是一隻坐在燒毀的房子前的狗，牠曾試圖把昏迷的主人從床上拖下來，但沒有成功，八小時後，牠仍然坐在曾經生活過的廢墟前。我們知道那隻狗的感受，你說是不

22 「拖車廢物」是指住在拖車式活動房屋裡、地位低下的貧困白人，是種侮辱性的說法。

23 大格洛克納山是奧地利的最高峰，海拔高度為三七九八米，也是奧地利最著名的地標之一。作者曾騎自行車從德國慕尼黑出發，跨越大格洛克納山，騎到土耳其伊斯坦堡。

是？）、酒類商店和郵局（這兩個地方我們今天都不需要，但它們必須存在，對吧？）

很明顯的，你會注意到我新的信箋：相當薄，而且有點小，自從一九八八年以來，在旅行中我一直習慣使用相同的希爾羅伊生產的信紙寫信，但由於技術變革的明顯原因，你再也買不到這樣的東西了。重點是它有個封套，放在自行車或摩托車馬鞍袋裡的信箋不會折損。但你可以想像在過去幾年的旅行中，它已經有點磨損了，而且由於它（和你）經常是我在高檔一點的餐館吃飯時的客人，所以……就變得有點過時了。

K12也被打理的煥然一新，做了一萬公里的保養，也換了新輪胎和新的前輪框（都是聖安東尼燈塔員咖啡館附近的一個路面坑洞害的，撞上時，我的時速大約五十公里），花了八百美元。我覺得自己和這輛車的磨合越來越好了——我喜歡它——並且希望在向西旅行時騎著它上路。但是，當然GS仍然是我的「唯一」，我懷念它的行李容量、油箱容量、全天候的舒適性，以及能夠攜帶我的露營裝備——之前在紅灣就是一個很好的例子。但即使在這裡，我第一個打電話的地方也被訂滿了，如果不是飯店經理和我昨晚決定先預訂兩晚的房間（以防萬一），今晚我可能會遇到麻煩，有四班次的渡輪（今天和明天從這裡出發去波特蘭和巴爾港的乘客擠在這裡）。然而在行駛了一萬兩千公里之後，似乎我和K12終於能理解對方。即使是微妙的油門反應也似乎正變得順手，雖然我可能還需要再走一段緊湊的路來測試——比如卡博特小徑——才能確定（也許在從紐約騎回魁北克的路上）。但毫無疑問，可能我威脅要把它換成新的R1150GS也是一個因素。

到目前為止，事實證明弗洛伊德沒有預期的那麼誇張（或者說我希望的那麼誇張；我想如果我的渡輪被取消，我至少應該從颶風中得到一些刺激，也做好了最壞的打算：床頭櫃上準備好了手電筒和菸）。然而在這裡只下著小雨，風勢也不大，根據氣象網的報導，紐約的媒體稱颶風為「虎頭蛇尾的弗洛伊德」。

我一天大部分時間都在閱讀提姆．歐布萊恩[24]的《戀愛中的湯姆貓》[25]，這本書很不錯，與他的其他作品如此不同，既有趣又諷刺，就像納博科夫[26]的一些作品，使用了「不可靠的敘述者」[27]的寫作技法。

今天上午我讀完了大衛．古特森的《愛在冰雪紛飛時》[28]，也很不錯，連同我那凹陷的輪框，我把它留給了泰瑞，請他幫我寄回家（八百美元的壁掛？），我也留下了派翠克．奧弗拉赫提[29]的兩本故事集、一本雷．蓋伊的書，以及《狼柳》。現在我又帶了一本史達格納的《旁觀

24 提姆．歐布萊恩，美國著名小說家，主要以撰寫與越南戰爭有關的戰爭小說而知名。
25 《戀愛中的湯姆貓》以第一人稱講述一個好色的語言學教授，很在意如何正確地使用英語而發生的一連串故事。
26 弗拉基米爾．納博科夫是俄裔美籍作家，以用英文寫成的小說《洛麗塔》聞名於世。
27 不可靠的敘事者是指在文學、電影、戲劇等作品中，可信度受到質疑的敘事者。在作品中，敘事者的不可靠性可能不會立刻顯現，而是會在故事中途或結局揭露一些線索，表示這個故事的敘事者是不可靠的，並促使閱聽者重新思考先前所接收的故事內容是否真實可靠。
28 《愛在冰雪紛飛時》是美國作家大衛．古特森創作的長篇小說，於一九九四年出版。古特森還是教師時，用每天清晨的一段時間，花費十年寫成這本書。由於小說的成功，他辭掉了工作並開始全職寫作。
29 派翠克．奧弗拉赫提是出生於加拿大紐芬蘭和拉布拉多省的作家。

鳥》[30]，以及索爾．貝婁的《阿奇正傳》[31]，所以我還有一些書要讀。不管怎麼說，我最好在此停筆，把信寄出去。

孤魂騎士

到頭來，那個渡口成了一場鬧劇，不能說是噩夢，但也不是什麼奇遇，只是令人討厭而已。第二天，渡輪晚了大約八個小時才抵達，而且已經擠滿了週末去賭博而返航的乘客——由於渡輪延誤了一天，所以允許他們上船——加上預訂了同樣船艙的我們所有人。

在船上的酒吧裡舉行的一場擁擠而不愉快的會議後，人們按優先順序被分配到剩下的幾個艙位，從殘疾人到家庭，再到情侶，而那些獨自旅行的人則被擠到遠在甲板下的四人間小艙裡。我和一個喝的醉醺醺的派對男孩阿爾以及一個巴士司機喬住在一起，但當我那天晚上回到艙房時（在排隊等了幾個小時的晚餐後，又在甲板上徘徊了一段時間），阿爾在上鋪睡覺，喬不見人影。當我早上見到喬時，他告訴我昨晚阿爾踉踉蹌蹌地走了進來，隨即吐了出來便昏睡過去，然後開始打鼾，所以他在自己的車上過了一夜。

在等待下船時，我與一位來自新罕布什爾州的摩托車騎士交談，當我告訴他我要去紐約「感受一下文化」時，他聞言說：「我不知道你在紐約能找到多少文化！」

我從波特蘭的海關和移民局的女官員那裡得到了完全相同的回答，一字不差。然後她問我：「你有沒有被逮捕過？」

「沒有。」

「你是否曾因任何原因而按過指紋？」

「沒有。」

「你曾經參加過武裝部隊嗎？」

「嗯，沒有。」

然後她問了一個最奇怪的問題：「你有回程票嗎？」

我只是指了指摩托車，她皺著眉頭，揮手讓我離開。

出發之後，一路穿過緬因州、新罕布什爾州、佛蒙特州、馬薩諸塞州、紐約州，以及紐澤西州的一角（一個下午走過六個州——都在東部），然後我就來到了紐約市的繁華街道。

座落在中央公園南邊的一家酒店，可以俯瞰整個公園和曼哈頓摩天大樓夾出來的「峽谷牆」，在一個陽光燦爛的九月早晨在湖上划船，在雨天中的傘海中走過那些熱鬧的曼哈頓街道，參觀了現代藝

30 《旁觀鳥》是華勒斯．史達格納於一九七六年出版的小說，隔年它獲得了美國國家小說圖書獎。

31 《阿奇正傳》描述一個溫和但無目標的芝加哥青年，本人沒有什麼道德觀念，一直被環境所左右，但他對於人性卻有廣泛的興趣。

術博物館和大都會博物館（引發了一些沉睡已久、對偉大藝術有著類似「宗教情懷」的反應），與製作和導演我的打鼓影片的兩位朋友——羅伯和保羅——一起度過一晚（包括參加保羅．麥卡尼[32]的專輯發行派對，是這晚最奇怪的插曲），以及與我的作家朋友馬克．里布林一起度過了兩個促膝長談的夜晚——這包括強迫他順從他的女朋友敏迪和我的喜好，去欣賞音樂劇《芝加哥》。馬克的日耳曼人靈魂裡，在某種程度上缺乏你可稱之為「輕浮」的東西，對於這個全是載歌載舞、不算是很正經的娛樂表演不是很能接受，我發現自己只要想到他坐在那裡就會忍不住笑了起來。然而，這是一個有趣的小插曲，馬克似乎很優雅地忍受著它，即使不是很樂意。

在保羅．麥卡尼的派對上，我有一個尷尬的時刻——我一直很怕的那種——有人認出我並想要我的簽名。他彬彬有禮，談吐得體，也許是個記者（他說：「我沒想到會在這裡見到你。」我能理解），但幾分鐘後再次發生這種情況時，我開始感到緊張和不舒服，於是趕緊離開那裡。

在我的孤魂騎士旅行中，我只被認出過幾次，這讓我鬆了一口氣，但當然我經常「保持警戒」，特別是當我看到有人盯著我瞧時。「約翰．泰勒」的信用卡已經幫我擋掉了我真名的「高知名度」所帶來的困擾。事實上，我的名字比我的臉更有知名度——這也許是作為「鼓手」經常隱藏在舞台（或攝影機）後面的結果吧。

我在紐約的第一個晚上，馬克．里布林和我去了中央車站的餐廳，坐在很大的方形酒吧裡，面對著巨大的大廳和點點星光裝飾的車站穹頂。我看到另一邊的食客在和酒保說話，酒保走過來問：「你們中有人是鼓手嗎？」我當下否認了，後來看到他仔細研究我的信用卡，然後對另一邊的食客搖了搖頭，我自己都覺得好笑。

儘管當了二十多年小有名氣的名人，但我從來沒有對這樣的遭遇感到舒服過，尤其是現在，在我的私人生活中發生了可怕的事情之後，這種情況更是比往常糟糕兩倍。不管我是誰，現在的我絕對不是那些人認為他們知道的那個人。

我在日記中寫著：「這些天來，我比以往任何時候都更不安——我不是『那個人』。」

扮演這個虛幻的角色，
沒有表演能力，
也沒有足夠的機智，
一個人必須架起籓籬來保護自己。

〈聚光燈〉，一九八〇年[33]

32 保羅．麥卡尼是前披頭四成員之一。

33 匆促樂團一九八一年發行的《移動照片》專輯中曲目〈聚光燈〉的歌詞摘錄。原文：Cast in this unlikely role / Ill-equipped to act With insufficient tact / One must put up barriers / To keep oneself intact。

第十五章

乘風而行

在十級風中飛揚和墜落，
我們扭轉世界，
乘風而行。

〈十級風〉，一九八七年[1]

1 **匆促樂團《別開火》專輯中曲目〈十級風〉的歌詞摘錄。原文：**Rising, falling at Force Ten / We twist the world and ride the wind。

剛過六點，在黎明前的黑暗中，我將行李裝載上K12，騎車穿過中央公園來到亨利．哈德森公園路，然後上到喬治．華盛頓大橋。在過橋的路上，我偷偷地回頭看了一眼曼哈頓上空的黎明薄霧，這個景象總是令人印象深刻。沿著帕利塞茲公園路騎行，我看著河對岸，在修整過的鐵杉、松樹和硬木的深綠色牆壁之間，紅色太陽俯照著煙霧中的公寓和倉庫。

紐約州高速公路一把我帶出城郊，我就從一個出口進入橫跨卡茨基爾的雙線高速公路，然後轉向北面的三十號公路，這條公路一路蜿蜒穿過阿第倫達克山脈，到達魁北克邊境。陽光明媚，涼爽宜人，車輛很少，在這條近乎完美的道路上，流暢的彎道穿過山脈、森林和湖泊。又是我的靈魂風景。

然而當我越過邊界進入加拿大時，雨就來了，其程度既是「弗洛伊德式」[2]的也是聖經式的。在從哈德遜到奧卡的小渡輪上（這是我在東部地區的第十次渡輪），我被這場無情的大雨狠逮，不得不戴著頭盔、穿著半截雨衣，背對著從天而降的巨大雨滴，渾身濕透地看著所有在車裡溫暖乾燥的人們，直到抵達另一邊我才能穿上另外一半的雨衣。

到達湖畔小屋時，我全身濕透，筋疲力盡，而且冷到麻木。不過，只有最後兩個小時的旅程是悲慘的，前八個小時幾乎完美。

（反正這是對我生活的一種隱喻。）

2 源於搖滾樂團平克佛洛伊德。用以形容比奇怪更強烈的、離奇的、且發人深省的。

我在另一個黎明前的薄霧中醒來，這次是從湖面上蒸騰起來的、伴隨著明亮的日出，黃澄澄的、透過樹木閃閃發光，彷彿披上了初秋的光輝衣裳。當我走到外面料峭的寒意中，呼吸著那空氣，我對它嘗起來的滋味感到新鮮驚奇。

我不禁想，「我為什麼要去別的地方？」

但我知道為什麼，我在那裡的短暫停留只是為了換車，就像驛馬快信騎士一樣。我仍然需要移動，我仍然需要離開那個房子一段時間。三天後，我裝載了GS再次上路，不知道要走多久，也不知道要走多遠。我唯一的計畫是向西去溫哥華，再次拜訪丹尼、珍妮特和馬克斯——以及我六月出生的新侄子尼克。其餘的事情我將在路上決定。「總會有轉機出現的。」

像往常一樣，我把旅途中的故事都說給我的朋友布魯特斯聽……

一九九九年十月一日
明尼蘇達州・索克中心

肉腳布魯特——

是的，這就是我們還沒有討論過的你未來的一種可能性：職業摔跤怎麼樣？你可能要「增重」一點（就像阿ㄆㄧˇㄚ的「增重四千」[3]），但如果有一個好的經紀人（像我）和一個好的炒作

（「從蕭條時期到大時代」怎麼樣？），你就可以有所作為了，兄弟。也不知道它將把你帶向何方？想想明尼蘇達州的州長傑西．文圖拉[4]，他的觀點現在被馬克．里布林之類的人引用。兄弟，你必須承認，你的前途是如此光明，不必戴墨鏡。只要穿上披風就可以了……

而我在過去的四天裡一路上都穿著雨衣，雨勢沒有任何稍緩的跡象。我現在像「發瘋」似的向南邊騎，試圖躲避那股穿越大草原和達科他州的嚴峻冷鋒；當我再次覺得溫暖之前，我應該已經在奧克拉荷馬州了。我沿著我們討論過的那條不錯的路線出發，在渥太華河的魁北克一側，到一四八號公路的終點火柴島[5]，然後穿過安大略省，進入大雨之中。我沒有選擇住在北灣，而是住在湖邊的一個優美的地方，在丘吉爾餐廳享受了一頓美味的餐點（牛排是他們的招牌，即使像你這樣愛吃蔬菜的人也會喜歡）。

那天晚上又下起了極大的暴雷雨，第二天早上又來了一場，但在我騎車離開北灣時，大理石般的灰色天空和一縷短暫的陽光給了我堅持走「風景路線」的勇氣，我向北走到了特馬格米。真是錯了。

大雨、卡車、建築、泥濘和寒冷。我蜷縮在一個高爾夫球練習場滴水的屋簷下抽菸，想著：

3 影集南方公園中人物阿ㄆㄧㄚˇ曾過度進食的健身食品「增重四千」。
4 傑西．文圖拉，原為職業摔角手，在一九九九年至二〇〇三年擔任明尼蘇達州州長。
5 是在魁北克省的一個地區，主要是由幾座小島組成，而這公路的終點靠近火柴島。

「我為什麼不留在家裡，那裡溫暖又乾燥，可以寫一本書或寫點別的？」你知道，我可以想像，那是一幅可愛的畫面。但答案仍然是，「閉嘴，重新上路。」

於是我又上路了。經過蒂明斯[6]的金礦塔、仙妮亞．唐恩[7]大道（天啊！），還有佩吉的家鄉南波卡平（她為雷和樂團工作了很久，一直支持我們，尤其是賈姬），很久以前曾在那兒的高中演出過，然後進入孤獨、被雨水沖刷的黃綠相間的樹林，穿過沙普洛，一路直到古老美好的瓦瓦。這是那天晚上的日記：

天氣預報顯示整個大草原溫度都在零下，而我感到……迷茫。淚流滿面，不知所措。不知道該去哪裡，也不知道該做什麼。閱讀再一次撫慰了我，把我帶到了阿奇的問題上（索爾．貝婁的《阿奇正傳》）。但我仍然迷茫。

然而，第二天我繼續騎行。繞著蘇必略湖，穿過雨水、卡車、路面工事、泥漿和寒冷。在陣雨之間瞥見了燦爛的風景，甚至有幾縷刺眼的陽光穿過雷霆灣，然後雲層再次變暗，大雨傾盆而至。

出於異想天開的原因（最終是錯誤的），我一心想到弗朗西斯堡，甚至到多雨河，但是到了阿提科坎，這份心就累了，渾身又濕又冷，我選擇了白獺旅館住了下來，同時住在那裡的還有一群水電和建築工人。氣象播報讓我那顆愚蠢的心認知到向西行的錯誤，今天早上氣溫為攝氏三度，還繼續下著雨，我終於認清了現實。儘管沿著那條荒廢的雙線道前往多雨湖（這名字今天聽起來很貼切），有可能是一段美麗而愉快的旅程，但當我們到達弗朗西斯堡的紙漿廠，那蒸汽、煙霧和惡臭簡直如地獄一般。我穿過了國際瀑布城（根據天氣報告，這裡是美國最冷的地方，與緬因州的卡里布有著同等的殊榮，而後者今天肯定比較暖和！），一路向南，沿著七十一號公路前進。

天氣越來越冷，我看見明尼蘇達州瓦德納的一個溫度標示牌上顯示，下午二點時的溫度是攝氏五度。「永遠樂觀先生」出其不意現身並在日記寫下光明的一面：「草原農田邊緣的赤松，湖泊和河流，一對白頭鷹，跟我反方向的車輛（週末獵人），雨勢漸小，而且——沒有蟲子！」〔意思是它們都死在我的面罩上了。〕我對這種無望的樂觀感到好笑。

（順便說一下，我在氣象頻道上看到一則報導，說秋天樹葉的顏色是由太陽照射的角度所觸發的，而不是因為寒冷或霜凍，這證實了我的想法。顯然，對太陽角度的一些反應會停止光合作用，切斷葉綠素。關鍵的事實是，當地的氣候只影響顏色的持續時間——無論風和雨是否將葉子

76 蒂明斯是加拿大著名的金礦產區。

77 仙妮亞．唐恩成長於蒂明斯，是加拿大歌手和詞曲作家，在鄉村音樂和流行音樂方面非常成功。

打落）。

每年的這個時候喚起了我許多回憶，遠的不說，最近的一次是九六年匆促巡演開始的時候：密西根州、威斯康辛州，對，還有明尼蘇達州（今天我看到一個汽車保險槓貼紙上面寫著「我們的州長可以打敗你們的州長」）；以及騎車到明尼阿波利斯，然後從那裡到「五城」[8]，甚至騎車穿越邊境，我的腳彎成內八字來吸收排氣管的熱氣以取暖。

我今天更是這麼做了，同時穿著全套的防寒雨衣、頭巾、襪襯，所有的加熱系統都開到最大，就和其他時候一樣。但這些都遠遠不夠，因為在騎行時迎面襲來的寒風彷彿有零下九十度那麼冷（我甚至不必說「你同意吧？」，你一定知道我在說什麼）。

下午晚些時候我在里程標誌牌上看到這個地方，然後我想起來了。你讀過辛克萊．劉易士的作品嗎？他在一九二〇年出版的《大街》就是以他成長的小鎮（小說中叫「土撥鼠鎮」）為背景，在當時引起了軒然大波，尤其是那些被他無情地嘲笑的鎮民。

因此，我騎車進入這個地方，想知道到了今天他們是否會承認這個忘恩負義的本地小孩。好吧，我的第一個線索是七十一號公路變成了「正宗大街」通往辛克萊．劉易士公園，並銜接鎮上的辛克萊．劉易士大道直抵辛克萊的童年故居，然後再到更遠一點的辛克萊．劉易士博物館（那裡親切的老太太答應只要她一拿到辛克萊．劉易士的貼紙就會寄一張給我）。所以是的，他們在某種程度上承認他：畢竟他是美國第一個獲得諾貝爾文學獎的作家。

置身在被高速公路交流道下卡車休息站、麥當勞、哈帝漢堡、速八汽車旅館、超市環伺的阿美瑞辛酒店裡，我想知道劉易士對現代版的「大街」會有甚麼看法。可能沒什麼看法，因為他已經死了……

一九九九年十月二日
密蘇里州．瑪麗維爾

哈哈，多麼讓人發笑，今天有很多事情可以讓我笑，孩子，首先是今天早上在攝氏零下一度中刮掉機車座墊上的冰，然後騎車穿過明尼蘇達州南部和愛荷華州北部的雪原。至少道路是乾燥的，天空是清澈湛藍的，而且沒有蟲子！

雖然我不得不說這實際上是一次很好的騎行，因為七十一號公路繼續帶著我向南走，經過了交替出現的褐色玉米田與小麥和大豆田、平緩的山丘、矗立著穀倉塔的城鎮、巨大的法院大樓和販售大型農機的經銷商。週六的車輛很少，像明尼蘇達州的聖心鎮和愛荷華州的靈湖鎮這樣的鎮名讓我樂在其中。

8 五城是美國愛荷華州達文波特、貝滕多夫和伊利諾伊州的岩島、莫林和東莫林的合稱。

根據氣象預報，現在如果要向西行似乎是需要謹慎考慮，我想沿著三十六號公路穿過堪薩斯州北部，希望在星期一到達科羅拉多州，也許能在科林斯堡找一家ＢＭＷ經銷商換機油（現在我以噴射氣流和經銷商名錄進行導航！）。

明天這裡會下雨而且會更冷，沒有理由堅持走七十一號公路；它已經完成了它的使命。今晚在「鄉村廚房」吃飯時，我讀完了史詩般的《阿奇正傳》，我一定會把這列入我給你的書單，還有《狼柳》和《戀愛中的湯姆貓》。如果我提到的東西裡還有什麼是你特別喜歡的，請告訴我，我會請丹尼和珍妮特轉交，因為我將前往溫哥華，我會試著找些書讓你看。

這封信將暫時在此告一段落，並預計在本週之前寄出（我仍然討厭這種俗氣、薄薄的新信箋，但即使在紐約市的大型文具店裡，我也找不到那種老式的信箋。我們到底生活在一個什麼樣的世界啊？）

這就是全部來自密蘇里州瑪麗維爾的經歷，我很快會再和你交談。

小起司

一九九九年十月四日
聖羅莎．新墨西哥州

嗨，烏鴉！

（兩個小時前我才剛經過聖羅莎。）是的，我必須往南走這麼遠才能覺得溫暖！當我今天早上從堪薩斯州的花園市給你寄信時，氣溫是攝氏零下一度。你能相信這樣的鬼天氣嗎？

不過，忠於我的承諾，我繼續向南騎行，直到氣溫至少有攝氏十五度為止，所以我必須走這麼遠的距離。是的，我還在往溫哥華的路上；儘管我剛剛和安德魯談過，他說「每個人」都希望我來洛杉磯（我還沒有給那個女人打電話，因為我正處於這種自給自足的良好旅行狀態，我現在不需要這些了，你說是吧？孤魂騎士回歸。就我而言，我和她已經結束。然而，現在安德魯一直在談論和他一起工作的另一個女孩，嘉莉，她「迫不及待地想見我」。他寄了一些她在哈利法克斯的拍立得照片，看起來真的很漂亮，但是——我現在真的不需要這些）。

我想我還是把你留在密蘇里州的瑪麗維爾好了，因為第二天早上天氣寒冷，還下著雨（令人驚訝！），我繞過聖約瑟夫，然後往西沿著三十六號公路騎，這實際上是一次非常好的旅程，尤其是幾個小時後雨勢漸漸小了。當我在三八三號公路上轉向西南時，大平原突然在諾頓周圍展開，而且毫不拖泥帶水，在一覽無遺的開闊視野中穿過棕色田野，看見從被輾斃動物屍體上飛躍而起的禿鷹。太陽終於出現了，儘管城鎮裡的溫度標示從來沒有超過攝氏十度，我後來發現在八十三號公路上我一定是重回了「速克達人渣」的歷史路線：那條我們從奧加拉拉下來，經過道奇市和普拉特，最後到了奧克拉荷馬州的費爾維尤。

而在此時此刻的聖羅莎，我剛剛從「六十六號公路餐廳」回來（看起來它應該是創始店），在那裡我吃了一頓墨西哥全餐，包括辣肉餡捲餅、塔可餅、墨西哥粽以及豆泥和米飯（不過你不會喜歡的，因為裡面有肉）。

現在我回到了華美達飯店寬敞的「豆莢」裡（抱歉，我不想刺激你），這裡真的很不錯。住了幾個晚上的「速八」和「貝斯特偉斯特」之後，堪薩斯州花園市的麥田旅館（我從花園市寄的信你應該收到了）是一種意外的享受。在我辦理入住手續時，我注意到一張楚門．柯波帝的大型黑白照片，戴著棒球帽，穿著高領毛衣和雙排扣大衣，站在五〇年代風格的麥田旅館的招牌前，看起來非常酷。他在電影《冷血》（我在去年秋天的旅行中剛剛讀過這本書——又是跟一個《幽靈作家》的連結）拍攝時曾住在那裡。經理告訴我，照片是他的父親或祖父拍的，楚門在那些日子裡經常回到那裡，因為他和當地的一名高中教師成了「朋友」。

昨晚，我在芬尼縣的法院附近散步，迪克和佩里[9]曾被關在那裡，今天早上騎車向霍爾科姆[10]走去，尋找克拉特的家。你明白，我不太好意思問別人房子在哪裡，但我找到了符合柯波帝描述的房子，不管是不是，我騎著車離開了那裡，感覺很「驚悚」。

我跟你說過的那本《大平原》中也提到了這棟房子，過去幾天我一直想起。我已經把它和萊斯利·喬伊斯[11]的《足夠的世界》一起加入到你的書單中。

從這裡出發，我又再度沿著八十三號公路向南騎行，經過堪薩斯州的利伯勒爾，然後轉到五四號公路向西南穿過奧克拉荷馬州的腹地，以及德克薩斯州的一角，進入新墨西哥州灌叢和杜松雜生的高沙漠。正如經常看到的，景觀似乎在邊界會產生巨大的變化。進入高沙漠之前，我騎經平坦、開闊的大地，一眼看去全是以中央樞軸灌溉出來的大豆和冬麥田，以及那些被巨大、看起來很可怕的金屬穀倉塔圍繞著的城鎮。還有眾多臭氣薰天的飼養場散發著惡臭，幾乎讓我窒息。牛群有時候綿延數英畝，數不清的圓形牛背就像一顆顆顏色奇怪的巨石堆成的小山。這些牛都要等養肥了給你吃……

我們在阿布奎基的BMW經銷商都關門了，所以我想與其飆車到那裡，還不如輕鬆一點——一天只來個六百五十七公里，不要像昨天跑了八百五十五公里——我站在這裡的停車場，感覺穿得太多，但很輕鬆，心想：「我很溫暖！」

最後——從阿提科坎出發騎了二千九百一十三公里到這裡——我終於暖和了。

9 楚門·柯波帝小說《冷血》中殺害堪薩斯州農場主一家的凶手。
10 《冷血》中被殺害的農場主赫伯特·克拉特居住在此。
11 萊斯利·喬伊斯是一位加拿大作家，出版超過一百本書。《足夠的世界》是喬伊斯的出版品之一。

一九九九年十月五日
科羅拉多州．科爾特斯

萬歲，今天更暖和了。不過，這是個奇怪的日子。用「傳聲頭像」[12]的歌來說，「有些好的地方；有些壞的地方——啊，但都能解決。」[13]。

經歷過那兩次突然的時區變化之後，我在四點三十分左右就醒了，六點剛過我又去了「六十六號公路」吃早餐，空氣涼爽宜人，恆星、行星、明亮的上弦月高懸，其餘的天空則浸浴在晨光中。然後七點剛過，我躍上了州際四十號公路。太陽從我的後照鏡裡升起，當我騎過吉姆．帕爾默[14]、契諾（「那不是一個選擇，那是一個孩子」，他們每輛貨車上都貼著反墮胎口號）、英格蘭、迪克．西蒙（車身畫有臭鼬）和其他大型拖車時，巨大的陰影籠罩著我。由於需要加油，我必須在克林斯角稍作停留，我在那裡還得到了一些西部州的超讚復古貼紙。

在等待更換機油和新的前輪胎時——舊輪胎已經行駛了一萬七千公里，仍然沒有問題，但我想想不如現在就換掉——我注意到阿布奎基地圖上有一個地方標著「恩尼．派爾紀念圖書館」，於是我叫了一輛計程車去看一看。幾年前有人寄了一本恩尼．派爾[15]的文集給我，叫《恩尼的美國》，從此我就對他的生活和工作產生了興趣。他是一個有趣的傢伙，在三〇年代時是一個「流浪記者」，與他的妻子潔里（他總是稱她為「那個和我一起開車的女孩」）一起開車到處跑，與人們交談，以一種簡樸、自然的方式講述他們的故事。在第二次世界大戰期間，他是非常受歡迎的記者，直到一九四五年四月在沖繩附近被狙擊手打死，就在戰爭結束前幾個月。不幸的是，恩尼和潔里都不是很快樂的人——他們都是酒鬼；她的精神不穩定，而他則是性無能（顯然所有這些情況可能都有關聯！）。

不管怎麼樣，這曾是他們的房子，儘管它現在作為一個圖書館，每個房間（和壁櫥）都有書，但它在其他方面卻還是原來的樣子，有一些關於恩尼的生活和事業的有趣紀念品，以及他們在那所房子裡生活的一些精彩的黑白照片。所以繞到這裡來很值得的。

再次上路。但是——怎沒人告訴我四十四號公路儘管有風景優美的「點」（許多地圖用虛線表示風景優美的路線），實際上是一條筆直、繁忙的公路，有許多卡車加上相當普通的山艾、杜松與一些岩石露出的景觀？也沒人告訴我法明頓是個交通繁忙、塵土飛揚、到處是連鎖加盟店和

12 傳聲頭像是一支美國新浪潮樂團，創立於一九七五年，一九九一年解散。團員們皆來自藝術學院，以龐克、藝術搖滾、放克與世界音樂元素，加上前衛豐富的視覺演出來表達自己，引領了美國新浪潮音樂。

13 傳聲頭像樂團的〈城市〉一曲的節錄。原文：Some good points; some bad points — ah, but it all works out。

14 吉姆．帕爾默、契諾、英格蘭、迪克．西蒙皆為美國貨運公司名稱。

15 恩尼．派爾是美國著名的戰地記者，被譽為「第二次世界大戰最偉大的戰地記者」。

沒有美感的暴飲暴食者？（不知道那裡發生了什麼；賭徒、退休人員，還是什麼來的；但它絕對是「四角落」[16]不好的一面）。而且為什麼沒人告訴我在希普羅克絕對無處可住？因為它屬於納瓦霍族保留地，我猜。

然而那裡的溫度是攝氏三十九度，而科爾特斯這裡的溫度大約是攝氏二十六度，穿著皮衣和T恤騎行一下午感覺非常好，而且這裡有很多地方可以住宿（我今晚選擇了貝斯特偉斯特），還有一家不錯的餐廳——「大街啤酒廠」，所以你很幸運。

牆上的壁畫有一句至理名言，「永遠不要從正面接近一頭牛，從後面接近一匹馬，或從任何方向接近一個傻瓜。」

我現在正在讀古爾德[17]的《壯麗的生命》，關於「適者生存」和「最幸運者生存」之間的區別，但我發現這本書很難讓人融入其中。比如，誰會關心原始人生活的偶發事件？不如談談現代生活的偶發事件對吧？

說到這個問題，我今天想到如果你以後被禁止在美國的道路上騎行，至少你知道你已經騎過最好的了。如果這算得上是一種安慰的話……

我相信是的。

哦，對了——我想，明天是週年吧！週年快樂。

滿滿一整年的不公平。

一九九九年十月六日
猶他州．摩押

現在，這裡更好了。不僅僅是因為在這裡，也因為到達這裡的路。告訴你所有的客戶，科羅拉多一四一號是一條「必經」之路；是今年秋天最好的幽靈騎行，當然也是速克達人渣有史以來最好的。我需要說的更多嗎？當然需要！

畢竟，我是**你的**孤魂騎士；這是我的**工作**，對嗎？

好吧，你從科爾特斯出發，穿過濃密的黃綠色森林，爬到高度三千一百一十五公尺的蜥蜴頭山口，那裡很冷，但不會太冷，之後下到特柳賴德。我相信你在滑雪季節去過那裡，不是嗎？這地方在秋天看起來也很不錯，我想在那裡停留一兩天，騎腳踏車或是徒步旅行都是很值得的。

昨天我發現自己是不是對聞名的西南地區風景有點厭倦了，我在日記中提到了昨天的路線「風景優美，但可能是太熟悉了」，但後來我又為自己開脫，「不是的。一如往常，在路上奔波

16 四角落是指亞利桑那州、科羅拉多州、新墨西哥州和猶他州四個州邊界交接的一點以及周邊的地區。四角落是美國地理上唯一有四個州邊界相會的地點。

17 史蒂芬．傑伊．古爾德是一名美國古生物學家、演化生物學家，科學史學家與科普作家。

就是如此。」

果然，僅僅一天之後我就再次著迷了。這條路在許多方面和我們穿越綿羊溪峽谷和火焰峽谷的旅程很類似（畢竟離這裡只有幾百公里遠），從兩邊聳立的紅岩山壁開始，沿著聖米格爾河蜿蜒曲折的道路讓人非常愉快，然後呈現出更多巨大的地貌，視野在紅色、深紅色、鐵銹色和橙色的灌木叢中延伸開來，一片片亮黃色的白楊高高聳立，河邊偶爾會爆開一叢叢亮金色的木棉。

而我們一直在轉彎、滑行和曲折中前進，然後進入灰色岩石地景——也許是從砂岩變成了石灰岩（頁岩，我剛剛在摩押博物館學到的）——朝大章克申前進，那裡盡是滾落的巨石與乾燥的荒原。能想像那畫面嗎？還有，在一百六十公里左右的路程中我只見到了六輛車。太棒了。

然後我試圖從錫斯科找到進入摩押的捷徑，但就在我認為就是那條捷徑的路口卻有一個標誌寫著「無法進入摩押」，這應該是一個謊言，嗯？總之，現在我來到了摩押，它仍然是一個很棒的小鎮而且環境很好。明天我打算騎車去峽谷地國家公園的針峰區，因為那裡有一個十八公里的步道可以徒步走到「河流交匯點觀景台」（綠河和科羅拉多河的匯合處），鐵定值得一看。

在那之後……畢竟我還在去溫哥華的路上，所以我會試著選擇一條能避免下雪風險的路線（現在超過一千九百公尺的地方都在下雪），我想就像往常一樣，我將在我走的時候做出決定，以即興的方式當個「爵士騎士」，是吧？

但我希望這封信明天能寄出去（蓋上摩押的郵戳），所以我現在要閉嘴了。下一次我將告訴你關於「布魯特斯量表」，你的油溫表可以告訴你外面的溫度（哦，是的！）。

孤魂旅人

在中心咖啡館又吃了一頓美妙的飯菜，這是不起眼的摩押鎮上一家最不可思議的美食餐廳。我又去參訪了小博物館，然後又回到了優秀的「偏遠之地」書店。這次我買了十本「無法抗拒」的書，其中大部分被我裝箱，並在第二天早上郵寄到溫哥華，還有一些給丹尼、珍妮特、馬克斯和「家庭新成員」尼克的T恤。

在一個下著大雨的早晨，我騎車來到峽谷地國家公園的針峰區，穿過壯麗的岩石丘和尖峰，在遊客中心收集一些健行的資料。雨漸漸小了，但我很高興有涼爽的天氣，因為我開始了相當艱苦的徒步旅行，在峽谷間爬上爬下，穿過被侵蝕的紅砂岩和零星松樹點綴的沙地。一隻深棕色的兔子蜷縮在凸出的岩石下，幾隻小蜥蜴在暫時露臉的陽光下取暖。

經過了九公里的路程我終於來到峽谷高處令人嘆為觀止的懸崖邊緣，俯視著科羅拉多河的棕色河水與綠河的綠色河水的匯合處，這中間有一條清晰的界線。我坐在懸崖邊緣上吃午飯，完全沉浸在這個如傳說般的遙遠地點，把我的想像力帶回到華勒斯．史達格納的《在一百度線之外》中所敘述的十九世紀末鮑威爾少校探險的故事中。

即使在一百多年後仍然只有一種方法可以到達那個地方：經由水路。在我下面很遠的地方我看到兩艘五顏六色的皮划艇停在新月形的沙地上，還有兩個小小的身影在走動。

那天晚上我在摩押嘗試了另一家不同的餐廳，即白楊樹酒吧餐廳，裡面人滿為患，其實整個小鎮似乎都很擁擠——因為某個大型越野自行車比賽幾天後就要在這裡舉行了。餐廳裡，上油的松木裝飾加上白色石膏，還有原住民的岩石裝置藝術（跟我從針峰區往回走時經過報章岩[18]看到的岩畫一樣），搖滾音樂響起。我卻在極其喧囂中感到一絲寂靜。

我坐在吧台吃飯（光線比較好也可以抽菸），但那裡不能喝葡萄酒只能喝啤酒。這裡是猶他州。「那是不同的販售執照。」吧台後的女孩解釋說。歷經徒步旅行後，我餓了，點了大份沙拉和明蝦義大利麵，但我注意到一個年輕小伙子不時地盯著我，很快他的女朋友就過來為他驗證我的「身分」。我在日記中寫道：「現在我想逃跑。」

那天晚上我和弟弟丹尼通了電話，向他保證我還在去溫哥華的路上，他告訴我還有幾天就是加拿大的感恩節了，催促我在那之前到達和他們一起吃傳統的火雞大餐。因此在接下來的幾天裡我加快了步伐，累積里程數，大部分時間都在高速公路上。

十月八日 摩押——樹城

十二萬八千五百六十五（九百五十二公里）

漫長的一天，但相對的輕鬆。很多州際公路的時速為一百四十公里左右。普萊斯的交通相當繁忙，雖然是往另一個方向，但鹽湖城周圍則是很糟糕。大規模的高速公路建設仍在繼續，再加上正值哥倫布日的長假期，這是我剛剛才知道的。

可憐的猶他州。增長太快了（我想我有讀到過它是增長最快的州），而且沒有辦法阻止這種增長。拒絕為選民服務？我可不這麼認為。今天有明顯的煙霧，可能部分來自高速公路建設還有為了臭名昭彰的腐敗奧運會的施工。這也太糟糕了！那裡曾經是如此可愛，人們如此活躍。記得在那裡騎自行車的日子，我注意到每輛車都有一個自行車架和/或滑雪架。他們也很艱難，因為原本占多數的摩門教徒被稀釋了，其他人不一定贊同他們勤奮的價值觀，或者希望保持事物美好、整齊、乾淨、得體。

我正熱衷於閱讀蓋希爾的《公路熱》[19]。如此……兩者是相關的。

酒店裡正發生一些事情，鎮上有一場曲棍球比賽，似乎有兩個樂團在這裡過夜（一個是澳大利亞的樂團）。現在我知道好的酒店被一群低俗的人入侵是什麼感覺了。

18 報章岩是位於猶他州峽谷地國家公園的歷史遺蹟。其岩畫為早期在普埃科河沿岸生活、耕種和狩獵的古代普韋布洛人所創造的。

19 《公路熱》，蓋希爾的書，描述他以破紀錄的三十三天半時間從南美洲最南端的火地群島旅行到阿拉斯加的普拉德霍灣。

另一個抱怨：可能也是告解。親愛的日記，我對最近的飲酒很是擔心，自從夏天開始，簡直是提升到了另一個檔次，值得注意。

所以，盯著我喝酒吧……

去酒吧裡喝咖啡，鋼琴演奏者正好離開。這裡已沒有什麼值得留下來。漫不經心地看手機、抽菸、喝酒，但心裡已打定主意：是時候該走了……

那晚我睡得不好，第二天一整天都感覺「有點糟糕」，發燒、全身輕微痠痛、胃像打結。儘管如此，我還是堅持完成了另一次長途騎行（八百六十六公里）到達華盛頓州的溫哥華，到了那裡我就給丹尼打電話，告訴他「我在溫哥華」，但是另一個。

低燒通常會對大腦產生輕微的致幻作用，當我在俄勒岡州東部寬闊的沙漠上騎行時，車流出奇地繁忙，我發現我的思緒正以抽象的方式運作。

有一度我想的不是我自己，而是我周圍的人——從一個更廣泛的意義上來說，是北美的人民以及我對他們（我們）的未來希望越來越渺茫（可能是因為發燒使我暫時停止了對自己生活的思考）。那時我已經在加拿大和美國進行了相當廣泛的旅遊，去了許多州、城市和鄉村，每天看到這麼多人，參與他們的生活，與他們交流互動，我意識到，那時我對他們的總體評價是……不高。

那麼多男人和女人，不管是年輕人還是老年人，他們的外表和行為似乎都很殘忍（對彼此，特別是對他們的孩子），小氣、自私、自以為是，還沾沾自喜。我在日記中說：「打倒那些自以為是的人。」但我意識到他們「就本質而言，是不可能被擊敗的」。我有時發現自己與平克佛洛伊德的成員羅傑．沃特斯在《動物》[20]專輯中所表達的人性黑暗面觀點一樣，他把人分為狗、豬和羊，雖然我還會加入另一個物種——即少數真正的人類，他們會試圖照看那個「農莊」，並對其他動物好——但我不得不承認，很多人，甚至大多數人，對彼此的行為都不是很好。

大多數人的一生都在一個相當狹隘、有著同溫層的朋友和鄰居的圈子裡度過，在那裡很容易接受人性本善的幻覺撫慰（除了那些該死的外國人）。但是，如果這種舒適圈突然被剝離，自以為是的人發現自己陷入了東部貧民區或洛杉磯中南部[21]，或者面對一群基本教義派穆斯林的暴徒，他們的世界可能突然變的更大、更黑暗。外面的世界是一片叢林。

與此同時，在我沿著「療癒之路」前進的過程中最終達到了「接受」的階段，無論多麼痛苦，我似乎也在獲得一種對世界現狀的接受感。而像往常一樣，我的思想、我的旅行、我的閱讀和我的寫作似乎都是相互交織的。

20 平克佛洛伊德是一支英國搖滾樂團，《動物》是其在一九七六年錄製的第十張專輯，受《動物農莊》啟發，歌詞描述來自不同社會階級的豬、狗、羊，嚴厲諷刺一九七〇年代晚期英國的政治社會狀態。

21 中南部是洛杉磯最危險的地區之一，區內販毒、槍支暴力與幫派活動頻繁。

幾年前我喜歡舒馬托夫[22]的《非洲的瘋狂》，最近我又讀了他的《美國沙漠傳說》，這本故事集似乎更多是與墨西哥和新墨西哥有關，而不是美國西部四個實際存在的沙漠。在書中舒馬托夫承認，他曾打算寫一本書談西南地區的「水文地理」，從珍貴的水切入來寫它的歷史，但一直「走偏了」，最後寫出了一本有點「前後矛盾」的書。毫無疑問，書中的文字和故事都很出色，但在試圖捕捉那個廣闊地區錯綜複雜的人文風土時，他為自己設定了一個最終不可能完成的任務——將所有材料綜合成某種宏偉的解決方案。

所有這些主題都在我那天晚上的日記中出現：

事情就是這樣。這就是這本書最後所要說的，也是我開始對周圍世界感覺的方式。事情就是這樣。

面對現實吧。

我試過了，而且至少我還有好奇心繼續前進。如果沒有希望。希望似乎已經連同理想、信念一同消失了。不再有幻想。事情就是這樣。

面對現實吧。

不要問我；我只是同情

我的幻想是一種無害的飛行
你沒看到我的體溫在上升嗎？
我散發的熱比光還多[23]

〈變魔術〉，一九九〇年

22 亞歷山大．舒馬托夫是美國作家，以寫作政治、環境和全球事務相關議題著稱。

23 《變魔術》專輯中同名曲目的歌詞摘錄。原文：Don't ask me; I'm just sympathizing / My illusions are a harmless flight / Can't you see my temperature's rising? / I radiate more heat than light。

第十六章

海岸騎士

我們全都在黑暗中迷失方向
夢想家學會用星星掌舵
我們全都在陰溝裡度過時光
夢想家轉身看著車輛

〈流逝〉，一九九一[1]

1　《變魔術》專輯中曲目〈流逝〉的歌詞摘錄。原文：All of us get lost in the darkness / Dreamers learn to steer by the stars / All of us do time in the gutter / Dreamers turn to look at the cars。

回到基斯蘭奴紅色小屋熟悉的客房，與丹尼和珍妮特在一起，溫哥華又再次成為孤魂騎士（以及「我們其他人」）休息的好地方。馬克斯現在三歲了，我喜歡和他一起趴在地上玩積木和玩具車——這對靈魂總是好的。我叫他「小傢伙」，他叫我「滑稽叔叔」。新成員尼克現在已經四個月大了，是一個非常安靜的小傢伙——我叫他「佛子」。

珍妮特的父母史都華和薇拉也從新布倫瑞克來拜訪，我很高興能成為他們感恩節家庭團聚的一分子。我還和布魯特斯通了電話，有了另一次愉快又有趣的談話。至少在電話裡他總能在自己的處境裡找到有樂趣的一面。像我一樣，他把抱怨留在了信件裡。

十月中旬溫哥華的天氣異常地好，一連幾天都是涼爽的晴天。丹尼和珍妮特的生活還是一如既往地活躍，再次帶我到布勒內灣划船，我第一次嘗試了狹窄的賽艇。在這風大有浪的日子裡，礙於我有限的技術，這個體驗好壞參半，每當我划槳時總是顧此浪失彼浪；這就叫「抓螃蟹」。後來珍妮特告訴我，她能聽到我的咒罵在水面上傳得很遠。

在丹尼的指導下，我的直排輪初體驗表現得稍微好一點，丹尼是一名專業的運動教練，精通所有運動（也許除了游泳和划船），丹尼勸我使用護膝、護肘、手套和頭盔等護具，而我很自豪的一次也沒用上。

此外我還和丹尼一起沿著卡皮拉諾河步行到水壩，和珍妮特帶著兩隻拉布拉多獵犬：黑色霸道的塔拉和黃色笨重的巴利，一起穿過樹林，吃了好些美味的餐廳和家常菜館。到了週末，我從新的

BMW經銷商約翰．瓦爾克那裡取回了我那輛乾淨閃亮的愛車，換了新的電池、啟動器（因前一年亞伯達省的「漏油事件」造成的傷害而毀損）和油鏡，是時候再次出發了。

顯然，旅行對我來說仍然是最好的選擇，我決定就像去年一樣，再次在外旅遊直到聖誕節之後。我將從美國一路往南，也許會到墨西哥一些不同的地區探索看看。一如既往，沒有事先計畫，只有一些潛在的可能。「南方公園」的人邀請我參加他們在洛杉磯的年度萬聖節狂歡，我把這當成去那裡的好藉口，在日落侯爵飯店訂了一個星期的住宿，從十月二十七日開始，還有十天。

由於山區的天氣已經很不「友善」了，也許我會沿著海岸公路一直騎到加州。布魯特斯和我曾在樂團巡演中騎過其中的一部分，我覺得如果騎完全程會很棒，就為了能夠說一句「我完成了全程」。西海岸的人們一直在問：「嘿，兄弟，你走完海岸公路了嗎？」

我還打電話給史蒂芬，問他是否有興趣不久後在摩押和我見面，一起租一輛四輪驅動車去探索峽谷地的一些偏遠地區，那些我不敢自己去嘗試的地方。他則是建議也許可以在年底時借用雪莉父親的悍馬越野車一起去探索下加州的一些地方，時間可能在聖誕節期間。這聽起來很有趣，我們約好在我旅行時保持聯繫。

我還和樂隊的長期「重量級人物」連恩（我們稱他「總裁」）聯繫，他會在離這裡不遠的西雅圖停留幾天，開始參與另一個樂隊的巡演（知道至少他是在工作，我的良心稍感安慰）。

十月十七日近中午時，我從溫哥華出發，經過短暫的車程前往西雅圖，住進了連恩下榻的酒店——派拉蒙酒店（就位於老派拉蒙劇院對面，七〇年代末匆促曾多次在那裡演出——在我們「畢業」進入更大的舞台之前——這也勾起了我的一些回憶）。

連恩要到晚上才回來，所以我在西雅圖宜人的市中心和市集走了一圈，每個角落都可看見咖啡館，還有很多各年齡層的「潮人」——特別是一個五十歲留著紫色稀疏頭髮的男人，我在日記中寫道：「西雅圖是如此的……西雅圖。」

連恩很晚才回到酒店（滿嘴都在講跟他合作的樂隊和他們什麼都要管的前脫衣舞孃老婆的故事），我們就在房間裡點了客房服務餐點，喝幾杯酒，聊聊天。原本我覺得我的北美洲之旅沒有什麼特別的事情發生，但那天晚上我似乎一直在講故事，講了幾個小時，從加拿大海洋省分的颶風與它怎麼影響了我搭的渡輪，講到在一個時雨時晴的週日在橫越堪薩斯州的驛馬快信公路上，在我眼前的美國中西部突然變成一片廣袤的大平原，還有在阿提科坎突發奇想的左轉，造就一段八千九百一十三公里跨越加拿大到達摩押的榮耀，以及下加州的無數樂趣。

我希望我不會**太**無趣。

至少我不用擔心會讓布魯特斯——我那「被迫的聽眾」——感到無聊，第二天我又開始和他一起旅行，再次通過他的眼睛觀察事物和製定計畫。

一九九九年十月十八日
俄勒岡州．羅卡韋灘

嘿，帥哥：

我們終於又單獨在一起了……太好了。

我們當然會好好利用這個機會，對吧？

今晚我們就是獨自在這裡；你會喜歡這個地方的。銀沙汽車旅館就在海邊，是一個簡樸但又恰如其分的地方。我的窗外是一片狹長的草坪，還有一些低矮的沙丘和草丘，有大約三十公尺的平滑海灘，接著就是那藍色太平洋的浪花與海灣。

當我從房間到那兒時，手裡只剩一截菸頭和剩冰塊的麥卡倫威士忌，我只是站著並聽著太平洋發出如此美妙的音樂：拍岸的浪花有如穩定的和弦，配上高頻的湧浪，以及海面下低沉有力的轟鳴。希望這聲音能整晚哄我們入眠。在我們的夢裡……

我和弟弟一家人度過了愉快的一週，他們都很好。馬克斯越來越酷了，他們的新成員尼克是個佛系孩子：如此平靜、好脾氣但又反應靈敏（對他的「滑稽叔叔」），他似乎體現了那首詩〈想望的渴求〉的精髓：「在喧囂和匆忙中寧靜地走著……」[2]

大多數時候他都是這樣的，我們所有人都該向他學習。

事實上我最近一直在想或者說意識到，我已經適應了一種完全不同的旅行模式。也許是爵士模式，即興創作，隨著我的行進不斷地即興發揮，但更多的是——呼應其他「玩家」、天氣、路況、交通，還有我自己的「節奏部分」[3]。作為「面對現實」心態的一部分，以及適應的必要性，一個人必須學會即興發揮，而不只是扮演預先寫好的角色。

我一直在閱讀布魯斯・查特文的一本很出色的書《巴塔哥尼亞》，多年來我一直想讀這本書。說到書——我收到了書商布萊恩・普林斯很友善的傳真回覆，看來他要親自處理你的「六包」書，為了避免不必要的延誤或麻煩，他甚至從紐約州的尼加拉瀑布城[4]郵寄過來。我希望能順利寄達，因為那裡有一些寶藏可以支撐你一段時間，就像你卑微的僕人一樣。

很高興能為你做些事，兄弟。用偉大的哲學家阿甘[5]的話說：「這就是我要說的全部。」

現在，太陽西沉了，海浪正在彈奏著和弦，我的杯子空了，肚子也在咕咕叫，我要去找晚餐吃了。

回頭見，兄弟。

2 〈想望的渴求〉是美國作家麥克斯・埃爾曼於一九四八年寫的散文詩。這邊引用的原文是：Go placidly amid the noise and haste。

3 「節奏部分」是指在爵士樂或者流行音樂樂團中為歌曲或樂曲搭建節奏的組成部分，節奏部分通常與樂隊中其他音樂家的角色形成對比，例如負責主旋律的吉他手或主唱。通常節奏組的核心樂器是鼓和貝司。

4 尼加拉瀑布城是美國紐約州的一座城市，位於尼加拉河東岸，與加拿大同名的城市相望。

5 電影《阿甘正傳》的主人翁。

一九九九年十月十九日
布魯金斯・俄勒岡州

又見面了，朝聖者——

你和我早就了解到，一條海岸線能蔓延出長長的一條路，也能走上很長的時間。想想從聖西蒙到蒙特雷的太平洋海岸公路；想想墨西哥從天使港（最近被地震摧毀）到馬薩特蘭；還有俄勒岡州從紐波特到坎農海灘的一零一號公路。

我想走一條不同的路線，避開山區的雪，現在當那些多管閒事的人問我是否曾經走過「風景優美」的沿海路線時，我可以明確的回答我走過。

藍色海洋的美麗景色，海浪席捲過的海灘，巨石的突出尖牙，被風吹到背風處的針葉樹，高大的黃杉，所有的這些，無庸置疑的構成了一道美麗的風景。然而一旦你看過一兩次後……

……從回堵車流的盡頭顛簸前進。就在路終於在庫斯灣稍微偏南的地方開闊起來的時候，一場大霧滾滾而來，掩蓋了道路、交通和風景。還有，氣溫也降到攝氏八度。

這就是為什麼我的文字可能有點顫抖；我已經在這裡待了半個小時，喝了點酒，抽了根菸，還在發抖！離加州只有幾公里，很快就會暖和起來的。

我在想明天去看看一些大樹（是的，真的！），也許在「失落海岸」[6]附近轉轉，然後思考一下我是否已經看夠了海岸線，接著去找一些山脈和沙漠，真正屬於男人騎行的地方（奇怪的是，我只看到了五、六個旅遊型的騎士，但有幾十個長途自行車手）。

我記得告訴過你，我被邀請參加「南方公園」傢伙們的萬聖節聚會，這給了我一個「目標」去計畫。我想再去索諾瑪看看，也許待在聖海倫娜（仍然與摩押和洛雷托並列埃爾伍德的三大小城），試著在優勝美地的小屋住上兩晚，在那裡做些徒步旅行，當然，還有死亡谷。我們還是會隨時再去的，不是嗎？

我可能也會把棕櫚泉放入行程，然後再向東遊蕩一下。亞利桑那州南部值得更多的「爵士騎行」（我突然想到，關於jazz（爵士）的詞源是法語動詞jaser，意思是交談，而這正是我所做的：與天氣、交通和道路交談，並讓它們決定我去哪裡）。我對大彎曲國家公園（在德州）很感興趣，所以我們將會沿著那個方向走，然後選擇一個新的「門戶」前往墨西哥。也許是管風琴仙人掌國家紀念碑邊上的外國佬關口，我不介意再次在那裡露營。你呢？

我很慶幸還有很多東西讓我在早上起床有去看一看的興趣。早些時候，對於這次的西部漫遊，心中尚懷有一兩個疑問，想知道我要去哪裡，我要做什麼，以及仍然是一個很大的謎題：我

6 失落海岸是加州北海岸大部分自然和未開發區域，該地區在一九三〇年代後人口流失後而得名。

是誰？我應該做什麼？我將去哪裡？什麼時候才能結束？以及為什麼……嗯，就是為什麼。

不過，我想我們都同意不要為這個問題自尋苦惱。問題這不是關於為什麼，而是關於如何。對吧？

總之，今晚我們又回到海邊，在一家貝斯特偉斯特飯店，有一個被懸崖海灣環抱的礫石海灘，有數百根巨大的漂流原木，有無法描述的寒霧（我擔心今晚不能開窗），還有偶爾輕拍的海浪，每隔十秒一個浪潮。你知道，另一種太平洋的場景。

我仍然堅持認為太平洋的聲音比大西洋的好聽，一般都是這麼認為，但我越來越真實的感覺，大西洋的味道聞起來似乎越來越好，至少是更豐富。不知道為什麼會這樣，相形之下，從阿拉斯加到墨西哥的這一海岸，海洋的氣味似乎比較平淡無奇。不同的潮汐模式？不同的潮間帶物種？讓我們找出原因來，好嗎？

這封信就在這個任務中告一段落。明天我會從俄勒岡——在這裡不允許自助加油，因為我們太笨了——把這封寄出去。

孤魂騎士

〔又是布魯特斯〕

一九九九年十月二十日
加州．門多西諾

奇特的彩虹水晶獨角獸——

哇，兄弟，這真是一個新潮的地方，不是嗎（像風行數十年不褪流行的捷舞[7]）？在另一個涼爽的有霧的下午，我在這個有著嬉皮復古風、小麥胚芽、補夢網[8]、民宿、可愛得有點做作的小鎮四處遊玩。實在不知道該怎麼想，可能要多待一天，把一些問題搞清楚。

現在想來，今天的旅程相當精彩（你知道的，在當下並不是都能有這種感覺；總是得等到結束以後才恍然大悟）。今天早晨寒冷霧又濃，在一零一號公路上感覺像「摸索」著騎車，在看得見的距離裡儘快騎行。

7 捷舞是一九三〇年代初期起源於美國的一種非裔美國人的舞蹈風格。在國際標準舞比賽中，捷舞通常與拉丁舞組合在一起，儘管它的根源是搖擺舞而不是拉丁舞。

8 捕夢網最初由北美印第安人製作的一種手工藝品，使用柳樹做框，中間編織著鬆散的網，可能搭配羽毛、串珠等裝飾作為點綴。印第安人人相信在床頭掛上捕夢網，能給主人帶來好夢。

而我要告訴你：我們必須有選擇性的推薦那條失落海岸。它就是我們專業的孤魂騎士所說的「技術性很強」，你同意嗎？路很窄、顛簸、曲折，不是特別有「工程設計」過，就像一些墨西哥公路。隨機散落的碎石往往出現在嚴峻的彎道上（這是當然的），而且在這些轉彎處不是有著濃密的樹木就是被霧氣籠罩著，看不清前方就是一段隱入霧中的陡峭下坡，所以經常在轉彎的地方需要轉到一檔。

去年春天蓋迪要我推薦從波特蘭到溫哥華五天自駕遊的路線，根據我們過去的經驗，這條當然是我推薦的路線之一，但他最終沒去。然而，我認為一個好的孤魂騎士在騎行前，對「節奏部分」的看法要稍微有點不同。天氣、交通和路況會產生多種情緒，而情緒是會**波動**的。有些人可能不喜歡這種氛圍，也不樂意（或順從地）去適應。

環繞四周的紅杉樹還是那麼高大，一路高聳入雲天，陽光（真的是一束陽光）穿透薄霧（真的是短暫的輕霧）圍繞其中，這份巨大有時會令人害怕，有點像近距離看大象或鯨魚，或……一棵真正的大樹。這樣的樹真的很多。現在，樹就在那裡，你可以慢慢地穿過這些「霧中君主」——正如一本圖畫書如此稱呼它們（就是我在遊客中心看到的那本；我在那裡停下來在日記封面裡蓋上小「護照章」），深入品嘗它們細膩的香氣，以及來自那些不可思議高大粗壯的樹幹所散發出來大教堂般的肅穆氛圍（我知道，你心裡一定在想：「去那裡，做這件事，拿到貼紙。」不，沒有你，我沒有心思自己騎車穿過這些「得來樹」[9]）。

「沒有我的布魯特斯就不行！」

我毛茸茸的怪胎兄弟，我那天在電話裡說的都是真心話。當我說「你一直都在我身邊」時，我並不是油嘴滑舌或多愁善感，知道嗎？我的意思是，我一直都以你為參照來思考我所在的地方以及我所做的事情：這件事你會怎麼說，我會對你說什麼，我會如何描述它，如何把它與我們知道的一切聯想在一起。我敢說還有很多只有我們才知道或理解的東西。因此，關於我說的我一直在你身邊，我想讓你知道，你也是始終在我身邊，以一種非常真實的方式。而且對我來說，思考信件的內容並寫下來，對我來說都是好事。這就是我要說的。

再回到門多西諾。我現在終於意識到，讓我感到困惑的是在我繞了小鎮十幾個街區之後，沒有看到任何「真實」的東西。沒有麥當勞，沒有速八，沒有納帕汽車零件專賣店[10]，沒有家庭五金，沒有超市。只有一間嬉皮復古風格的大型老式飯店（當然已經雅皮化了）叫門多西諾飯店。我想起比斯比（也是類似的小鎮）的青銅皇后大酒店，那是一次很好的經歷，所以我想試試這家，但得知他們禁止抽菸時我就沒去（還假裝天真地問說：「你是說甚至不能在自己的房間裡抽菸？」），而來到鎮外一點的這個地方叫山屋（據說可以俯瞰著小鎮，但在霧中我什麼也看不

9 得來樹指加州許多樹洞大到足以通過一輛汽車的紅杉風景名勝區。
10 納帕汽車零件專賣店，於一九二五年成立，是世界最大的汽車零件、配件銷售商之一，範圍遍及北美洲。

到！）。

這裡相當的不錯。一座維多利亞式的大主樓，有餐廳和酒吧，兩邊有幾個像房子一樣的附屬建物，加起來總共可能有五十個房間。我吃了一頓豐盛的晚餐，有扁豆和煙熏豬肉湯，還有美式烤雞配馬鈴薯和焗豆，以及精選的葡萄酒。現在霧氣稍稍散去，因為我可以看到四分之三的月亮，聽到遠處的海浪聲（其實也不遠），不過天氣依然很冷。

哦，對了，我們會向客戶推薦的一條路線是萊格特和海岸之間的一號公路。高峻的山路有良好的路面和精心設計的彎道（例如，在完全傾斜的情況下不用一檔而是用二檔過彎，其餘的都沒那麼「技術性」），雖然有零星的木材卡車或房車經過，但大多數情況下都很棒，在霧沒那麼濃的時候可能還會看到一些不錯的景色。那天晚些時候，陸地天氣還不錯——有半小時甚至還覺得熱，但海上仍然有霧氣。可能是洪堡洋流[11]，畢竟這裡是洪堡縣。

還有一些美妙的尤加利樹，有那種很好的藥用味道；有時候公路會穿過一個由樹交叉形成的隧道，我猜是柏樹。在失落海岸上方的荒山上有一隻遊隼和一些角百靈翱翔，還有從海面上爬起來的霧氣，各形各狀像鬼魅一樣。是的，像幽靈。

一九九九年十月二十一日

門多西諾

像幽靈一樣，是的。一天之後，依然這麼覺得。某種程度上，這麼說也是合理的，因為這個小鎮絕對有一種「暮光之城」的感覺。沒有便利商店，但有一家不錯的雜貨店（那裡沒有賣合成機油，但卻有我一直在海岸沿線的藥店和文具店中尋找但沒找到的老式信箋）。沒有俗氣的貼紙，但有十八年陳釀的麥卡倫威士忌；沒有GAP，沒有喜互惠[12]，沒有冰雪皇后冰淇淋[13]，沒有來愛德[14]，當然也沒有沃爾瑪[15]。但有一家名為「神聖符號」的商店，提供催眠治療／閱讀／能量工作。

還有很多用漂流木、石頭、玻璃和蠟燭製成的東西，以及許多昂貴的休閒服。一家體面的博物館和書店。許多小商店和咖啡麵包店，但餐館很少：似乎基本上只有主要街道上的飯店和這裡。

11 洪堡洋流又稱祕魯洋流、南太平洋東部洋流，是一個低鹽度的洋流，沿南美洲西岸從智利南端伸延至祕魯北部，於南緯十度以北偏向西行，構成南太平洋南赤道海流的補償流。

12 喜互惠是美國一家於一九一五年創立的連鎖超市。

13 冰雪皇后冰淇淋是美國知名的連鎖冰淇淋店。

14 來愛德是美國最大的連鎖藥店之一。

15 沃爾瑪是世界上最大的零售大賣場。

開始引起我的注意力的是這裡的環境。圍繞小鎮面海的整個岬角是一個州立公園，全是崎嶇不平的懸崖、拱橋和海洞，有一片高度及膝的耐鹽草地。透過霧移動的形狀，我可以看到大約三十公尺以下的海洋，有成千上萬奇怪的像蛇一樣的海草在緩慢的浪湧中搖擺，彷彿是活的生物，水面上露出了一塊被海水淹沒的岩石像一頭巨獸浮出水面，激起了浪花與漣漪。總的來說，很詭異。當我繞回鎮上，面對著大街上的建築時，由於距離太遠分不清遠處老爺車的款式，但光是看到一整排風格統一的商店，告訴你，這絕非現代，比較像是介於一八九五年和一九六七年之間的某個時候。這個地方已開始療癒我，也許只是因為霧的關係。

不過應該不是，有一些更隱蔽的東西在起作用，因為從懸崖邊散步回來後我在鎮上閒逛，買了一件運動衫把那件老舊不堪的替換掉，和一件棕褐色的人造麂皮短袖襯衫，準備出去用餐時穿，還買了一雙羊絨襪子（聽起來很頹廢，但忍不住要買）。然後，在一家小咖啡館裡喝了杯咖啡配餅乾，然後繼續寫日記。

在這裡我會不會變成像我弟弟那樣？想想真可怕。

順便提一下，門多西諾是以門多薩命名的，門多薩是十六世紀墨西哥城的一個西班牙攝政王（其實第一個以其名命名的是遠在六十四公里外的門多西諾海角，比小鎮還要早）。一八五〇年左右，門多西諾開始興起，砍伐紅木以供應淘金時代舊金山的興起。我的理論是，他們被困在一個時間膠囊裡，為他們以前對大地之母所犯下的罪行贖罪。這裡跟麻薩諸塞州外海的小島南塔克特或夏威夷茂宜島的拉海納有點像。一段屠戮的歷史事件演變成了風景如畫的浪漫懷舊聖地。

讓我震驚的是，這可能是一個「藝術家聚集地」（不寒而慄）。不，除了這個，其他都可以！（我在郵局無意中聽到兩位年老的嬉皮女士談論她們在此的生活，其中一位說：「這裡對我的創作很有幫助。」）。不過，我聽說比斯比也適用這樣的說法，我猜這不見得會導致不可避免的毀滅。不過，從來沒有聽說摩押被這樣稱呼過。

哦，對了。我想到，我們和客戶都不應該待在名字裡有「堡」的地方。我告訴過你弗朗西斯堡的氣氛像地獄般，昨天我本來想在布拉格堡停留，但所有海景都被木材廠擋住了，所有馬路對面的汽車旅館都面向它。所以除了西北地區——那裡也沒有多少選擇——不要待在「堡」裡。

我又再次離題了。不過，我專門這樣，不是嗎？

現在已經六點多了。是時候考慮吃飯的問題了。在此先暫時結束這段饒舌音樂，我的兄弟。願你走在愛的山谷裡，一個和平的王國，有著蝴蝶、鳴鳥、彩虹、海潮音、紅木精靈，和醇厚的氛圍。

也許只是因為霧的關係……

再會了，陽光，還有——

保持信念，兄弟

孤魂騎士

〔護照章〕

一九九九年十月二十四日

優勝美地國家公園

喲，喲，溫迪哥[16]——

這就是我跟你說的那種「護照章」，而我現在寫的就是在時空錯亂的門多西諾買到的信箋。希望它比我們之前使用的那種脆弱的航空郵件用紙要好（最好是這樣，因為我買了兩疊——以防我可能會有段時間不會再回到過去）。

在我試圖敘述這幾天的忙碌之前，我想把你帶到這裡：阿赫瓦尼，這是你能想像由原木和石頭搭建出來的「度假小屋」的最高典範，富麗堂皇的餐廳，高聳的天花板，原木橫樑高高在上，人造電蠟燭的三角吊燈在巨大的窗戶上投射出剪影，和足以容納幾百人的桌子。不幸的是，這正是此刻的景象。

我相信繼黃石公園之後，這裡是國家公園中最繁忙的地方，以我目前到過之處來說感覺是如此。進入公園的道路非常好，這是一條設計精美的山路，一路用三檔騎行幾乎是沒問題的，在狹窄的轉彎處有很好的坡度，路面到處都很完美，只是跟我同方向有一波波的「車潮」，而從公園出來（週日下午）的方向甚至更多，所以超車時要小心翼翼，也少有機會。

這裡有真正史詩般的風景，被冰川沖刷過的高聳灰色岩山穿過深密的松樹和雪松，一千兩百公尺高的空氣清新宜人。最後來到一個可愛的小屋，但圍繞著它以及涵蓋整個優勝美地和遊客中心的周圍景象，感覺就像……怎麼說呢，一個美麗的戶外商場之類的。

我相信在我做一趟徒步旅行，稍微冷靜下來之後，明天一定會給出一個更客觀的結論。

這幾天很不可思議。昨天上午我離開了門多西諾，沿著靠近海岸的一號公路繼續前進。儘管大霧連續三天不斷，但還是有一些精彩的騎行，特別是道路為了避免修建橋樑而切向內陸，穿過一個峽谷，經過幾個刺激的彎道，然後在谷底急轉彎，然後又有幾個刺激的彎道，直到下一個岬角。太壯麗了——如果可以獨享的話就好了。你知道要獨享這樣一條路的機會實在太渺茫了。

然而，我堅持了下來（只為了證明我做到了！），一直走到詹納，從那裡轉向內陸，穿過乾燥的黃色山丘、桉樹和松樹林。這條路很美，但車流、住宅、私人車道、汽車和不知道從哪裡冒出來的「行人」都有點多了。所以騎行時很緊張。然後穿過聖羅莎，進入索諾瑪山谷，我以為應該會在那裡住上一兩晚——只是我犯了一個典型的「速克達人渣」的錯誤，以為今天是星期四，

16 溫迪哥是一種食人的怪物，源自於美國和加拿大印地安人的傳說。

其實是星期五。算了。

我在格倫艾倫的傑克．倫敦書店停了下來，在索諾瑪鎮繞了一圈（不錯的地方），然後在附近選擇一個較不受舊金山人歡迎的地方，那就是佩塔盧馬，而且避無可避的選擇了貝斯特偉斯特飯店和卡羅餐廳（我記得兩者都很平庸，與去年五月在史塔克頓的情況如出一轍）。

在進入優勝美地之前還有一天的時間，我想我應該嘗試一些……人跡罕至的地方，確切地說，來段「薩利納斯的週末夜」，但我要先去黑鷹汽車博物館[17]，就在丹維爾，我去年曾去過那裡。

我告訴過你嗎？這是本記者見過的最漂亮的汽車博物館，而我可是見過所有「重量級」的車。那裡的每輛車都有其獨特之處：只生產過一次的克萊斯勒吉亞車型[18]；展示杜森伯格[19]、帕卡德[20]、皮爾斯—阿羅[21]、布加迪[22]、凱迪拉克V-16[23]、伊索塔—弗拉希尼[24]、勞斯萊斯、希斯巴諾—蘇莎[25]、賓士最經典的車款；還有獨一無二的捷豹XJ13利曼原型車[26]、德拉熱[27]、德拉哈耶[28]、拉貢達[29]；你可以想像這個畫面，每輛車都被修復得像珠寶一樣完美，展示在兩層樓的豪華拋光沙龍中，每一輛車展示空間都很大，燈光照明也很優美（大約有一百五十輛）。

之後我回到郊區州際公路的苦旅中（那天的騎行沒有樂趣……不過我收回這句話。我記得騎車經過聖帕布羅灣時，在西爾斯角附近，探索那一帶的岸邊鳥類——高蹺、鴴鳥和鷸鳥，那很有趣）。

想到薩利納斯當然就讓我想起了史坦貝克，我想他對於「孤魂騎士的幽靈作家之旅」會是一個很好的補充。位於薩利納斯舊城邊緣的國立史坦貝克中心，是我見過的同類中最好的。它以傳統的方式呈現了該地區的歷史（如尤馬、摩押、雅茅斯等），以富有想像力的選題和插圖，從立體模型到手作道具，呈現了史坦貝克筆下的世界。

「由於種種太過愚蠢的理由而無法進入。」（引用我的朋友馬克．里布林的話），我最後住進了一家二等的汽車旅館（一晚三十五美元，但餐點很美味）。

隔天在泰巴奇家庭咖啡廳也吃了一頓不錯的早餐。這是一個很經典的地方，綠松石色的櫃檯

17 黑鷹汽車博物館成立於一九八八年，收藏了大量經典、稀有和獨特的汽車。
18 由克萊斯勒設計、義大利汽車設計和車身製造公司吉亞打造車身。
19 杜森伯格是成立於一九二〇年的美國賽車和豪華汽車製造商。
20 帕卡德是一八九九年成立的美國豪華汽車生產商。
21 皮爾斯—阿羅是一家總部位於紐約水牛城的美國汽車製造商，活躍於一九〇一至一九三八年。
22 布加迪是法國一家超級跑車車廠，曾生產出世界上最快的車，最原始的布加迪品牌已經在二戰後消失。
23 迪拉克 V-16 是一九三〇至一九四〇推出的一款汽車，也是凱迪拉克當時最豪華的車型，產量十分稀少。
24 伊索塔—弗拉希尼是義大利的豪華汽車製造商，一九〇〇年成立，是二戰前活躍的車廠之一，二戰後停止汽車業務。
25 希斯巴諾—蘇莎是一九〇四年創立的西班牙汽車公司。其買家多為國王、貴族和藝術家，因他們都十分重視排他性、設計、技術、可靠性和車輛的風格。
26 捷豹 XJ13 利曼原型車是專利曼耐力賽打造的原型車，世界上只有一輛，但它從未參加過任何比賽。
27 德拉熱是一九〇五年創立的法國豪華汽車和賽車公司。
28 德拉哈耶是一八九四在法國創立的汽車製造公司。
29 拉貢達是英國豪華汽車品牌，成立於一九〇六年，自一九四七年以來一直歸阿斯頓．馬丁所有。

和包廂座位，長長的吧台上有高腳椅，還有靠著牆的深綠色皮沙發，鄉村音樂嗚嗚地吟唱著。

附上我隨手畫的從薩利納斯到這裡的簡單路線圖。我知道你對這封信中的「特效」印象深刻，但我也懷疑你會（偷偷地）對這條路線印象深刻，特別是在你相信我真的做到了之後。

雖然早上為了尋找G17號縣道[30]經歷一番痛苦（你知道的，那些縣道沒有太多的數字標識），還有後來的一些小失誤之後，但我還是成功地做到了這一切，我可以大言不慚地這麼說。

總之，那條二十五號州道是我們在一九九七年母親節從科靈加走的那條，如今想想在那次旅行中我們被寵壞了，每天都騎著令人驚奇的道路（這當然要感謝你；或者說，如果是我讓這成為可能，你則是讓它實現），卻只是把這樣的極度美好當作正常現象來接受。

現在這個孤魂騎士知道的比較多了，因為我不是坐在旅遊巴士上打瞌睡而是實際走過。這是有區別的。二十五號公路的部分路段非常精彩（有幾群假日的越野騎士顯然跟我們做出同樣的選擇），風景的變化從霧濛濛的墨西哥裔社區（真實墨西哥在空間扭曲後可能的樣子：但變成更好！）進入史坦貝克的長谷，大規模灌溉的蔬菜農場在霧氣下舒展，綠油油充滿生命的氣息（而不僅僅是「食物」）。

然後再次上到黃草叢生的山丘，那裡有很迷人的彎道（沒有房車或卡車，汽車和皮卡也不多見），然後下到中央山谷：棉花、萵苣、高麗菜、朝鮮薊、杏仁、葡萄園，以及那些寬闊、水流快速又富戲劇性（對我而言）的加州輸水道，然後進入布滿松樹的山區，這裡就是這個故事開始的地方（我想）。

一九九九年十月二十五日

優勝美地

第二天下午晚些的時候……

在峽谷壁上進行了一整天的徒步旅行回來，在六點五公里內向上推進了九百一十五公尺（從一千兩百二十公尺開始），總共約二十公里。現在全身都很疲憊卻很愉悅，身上有幾個水泡——大部分應該是在下坡時起的，因為這些路段許多都是乾泥巴的硬路面，鋪著粉狀的沙子和礫石。考慮到下坡的陡峭，你必須隨時做好滑倒的準備，膝蓋彎曲，重心後移，就像滑雪者一樣，這也很累人。我們的目標是冰川點，可以俯瞰大部分山谷直到半圓丘，甚至更遠在矮樹叢、松樹和樅樹之間沒有冰川的山峰。

然而遺憾的是，這裡開車也能到達，而大多數優秀的美國人都是這樣做的，他們可以就只是

30　G17是一條總長七十二公里的縣道，從加州一號公路旁的瑪麗娜開始，沿著薩利納斯河西岸向南行駛。縣道是美國公路系統中最低級別的公路，道路維護通常低於標準水平，且不一定會有標誌。

停車，步行（或漫步）個一百公尺，看看四周，然後再開車離開。

我不得不相信，他們跟我對這同樣景色的**體驗**是不同的，不是累得滿頭大汗、腳痠痛，而是將這些美景盡收眼底而感到的滿足，你懂嗎？你知道我已經（對自己）說了很久，希望有一天能把這些冒險寫成一本書，今天我又想到了這一點，我在日記中寫道：

這些天我越來越常思考我「應該」寫的那本大書。不知道這是否意味著什麼，但是一想到要把我知道的一切（甚至關於這次旅行）都寫進書裡，就非常令人生畏，甚至我所知道的關於今天的一切也可以寫成一本好書。在我走路的時候，我所看到的，我所想的。有無數的想法從腦海中盤旋而出，彼此關聯，就像一個磁帶沒捲好的錄音帶，然而只要我一停下來，就都消失了，斷了。現在我想起來，騎車也是如此。

你知道那是什麼感覺，所有的想法都在你的腦海中盤旋，變成能夠理解又具體的存在，你就是可以看到它應該是怎樣的。

但是要怎樣才能「具體做到」，這才是最難的部分。這將需要很長很長的時間，把自己徹頭徹尾的變成一個**認真的隱士**，迫使我用文字表達很多困難的東西，所以我必須確保我自己準備好了，真的準備好了，為這一切做好準備。

但我還沒有準備好，這是可以肯定的，也許我正在構思中並想辦法完成。如果現在我能有一個**研究員**，而不是一個在監獄裡的人，也許我能有所進展。

所以快點離開那個地方，好嗎？我有重要的工作要給你做！

現在我挪到吧台去喝我非常想喝的白蘭地。對我來說，在一個不能吸菸的酒吧裡還是很奇怪，但是——這就是加州。

還有，你覺得我最好的朋友是一個不吸菸、不喝酒、禁慾的素食者是什麼感覺？我知道你別無選擇，我也相信我很快就能讓你「恢復正常」，讓你重新墮落（不過，關於禁慾這件事就得靠你自己了，兄弟）。

我有更多的理由珍惜那次「回聲測試」巡演的記憶。我一直說我們被「寵壞了」，但我想只有當你認為被寵壞才能過上美好的生活時才是如此。只是我想從那時起，事情已經開始走下坡了。那次巡演當然是我職業生涯的巔峰，也是我生命中的巔峰，所有事情都是那麼順理成章，我們也享受到了豐碩的果實。一切都不可能再好了。

每當人們對我現在的游牧生活表示出類似「羨慕」的態度時（除了你），我很快就會溫和的糾正他們的這種想法。這不是什麼「快樂的旅行」，而是一種絕望的、不安的流放。正如我所說，我寧願坐在家裡寫一本偉大的書。然而……接受現實吧。

正如現在和未來的我們，對嗎？溫迪哥（原住民的傳說，因品嘗人肉而幻化的精靈，注定要在夜裡出沒嚇壞孩子）。

現在到此結束吧，我想把這封信寄出去。明天去弗內斯克里克，然後去洛杉磯。在那星期打電話給我。

孤魂騎士

最近我注意到我內在的小孩成長的另一個明顯的跡象——重新開始關切我旅行中的自然世界。到現在為止我一直保持著對自然的熱愛，這是顯而易見的，但這並不等於關心自然。在生活的背叛徹底地削弱了我的信仰和理想後，很長一段時間裡我對周圍世界不存在任何責任感（「啊，拯救你的星球！」）。然而在此之前的許多年，關心環境和慈善公益一直是我生活中的重要部分。

每年十二月，我們的會計希拉都會寄給我一長串前一年的慈善捐款清單，有好幾頁，我都會和賽琳娜一起看，告訴她我們正在為哪些「事業」做出貢獻，捐款多少，並告訴她為誰而做：兒童疾病、環境監督、拯救雨林、婦女庇護所、提供非洲清潔的水源、愛滋病研究、社區重建諸如此類。我想讓她知道並理解我的「如果你過的不錯，就該幫助別人」的哲學。我也曾相信「做好事有好報」，這顯然沒有成功，我的理想被打碎了，我仍維持對朋友和街友的慷慨，但對有組織的慈善事業失去了所有興趣。

每年聖誕節賈姬都會訂購整箱的食品和生活用品送到當地的食物銀行（他們曾經想表揚她的善

行，但她拒絕了），那年早些時候，黛比告訴我，多倫多的房子裡有一通來自「箱子先生」[31]的電話留言，他想知道為什麼沒有賈姬的消息，並希望這通電話沒有打擾到她。

在賽琳娜的葬禮上，我弟弟丹尼讀了一首威斯坦．休．奧登[32]的詩，賈姬和我之後同意把這首詩放在賽琳娜的紀念碑上（當時並不知道這也會是賈姬的紀念碑——或者，不應該那麼快）。這是一首著名的哀歌，結尾是：「漏盡海洋，拔光樹林，因為世間已再無美好。」[33]

當時我確實有這種感覺，彷彿「世界末日」來臨，誰還需要星星、海洋或樹林呢？即使在「療癒之路」上走了這麼多里路，我仍然相信「世間已再無美好」，但慢慢地，慢慢地，我又開始對海洋和森林的生態健康感興趣了。

在去優勝美地的路上，我騎車經過一個可怕的煙霧繚繞的工業園區（既是工業又是園區，明顯矛盾的修辭法）就在舊金山東部，遠離城市，這讓我想到，就像現代人已經與自然生活「分離」，不僅遠離狩獵和捕魚，而且遠離與食物生產有關的一切，同樣的事情也發生在工業上。它越來越遠離我們的視線，在「工業園區」或在無人居住的地區——不僅僅在西部，因為我在西維吉尼亞州的山區、密西西比河下游和中西部的農村地區看到了化學工廠。

31 箱子先生是一家在一九八四年創建於多倫多的食品宅配公司。
32 威斯坦．休．奧登，英裔美籍詩人，二十世紀重要的文學家之一。
33 摘自奧登的詩作《葬禮藍調》，原文：Pour away the ocean and sweep up the woods / For nothing now can ever come to any good。

那天早上當我爬上峽谷到冰川點時，我注意到一層橙色的霧靄橫跨優勝美地山谷，從一邊延伸到另一邊。在那次徒步旅行中我還注意到一個標誌，上面寫著一個叫做優勝美地「守護者」的人，在一八九〇年炸毀了谷底的冰磧以「降低地下水位」。我想知道那是如何「守護」優勝美地的自然美景的。

與此同時我一直在閱讀奧爾多．利奧波德的《沙鄉年鑑》，這本書寫於一九四九年，被認為是開生態意識書籍的先河。利奧波德不是一個業餘的自然主義者，而是一個熱衷於打獵和戶外活動的人，他明白人類也是自然界的一部分。他並不反對使用自然資源，只是抗議對周圍一切事物的大肆破壞。他寫道：「收起每一個齒輪和輪子，是補救的前提。」

當我漫步在西部的偏僻小路上時，我清楚地意識到每一條道路都是由一個礦工、一個伐木工人或一個牧場主開闢的，然而現在這些人顯然是他們所開拓土地的敵人——特別是當他們已經成長為非個人的公司，致力於挖掘成堆的有毒礦渣、砍伐山林、過度放牧公共土地或在每條河流上築壩。在加拿大西部和美國，森林、草原、沙漠、山谷、河流、峽谷、山麓和海岸線仍在以驚人的速度被吞噬，而且看不到盡頭。

亨利．亞當斯寫道：「混沌是自然的法則；秩序是人類的夢想。」儘管這位特別的「失望的理想主義者」（別說是「憤世嫉俗的人」）已經學會接受自然和生命是完全隨機、混亂和無情的。「秩序」不是我的夢想，只有大自然的美麗，也許還有一些和平……才是。

這應該是第二天性——
至少，我是這麼認為的
現在我躺在夢境中
我知道完美不是真的
我以為我們會更接近
但我已準備好做個交易

〈第二天性〉，一九八七年[34]

34 匆促樂團《別開火》專輯中曲目〈第二天性〉的歌詞摘錄。原文：It ought to be second nature / At least, that's what I feel / Now I lay me down in dreamland / I know perfect's not for real / I thought we might get closer / But I'm ready to make a deal。

第十七章

望遠鏡峰

帶著所有的幻影，
穿過凜冽寒風和暴風雨的天空，
從沙漠到高山，
從最低到最高之處。

〈孤魂騎士〉，二〇〇一年[1]

1　《蒸汽軌跡》專輯中曲目〈孤魂騎士〉的歌詞摘錄。原文：Carry all those phantoms / Through bitter wind and stormy skies / From the desert to the mountain / From the lowest low to the highest high。

〈致布魯特斯的信〉

一九九九年十月二十六日
加州．死亡谷國家公園

午安，昔日的夥伴：

想像一下這個畫面：爐溪牧場度假村的自助洗衣房，座落於拖車營地的中間，一個面積如浴室大小的水泥磚房舍。下午五點四十五分〈我想實際上是四點四十五分〉，夕陽剛剛下沉到參差不齊的木麻黃〈我覺得實際上是檉柳〉後方〈某種枯死病正在發生〉，我在這裡等衣服洗好。積了好多天的髒衣服：不能再多等一天了！

但正如我說過的，很高興能在這裡〈我不是指在洗衣房這裡，雖然坐在野餐長椅上面對拖車和休旅車之間的狹窄車道，也沒什麼不舒服，眼前看到的幾輛車中〈三輛來自內華達州，一個輛來自加州，還有一輛來自……南達可達州。現在我被重重包圍在括號內的括號中。好吧，我要帶著你一起突破其中**一個括號**〉。

今天有一個很愉快的旅程。因為清晨騎車穿過公園裡高大的松樹和冷杉林，後來蜿蜒行至更高處穿過稀疏的森林，陽光中充滿了煙霧〈根據標誌指出，這是為了「控管」並符合「法規」

的放火），然後到達三千公尺的蒂奧加山口的林木線邊緣，並且沿著莫諾湖的另一側蜿蜒而下，沿岸是那些奇怪的石灰華沉積怪石。不過這一天最精彩的時光是越過下一個山口（也許是松雞嶺），進入寬廣、開闊的山艾樹海的那刻，就像大海一樣的遼闊。到了那裡，時間慢了下來，每一個危險和美麗的來源都在幾公里之外。

當世界像這樣以緩慢的速度在我眼前展開，我不自覺的發出一聲輕嘆，肩膀放鬆自然的垂下，我感覺……好多了。我有多久沒有把腿放在氣缸蓋上騎行？我甚至記不起來了。絕對不是在海邊。

〔場景改變〕

此刻的景象更棒。餐廳裡，最後一絲暮色籠罩在我希望明天能站上去的帕納明特山和望遠鏡峰。衣服洗好等待烘乾的空檔我去了遊客中心，可愛的護林員告訴我，往上爬大約是三個小時的路程，高度在短程內增加九百一十五公尺（又來了！我身上還因昨天的攀登而有點痠痛），然後往下走大約一小時的路程，接著是大約一個小時的騎程。不過這一次，海拔從兩千四百公尺上升到三千三百公尺，所以可能會挺吃力的。不過還是要去的。為什麼，因為如果我成功了，明天晚上我就能吃兩份甜點了！

我一直在思考著該不該向你介紹我的一些餐點，我覺得，嘿，最好讓你知道或提醒你，在「另一個世界」有一些東西在等著你，不是嗎？

有趣的是：今天我以為大部分走的是新路，像穿過蒂奧加山口向東進入內華達州一二〇號公路。後來我意識到我一定是走了連接科爾代爾和韋斯特加德山口的那條路，以及我去年走過的索諾拉山口（我認為無論是風景還是「技術性」而言，都比蒂奧加山口更棒）和托諾帕之間的那條。沙漠無止盡的新鮮感來自於我可以一個人走，很令人滿意，然後看到一個前往叫帕爾梅托的鬼城的指標，我笑了起來，很高興去年我去過那裡。

此刻，沿著帕納明特山像幽靈般的黑色剪影，有一個更蒼白的天空輪廓。

今天的晚餐是龍蝦墨西哥捲餅，溫的，配上冷的綠椒燉豬肉，一杯夏多內，還有烤扇貝配天使義大利麵。可能還會來點甜點——為明天「增肥」。你知道的，碳水化合物的補給。

我得好好想想我為什麼這麼喜歡死亡谷這個地方。我滿足於在涼爽的陽光下騎行，看著山艾灌叢、零星的仙人掌、從二六四號公路下來時見到的五匹野馬群、牧場和成捆的乾草、廢棄的和採挖中的礦場、在高低起伏的山丘上，約書亞樹穿插著山艾灌叢形成的天然「邊界」，然後在經過與九十五號公路交界處「全年無休」的棉尾牧場後，木焦油灌木取代了山艾灌叢成為主要的植被。

這是我第一次騎從斯科蒂交叉口到斯科蒂堡[2]的路，停下來買了一些很酷的舊貼紙，順道向

2 斯科蒂堡位於死亡谷國家公園的葡萄藤山，是一座兩層樓的西班牙殖民風格別墅，並非真正的城堡。

護林員詢問那些被侵蝕的碎片區域叫什麼，它的名稱已經困擾我一個多小時了（叫沖積扇，我真笨），然後繼續沿著葡萄藤峽谷進入山谷。我感到自己在微笑，望著那些荒涼布滿皺紋的山丘和木焦油灌木平原、沙丘和鹽灘，不知道為什麼，我愛上了它們。好吧，我可能知道，但如果你一定要問的話——那我就把它留給真正的書吧（不是我聽說你正要出版的那本名為《給布魯特斯的信》的盜版書）。

你知道嗎？當你在享受（或忍受）我最近給你的大量信件時，我的日記卻在抗議：「你以前這些東西都是寫給我的。」

是誰愛你啊，寶貝？

我在想，有些重機騎士就是會敗壞其他騎士的名聲，你知道嗎？今天早上在阿赫瓦尼，我在六點半左右醒來，窗戶開著，寒冷的空氣中瀰漫著松香讓我在被子裡又多待了一會兒，正當我享受著第一支菸的時候，突然聽到一輛啟動的哈雷排氣管發出爆裂聲，一次一個汽缸，反覆的爆破聲和震盪，最後在快速怠速時發出爆衝式的怒吼，然後像一輛消聲器壞了的福特平頭車一樣在樹林裡隆隆作響。

然後就在剛才，他們中的兩個人出現在餐廳，鼓鼓的啤酒肚撐起了夏威夷襯衫，當被告知穿著不符餐廳「休閒優雅」的著裝要求時，他們便怒氣沖沖地離開了。就是這種人。

最近，我注意到自己旅行得越多，在工作和娛樂中觀察到的人越多，我對人類的總體評價就越低。這感受是很深刻的。我一直是個理想主義者，相信人的「可塑性」，相信大多數人的本質是善良的，所以這種轉變對我來說是極深刻的改變，就像以前的我一定要穿印有東西的T恤或運動衫，而現在則再也不穿印有東西的T恤了。你懂我的意思嗎？當然我也遇到過我直覺喜歡的人，也珍惜那些我認識、與我「志趣相投」的人，但這些是少數。在我的認知中，大部分的人只是糟蹋了我們其他人的生活，不是嗎？

我相信你了解的。雖然你總是比我更**寬容**。

我仍然容忍許多，甚至可能比以往任何時候都多，但這並不意味著我接受、佩服或欣賞我看到的東西。我只是試著去忍受它而已。

一九九九年十月二十七日

死亡谷

有死亡谷景觀照片的貼紙——當然是從扎布里斯基角望出去的曼利峰，左上方是望遠鏡峰（那天顯然有雪，但今天沒有）。

一開始是在一段路況越來越差的道路上騎了一百〇五公里；從鋪設良好的國道到更窄、更崎嶇的路面，而最後幾公里則是非常陡峭的碎石路，有沙子、碎石、落石、車輪溝加上危險彎道

（路標上寫著「僅限高底盤四輪驅動車」）。

而這僅僅是到兩千四百公尺的登山口而已。接著步行十一公里到達山頂，一路上升穿過各種不同植被，先是山艾灌叢，再來杜松，然後是松樹、紫杉（另一種樹，像巨大的紅杉和西黃松一樣需要火來讓種子發芽[3]），還有兩千七百五十公尺以上的大枝松，最後是三千公尺以上古老的狐尾松。

山頂其實就是光禿禿的一片有著參差不齊的岩石（雖然到那裡時感覺躺在上面很舒服），長著稀疏的草。但是風景卻是令人驚嘆的。遙遠的整個低谷，惡水盆地[4]（他們稱之為「化學沙漠」）周圍的白色鹽灘，爐溪的綠洲只是一個小小的綠色點。在西邊很遠的地方則是帕納明特谷，有棕色溝壑縱橫的山脈，它的一端是堆疊的沙丘，穿越它的公路用肉眼看不見只能用想像的。而在遠處的某個地方是卡洛雷之父眺望台。

不過現在我又累又痛。下山的時候除了呼吸比較順暢外，幾乎和上山一樣艱難。一度我邊走邊數著我的疼痛點：頸部、肩膀、背部、下背部、臀部、大腿、腿筋、膝蓋、小腿、腳踝，尤其是腳。不過，我不需要直升機救援就成功下來了。

至少那裡是沒有辦法開車上去的，所以我只和另外兩個人共享了這段經歷，他們同樣安靜地坐著吃著午餐四處張望（我請其中一個人幫我拍了照片，證明到此一遊），我在下山的路上還超過了另外一個徒步者。在山下查看登山紀錄時，我注意到平均每天有三個人簽到，有些人承認沒有登頂。

我的大腦和身體一樣疲憊（我一路走著都在思考），所以我期待著在洛杉磯可以暫時關機一段時間。在洛杉磯我也一定會和你聊聊，所以我會留一些事情到時再談。我今天在想，最近之所以這麼勤於寫信是因為最近住的飯店比較高檔，那裡的餐館燈光往往比較柔和不適合閱讀，但把我的心聲寫給你知道還綽綽有餘。

現在，在我告訴你我吃了玉米和蟹肉濃湯、牛肉和雞肉燒烤、沾著合宜醬汁和莎莎醬的蝦子、一杯本齊格赤霞珠紅酒，還有桃子冰淇淋、咖啡、白蘭地和很多的水之後……我就不打擾你了。

年輕人，期待與你聊聊並聽你說：「怎麼樣啊？」

在死亡谷，在孤魂騎士洗衣服的地方（還有哪裡比這裡更好呢？），我祝你晚安。

孤魂騎士

3 在溫度較低的中高緯度溫帶國家，松樹毬果繁衍有時需要靠「火燒」。火災會讓毬果開裂，幫助種子釋出。但因為森林火通常是地面火，很快就燒過去，因此並不會把毬果化為灰燼。

4 惡水盆地是死亡谷國家公園的一個內流盆地，是北美洲的最低點。盆地的命名由來是因為該內流盆地的水質鹽度過高而不能飲用，故稱作「惡水」。

但我那時知道嗎……

當我站在望遠鏡峰頂，死亡谷在我面前，死亡谷也在我身後。而再次地，巨大的變化即將來臨。

變化永無止境
希望就像一條無盡的河流
現在又是時候了

〈無垠的天空〉，二〇〇一年[5]

5 《蒸汽軌跡》專輯中曲目〈無垠的天空〉的歌詞摘錄。原文：changes never end / hope is like an endless river / the time is now, again。

第十八章

結語

愛隨著太陽火焰誕生
從星球的兩極出發
向著更高的平面移動
兩個一半相遇成兩個整體

〈愛的速度〉，一九九三年[1]

1　《平起平坐》專輯中曲目〈愛的速度〉的歌詞摘錄。原文：Love is born with solar flares / From two magnetic poles / It moves toward a higher plane / Where two halves make two wholes。

不到一天，我已到了洛杉磯；不到一週，安德魯就把我介紹給了嘉莉，我真正的救贖天使；不到一個月，我們就深深地相愛了，不到一年，我們就在聖塔巴巴拉附近舉行了童話般的婚禮。

嘉莉：

美麗、聰明、修養好、有藝術氣息又深情。

有著深綠色的眼睛，長長的黑髮，燦爛的笑容。

完美的結合了高挑、纖細、勻稱。

一半是英國人，一半是瑞典人，結合成美國人，全是我的。

這是我這個祈求者不敢說出、甚至不敢夢想的答案——嘉莉。一個朋友，一個靈魂伴侶，一個情人，一個妻子，一個要開始的新旅程，一個最大的冒險。

儘管即使在我們相遇之後，我也有一段時間抵抗著這種不太可能的救贖，覺得自己直到那時仍然不過是一具被燒毀的軀殼。這個比喻也能延伸到「曾經被燒毀」的一切，我猜這個內在的小孩已經被燒毀了不止一次。但東非人對此有不同的說法：「燒過一次的木頭更容易被點燃。」或者也許它更像西黃松或紅杉的種子，必須經過火的觸動才能產生新的生命。

在好萊塢的一家餐廳，在安德魯和他的女友陪伴下，第一次尷尬的會面後，同一個星期我和嘉莉又被安德魯（這位意志堅定的媒人婆）帶到了托潘加州立公園與他友善的狗鮑伯一起健行。安德魯謹慎地和鮑伯走在前面隨行，嘉莉和我一路走來談論著這個世界和我們身處其中的生活。但我固執的不肯承認這是「約會」，也不覺得我應該做些什麼，第二天我繼續愉快地旅行。

一、兩個星期後，我發現自己又繞回了洛杉磯，嘉莉和我在拉古納海灘的一家餐廳有了第一次單獨約會，之後在麗思卡爾頓飯店喝了酒。同樣的，我們輕鬆地交談著，越來越無拘束但並不是「調情」，直到有一刻我偶然從餐廳對面看到了她——她毫無防備的臉上那令人難忘的一瞥，時間彷彿停止了，一切也隨之改變。那充滿說服力的一刻融化了我堅硬冰冷的心，並召喚我回到愛的國度。

但由於特有的缺乏自覺，我又一次騎車離開了（嘉莉現在稱我為她的「征服者」，總是穿上黑色皮衣，跨上坐騎四處去冒險），但我再次發現自己想繞回來。這一次我無法否認這個女人是「對的人」，在拜訪嘉莉居住的聖莫尼卡兩天後，孤魂騎士的一切都結束了。

不過，我這個「征服者」還是再次騎車離開了。史蒂芬和我已經安排好十二月中旬在土桑見面，搭乘他岳父的悍馬越野車去下加州（這是另一個故事），但我無法停止對嘉莉的想念。那次旅行的幾天後我打電話給她，邀請她在卡波聖盧卡斯和我一起過週末。然後在史蒂芬和我成功地「閃過」了聖誕節後，我就飛回湖邊的房子，和嘉莉一起在那裡用熱切的愛和希望的火焰迎接千禧年的到來。

二〇〇〇年一月，我搬到聖莫尼卡去和嘉莉在一起，因為她在那裡的攝影事業剛開始嶄露頭角，而我只有——她。我經常還會有那種「陷入旋風」的感覺，我的情緒會在某一天向新發現的快樂飛升，可是第二天又掉入往日熟悉的痛苦中，但整體趨勢都是向上的，我致力於與嘉莉建立新的生活。

我已經找到了我的內在小孩的真正救贖，我再一次想要永遠活下去。我加入了當地的基督教青年會，開始上瑜伽課，戒了菸，甚至還大大減少了酒量。任何事情都可能發生，有時這也是好事。

二〇〇〇年九月九日，我們的家人和最親密的朋友齊聚在蒙特西託的一棟別墅花園裡，這一天有陽光、鮮花、音樂、香檳和舞蹈；這一天有快樂、歡笑和勝利。對於那些幫助我度過那條漫長、孤獨的道路的人，如我的父母、蓋迪和艾力克斯、雷、連恩、希拉以及布拉德和麗塔，我們有太多的喜悅。

儀式前我站在白花拱門下，管弦樂隊在嘉莉隆重登場前演奏，我望著這群衣著亮麗面帶微笑的客人，再望著後面的樹木和太平洋的藍色廣闊天地。有那麼一刻我想到把我帶到那裡的一切，我內心開始崩潰了。但那只一瞬間，一個意識到的小小轉折點，然後我復歸於平靜，當我走到草地上牽起嘉莉的手時，我驕傲而幸福地笑了。

當我為這個故事畫上句號的時候，已經是二〇〇二年一月了。一年來我一直與蓋迪和艾力克斯在多倫多的一間小錄音室裡工作，作曲、編曲和錄製一張新的匆促專輯名為《蒸汽軌跡》。專輯名稱來自於一九九九年夏天寫給休·塞姆的一封信中，對記憶幽靈的一種隨性稱呼。

專輯中的同名歌曲〈蒸汽軌跡〉也是我為這個專輯寫的第一批歌詞之一，因為我最初創作的幾首歌必然有一些哲學和情感上的「包袱」需要梳理。像〈甜蜜的奇蹟〉和〈大地之光〉[2]這樣的歌曲反映了我新生活的喜悅，然後我的作詞轉向更具概念的主題，不再那麼個人化。

嘉莉在聖莫尼卡仍有她的生活和工作，我們也在那裡安了家，但我們不想分開太多，所以一年中我們倆人在聖莫尼卡與多倫多租來的公寓之間往返——她說這是一個音樂家（和音樂家的妻子）的錯位生活。

因為奇妙的機緣，布魯特斯在二〇〇一年一月獲得假釋，並在我到達多倫多時開始在一家攝影工作室工作。我們再次成為可以真正見面的最好朋友，一起度過的夜晚取代了那些從孤獨的餐館桌子上和遙遠的汽車旅館房間裡寫給布魯特斯的「信」；我們談論著我們去過的地方、現在所在的地方、以及未來想去的地方，甚至夢想著有一天能再次一起旅行。

賈姬的哥哥史蒂芬仍然是我們的好朋友（儘管他住在離我們最遙遠最黑暗的俄亥俄州）；基斯繼續為我們打理著湖畔小屋，保持一切完美（雖然在所有工作和旅行中我們很少去看看），而唯一一個似乎難以讓我「繼續前進」的人是黛比。我們一直試圖彌合彼此之間的裂痕，但當我告訴她我和嘉莉訂婚時，她似乎感到被拋棄、被背叛，切斷了我們共同的記憶並回以一封帶著情緒的信，更加深了我們之間的疏遠。即使如此，我們兩個人都試圖盡可能地保持溝通，嘉莉甚至同意與黛比見面，希望幫助她接受現在的情況，但也許那是一個過去與未來之間永遠無法彌合的鴻溝。不過我們還是繼續努力。

我繼續努力搭建自己的橋樑，試圖把我的經歷寫成文字，當成持續的「療法」和解決問題的嘗試。在工作室裡待了幾個星期後，我完成了一些歌詞，並想讓艾力克斯和蓋迪在我繼續下去前把其中一些譜進音樂中，所以我開始翻閱我旅程中的日誌和信件。我還沒意識到我已經在做一項不可能的任務，將所有這些資料以及我所經歷的一切轉譯成這本書。這是另一個漫長的過程，有時很痛苦也總是很艱辛，但它似乎幫助我讓我的鬼魂得到安息。療傷仍在繼續。

想到這，我回想起另一個轉折點，在我搬到聖莫尼卡後不久的一個黃昏。我獨自站在聖莫尼卡碼頭上望著大海，想著所發生的一切以及我的生活如何奇蹟般地再次完全翻轉。我想到了從聖布魯托湖的碼頭到俯瞰太平洋的碼頭之間我所走過的那些不安的、充滿痛苦的路程（八萬八千公里）。還有我的內在小孩在那條療癒之路上走過的距離，從坐在碼頭上抽著菸、喝著蘇格蘭威士忌，到在湖岸的一對鴨形岩石中尋找意義。

我想到我所有的「人格」也都在那裡找到了各自的救贖，正逐漸重新整合成一個集中的實體。好萊塢的派對男孩埃爾伍德很高興搬到了加州，就像他一直想要的那樣，並且在他生活中的每個日夜都和一個美麗的女人浪漫的生活。約翰．埃爾伍德．泰勒這個流浪的藍調歌手，滿足地停止憂鬱，暫時唱一首更快樂的歌。而小蓋亞，我們十四歲的「內在女孩」，則被縹緲的情感和浪漫的詩歌所感染。在這個陽光明媚的新世界裡，只有一個人沒有位置——孤魂騎士。

當我站在聖莫尼卡碼頭——六十六號公路、這條「幽靈之路」的非官方終點——我看到這是一個

2 〈甜蜜的奇蹟〉和〈大地之光〉都是匆促在《蒸汽軌跡》專輯中的歌。

合適的地方，可以讓人突然醒悟，孤魂騎士的旅途也在這裡結束。我不再是一個隱士，也不再是一個吉普賽人，不再是人格分裂，我又成長為一個男人（儘管不再是獨自一個人），在我的生活中擁有快樂和意義，在一個屬於我的地方——在那個如此愛我的女人身邊——度過日夜。嘉莉。

我已經找到了我的休息和救贖之處，孤魂騎士的任務已經完成。他現在可以繼續騎行了，就在那個碼頭的盡頭走向夕陽。

如果音樂停止，只剩下雨聲，
所有的希望和榮耀
所有的犧牲都是徒勞
如果愛還在
儘管一切已失去
我們將付出代價
但我們將不計後果

〈虛張聲勢〉，一九九一年[3]

致謝

人生的某些旅程必須獨自承擔，但沒有一條寬敞的高速公路能像有愛心的人敞開心扉那樣撫慰受創的靈魂。我想藉此機會正式感謝在我無法照顧自己時照顧我的家人和朋友：我的父母格倫和貝蒂、姐妹朱迪和南希、弟弟丹尼和他的妻子珍妮特、黛比和馬克、史蒂芬和雪莉、基斯、布魯特斯和喬治亞、布拉德和麗塔、大衛和凱倫、雷和蘇珊、希拉、蓋迪、艾力克斯和連恩。

我和我的摩托車要特別感謝鹽湖城的ＢＭＷ、土桑的鐵馬摩托車店。有時我在情感上幾乎同意一種高尚的想法：認識這些人的快樂似乎使得失去賈姬和賽琳娜的痛苦是值得的。我不知道我是否最終能夠接受這個想法，但重要的是我今天接受了——認識嘉莉的快樂以及被她愛的靈感。沒有她，《蒸汽軌跡》就不會完成，這本書就不會被寫出來。「致力於未來，榮耀過去。」

3 匆促樂團一九九三年發行的《搖滾硬骨》專輯中曲目〈虛張聲勢〉的歌詞摘錄。原文：And if the music stops / There's only the sound of the rain / All the hope and glory / All the sacrifice in vain / If love remains / Though everything is lost / We will pay the price / But we will not count the cost。

中英譯名對照表

推薦序：

前衛搖滾 Progressive Rock
匆促樂團 Rush
艾力克斯・里夫森 Alex Lifeson
蓋迪・李 Geddy Lee
《趁夜高飛》 Fly by Night
硬式搖滾 Hard Rock
《再別王者》 A Farewell to Kings
《半球體》 Hemispheres
《永久的波浪》 Permanent Waves
《移動畫面》 Moving Pictures
《鋼鐵柔情》 Caress of Steel
經典搖滾電台 Classic Rock
奇數律動 Odd Meters
音色觸發器 Trigger
前衛金屬 Progressive Metal
夢劇場樂團 Dream Theater
伊藤正則 Masa Itoh
金屬製品樂團 Metallica
另類搖滾 Alternative Rock
油漬搖滾 Grunge
《蒸汽軌跡》 Vapor Trails
〈一場小勝利〉 One Little Victory
美國機車騎士協會
AMA, American Motorcyclist Association
誰人樂團 The Who
凱斯・穆恩 Keith Moon
「教授」 The Professor
《回聲測試》 Test for Echo
巴布・狄倫 Bob Dylan

第一部

《臨危不亂》 Grace Under Pressure
〈殘留影像〉 Afterimage

第一章　自我放逐

《搖滾硬骨》 Roll the Bones
〈克服〉 Face Up
巴塔哥尼亞 Patagonia
海恩斯 Haines, Alaska
《自私的基因》 The Selfish Gene
理查・道金斯 Richard Dawkinds
《蒙面騎士》 The Masked Rider
加拿大地盾 Canadian Shield
瓦爾多爾 Val d'Or
諾蘭達 Noranda
科克倫 Cochrane
北方萊茲汽車旅館
Northern Lites Motel
溫尼伯 Winnipeg
布蘭特福德 Brantford
彼得伯勒 Peterborough
尼皮貢湖 Lake Nipigon
蘇必略湖 Lake Superior
〈騎行〉 Driven

第二章　向西

《變魔術》 Presto
雷霆灣 Thunder Bay
納金高 Nat King Cole
哈林男童合唱團 Harlem Boys Choir
《查理・布朗的聖誕節》
A Charlie Brown Christmas
馬林巴木琴 marimba
哈雷・戴維森 Harley-Davidson
洛朗山脈 Laurentians
紐芬蘭 Newfoundland
新斯科細亞 Nova Scotia
哈利法克斯 Halifax
布雷頓角島 Cape Breton Island
卡博特小道 Cabot Trail
速克達人渣 Scooter Trash
黃刀鎮 Yellowknife
《加拿大自行車》 Cycle Canada
新布倫瑞克 New Brunswick
撒丁島 Sardinia
奧爾巴尼 Albany, New York
因紐特人 Inuit
因紐特人形石堆 inukshunk
「以男人的形象」
In the likeness of a man
《進行中的工作》 A Work in Progress
曼尼托巴省 Manitoba
加拿大橫貫公路
Trans-Canada Highway
雪松太平鳥 cedar waxwing
耶洛黑德公路 Yellowhead Highway
尼帕瓦 Neepawa
肋排先生 Mr. Ribs
《太陽依舊升起》
The Sun Also Rises
約克頓 Yorkton
葛倫・坎伯 Glen Campbell
〈溫柔在我心〉 Gentle On My Mind
〈這就是那個雨天〉
Here's That Rainy Day
吉米・範・休森 Jimmy Van Heusen
強尼・伯克 Johnny Burke
〈當我抵達鳳凰城〉
By the Time I Get to Phoenix
〈一切發生在我身上〉
Everything Happens to Me
變阻器樂團 Rheostatics
羅素旅館 Russell Inn
埃德蒙頓 Edmonton
阿拉斯加公路 Alaska Highway
克里人 Cree
道森河 Dawson Creek, British Columbia
科頓伍德 Cottonwood
大草原城 Grand Prairie
谷景鎮 Valleyview
費爾班克斯 Fairbanks
納爾遜堡 Fort Nelson
儲藏室餐廳 The Pantry
約翰・史坦貝克 John Steinbeck
蘇米特湖 Summit Lake
蒙喬湖 Muncho Lake
河烏 dipper / water ouzel
北極潛鳥 Arctic loon
川秋沙 merganser
海鸚 puffin

練習悲傷 grief work
（西）風暴 tormente
〈神經病〉 Neurotica

第三章　北至因紐維克

《別開火》 Hold Your Fire
〈推動者〉 Prime Mover
因紐維克 Inuvik
保羅・索魯 Paul Theroux
手扶椅旅行者 armchair travellers
巴拉克拉瓦頭套 balaclava
利亞德河 Liard River
渡鴉 raven
雲杉松雞 Spruce grouse
黃金之翼 Honda Gold Wing
電報溪 Telegraph Creek
《分點》 Equinox
克朗代克淘金熱 Klondike gold rush
斯蒂金河 Stikine River
斯蒂金河大峽谷
The Great Canyon of the Stikine
河流之歌 Stikine Riversong café
哈德遜灣公司 Hudson's Bay Company
蘭格爾鎮 Wrangell, Alaska
「在曠野哭泣的聲音」
Vox clamatis in deserto
格萊諾拉 Glenora
迪斯湖 Dease Lake
沃森湖 Watson Lake
白馬市 Whitehorse
韋斯特馬克酒店 Westmark Hotel
克朗代克高速公路 Klondike Highway
道森 Dowson
布蕾本客棧 Braeburn Lodge
卡馬克斯 Carmack
佩妮的店 Penny's Place
川崎越野摩托車
Kawasaki dual-sport bikes
道爾頓公路 Dalton Highway
普拉德霍灣 Prudhoe Bay
鄧普斯特公路 Dempster Highway
《那段豐富的過去》
The Very Richness of That Past
華勒斯・史達格納 Wallace Stegner
《海狼》 The Sea Wolf
《馬丁・伊登》 Martin Eden
奧克蘭市 Oakland, California
巨木圓形劇場
Greatwoods Amphitheater
麻薩諸塞州曼斯菲爾德 Mansfield
白山（新罕布什州）
White Mountains, New Hampshire
萊諾克斯鎮 Lenox, Massachusetts
惠特克羅夫克旅館 Wheatcroft Inn
霍克斯伯里 Hawkesbury, Ontario
波拉波拉島 Bora Bora
茉莉亞島 Moorea
克朗代克河旅舍 Klondike River Lodge
灰噪鴉 gray jay
柳雷鳥 willow ptarmigan
松雞 grouse
遊隼 peregrine falcon
矛隼 gyrfalcon
毛足鵟 rough-legged hawk
鷂子 harrier
地松鼠 ground squirrel

失落的巡邏隊 The Lost Patrol
貓火車 cat train
馬更些河 Mackenzie River
落葉松 tamarack
圓葉樺 dwarf birch
木焦油灌木叢 creosote bush
莫哈韋沙漠 Mojave Desert, California
麥克弗森堡 Fort McPherson
北極紅河 Arctic Red River
芬托汽車旅館 Finto Motor Inn
寇特・科本 Kurt Cobain
超脫樂團 Nirvana
圖克托亞克圖克 Tuktoyaktuk
〈挖掉石頭〉 Carve Away the Stone

第四章 西行到阿拉斯加

《歌之版圖》 Songlines
布魯斯・查特文 Bruce Chatwin
世界之巔公路
Top of the World Highway
傑克韋德 Jack Wade
撲克溪 Poker Creek
泰勒公路 Taylor Highway
托克鎮 Tok
洛杉磯安克拉治 Los Anchorage
魯伯特王子港
Prince Rupert, British Columbia
切納河 Chena River
沙丘鶴 sandhill cranes
麥金利峰 Mount McKinley
德納利山 Denali
朱諾 Juneau
庫克灣 Cook Inlet
蘭格爾山 Wrangell Mountains
艾迪速食餐廳 Fast Eddy's Restaurant
娜汀・葛蒂瑪 Nadine Gordimer
《生態保護者》 The Conservationist
海恩斯交匯處 Haines Junction
伯沃什蘭丁 Burwash Landing
沼澤鷹 marsh hawk
奇爾卡特河白頭鷹保護區
Chilkat River Bald Eagle Preserve
燈塔餐廳 Lighthouse Restaurant
雷諾 Reno
奇爾庫特河 Chilkoot River
湯姆・羅賓斯 Tom Robbins
《波特萊爾》 Baudelaire
喬瑟夫・康拉德 Joseph Conrad
喬治王子城 Prince George
奎斯內爾 Quesnel
車輪客棧 Wheel Inn
哈德遜灣 Hudson's Bay
卡里布淘金潮 Cariboo gold rush
威廉姆斯湖 Williams Lake
拉哈奇湖 La Hache Lake
百里屋 100 Mile House
瑞士策馬特 Zermatt, Switzerland
大理石峽谷 Marble Canyon
利洛威特 Lillooet
《電動窗》 Power Windows
〈馬拉松〉 Marathon

第五章 摩托車流浪漢的頭等艙

〈圖騰〉 Totem
基斯蘭奴 Kitsilano
松雞山 Grouse Mountain

「磨松雞」 Grouse Grind
布勒內灣 Burrard Inlet
史丹利公園 Stanley Park
馬蹄灣 Horseshoe Bay
喬治亞海峽 the Strait of Georgia
《時代殖民者》 Times- Colonist
納奈莫 Nanaimo
蘭代爾 Langdale
伯爵灣 Earls Cove
鹽場灣 Saltery Bay
鮑威爾河 Powell River
科莫克斯 Comox
坎貝爾河 Campbell River
哈迪港 Port Hardy
大教堂森林 Cathedral Grove
克拉闊特灣 Clayoquot Sound
維肯尼尼許旅館 Wickaninnish Inn
托菲諾 Tofino, B. C.
卡加利 Calgary
艾伯尼港 Port Alberni
希望鎮 Hope, B. C.
路易絲湖城堡 Chateau Lake Louise
班夫溫泉酒店 Banff Springs Hotel
尼爾森 Nelson, B.C.
赫德利 Hedley
曼寧公園 Manning Park
卡斯卡特瞭望台 Cascade Lookout
普林斯頓 Princeton
奧索尤斯 Osoyoos
特雷爾 Trail
卡斯爾加 Castlegar
貝斯特偉斯特酒店 Best Western
遺產旅館 Heritage Inn
休姆溫泉飯店 Hume Hotel & Spa
雪鞋健行 Snowshoeing
雜貨店餐廳 General Store restaurant
西堤島 Île de la Cité
塞倫蓋蒂平原 Serengeti Plain
靈魂風景 soulscape
庫特內湖 Kootenay Lake
鱒魚湖 Trout Lake
上箭湖 Upper Arrow Lake
灰熊鎮 Revelstoke
羅傑斯山口 Rogers Pass
塞爾扣克山脈 Selkirk Mountains
班夫 Banff
亞伯達餐廳 Alberta Dining Room
〈壽喜燒〉 Sukiyaki
朗朵酒吧 Rundle Bar
〈回憶〉 Memories
洛伊・韋伯 Lloyd Webber
德布西 Debussy
〈阿拉貝斯克〉 Arabesque
丹・哈德森 Dan Hudson
坎莫鎮 Canmore
《回顧》 Retrospective
亞伯達省 Alberta
班夫國家公園 Banff National Park
強斯頓峽谷 Johnston Canyon
「墨水壺」 Inkpots
巴羅洛葡萄酒 Barolo
冰川國家公園
Glacier National Park, Montana
沃特頓湖國家公園
Waterton Lakes National Park
威爾士親王酒店 Prince of Wales Hotel

卡納納斯基斯地區　Kananaskis region
騾鹿　mule deer
「崖錐」　talus
卡梅倫湖　Cameron Lake
布萊基斯頓瀑布　Backiston Falls
〈你真的惹惱我了〉
I've Got You under My Skin
〈你微笑的陰影〉
The Shadow of Your Smile
〈我無法開始〉　I Can't Get Started
〈老人河〉　Old Man River
扭葉松　lodgepole pine
《搖擺狂潮》　Swing Kids
數烏鴉樂團　Counting Crows
環嘴鷗　ring-billed gull
短耳貓頭鷹　short-eared owl.
瑪格麗特・克雷文　Margaret Craven
《我聽見貓頭鷹叫我的名字》
I Heard the Owl Call My Name
〈神祕節奏〉　Mystic Rhythms

第六章　美國最孤獨的公路

《平起平坐》　Counterparts
〈沒有人是英雄〉　Nobody's Hero
沃特頓冰川國際和平公園
Waterton Glacier International Peace Park
弗尼　Fernie, British Columbia
鴉巢隘口　Crowsnest Pass
亞克　Yahk
愛達荷州狹長地帶　Idaho Panhandle
弗蘭克滑坡　Frank Slide
龜山　Turtle Mountain
三姐妹峰　Trinity Mountain
莫伊泉　Moyie Spring
卡利斯佩爾　Kalispell, Montana
向陽大道　Going to the Sun Highway
約書亞・洛根　Joshua Logan
羅根隘口　Logan Pass
冰川公園旅館　Glacier Park Lodge
大北方鐵路
The Great Northern Railway
東冰川車站　the station of Glacier East
美國鐵路公司　Amtrak
〈比利喬之歌〉　Ode to Billie Joe
〈小青蘋果〉　Little Green Apples
斯闊峰　Squaw Peak
《橡皮頭》　Eraserhead
雷吉・里奇　Reggie Leach
哥倫比亞河　Columbia River
惠特菲什　Whitefish
尤里卡　Eureka
庫卡努薩湖　Lake Koocanusa
利比　Libby
庫特奈國家森林公園
Kootenai National Park
德克索馬　Texoma
猶瓦達　Uvada
卡爾內瓦　Calneva
摩西加利　Mexicali
邦納斯費里　Bonners Ferry
科達倫　Coeur d'Alene
莫斯科　Moscow
梅里韋瑟・路易斯　Meriwether Lewis
路易斯頓　Lewiston
蛇河　Snake river

威廉・克拉克 William Clark
克拉克斯頓 Clarkston, Washington
梅里韋瑟餐廳 Meriwether's
哈波・馬克思 Harpo Marx
瓦拉瓦拉 Walla Walla
梅希爾 Maryhill
哥倫比亞河景觀公路
Columbia River Scenic Highway
哥倫比亞河峽谷 Columbia River Gorge
山姆・希爾 Samuel Hill
強盜男爵 robber baron
德魯伊 Druid
路邊景點 roadside attractions
亞當斯山 Mount Adams
春達普 Zundapp
比格斯 Biggs
山姆・希爾紀念大橋
Samuel HillMemorial Bridge
達爾斯 The Dalles
勞特代爾 Troutdale
胡德里弗 Hood River
胡德山 Mount Hood
波特蘭 Portland
大盆地 Great Basin
本德 Bend
傑克・凱魯亞克 Jack Kerouac
《在路上》 On the Road
河屋汽車旅館 Riverhouse Motor Inn
〈唱啊唱啊唱〉 Sing, Sing, Sing
〈在林邊跳舞〉
Jumpin'at the Woodside
〈不管下雨或晴天〉
Come Rain or Come Shine
〈倫敦迷霧天〉
A Foggy Day in London Town
〈棕色小茶壺〉 Little Brown Jug
〈我聽過這首歌〉
I've Heard That Song Before
〈歡快的吹號手〉
Boogie Woogie Bugle Boy
〈感性旅程〉 Sentimental Journey
伯恩斯 Burns
雙子星重機保養店
Big Twin Motorcycles
樹城 Boise
獵場看守人餐廳
Gamekeeper Restaurant
櫻桃禧年冰淇淋 cherries jubilee
猛禽中心 Birds of Prey Center
韋瑟 Weiser
農夫歐姆蛋 Farmer's Omelette
地獄峽谷大壩 Hell's Canyon Dam
七魔山 Seven Devils Mountains
天堂之門 Heaven's Gate
火警監視塔 fire lookout
山藍鴝 mountain bluebirds
拖車廢物 trailer trash
戈爾特斯 Gore-Tex
里金斯 Riggins, Idaho
鮭魚河 Salmon River
河景汽車旅館 Riverview Motel
七魔牛排和酒館
Seven Devils Steak House and Saloon
約翰迪 John Day
約翰・雅各・阿斯特 John Jacob Astor
馬哈河 Mah-hah River

埃維爾・克尼維爾
Evel Knievel / Robert Craig Knievel
紅獅汽車旅館 Red Lion motel
紅獅跑車 Red Lions
亞基馬 Yakima
法拉利代托納敞篷車
Ferrari Daytona convertible
太陽谷 Sun Valley, Idaho
派屈克・懷特 Patrick White
《特威伯恩事件》 The Twyborn Affair
白鳥斜坡 White Bird Grade
格蘭吉維 Grangeville
紅脖子 redneck
米蘇拉 Missoula, Montana
藍寶石山 Sapphire Mountains
比特根山 Bitterroot Mountains
比特根河谷 Bitterroot River valley
鋸齒山 Sawtooth Mountains
萊米山口 Lemhi Pass
密蘇里河 Missouri River
太陽谷旅館 Sun Valley Lodge
埃夫里爾・哈里曼 Averell Harriman
《太陽谷小夜曲》
Sun Valley Serenade
葛倫・米勒 Glenn Miller
桑雅・赫尼 Sonja Heinje
班克斯 Banks
越橘莓 huckleberries
洛洛 Lolo, Montana
暗冠藍鴉 Steller's jays
迷路小徑山口 Lost Trail Pass
巴爾迪山 Mount Baldy
凱徹姆 Ketchum
守望者峰 The Lookout
〈失去它〉 Losing it
《信號》 Signals
辛克萊・劉易士 Sinclair Lewis
艾茲拉・龐德 Ezra Pound
愛德華・艾比 Edward Abbey
薇拉・凱瑟 Willa Cather
《我們的一員》 One of Ours
瑪麗・奧斯汀 Mary Austin
《苦雨之地》 The Land of Little Rain
楚門・柯波帝 Truman Capote
《冷血》 In Cold Blood
崔芬 B. Traven
麥爾坎・勞瑞 Malcolm Lowry
《火山下》 Under the Volcano
安妮・普露 Annie Proulx
《斷背山》 Brokeback Mountain
威廉・海特穆恩
William Least Heat-Moon
《藍色公路》 Blue Highways
羅勃・波西格 Robert Pirsig
《禪與摩托車維修的藝術》
Zen and the Art of Motorcycle Maintenance
戈馬克・麥卡錫 Cormac McCarthy
俄勒岡小徑 Oregon Trail
驛馬快信之路 Pony Express Trail
傷膝河 Wounded Knee
先鋒山 Pioneer Mountains
黑利 Hailey
月形坑國家公園
Craters of the Moon National Park
布魯諾沙丘 Bruneau Dunes

麥克德米特 McDermitt, Nevada
奧懷希河 Owyhee River
彼得・斯金・奧格登
Peter Skene Ogden
溫尼馬卡 Winnemucca, Nevada
〈我到過所有地方〉
I've Been Everywhere
漢克・史諾 Hank Snow
法戈 Fargo
溫斯洛 Winslow
薩拉索塔 Sarasota
威奇托 Wichita
土爾沙 Tulsa
坦帕 Tampa
巴拿馬 Panama
馬塔瓦 Mattawa
拉帕洛馬 La Paloma
班戈 Bangor
阿馬里洛 Amarillo
托科皮亞 Tocopilla
巴蘭基亞 Baranquilla
帕迪亞 Padilla
博納維爾鹽灘 Bonneville Salt Flats
溫多弗 Wendover, Utah
巴特爾芒廷 Battle Mountain
奧斯汀峰 Austin Summit
西溫多弗 West Wendover, Nevada
傑克摩門教徒 Jack Mormon
星船樂團 Starship
揚和迪恩樂團 Jan and Dean
海灘男孩 Beach Boys
一匙愛樂團 Lovin'Spoonful
傑佛森樂團 Jefferson
和弦齊特 autoharp
扎爾・亞諾夫斯基 Zal Yanofsky
約翰・塞巴斯汀 John Sebastian
該協會樂團 The Association
〈珍惜〉 Cherish
左岸樂隊 Left Banke
〈走開芮尼〉 Walk Away Renée
〈城市的夏天〉 Summer in the City
〈你不必這麼好〉
You Didn't Have To Be So Nice
〈納什維爾的貓〉 Nashville Cats
〈你相信魔法嗎〉
Do You Believe in Magic
綠洲鎮 Oasis
《北地故事》 Northland Stories
麗安儂 Rhiannon
史蒂薇・妮克絲 Stevie Nicks
尼腓 Nephi
共和國大軍公路
The Grand Army of the Republic
Highway / Highway 6
美國最孤獨的公路
The Loneliest Highway / Highway 50
內華達酒店 Hotel Nevada
法倫 Fallon
珍哈露 Jean Harlow
梅蕙絲 Mae West
國家汽車博物館
National Automobile Museum
比爾・哈拉 Bill Harrah
約翰・韋恩 John Wayne
科維特 Corvette
瓊・克勞馥 Joan Crawford

凱勒・歐康納 Carroll O'Connor
瑪莎拉蒂 Maserati
霍華・休斯 Howard Hughes
普利茅斯 Plymouth
洲際酒店集團 Holiday Inn Corporation
布卡迪五十七型亞特蘭大
Bugatti Type 57 Atalante
法拉利166MM巴奇達
Ferrari 166 MM Barchetta
〈紅色巴奇達〉 Red Barchetta
馬戲團賭場酒店 Circus Circus
弗吉尼亞城 Virginia City
太浩湖 Lake Tahoe
路德山口 Luther Pass
卡森山口 Carson Pass
吉爾羅伊 Gilroy
納帕谷 Napa Valley
南橋旅館 South Bridge
葡萄園之間餐廳 Tra Vigne
索諾瑪谷 Sonoma Valley
狼屋 Wolf House
《最後的大亨》 The Last Tycoon
《狼之子》 Son of the Wolf
《蛇人遊記》 The Cruise of the Snark
索克中心 Sauk Centre, Minnesota
「快樂牆之家」
The House of Happy Walls
橡樹啄木鳥 acorn woodpecker
隱士鶇 hermit thrush
南橋旅館 South Bridge
善胃得 Zantacs
「錯誤決定之家」
The House of Bad Decisions
卡利斯托加 Calistoga
羅伯特・路易斯・史蒂文生州立公園
Robert Louis Stevenson State Park
克利爾湖 Clear Lake
沙加緬度 Sacramento
阿科體育館 Arco Arena

第七章　沙漠隱士

〈夢想道路〉 Dearmline
夢境 dreamscape
約書亞樹 Joshua tree
科羅拉多沙漠 Colorado desert
煙樹 smoke tree
索諾拉沙漠 Sonora desert
福桂樹 ocotillo
金色假紫荊樹 palo verde
巨人柱仙人掌 saguaro cactus
狼蛛 tarantula
吉拉啄木鳥 gila woodpecker
角百靈 horned larks
兔子草 rabbit-brush
毛驢草 burro-weed
曼陀羅 datura
牛頭㹴 bull terrier
內華達山 Sierra Nevada
加州淘金熱 California gold rush
索諾拉山口 Sonora Pass
吐溫・哈特 Harte Twain
布雷特・哈特 Bret Harte
莫諾湖 Mono Lake
歐文斯湖 Owens Lake
洛杉磯河 Los Angeles River
威廉・穆赫蘭 William Mulholland

歐文斯谷 Owens Valley
白山山脈（加州與內華達州）
White Mountains, California and Nevada
死亡谷 Death Valley
帕納明特谷 Panamint Valley
奧蒂斯與錢德勒家族
Otis and Chandler families
聖費南多谷 San Fernando Valley
聖弗朗西斯基托峽谷
San Francisquito Canyon
穆赫蘭公路 Mulholland Highway
好萊塢山 Hollywood Hills
聖莫尼卡山 Santa Monica Mountains
畢曉普 Bishop, CA
大派恩 Big Pine
韋斯特加德山口 Westgard Pass
吉爾伯特峰 Gilbert Summit
利多峰 Lido Summit
棉尾牧場 Cottontail Ranch
戈爾德菲爾德鎮 town of Goldfield
托諾帕鎮 Tonopah
休休尼語 Shoshone
伊文帕 Ivanpah
帕朗 Pahrump
「濕地」 Soggy Bottom
雷切爾 Rachel, Nevada
「外星人公路」
Extraterrestrial Highway
內利斯空軍靶場
Nellis Air Force Range
內華達試驗場 Nevada Test Site
羅斯威爾 Roswell, New Mexico
暖泉 Warm Springs
五里牧場 Five Mile Ranch
伊利 Ely
帕納卡 Panaca
刺柏 scrub juniper
史普林維爾 Springville, Utah
普若佛 Provo
弗雷迪・斯賓塞 Freddie Spencer
馬戲團賭場酒店 Circus Circus
石中劍大酒店 Excalibur Hotel
錫安國家公園 Zion National Park, Utah
〈數字人〉 Digital Man
拉斯塔法里教徒 Rastafarians
巴布・馬利 Bob Marley
錫安 Zion
《坐巴士去巴比倫》 Babylon By Bus
錫安小屋 Zion Lodge
尼克・伊納茨 Nick Ienatsch
《運動騎士》雜誌
Sport Rider magazine
雪松嶺 Cedar Breaks
維琴河 Virgin River
翡翠池 Emerald Pools
納帕 Napa
聖海倫娜 St. Helena
傑克・倫敦州立公園
Jack London State Park
布萊斯峽谷 Bryce Canyon
「岩石洞」小路 Hole-in-the-Wall road
摩押 Moab
猶他州格蘭德縣 Grand County, Utah
國王的贖金 King's Ransom
聖塔菲 Santa Fe

聯合太平洋鐵路 Union Pacific
紅寶石鱒魚 Ruby Red trout
白色大寶座 The Great White Throne
三聖父 The Three Patriarchs
哭牆 The Weeping Wall
天使降臨之頂 Angels' Landing
翡翠池 The Emerald Pools
西納瓦神廟 The Temple of Sinawava
拉斯維加斯國際賽車場
Las Vegas International Racetrack
翠湖山莊 Mont Tremblant, Quebec
吉姆・拉塞爾 Jim Russell
聖地亞哥 San Diego
布萊斯峽谷國家公園
Bryce Canyon National Park, Utah
圓頂礁 Capitol Reef
峽谷地 Canyonlands
拱門 The Arches
盧比斯貝斯特偉斯特旅館
Ruby's Best Western Inn
埃比尼澤・布萊斯 Ebenezer Bryce
仙境峽谷 Fairyland Canyon
「巫毒」岩柱石林 hoodoos
以弗所 Ephesus
巴特農神殿 Parthenon
古普韋布洛人 Anasazi pueblos
《美麗的姿態》 Beau Geste
珀西瓦爾 P. C. Wren
埃及帝王谷
Valley of the Kings in Egypt
《沙漠隱士》 Desert Solitaire
《沙漠讀者》
The Sierra Club Desert Reader
高森林 high forest
約翰・威斯利・鮑威爾
John Wesley Powell
拱門國家公園
Arches National Park, Utah
格倫峽谷 Glen Canyon
鮑威爾湖 Lake Powell
漢克斯維爾 Hanksville
亨利山脈 Henry Mountains
《在一百度線之外》
Beyond the Hundredth Meridian
《猴子歪幫》
The Monkey Wrench Gang
生態恐怖主義 eco-terrorism
納瓦霍拱門 Navajo Arch
天空之島 Island in the Sky
峽谷地國家公園
Canyonlands National Park
大望角 Grand View Point
綠河 Green river
激流峽谷 Cataract Canyon
迷宮 Maze
紀念碑谷 Monument Valley
杜蘭戈（科羅拉多州）
Durango, Colorado
四州界地區 Four Corners region
墨西哥帽岩鎮 Mexican Hat, Utah
蒙蒂塞洛 Monticello
多洛雷斯 Dolores
墨西哥人之水 Mexican Water
布拉夫 Bluff
凱恩塔 Kayenta
布蘭丁 Blanding

聖胡安旅館 San Juan Inn
古爾丁餐館 Goulding's
《沙漠無政府主義者》
Desert Anarchist
旗桿市 Flagstaff
聖胡安河 The San Juan River
「鵝頸」峽谷 Goosenecks
佩吉市 Page
黑色台地 Black Mesa
可可尼諾縣 Coconino County
漢普頓旅館 Hampton Inn
尤馬市 Yuma
塞利格曼 Seligman
托波克 Topock
西特格雷夫山口 Sitgreaves Pass
《憤怒的葡萄》 The Grapes of Wrath
哈瓦蘇湖 Lake Havasu
羅伯特・麥卡洛 Robert McCullough
水晶鎮 Quartzsite
領土監獄歷史博物館 Territorial Prison
世紀屋博物館 Century House Museum
桑吉內蒂故居博物館和花園
Sanguinetti House Museum and Gardens
桑吉內蒂 E. F. Sanguinetti
管風琴仙人掌 Organ Pipe Cactus
拉古納大壩 Laguna Dam
管風琴仙人掌國家紀念碑
Organ Pipe Cactus National Monument
比斯比 Bisbee
《法網遊龍》 Law and Order
希拉本德 Gila Bend, Arizona
懷依 Why
瞄具山 Gunsight
外國佬關口 Gringo Pass
盧克維爾 Lukeville
高華德空軍靶場
Barry M. Goldwater Range
牧豆樹 mesquite
巴里・戈德華特山脈
Barry M. Goldwater Range
謝伊峽谷 Canyon de Chelly
墓碑鎮 Tombstone
青銅皇后大酒店 Copper Queen Hotel
OK牧場槍戰 Gunfight at the ok Corral
陶斯 Taos, New Mexico
拉方達酒店 Hotel La Fonda
〈水瓶座〉 Aquariu
五度空間合唱團 The 5th Dimension
喬尼・比爾比 Jonny Bealby
《與月同行》 Running With the Moon
鐵馬摩托車店 Iron Horse
索科羅 Socorro, New Mexico
骷髏峽谷 Skeleton Canyon
傑羅尼莫 Geronimo
K-Bob's牛排館 K-BOB'S
希拉國家森林保護區
Gila National Forest
速八汽車旅館 Super 8 Motel
魔鬼塔 Devil's Tower, Wyoming
大古力水壩 Grand Coulee Dam
傑克・倫敦州立公園
Jack London State Park
聖奧古斯丁平原
Plains of San Agustin, New Mexico
超大電波望遠鏡陣列

The Very Large Array of radio telescopes
三位一體遺址 Trinity Site
白沙國家公園紀念碑
White Sands National Monument
〈時間靜止〉 Time Stand Still

第八章　給布魯特斯的信

〈你我之間的祕密〉 ENTER NOUS
爐溪旅館 Furnace Creek Inn
帕納明特山 Panamints
阿布奎基 Albuquerque
拉斯克魯塞斯老城區 old Las Cruces
德明 Deming
洛茲堡 Lordsburg
土桑 Tucson
〈變形蟲怪物來到亞利桑那〉
The Blob comes to Arizona
帝王谷（加州）
Imperial Valley, California
阿爾戈多內斯沙丘 Algodones Dunes
索爾頓海 Salton Sea
約書亞樹國家公園
Joshua Tree National Park
羅伊汽車旅館 Roy's Motel
二十九棕櫚樹公路 29 Palms highway
加的斯 Cadiz
安博伊 Amboy
帕克 Parker
哈瓦蘇 Havasu
望遠鏡峰 Telescope Peak
尼德爾斯 Needles
加州茶水間 California Pantry
聖塔菲鐵路 Santa Fe Railway
博洛 Bolo
加的斯 Cadiz
丹比 Danby
埃塞克斯 Essex
芬納 Fenner
戈夫斯 Goffs
荷馬 Homer
安博伊火山口 Amboy Crater
科爾巴克路 Kelbaker Road
聖伯納迪諾縣
San Bernardino County, California
凱爾索 Kelso
貝克 Baker
瘋狂希臘餐廳 Mad Greek restaurant
但丁之景 Dante's View
海爾・波普彗星 Hale-Bopp comet
弗內斯克里克 Furnace Creek
舊金山四九人 49ers
《艾比精選集》 The Best of Abbey
《勇敢牛仔》 The Brave Cowboy
《孤獨的勇者》 Lonely are the Brave
黃金峽谷 Golden Canyon
扎布里斯基角 Zabriskie Point
日落侯爵酒店 Sunset Marquis
克萊門特・薩爾瓦多
Clement Salvadori
下加州 Baja California
美國汽車協會 AAA
大廳裡的孩子們喜劇團
Kids in the Hall
「新聞廣播」 News Radio
拉哥俱樂部 Club Largo

洛雷托 Loreto, Baja California Sur
綠洲酒店 Hotel Oasis
科爾特茲海 Sea of Cortez
加利福尼亞灣 Gulf of California
卡波聖盧卡斯 Cabo San Lucas
克萊門特・薩爾瓦多
Clement Salvadori
《下加州摩托車冒險》
Motorcycle Adventures in Baja
安沙・博雷戈沙漠
Anza-Borrego desert
博雷戈泉鎮 Borrego Springs
房車綠洲 RV oasis
埃爾森特羅 El Centro
加利西哥 Calexico
德安薩酒店 De Anza
牧場汽車旅館 El Rancho
特卡特 Tecate
提華納 Tijuana
恩森納達 Ensenada
麥克的天空牧場 Mike's Sky Rancho
《下加州的植物和樹木》
Plants and Trees of Baja California
特立尼達谷 Valle de Trinidad
埃爾羅薩里奧 El Rosario
卡塔維尼亞 Cataviña
墨西哥石油加油站 Pemex
比斯卡諾沙漠 Vizcaino Desert
觀峰玉 Boojum tree
武倫柱仙人掌 cardón cactus
大象樹 elephant tree
格雷羅內格羅 Guerrero Negro
聖伊格納西奧 San Ignacio
棗椰綠洲 date-palm oasis
聖羅薩利亞 Santa Rosalia
古斯塔夫・艾菲爾 Gustav Eiffel
《海底兩萬里》
20,000 Leagues Under the Sea
聖伊格納西奧 San Ignacio
弗朗西斯酒店 Hotel Frances
《卡迪拉克沙漠》 Cadillac Desert
馬克・雷斯納 Marc Reisner
拉巴斯 La Paz
馬薩特蘭 Mazatlán
瓦哈卡 Oaxaca
錫那羅亞州 Sinaloa
魔塔 mota
《苦行記》 Roughing It
河口英語 Estuary English
智利威利餐廳 El Chile Willie's
索爾瑪套房飯店 Solmar Suites Hotel
墨西哥街頭樂團 mariachi
曲嘴鷦鷯 Cactus wrens
瓜達拉哈拉 Guadalajara
馬克・里布林 Mark Riebling
《FBI與中央情報局的祕密戰爭》
The Secret War Between the FBI and CIA
聖凱瑟琳 St. Catharines, Ontario
「錄音男山姆」唱片行
Sam the Record Man
「奧斯塔內克」樂器行 Ostanek's
卡米諾皇家酒店 Hotel Camino Real
菲斯特雷角 Finisterre
硬石咖啡館 Hard Rock Café
托多斯桑托斯 Todos Santos

卡波・巴亞爾塔港航線
Cabo-Puerto Vallarta
〈美麗的島嶼〉 La Isla Bonita
庫埃納瓦卡 Cuernavaca
晨光飯店 Las Mañanitas
羅萊夏朵加盟飯店
Relais and Chateaux
《孤獨星球》 Lonely Planet
惡魔的背脊
Devil's Backbone / El Espinazo del Diablo
馬德雷山脈 Sierra Madre
杜蘭哥 Durango, Mexico
崔薩餐廳 Cuiza
巴亞爾塔港 Puerto Vallarta
阿科斯海灘 Playa des Arcos
曼薩尼約 Manzanillo
特皮克 Tepic
芝華塔尼歐 Zihuatanejo
伊斯塔帕 Ixtapa
阿卡普科 Acapulco
拉斯哈達斯 Las Hadas
帕倫克 Palenque
約翰・休斯頓的餐廳
John Huston's Restaurant
《巫山風雨夜》 Night of the Iguana
田納西・威廉姆斯 Tennessee Williams
拉斯布里薩斯 Las Brisas
薩帕塔民族解放軍 Zapatistas
卡米諾皇家飯店 Camino Real Hotel
特拉希亞科 Tlaxiaco
阿爾班山 Monte Alban
聖多明各教堂 Santo Domingo
魯菲諾・塔馬亞博物館
Rufino Tamaya museum
艾爾・亞薩多・瓦斯柯餐廳
El Asador Vasco
憲法廣場／索卡洛 zócalo
瓦沙卡雞肉黑醬料理
pollo en mole negro
「墨西哥歌謠」樂團
Les Romanceros de México
博爾達花園 Jardín Borda
瑪德・馬克西米利安
Mad Maximilian
卡洛塔 Carlota
克雷塔羅 Querétaro
長尾鵜哥 long-tailed grackles
巴伐利亞集團 Grupo Bavaria
特拉爾潘道 Calzada Tlalpan
「製造精神病人」城 Makesicko
奧克塔維奧・帕斯 Octavio Paz
這家餐廳 El Restaurante
幻痛 phantom pain
奧賽嘉 Oscietra
特奧蒂瓦坎 Teotihuacán
紅鯛 huachinango
維拉克斯 Veracruz
科羅札爾 Corozal
恰帕斯州 Chiapas
大衛・馬魯夫 David Malouf
《記住巴比倫》
Remembering Babylon
戈馬克・麥卡錫 Cormac McCarthy
《果園守護者》 The Orchard Keeper
格雷厄姆・格林 Graham Greene

《不法之途》 The Lawless Roads
華美黑鸝 melodious blackbirds
非洲犀鳥 African hornbill
《墨西哥鳥類》 Birds of Mexico
巨嘴鳥 toucan
黃嘴酋長鸝 yellow- billed cacique
碑銘神廟 Templo de Los Inscriptiones
康德金字塔 Pyramide del Conde
沃爾貝克伯爵 Count Walbeck
科羅札爾 Corozal
托尼旅館 Tony's Inn
禪奇度假村 Chan Chich
吼猴 howler monkey
小藍鷺 blue heron
食蝠隼 bat falcon
褐頭擬椋鳥 Montezuma oropendola
眼斑火雞 ocellated turkey
卓布卡布拉 Chupacabra
切葉蟻 leafcutter ant
拉馬奈前哨旅館
Lamanai Outpost Lodge
新河 New River
佩里費里克 Periférico
白耳負鼠 white-eared possum
蜜熊 kinkajo
美洲豹貓 ocelot
聖安琪 San Ángel
科約阿坎區 Coyoacán
布蘭克尼奧克斯山林小屋
Blancaneaux Lodge
艾塔威士達車行 Altavista
艾德懷斯 Edelweiss
普埃布拉 Puebla
普拉森西亞 Placencia, Belize
拉薩羅卡德納斯 Lazaro Cárdenas
比亞埃爾莫薩 Villahermosa
弗里奧河 Rio Frio
卡拉科爾 Caracol
蜂鳥公路 Hummingbird Highway
盧巴哈蒂飯店 Luba Hati Hotel
月亮之屋 House of the Moon
斯卡伯勒 Scarborough
丹格里加 Dangriga
鵜鶘礁海灘俱樂部
Pelican Reef Beach Club

第九章　冬季盛宴

〈可見光〉 Available Light
巴黎杜樂麗花園 Tuileries Gardens
《梅森探案》 Perry Mason
《綠野仙踪》 Green Acres
加拿大勳章 Order of Canada
杜卡迪916 Ducati 916
回音湖 Lac Echo
聖布魯托湖 Lac St. Brutus, Que
有氧廊道 Aerobic Corridor
黑臉雜秀 minstrel shows
小薩米・戴維斯 Sammy Davis Jr.
摩城 Motown
貝瑞・高迪 Berry Gordy
摩城唱片公司
Motown Record Corporation
布吉 boogie
捷舞 jive
百畝樹林 Hunderd Aker Wood
百畝森林 Hundred Acre Wood

漆樹 sumac
臭湖 Stinky Lake
墨西哥松露 huitlacoches
波特斯菲爾德出版社 Pottersfield Press
天才與傻傑 Pinky And The Brain
薩斯喀徹溫省 Saskatchewan
貧民窟幫派 ghetto gangstas
好萊塢星球 Planet Hollywoods
「險境中的靈魂」 a soul in peril
哥倫布市 Columbus, Ohio
器樂 instrumental music
標準曲目 Old Standards
大弗蘭克 Big Frank
達卡拉力賽 Dakar rally
艾恩・蘭德 Ayn Rand
米歇爾・內伊 Michel Ney
莫林高地 Morin Heights
聖薩維爾 St. Sauveur
拉許特 Lachute
灣街 Bay Street
布盧爾街 Bloor Street
路易・貝爾森 Louie Bellson
《憤怒的葡萄》 The Grapes of Wrath
遺忘河森林 Forest Lethe
《足夠的世界》 World Enough
《虛無共和國》
The Republic of Nothing
威廉・福克納 William Faulkner
派翠克・懷特 Patrick White
安德魯・馬維爾 Andrew Marvell
《致他靦腆的情婦》
To His Coy Mistress
威廉・華茲華斯 William Wordsworth
華特・惠特曼 Walt Whiteman
艾略特 T.S Eliot
《草葉集》 Leaves of Grass
《普魯弗洛克的情歌》 Prufrock
〈小老頭〉 Gerontion
「普魯弗洛克的興趣」
Prufrock Interests
「在乾涸季節裡乾涸頭腦的思緒」
thoughts of a dry brain in a dry season

第十章　季節性憂鬱症

〈傷疤〉 Scars
普萊特山公墓
Mount Pleasant Cemetery
數學魔術師 mathemagician
羅伊・維爾・希斯 Royal Vale Heath
《數學魔術》 Mathemagic
庫雄湖 Lac Cochon
《島之戀》 Islands in the Stream
喬治・史考特 George C. Scott
克萊爾・布魯 Claire Bloom
大衛・漢明斯 David Hemming
休・塞姆 Hugh Syme
巴迪・瑞奇 Buddy Rich
攝政公園運河 Regents Park Canal
櫻草山 Primrose Hill
聖保羅大教堂 St. Paul's
肯辛頓花園 Kensington Gardens
荷蘭公園 Holland Park
肯辛頓 Kensington
切爾西 Chelsea
哈默史密斯橋 Hammersmith Bridge
吉力馬札羅山 Kilimanjaro

摩門教徒 Mormons
拉科塔人 Lakotas
阿帕契人 Apaches
阿茲特克人 Aztecs
女巫 Sybil
《完美的車》 The Perfect Vehicle
梅麗莎・霍爾布魯克・皮爾森
Melissa Holbrook Pierson
托古茲 Moto Guzzi
油脂球 suet ball
冠藍鴉 Blue jays
山雀 chickadee
哥倫比亞冰原 Columbia Icefield
阿薩巴斯卡冰川 Athabasca Glacier
朱雀 purple finches
《加拿大鳥類大全》
The Birds of Canada
知更鳥 robbins
瑪雅・安傑洛 Maya Angelou
《我知道為什麼籠中鳥高歌》
I Know Why the Caged Bird Sings?
異教徒冬至祭
Pagan Midwinter Festival
白靴兔 snowshoe hare
茶腹鳾 nuthaches
芬雀 finches
金翅鳥 redpolls
黃雀 siskins
燈芯草鵐 juncos
凌波舞／靈薄獄 Limbo
凌波舞曲 Limbo Rock
「你能到多低的地方……」
How low can you go
大衛・詹姆斯・鄧肯
David James Duncan
《大河之戀》 The River Why
《K家兄弟》 The Brothers K
杭特・湯普森 Hunter S. Thompson
《地獄天使》 Hell's Angels
《賭城風情畫》
Fear and Loathing in Las Vegas
陷阱線 trapline
納斯卡賽車情報 Inside Nascar
美國全國運動汽車競賽協會
National Association for Stock Car
Auto Racing / NASCAR
（西）幻影旅人 El viajero fantomo
（法）幽靈騎士 Le cavalier fantôme
（德）精神騎士 die Geist Reiter
（德）時代精神騎士 Zeitgeist Rider
《混蛋進行中》 A Jerk in Progress
感情誤置 pathetic fallacy
泰勒馬克 telemark
桑德爾・諾海姆 Sondre Norheim
猶加敦 Yucatán
《瘋狂高爾夫》 Caddyshack
十字狐 cross fox
《異教日經》 The Pagan Book of Days
拉爾夫・瓦爾多・愛默生
Ralph Waldo Emerson
麝鼠 muskrat
《世界末日》 Armageddon
碎石先生 Pierre Concassé
《冷山》 Cold Mountain
英曼 Inman
艾達・夢露 Ada Monroe

《黑太陽》 Black Sun
雨幡 virgas
喬尼・比爾比 Jonny Bealby
《異教之歌》 For a Pagan Song
《沙鄉年鑑》 Sand County Almanac
奧爾多・利奧波德 Aldo Leopold
馬克・雷斯納 Marc Reisner
巴里・洛佩茲 Barry Holstun Lopez
《沙漠筆記／河流筆記》
Desert Notes / River Notes
塔蘭諾 Tarannaw
聖埃爾伍德湖 St. Ellwood
棕櫚沙漠市 Palm Desert
弗雷迪・格魯伯 Freddie Gruber
恰米強克捲 Chimichanga
〈每日榮光〉 Everyday Glory

第十一章　孤魂騎士回歸

〈模擬小子〉 The Analog Kid
奇瓦瓦州克雷爾
Creel, Chihuahua（Barranca del Cobre）
銅峽谷 Copper Canyon
索卡洛 Zócalo
憲法廣場 Plaza de la Constitucion
聖母瓜達盧佩
Nuestra Señora de Guadalupe
墨西哥恰帕斯州 Chiapas
聖路易斯波托西 San Luis Potosí
薩卡特卡斯 Zacatecas
金塔實酒店 Quinta Real
短葉絲蘭 scrub mesquite
潘喬別墅 Canutillo
潘喬・維拉 Pancho Villa
帕拉爾 Parral
薩卡特卡斯州 Zacatecas
拉布法丘 La Bufa
《碧血金沙》
Treasure of the Sierra Madre
塔拉烏馬拉 Tarahumara
《火爆浪子》 Grease
塞拉山 High Sierra
走鵑 road runner
灌叢雞 chaparralcock
殺人蜂 killer bees
哥倫布市 Columbus, New Mexico
墨西卡利 Mexicali
壁爐山莊客棧 Ingleside Inn
棕櫚泉 Palm Springs, CA

第十二章　春之狂熱

〈十級風〉 Force 10
希拉河 Gila River
馬里科帕縣 Maricopa County
省水花園 xeriscaping
科切拉山谷 Coachella Valley
索爾頓排水溝 Salton Sewer
博雷戈山 Borrego Mountains
聖哈辛托山 San Jacinto Mountains
大教堂城 Cathedral City
凱茜・瑞奇 Cathy Rich
蘭喬米拉 Rancho Mirage
拉金塔 La Quinta
印第安威爾斯 Indian Wells
印第奧 Indio
凱茜・瑞奇 Cathy Rich

印地歐丘 Indio Hills
小聖貝納迪諾山
Little San Bernardino Mountains
沙漠生活博物館 The Living Desert
托潘加州立公園 Topanga State Park
麥特・史東 Matt Stone
書湯 BOOK SOUP
納爾遜・艾格林 Nelson Algren
西蒙・波娃 Simone de Beauvoir
T.C.博伊爾 T. C. Boyle
索爾・貝婁 Saul Bellow
格雷安・葛林 Graham Greene
伊恩・弗拉澤 Ian Frazier
《大平原》 Great Plains
《西伯利亞旅行》
Travelogue Travels in Siberia
艾美・曼恩 Aimee Mann
邁克爾・賓 Michael Penn
恩西諾 Encino, CA
下班後俱樂部 after-hours club
麥爾坎・X Malcolm X
穆赫蘭大道 Mulholland Drive
傑克・尼克遜 Jack Nicholson
《為巴迪燃燒》 Burning for Buddy
史蒂夫・史密斯 Steven Smith
漫遊者 Rambler
火鳥 Firebird
月桂峽谷 Laurel Canyon
〈加州之夢〉 California Dreamin
〈加州旅館〉 Hotel California
勒・柯比意 Le Corbusier
〈走開小姑娘〉 Go Away Little Girl
〈瘋狂〉 Crazy
〈奔放的旋律〉 Unchained Melody
〈我在熱戀中，那是不好的〉
I Got it Bad, and That Ain't Good
〈我為你癡迷〉
I've Got a Crush on You
〈我們的日子將會到來〉
Our Day Will Come
〈往日情懷〉 The Way We Were
《勝利》 Victory
海斯特 Heyst
斯諾誇爾米瀑布 Snoqualmie Falls, WA
《雙峰》 Twin Peaks
《美國電視》 TV America
《灰熊亞當斯》 Grizzly Adams
卡納布 Kanab, Utah
阿爾圖拉斯 Alturas, CA
中央樞軸灌溉 center-pivot-irrigated
哥倫比亞盆地 Columbia basin
康奈爾 Connell, WA
「披薩和義大利麵館」
Pizza and Pasta Place
科靈加 Coalinga
詹姆士・布朗 James Brown
路・洛爾斯 Lou Rawls
英格伯・漢普汀克
Engelbert Humperdinck
韋恩・紐頓 Wayne Newton
莫多克縣 Modoc County
霍格巴克峰 Hogback Summit
瓦根泰爾 Wagontire, Oregon
巴特爾山 Battle Mountain
帕斯科 Pasco
肯納威克 Kennewic

里奇蘭 Richland
邁克傑的家庭餐館
Michael Jay's family restaurant
林德鎮 Lind, WA
黃頭黑鸝 Yellow-headed blackbird
薩利希旅舍 Salish Lodge
剃刀威利 Razor Willie
卡皮拉諾河 Capilano River
克里夫蘭大壩 Cleveland Dam
沙斯塔山峰 Mount Shasta
沙斯塔湖 Lake Shasta
卡羅餐廳 Carrow's restaurant
帝洪山口 Tejon Pass
蓋蒂博物館 Getty museum
貝爾艾爾酒店 Bel Air Hotel
《我背後的風》 Wind at My Back

第十三章 夏日狂歡

〈愛的速度〉 The Speed Of Love
內布拉斯加州 Nebraska
《沃爾頓家族》 The Waltons
喬治・艾略特 George Eliot
《河畔磨坊》 The Mill on the Floss
門德爾森・喬 Mendelson Joe
蘇聖瑪麗 Sault Ste. Marie
薩德伯里 Sudbury
北灣 North Bay
鳥腦咖啡館 Birdbrain Café
歡樂山 Mount Pleasant
〈很久以前〉 Once Upon a Time
「伊─啊─基」 Kee-ah-kee
六島 six-islands
馬尼圖林島 Manitoulin Island
沃爾夫島 Wolfe Island
佩里島 Pelee Island
多倫多群島 Toronto Islands
蚱蜢島 Grasshopper Island
聖約瑟夫島 St. Joseph Island
諾布山 Nob Hill
《吉屋出租》 Rent
史特拉汶斯基 Stravinsky
《女孩只想玩樂》
Girls Just Want to Have Fun
格雷奇 Gretsch
德里希・格列奇 Friedrich Gretsch
聖讓巴蒂斯特日
Saint Jean Baptiste Day
拉瓦勒 Laval
聖皮埃爾港 Havre St. Pierre
雙瀑市 Twin Falls
薩米礁岩 Sammy Cay
哈克與傑克 Heckle and Jeckle
賽琳娜島 L'Île Selena
蔓虎刺莓 partridgeberry
聖索沃爾 St. Sauveur
諾迪克快船 Nordik Express
拉布拉多地區 Labrador
加斯佩 Gaspé
阿第倫達克山脈
Adirondack Mountains
斯瓦希里語 Swahili
亨茨維爾 Huntsville
阿岡昆公園 Algonquin Park
巴里灣 Barry's Bay
巴里 Barrie
渥太華谷 Ottawa Valley

《光芒萬丈》 Ray of Light
尼亞加拉半島 Niagara Peninsula
鵜鶘礁海灘俱樂部
Pelican Reef Beach Club

第十四章　東行記

斯諾里 Snorri Thorfinnsson
蘭塞奧茲牧草地 L'Anse Aux Meadows
蘭斯克萊爾 L'Anse au Clair
貝爾蒂埃鎮 Berthierville
薩格奈河 Saguenay River
泰道沙克 Tadoussac
拜聖保羅 Baie St. Paul
聖勞倫斯河 St. Lawrence River
萊塞斯庫明 Les Escoumins
特魯瓦皮斯托勒 Trois-Pistoles
福里斯特維爾 Forestville
里莫斯基 Rimouski
科莫灣 Baie-Comeau
馬塔納 Matane
總督酒店 Hôtels Gouverneur
坎貝爾頓 Campbellton
佛里昂 Forillon
佩爾塞 Percé
北雪梨 North Sydney
巴斯克港 Port-aux-Basques
愛德華王子島 Prince Edward Island
豪生酒店 Howard Johnson's
舒適酒店 Comfort Inn
〈童言無忌〉 Knock on Wood
〈信〉 The Letter
〈時不我與〉 Time Won't Let Me
〈午夜告白〉 Midnight Confessions
〈衝勁〉 Kicks
〈怪異〉 Spooky
〈有點麻煩〉 Kind of a Drag
〈狂風〉 Windy
〈鑽戒〉 This Diamond Ring
布魯德內爾 Brudenell
《赫索格》 Herzog
《雨王亨德森》
Henderson the Rain King
杰羅姆 Jerome K. Jerome
《三人同舟》 Three Men in a Boat
《我背後的風》 Wind at My Back
馬克斯・布萊斯維特 Max Braithwaite
《馴鹿之夜》 Night of the Caribou
《狼柳》 Wolf Willow
《白鯨記》 Moby-Dick
洛基港 Rocky Harbour
格羅斯莫恩 Gros Morne
皮克圖 Pictou
凱爾特小屋 Keltic Lodge
三角洲旅館 Delta Hotel
斯蒂芬維爾 Stephenville
維京小徑 Viking Trail
大北半島 Great Northern Peninsula
海景汽車旅館 Ocean View Motel
太空人史皮夫 Spaceman Spiff
比爾・華特生 Bill Watterson
《凱文與虎伯》 calvin and hobbes
聖安東尼 St. Anthony
鵝灣 Goose Cove
聖巴貝 St. Barbe
紅灣 Red Bay
福戈島 Fogo Island

聖約翰斯 St. John's
阿根廷渡輪 Argentia ferry
下東部 Down East
布魯茲 Brewis
聖母交叉口 Notre Dame Junction
〈我是那個男孩〉
I'se The B'y / I'm the Boy
特維林蓋特 Twillingate
莫頓港 Moretons Harbour
共濟會教堂 Masonic Hall
再會港 Farewell
改變島 Change Islands
安靜火砲旅館 Quiet Cannon Hotel
福戈島汽車旅館 Fogo Island Motel
喬巴特的胳臂 Joe Batt's Arm
燈塔員咖啡館 Lightkeeper's Café
格羅斯莫恩遊客中心
Gros Morne Visitors Centre
漁人靠岸餐廳 Fisherman's Landing
鹹豬油渣 Scrunchions
馬斯格雷夫港 Musgrave Harbour
韋斯利維爾 Wesleyville
甘博 Gambo
斯必爾角 Cape Spear
卡博特俱樂部 Cabot Club
雷蓋伊 Ray Guy
大大海樂團 Great Big Sea
艾倫・道爾 Alan Doyle
漢密爾頓 Hamilton
金斯敦 Kingston
樂步鞋 Rockport
雅茅斯 Yarmouth, N.S.
勞倫斯敦海灘 Lawrencetown Beach
拖車廢物 trailer trash
大格洛克納山 Grossglö ckner
希爾羅伊 Hilroy
巴爾港 Bar Harbor
提姆・歐布萊恩 Tim O'Brien
《戀愛中的湯姆貓》 Tomcat in Love
弗拉基米爾・納博科夫
Vladimir Nabokov
《洛麗塔》 Lolita
不可靠的敍述者 unreliable narrator
大衛・古特森 David Guterson
《愛在冰雪紛飛時》
Snow Falling on Cedars
派翠克・奧弗拉赫提
Patrick O'Flaherty
《旁觀鳥》 The Spectator Bird
《阿奇正傳》
The Adventures of Augie March
〈聚光燈〉 Limelight

第十五章　乘風而行

亨利・哈德森公園路
Henry Hudson Parkway
喬治・華盛頓大橋
George Washington Bridge
塞茲公園路 Palisades Parkway
紐約州高速公路
New York State Thruway
卡茨基爾 Catskills
哈德遜 Hudson
奧卡 Oka
明尼蘇達州紹克中心 Sauk Centre, MN
傑西・文圖拉 Jesse Ventura

「地獄瘋狂」 mad from hell
大草原 Prairies
火柴島
Île des Allumettes / Allumette Island
丘吉爾餐廳 Churchill's
特馬格米 Temagami
蒂明斯 Timmins
仙妮亞・唐恩大道 Shania Twain Way
南波卡平 South Porcupine
沙普洛 Chapleau
瓦瓦 Wawa
弗朗西斯堡 Fort Frances
多雨河 Rainy River
阿提科坎 Atikokan
白獺旅館 White Otter Inn
多雨湖 Rainy Lake
國際瀑布城 International Falls
伯靈頓 Burlington, Vermont
斯圖爾特・霍爾 Stuart Hall
卡里布 Caribou, Maine
瓦德納 Wadena, Minnesota
明尼阿波利斯 Minneapolis
五城 Quint Cities
昆特城 Quint Cities
辛克萊・劉易士 Sinclair Lewis
《大街》 Main Street
土撥鼠鎮 Gopher Prairie
正宗大街 The Original Main Street
阿美瑞辛酒店 AmericInn
瑪麗維爾 Maryville, MO
聖心鎮 Scared Heart
靈湖鎮 Spirit Lake
科林斯堡 Fort Collins
鄉村廚房 Country Kitchen
聖羅莎 San Rosa
聖約瑟夫 St. Joseph
奧加拉拉 Ogallala
道奇市 Dodge City
普拉特 Pratt
費爾維尤 Fairview, Oklahoma
六十六號公路餐廳
Route 66 Restaurant
華美達酒店 Ramada Limited
堪薩斯州花園城 Garden City, Kanas
小麥地旅館 Wheat Lands Hotel
霍爾科姆 Holcomb
克拉特家 Clutter house
萊斯利・喬伊斯 Lesley Choyce
《足夠的世界》 World Enough
利伯勒爾 Liberal, Kanasas
科爾特斯 Cortez, CO
傳聲頭像樂團 Talking Heads
〈城市〉 Cities
吉姆・帕爾默 Jim Palmer
契諾 Covenant
迪克・西蒙 Dick Simon Trucking
克林斯角 Clines Corners
恩尼・派爾紀念圖書館分館
Ernie Pyle Memorial Branch Library
恩尼・派爾 Ernie Pyle
《恩尼的美國》 Ernie's America
法明頓 Farmington
希普羅克峰 Shiprock
納瓦霍 Navajo
大街啤酒廠 Main Street Brewery
史蒂芬・傑伊・古爾德

Stephen Jay Glouds
《壯麗的生命》 Wonderful Life
蜥蜴頭山口 Lizard Head Pass
特柳賴德 Telluride
綿羊溪峽谷 Sheep Creek Canyon
火焰峽谷 Flaming Gorge
聖米格爾河 San Miguel River
頁岩 shale
大章克申 Grand Junction
錫斯科 Cisco
針峰區 The Needles
河流交匯點觀景台 The Confluence
喀斯喀特山脈 Cascades
塞德羅沃利 Sedro Woolley
中心咖啡館 Center Café
偏遠之地 Back of Beyond
《在一百度線之外》
Beyond the Hundredth Meridian
白楊樹酒吧餐廳
Poplar Place Pub and Restaurant
報章岩 Newspaper Rock
普埃科河 Puerco River
普萊斯 Price
鹽湖城 Salt Lake City
蒂姆・蓋希爾 Tim Cahill
《公路熱》 Road Fever
火地群島 Tierra del Fuego
普拉德霍灣 Prudhoe Bay
羅傑・沃特斯 Roger Waters
《動物》專輯 Animals
亞歷山大・舒馬托夫
Alexander Shoumatoff
《非洲的瘋狂》 African Madness
《美國沙漠傳說》
Legends of the American Desert

第十六章　海岸騎士

〈流逝〉 The Pass
「佛子」 Buddha-child
卡皮拉諾河 Caplilano River
派拉蒙酒店 Paramount
羅卡韋灘 Rockaway Beach, OR
銀沙汽車旅館 Silver Sand Motel
〈想望的渴求〉 Desiderata
麥克斯・埃爾曼 Max Ehrmann
布魯斯・查特文 Bruce Chatwin
《巴塔哥尼亞》 In Patagonia
尼加拉瀑布城 Niagara Falls
布魯金斯 Brookings Harbor, OR
聖西蒙 San Simeon
蒙特雷 Monterey
太平洋海岸公路 Pacific Coast Highway
天使港 Puerto Angel
紐波特 Newport
坎農海灘 Cannon Beach
庫斯灣 Coos Bay
失落的海岸 Lost Coast
大彎曲國家公園 Big Bend
風琴仙人掌國家公園
Organ Pipe Cactus National Park
格林哥山口 Gringo Pass
門多西諾 Mendocino, CA
捕夢網 dream-catcher
「霧中君主」 Monarchs of the Mist
「得來樹」 Drive-Thru Tree
納帕汽車零件專賣店 NAPA Auto Part

門多西諾飯店 Hotel Mendocino
山屋 Hill House
萊格特 Leggett
洪堡海流 Humbolt Currenct
洪堡縣 Humbolt County
喜互惠 Safeway
冰雪皇后冰淇淋 Dairy Queen
來愛德 Rite-Aid
沃爾瑪 Walmart
神聖符號 Scared Symbols
門多薩 Mendoza
門多西諾海角 Cape Mendocino
南搭克特 Nantucket
拉海納 Lahaina
弗蘭西斯堡 Fort Frances
布拉格堡 Fort Bragg
溫第哥 Windigo
阿赫瓦尼 Ahwanee
詹納 Jenner
傑克・倫敦書店
Jack London bookstore
聖羅莎 Santa Rosa
格倫艾倫 Glen Ellen
佩塔盧馬 Petaluma
卡羅餐廳 Carrow's Restaurant
斯托克頓 Stockton
薩利納斯 Salinas
黑鷹汽車博物館
Blackhawk Auto Museum
丹維爾 Danville
克萊斯勒吉亞車型
Ghia-bodied Chryslers
杜森伯格 Duesenberg
帕卡德 Packard
皮爾斯-阿羅 Pierce- Arrow
布加迪 Bugatti
伊索塔-弗拉希尼 Isotta-Fraschini
希斯巴諾-蘇莎 Hispano- Suiza
捷豹XJ13利曼原型車
Jag XJ-13 Le Mans
德拉熱 Delage
德拉哈耶 Delahaye
拉貢達 Lagonda
聖帕布羅灣 San Pablo Bay
西爾斯角 Sears Point
高蹺 stil
鴴鳥 plover
鷸鳥 sandpiper
斯坦貝克國家中心
National Stainbeck Center
馬克・里伯林 Mark Liebling
泰巴奇的家庭咖啡廳
Tabacchi's Family Coffey Shoppe
中央山谷 Central Valley
加州輸水管道 California Aqueduct
冰川點 Glacier Point
半圓丘 Halfdome
箱子先生 Mr. Case
威斯坦・休・奧登 W.H. Auden
《葬禮藍調》 Funeral Blues
亨利・亞當斯 Henry Adams
〈第二天性〉 Second Nature

第十七章　望遠鏡峰

爐溪牧場度假村 Furnace Creek Ranch
蒂奧加山口 Tioga Pass

松雞嶺 Sagehan
科爾代爾 Coaldale
韋斯特加德山口 Westgard Pass
帕爾梅托 Palmetto
斯科蒂交叉口 Scotty's Junction
斯科蒂堡 Scotty's Castle
葡萄藤山 Grapevine Mountains
葡萄藤峽谷 Grapevine Canyon
福特平頭車 flathead Ford
曼利峰 Manley Peak
紫杉 mountain mahogany
大枝松 limber pine
狐尾松 bristlecone pines
惡水盆地 Badwater
卡洛雷之父眺望台
Father Crowley Overlook
本齊格赤霞珠紅酒 Benziger Cabernet
〈無垠的天空〉 Celling Unlimited

第十八章　結語

聖塔巴巴拉 Santa Barbara
麗思卡爾頓飯店 Ritz Carlton
聖莫尼卡 Santa Monica
蒙特西託 Montecito
〈甜蜜的奇蹟〉 Sweet Miracle
〈大地之光〉 Earthshine
〈虛張聲勢〉 Bravado

發光體 08

孤魂騎士

作　　者　尼爾．佩爾特
譯　　者　吳靜芬
校　　潤　游淑峰、王芳屏、林獻瑞
封面設計　高偉哲　**地圖繪製**　裴情那　**內文排版**　游淑萍
副總編輯　林獻瑞　**責任編輯**　王芳屏　**行　　銷**　謝濬如

出 版 者　好人出版／遠足文化事業股份有限公司
新北市新店區民權路108之2號9樓
電話02-2218-1417　傳眞02-8667-1065
發　　行　遠足文化事業股份有限公司（讀書共和國出版集團）
新北市新店區民權路108之2號9樓
電話02-2218-1417　傳眞02-8667-1065
電子信箱service@bookrep.com.tw　網址http://www.bookrep.com.tw
郵撥帳號　19504465　遠足文化事業股份有限公司
讀書共和國客服信箱：service@bookrep.com.tw
讀書共和國網路書店：www.bookrep.com.tw
團體訂購請洽業務部(02) 2218-1417 分機1124
法律顧問　華洋法律事務所　蘇文生律師
印　　製　博創印藝文化事業有限公司　電話02-8221-5966

出版日期　2023年6月28日初版一刷
定　　價　750元
ISBN　978-626-7279-21-2

國家圖書館出版品預行編目資料

孤魂騎士／尼爾．佩爾特（Neil Peart）作；吳靜芬譯. -- 初版.
-- 新北市：遠足文化事業股份有限公司好人出版：遠足文化事業股份有限公司發行, 2023.06
面；14.8*21公分. --（發光體；08）
譯自：Ghost rider : travels on the healing road
ISBN　978-626-7279-21-2（平裝）
1.CST: 佩爾特(Peart, Neil) 2.CST: 傳記 3.CST: 旅遊文學

785.38　　112009266